難忘歲月

吳明清　著

加拿大國際出版社

書名：難忘歲月
作者：吳明清
封面設計：吳明清
出版：加拿大國際出版社 www.intlpressca.com
Email: service@intlpressca.com
2025 年 2 月加拿大第一版
2025 年 2 月第一次印刷
印刷版國際書號 ISBN：978-1-998479-35-1
電子版國際書號 ISBN：978-1-998479-36-8

Book Title : Unforgettable Years (Traditional Chinese)
Author : Mingqing Wu
Front Cover Design: Mingqing Wu
Publisher: Canada International Press www.intlpressca.com
Email: service@intlpressca.com
First Edition in Canada, Feb. 2025
First Printing, Feb. 2025
Printed Edition ISBN: 978-1-998479-35-1
E-Book ISBN: 978-1-998479-36-8

內容簡介

　　本書系原中國科學院地球化學研究所的科研人員吳明清先生所著的記實性自傳體回憶錄。作者系新中國同齡人，曾先後親身經歷過反右派、大躍進、人民公社、三年經濟困難時期和文化大革命等歷次政治運動，屬66屆高中畢業生。文革中上山下鄉期間被推薦為工農兵大學生，粉碎"四人幫"和恢復招收研究生後，1978年又考取了中國科學院大學的首屆研究生，師從中國著名的稀土稀有元素礦物地質學家、中國科學院院士郭承基教授，研究稀土元素地球化學。上世紀九十年代初，因研究工作成就突出，曾被評為全國有突出貢獻的中青年專家享受國務院政府特殊津貼。其後又以高級訪問學者的身份被公派至加拿大地質調查所開展國際合作研究，其間其合作研究項目成果獲加方合作教授的高度評價與讚賞。訪問計畫結束並帶著國際合作專案按期回國後，作者因遭遇不公被迫再次出走國外並僑居加拿大。綜觀全書，作者以樸實無華的語言詳盡地記述了一個從中國西南地區貧窮落後的貴州大山深處走出來的普通農家孩子，如何通過自身的刻苦攻讀和艱苦努力，最終成為了中科院的一名優秀科研人員。作者見多識廣閱歷豐富，文筆清麗自然流暢，讀完全書呈現在讀者眼前的，是一位對學習十分刻苦、對工作十分敬業、對師長十分敬重、對生活十分樂觀、對挫折十分坦然的鮮活人物形象。書中作者還詳盡記述了貴州偏僻山區的諸多民風民俗及風土人情，同時作者還記述了在新疆開展野外地質考察以及在東海沖繩海槽進行海洋科考的艱辛經歷，作者也講述了罹患膽囊炎症時因手術失誤與死神擦肩而過的驚險過程；其中作者還單獨劈出一章，用真摯感人的筆觸來回憶母親，語言看似平淡無奇，實則平凡中卻襯托出母愛的偉大；而在講述科研生涯時，作者還通俗易懂地簡略介紹了稀土元素的用途以及全球生物滅絕事件等科普知識，使整篇回憶錄融故事性、知識性與趣味性於一爐。全書各章節設計安排巧妙得當，它們既可獨立成章，而故事情節又環環相扣，讀來十分引人入勝並發人深思，是近年來不多見的一本非常值得一讀的自傳體回憶錄。

IV　難忘歲月

引言

人生七十餘載光陰，猶如白駒過隙，彈指一揮間。如今人生如秋，歷經世事滄桑，飽嘗人間冷暖，閱盡人性善惡，因此早已洗淨鉛華，塵心如練，且灑脫自然；亦如淬過火的鋼刀，早已定型，要想改變自己，唯有極儘自我磨礪，如此方得鋒利無比，雖不求成為龍泉寶劍，但求今生今世無怨無悔。人生，只願詩酒襯年華，煮出四季如春；珍惜曾經的擁有，熬出地久天長；同歲月言歡，與光陰把盞，淡看浮華三千，靜享似水流年。

餘生，剪一段閒暇時光，適時地放慢匆匆前行的腳步，多看看沿途的風景，多聽聽來自心靈深處的聲音。讀自己喜歡的書，做自己喜歡的事，去自己想去的地方，愛自己喜歡的人，交自己喜歡的友，將每一寸光陰都打理成眉眼處的淺喜深愛。

VI 難忘歲月

代序 — —《難忘歲月》讀後感

杜杜

《難忘歲月》是一本不期而遇的書，一次中文活動之後，被王翔先生塞進我手裡，像天上掉下來一樁躲不過的作業，"看看吧，很值得一讀！"在渥太華這個被本地華人自嘲為渥村的小地方，華裔科技人才居多，任何一本以母語中文上市的新書，都無法令人忽視。掂著它不輕的分量，我納悶兒：這厚厚的書脊中究竟夾裹著怎樣的人生？本想隨便翻翻了事兒，然而幾頁翻過，竟放不下了，猶如注射了麻醉劑一般。兩個晚上一頁頁從頭翻到尾，眼隨心走，沉浸于吳明清先生豐富多姿又多變的生命旅程裡，有如乘坐過山車，心情跌宕起伏。

宏觀上此書是吳明清先生的個人傳記，閱讀的過程就恰如是走進了作者的個人生命旅程。此書跨越了作者生命歷程的 70 餘個春秋，全書也就聚焦在這 70 多年的歲月裡，帶著讀者走進了中國 70 餘年來的現代社會發展史。作者所經歷的社會演變和風雲變幻，其中包括大躍進、三年困難時期、文化大革命、1976 年的社會變革，以及之後的改革開放、科研單位的工作環境及生態、新疆及黃土高原地區的野外地質考察、東海的海洋科考、出國訪問進行學術交流等等情節，一篇篇一幕幕地躍然於紙上。如果你是一個對中國近 70 餘年現代史不甚熟悉的人，通過閱讀此書，相信你就可以從百姓層面很接地氣地對中國的這一系列社會變革和時代的演變，會有一個總體的印象和瞭解。

　　微觀上，作者通過他自己的回憶，把其個人的生命歷程映照在時代發展的大螢幕之上，然後一幕幕地徐徐展開。作品按時間順序涵蓋了作者的童年、少年、青年、中年、直至老年各個生命階段的經歷和體驗，成功地塑造了一個從貴州邊遠山區的山寨裡走出來的農家孩子，如何通過自身的艱苦努力，一步步腳踏實地地成長為一個既有堅韌毅力、又有膽識和真才實學且有出色成就的優秀科學家的成長過程。與此同時他的貴州老家杉木寨這個小山村的自然地理環境、他的原生家庭的詳細狀況、貴州山區人民當年的生存狀態，以及當地老百姓的諸多民風民俗及風土人情，都有詳細的記述和描寫，通過閱讀此書，相信任何一個從未踏足貴州山區的人，都會對貴州的人文社會地理狀況有一個清晰的瞭解。

　　此書的主線是依賴于作者文化知識成長的層面來展開敘述的，作者受教育以及由教育所帶來的實踐過程是一根結實的主線，它把作者生命中的重要事件當作一顆又一顆珍貴的珍珠，這根教育主線通過文字敘述，緩慢而又沉穩地把這些珍珠一顆顆串連起來，最終組成了一條完整而生動的生命之鏈。這條生動的生命之鏈串連起了作者的小學、中學、大學以及研究生的各個學習階段，同時也串連起了他在中科院地球化學研究所裡豐富而多元的科研及黨政管理工作，以及他出國做訪問學者，最後拿到跨越國界的國際合作專案回國後，卻受到不公平對待和打壓等等人生軌跡，都有翔實而生動的描述。

　　積極勤奮、刻苦鑽研、樂觀向上的個人品格，在這位十分敬業的科學家身上體現得恰如其分，不浮誇亦不自謙。全書既沒有華麗的詞藻，也沒有矯揉造作的橋段，而是通過樸實而腳踏實地的生命體驗以其最真實的方式完美地呈現在讀者面前。然而令人扼腕的是，沿著作者生命主線前行到達人生的半百之時，一位優秀的科學家在國外帶著國際合作專案返回國內時，在研究所內竟然遭到了個別頭頭令人髮指的無端打壓，於是作者被迫出走國外。然而命運作弄人的是，作者返回加拿大後卻又突然遭遇到國際合作專案老闆去世的打擊，面對人生的重大挫折，作者懷著極大的勇氣放棄了一身的科學技能，選擇重打鑼鼓另開張改行做一般性的工作。每當讀到這個章節時，讀者看到作者生命歷程中的這一顆閃亮的珍珠，仿佛不幸落進了污泥之中，此時讀者無不唏噓而又扼腕歎息。好在具備樂觀豁達性格的作者，在這個艱難的轉型過程中，通過自身的艱苦奮鬥，最終迎來了一個平靜而溫馨、幸福而安康的晚年。

　　從家庭層面上，作者除了談及他的先祖和他的父輩，也簡略地談了自身的小家庭，以及中年安家落戶加拿大後女兒的成長片段。因此，這本回憶錄從他的父母、他和妻子、他和女兒以及一筆帶過的外孫兒女，跨越了四代人的生命組合。當然，傳記的重點是記述他自己所代表的這一代共和國同齡人的命運。然而即便如此，無論是比作者年紀更大的讀者，亦或是年紀比作者還要年輕二十多歲的中年人，他們都會在這本回憶錄中發現與自己經歷相重疊的時代片斷，因此書中的很多內容讀來十分的親切而感人，許多時代背景是我們六零後這個年齡段的人所完全熟知的。

　　從寫作手法上來看，此書采用純記實性的筆法，文章的敘述完全基於客觀事實，歷史事件的敘述也十分的準確而翔實。從作者的回憶錄中，每個年代以及每個事件的精准程度，讀來都令人歎為觀止。由此不難看出，作者思維的縝密及下筆的準確，一定是在寫作之前就已經做了大量的資料收集和整理工作，亦或是作者有長期記日記的習慣，否則書中所涵蓋的數十年的歷史事件，是很難一一做到準確無誤的。從這個層面亦不難看出，一位受過長期專業薰陶和嚴格訓練的科學家，他對寫作的態度是如此的認真和一絲不苟。因此，這本具有近似於科學論文般嚴謹屬實的自傳體回憶錄，一經問世便贏得了讀者的青睞。另外，書中插有大量照片，那都是作者一生從童年到老年各個生命階段的珍貴影像記錄。這些照片既可以給讀者留下更直觀的視覺感受，同時也可以讓本書讀起來不那麼枯燥乏味，讀者在閱讀之餘看看插入的一張張照片，既增加了讀者對作者生命歷程的直觀印象，也釋放了由閱讀密集文字時給讀者帶來的精神壓力。

　　本書的一大特點是依時間順序而徐徐展開，當讀者沿著時間的這條主線閱讀此書的時候，仿佛是沿著一條作者從幼年流向老年的長河而不斷地前行。這條河既是一條從山裡流向山外，從農村流向城市的長河，也是一條從中國流向世界的長河，同時它還是一條從作者懵懂無知流向博學多才的成長經歷的長河。這條長河從它發源的時候起，就一直執著而沉穩地向前流淌著。由於時間與故事情節的高度契合性，當閱讀這本書的時候，讀者仿佛是乘坐在由作者打造的一艘大船之上而順流而下，沿途既飽覽了絢麗的風光，同時讀者與作者又產生了心靈的共鳴，讀來令人十分的親切和自然。

此外，該本回憶錄中有幾段作者帶有神秘色彩的親身體驗的情景描寫，讀來十分有趣。比如作者因膽囊手術失誤在進行生命搶救過程中他所經歷的瀕死體驗，以及作者母親病危期間和亡故時，作者及家人所經歷的心靈感應等等詭異現象，書中都有詳細的記述。這些故事看似荒誕無稽，實則充滿了哲理及人文氣息。而且這些神秘體驗從一個資深的自然科學家筆下流出，令我突然聯想到最近幾年風行的有關量子糾纏的神秘科學問題，即兩個不受時間和空間距離控制的粒子或量子之間，當一個出現狀態變化的時候，不管相隔有多遠，另一個幾乎也在同一時刻出現相同的狀態變化，而且這不是巧合，而是已被科學界用科學實驗驗證了的科學現象。因此，作者所經歷的瀕死體驗以及與其母親之間的心靈感應等等詭異現象，大體可以看作是量子糾纏現象在日常生活中的具體表現。很顯然，作者之所以把他所經歷的神秘體驗都如實地記述下來，由此可以看出他對神秘世界也是非常敬畏的，這使我感到非常親切，因為我也是個非常敬畏神靈的人。可以說，作者這些獨特而珍貴的意外神秘體驗，既給他的人生經歷罩上了一層不同尋常的光環，也極大地改變了他的人生觀和價值觀，同時也大大地提升了這本回憶錄的趣味性和可讀性。

最後一點值得指出的是，讀者在閱讀本書的過程中，當讀到作者在研究所被個別頭頭無端打壓的經歷時，無不令人義憤填膺而又扼腕歎息，甚至於無語凝噎、一聲長歎！然而作者的這一經歷在中國應該不算是個例，可以說他只不過是近些年來若干個在國內遭受不公而被迫出走國外的科學家之一而已。試想在我們的祖國，如果每一個科學家都能夠得到應有的尊重和對待，所有科學家的聰明才智都能得到充分地發揮，那麼科學家們就能夠心無旁騖地全身心地投入到科學研究中去，從而為祖國做出更大的貢獻。如果是那樣的話，我們的祖國就不會有那麼多頂尖的科學人才流落到國外去了。

閱讀此書是令人欲罷不能的體驗。吳明清先生的人生經歷，以小人物見大時代，以一人的命運見群體的走勢。它折射了一段充滿變化的歷史時期，中國的社會變革和高級知識份子的生存走向。其後半生遷徙後的海外生活，也很有典型性，濃縮了一大批海外華人在海外求生存堅韌頑強而又屈伸自如的共性。生活，在強者面前，是沒有"失敗"二字的，吳明清先生，就是這樣的強者。他以獨特的豐富人生，描繪了一個頑強生命所能擁有的鮮活模樣。作者在數十年的生命歷程中，雖然曾先後經歷過多次挫折和打擊，但歲月的風霜似乎並未在他的臉上留下過多痕跡。以至於後來有幸與吳先生面晤時，令人吃驚的是他相當年輕的凍齡面容，看上去至少比他的實際年齡還要年輕一、二十歲。當時他臉上燦爛的笑容，泛著光彩，一如他書中照片上的笑容那樣，真誠而具有感染力。很顯然那是從其內心散發出來的樂觀態度所掩蓋不住的積極情緒，以及真真切切的人生滿足所帶來的幸福感。人如其書，正是這種積極樂觀的人生態度，才成就了他可圈可點的生命旅程。不過儘管我在此已洋洋灑灑地寫了

三、四千字，然而畢竟言語乏力，讀者還是通過親自閱讀吳先生的書，去切身感受他不凡人生的諸多魅力吧！

2023 年 5 月 20 日於渥太華

[注]：杜杜，僑居加拿大渥太華的華裔女作家，多年來先後公開發表或出版發行華文文學作品十余部 300 余萬字，小說、詩歌、散文屢獲美、中、加中國文學獎，其中長篇小說《中國湖》曾獲 2021 年海外華文著述獎小說金獎。現任加拿大華裔作協、北美華文作協以及加中筆會會員。

前言

　　我是一個十分平凡的人，過去雖然讀了不少書，在專業研究所也工作了二、三十年，後來又選擇定居國外，但是平生並未做出過什麼突出的成就和貢獻，也從未想過要寫什麼回憶錄，然而平心而論，我的人生經歷與同齡人相比，應該算是十分豐富而曲折的了。由於在我的人生中曾親身經歷過許許多多的事情，於是隨著年齡的增長與時間的流逝，頭腦裡逐漸就形成了許許多多的記憶。雖然這些記憶並不是我人生經歷的全部，但這些記憶記錄著生命的歷程，詮釋著時代的變遷，反映著時代的特徵和烙印，如能將這些記憶記錄下來，無疑將對現實和後代具有一定的借鑒和啟迪作用，為此頭腦裡曾經偶爾產生過想寫本回憶錄的想法。然而我又一直認為，在回憶上做文章或寫自傳是名人或偉人的專利，與我等小人物無關。因此，撰寫個人回憶錄的事，只不過是偶爾頭腦裡的一個想法而已，一直未能付諸行動。2016 年退休以後，偶爾回國與朋友、同學或家人相聚閒聊時，我過往的經歷畢竟在老家當地頗具代表性，有些故事或經歷還常常引起了他們的興趣，於是紛紛建議我把這些頭腦裡的記憶用文字記錄下來，這既是給家人和下一代留下一份珍貴的文字記錄，也是對自己的人生作一次全面的思考與總結。於是我于2021 年農曆新年過後，終於拿起筆來開始記錄我對往事的回憶。這就是這本回憶錄產生的由來。

　　我出生在貴州大山深處地處偏遠且貧窮落後的一個小山村裡，按普通老百姓的說法，我是一個既沒有什麼家庭背景，又是一個童年喪父的極為普通的農家孩子。然而我一路走來，不僅上了中學和大學，而且還念了研究生，畢業後分配在國家級科研所工作，最後還出了國，於是我在鄉鄰們的眼中無疑是一個非常成功的人士，而且多年來他們還常常把我拿來作為教育小孩的榜樣。另一方面，我的鄉鄰們對我的成長經歷並不完全瞭解，他們很想知道我是如何從大山裡面走出來的。因此，我想在這本書裡告訴他們，我之所以能夠走到今天的這一步，並不是我這個人有什麼過人的天賦，更不是從小就有什麼雄心壯志或遠大抱負，而是在人生的各個學習階段，因受到某種啟發心底裡自然而然地產生的一種樸素的學習欲望，拿個時髦的詞語來形容，那就是心中始終有某種“夢想”或“追求”。而人一旦有了夢想和追求，學習或生活就有了目標，行動也就有了動力。正是這種夢想和追求，才驅使我在求學的道路上一步一個腳印地不斷向上攀登。我記得在我念小學二、三年級的時候，每逢新學期開學發新課本時，看到高年級同學的課本封面上寫著“高級小學課本”，而我的課本上寫的卻是“初級小學課本”，於是我就在心裡想，上完初級小學我也要上高級小學。我念小學五年級時，教我們算術課的采雲普老師有一次在課堂上給我們講解算術題，有同學就好奇地問：“采老師，上中學以後算術課學些什麼內容呀？”采老師說：“上了中學，算術課就不叫算術而叫數學了！”隨即他就在黑板上寫出了 $X+Y=Z$ 和 $a+b+c=d$ 等數學等式，正當我們學生感到莫名其妙時，采老師說：“這就是初中要學的代數”。當時我就覺得中學的知識好深奧和神秘啊，將來我一定也要去領略一下，於是在心裡就暗暗地下定了決心：念完小學以後我一定要去讀中學。
我上普定二中時，聽我們寨子裡的人說，我們老家附近的抵
西村有一家姓楊的兩弟兄（哥哥大概叫楊登國，弟弟叫楊登
舉吧），兩人都在貴陽的某個省級機關裡面工作。當時我就
感到很奇怪，心想：這楊家兩弟兄到底是有什麼背景，為啥
能從咱們這個山旮旯裡跑到貴陽去工作？後來又聽人說：這
楊家是抵西村的大地主，不僅家裡有錢，而且這家兩弟兄解
放前讀書很屬害，最後都讀到貴陽去上了大學，解放後大學
畢業就分配在貴陽工作了。這時我才知道，要想到大地方去
工作，我們山裡面的人只有讀書這條路可走，如果把書讀好
了，上了大學就有可能留在城裡面工作了。於是我就在心裡
暗想：我也要好好地讀書，爭取將來能考上大學，畢業後也
到城裡面去工作。因此初中畢業時，我一心就只想考高中，
然後讀完高中後就考大學。再後來大學畢業工作以後，機會
來了我又報考研究生，所有這些都是心中始終有某種追求或
夢想在不斷驅使的結果。

　　當然，人生是否有夢想或追求是一回事，但是人生是否
有機會和機會來了能否緊緊地抓住又是另外一回事，因為機
會對實現人生的追求或夢想也是必不可少的。就我的人生經
歷來說，有三次機會對我非常重要，而且也被我牢牢地抓住
了。第一次是1960年小學五年級時，遇到了當年的五年級優
秀生可提前報考中學的機會從而提前一年上了中學，否則到
了1961年小學六年級畢業時，恰巧碰到中學下放並減少或停
止招生，那我就只好輟學回家務農了。第二次是1972年貴州
首屆工農兵大學生招生，當時我在公社機關工作而且我在公
社領導的眼中表現應該還算不錯，於是被公社推薦上了貴州
大學。如果當年我不是在公社機關工作，而是在農村插隊落

戶幹農活或者是在小學教書，那我一定會錯失這個上大學的機會，與我的許多同齡人一樣，一輩子與大學無緣了。第三次是大學畢業工作以後，1978年恰逢全國恢復研究生招生，於是我就大膽地報了名，而且也考上了，從而實現了人生的第三次飛躍。當然，客觀地說，在我的人生經歷中還遠不止這三次機會，但與其它的機會比較起來，這三次機會對我的人生影響最大也最為關鍵，可以說每抓住一個機會，人生就上了一個臺階。

最近這些年每次回國探親，偶爾總有鄉親或老同學老朋友問我：為什麼當年我要選擇定居國外？現在國內發展好了，為什麼又不回來呀等等。我1995年6月第一次出國到加拿大做訪問學者時，那是我本人於1993年申請到的中國科學院的留學基金專案，由中國政府資助到加拿大地質調查所開展合作研究，原計劃工作半年，後因工作需要又延長了半年。所謂合作研究實際上就是由我自帶項目和樣品，到地調所後利用該所裝備的先進儀器設備條件對樣品進行分析測試，而這項合作研究能否取得成功完全取決於我本人的工作能力和學術水準，也就是說，到了國外具有國際一流先進水準的研究所，與國外的同行權威專家在一起工作，是檢驗我本人科研能力和學術水準的時候了。不過說實話，到了加拿大地質調查所以後，當時我的思想壓力和工作上面臨的困難還是相當大的，能否把研究專案做好心中並沒有多少把握，但是膽怯和臨陣退縮顯然已沒有任何出路，開弓沒有回頭箭，是騾子是馬，現在是該拉出去遛一遛的時候了。在加拿大地質調查所為期一年的研究工作期間，憑著本人在中科院地化所錘煉多年的分析化學操作技能和學術研究功底，經過艱苦的努力和工作，訪問計畫結束時，終於把與合作教授商定的幾項複雜的實驗室工作完成得十分的圓滿和漂亮。在整個將近一年緊張繁忙的實驗室工作中，我既完成了自己攜帶來的 200 多塊地質樣品的乾酪根的提取工作，也完成了所有樣品的微量稀土元素及鉑族元素的等離子體質譜的分析測試，同時也完成了所有樣品中氧、硫穩定同位素的測試工作，所取得的實驗資料不僅內容豐富（涵蓋了有機碳同位素、稀土微量元素、鉑族微量元素以及氧、硫穩定同位素等諸方面），由於這些資料均出自國外的一流實驗室，因而資料的準確性及權威性都是毋庸置疑的。一年的訪問學者計畫所完成的實驗室工作量及所取得的實驗資料，如果放在國內起碼需要兩、三年才能完成得了。而且利用這些實驗資料至少完全可以構思和撰寫出三、四篇高品質的研究論文，然而由於時間有限，訪問計畫結束時雖然僅提交了一篇學術論文，但整個研究工作卻也獲得了加拿大地質調查所合作教授的高度評價與讚賞，為我的留學基金專案交出了一份滿意的答卷。訪問計畫結束回國時，我又聯繫並帶回了由國際地科聯國際地層對比計畫專業委員會授權委託的 IGCP386 國際合作項目，本人並被任命為該國際合作專案中國工作組的負責人。

　　然而萬萬沒有想到的是，當我的訪問學者計畫圓滿結束並帶著國際合作專案按期回國後，卻遭到了地化所當時個別當權者一而再、再而三的無端打壓。面對此情此景，於是我又不得不選擇第二次出國遠赴加拿大。平心而論，作為共和國的同齡人，從上小學到讀中學，到後來上大學及念研究生，我們從未交過一分錢的學費，都是國家培養的結果，學成以後按理我們應該留在國內為祖國服務，而實際上我也一直是這樣計畫和打算的。95 年我首次出國做訪問學者時，雖然親眼目睹了國內和國外物質生活條件上呈現的巨大反差，但當時並沒想過要逗留國外不歸，而是在訪問計畫結束時按期回到了祖國，與此同時還聯繫帶回了一個國際合作專案，其目的就是想安安心心地在國內施展才華，一心一意地做我的學術研究。誰知回國後的遭遇卻是事與願違，在此情況下，我想既然國內容不了人，那我就出來吧。因此，我第二次赴加並選擇定居加拿大，也是迫不得已而為之，並非出於自己的初心和本意。然而第二次來到加拿大以後，令人意想不到的是，邀請我回到加拿大來開展合作研究的國際合作項目老闆卻身患肝癌突然離世，由此本人第二次來加就失去了項目依託。面對如此突如其來的變故，儘管當時處境不容樂觀，但聯想到按期回國後遭到的無端打壓，我還是毅然決定選擇留在了加拿大，心想那怕是重啟人生也在所不惜。同時我也考慮到，留下來即使是犧牲了自己的專業工作，也要為自己的下一代尋求一個寬鬆自由的生活環境，因為我不想讓我的後代再重走我以前的老路了。

　　縱觀我的一生，作為新中國的同齡人，自上世紀五十年代中期上小學發蒙讀書以來，自始至終親眼目睹或親身經歷了，新中國建國後幾乎所有的一切重大政治運動與事件，在人生的若干個關鍵時期，也面臨過諸多的選擇。我既煎熬過苦澀的童年時光，也經歷了艱辛的少年時代；既做過上山下鄉知青，也當過工農兵學員；既腳踏過新疆的戈壁荒原，也經歷過東海的驚濤駭浪；既做過專職的黨務工作者，也是個稱職的科研人員；既在中國的象牙塔裡刻苦地攻讀過，也在異國他鄉的研究所裡喝過洋墨水；既在童年和青少年時期吃過苦，也在後來的生病住院期間因手術失誤而與死神擦肩而過；而年近半百時我又選擇僑居國外，做一般性的工作，過普通人的生活。數十年的人生旅途，其中確有不少傳奇經歷和艱難歲月更是如此地刻骨銘心而終生難忘，整個人生旅程可謂是艱難曲折而又跌宕起伏。可以毫不誇張地說，我的人生經歷既有春風得意的高光時刻，也有屢遭挫折的低谷時期；既有山重水複的困頓窘遇，又有柳岸花明的坦途機緣。然而人生最終擁有的一切，無論社會地位的高低與貴賤、貧窮與富貴，可以說都是命運的安排和人生選擇的結果。雖然我在老家眾多鄉鄰的眼中，儼然是個令人羨慕的"成功人士"，但是我自己也非常清楚地知道，所謂的成功只不過是別人的一種意念和看法而已。我認為真正的成功，不是來自別人的認同與評價，而是由自我滿足所帶來的一種寧靜平和與幸福安寧的心態。因此，完全沒有任何必要在意自己是否真正取得了成功，在人生的旅途中，只要自己曾經奮鬥過努力過，那就足夠了，至於是否真正取得成功並不那麼特別重要。

真實、準確是記錄性文字即回憶錄的靈魂與生命線，也是其價值之所在，離開了真實，任何回憶錄均一錢不值。所以真實地、不加杜撰地再現往事，是我寫作《難忘歲月》所遵循的基本原則。但是由於歲月的磨蝕造成記憶上的模糊，對某些事件的具體細節描述難免會出現偏差。因此，懇請知情人士予以諒解。

XXII 難忘歲月

目　錄

第一章 苦澀的童年時光

(一)

一九四八年農曆鼠年正月初三的夜晚，我出生在貴州省普定縣西南部邊緣與郎岱縣(現為六枝特區)交界處一個只有二、三十戶人家名為杉木寨的偏僻小山村裡。當時我們這個寨子，除了有幾戶是從外地遷來投親靠友的雜姓人家以外，其餘的都姓吳，而且都屬於同一個家族。小時候父母親就曾告訴過我，說我們杉木寨的吳家祖上是從貴州畢節那邊搬來的。而根據畢節吳良弼家族的族譜記載，畢節的吳姓入黔始祖名叫吳良弼，字亮工，號關寶，系吳氏開姓始祖吳泰伯的第90世裔孫，湖廣麻城縣(今湖北省麻城市)人氏，生於元至正八年

(西元1348年)，武科出身，青年時官拜湖廣麻城參將。明朝洪武十四年(西元1381年)，因受明太祖朱元璋委派，吳良弼

將軍跟隨穎川侯傅友德大元帥率兵南征雲貴，後因戰功卓著被明朝庭封為貴州畢節衛千戶侯，其後便受命在貴州駐守屯軍，於是子孫便在黔、滇、川三省交界之處開枝散葉繁衍開來。六百餘年來，吳良弼家族已在西南三省繁衍了二十餘代，人口已達二十余萬，是西南地區吳姓的第一大望族。吳良弼將軍育有三子：長子吳公華、次子吳公普、三子吳公榮，我們普定杉木吳氏即為良弼祖的長公子吳公華一支的傳人。杉木吳氏遷居祖吳國思系良弼祖的第七世孫，本人又系吳國思的第十世孫、吳良弼將軍的第十七世孫。因此，據此推算下來，我應該是吳氏開姓始祖吳泰伯的第 106 世裔孫。我們杉木吳氏自從遷居祖吳國思老祖公定居此地以來，雖無任何文字記載，其遷居年代已不可考，但杉木吳氏已在此地繁衍了十幾代人，估計至少也有三、四百年的歷史了。

杉木寨远眺

我們杉木寨這個小山村，雖說相對比較偏僻和邊遠，但同前後上下幾十裡的其它村寨比較起來，也算是個山青水秀地勢平坦的風水寶地。杉木寨地處貴州省普定縣西南部邊緣與六枝特區的交界處，兩縣區僅以一條俗稱為老黑山的山梁為界，而山梁的走向基本呈"廠"字型，杉木村寨即座落於由此"廠"字型山梁包圍而形成的一個凹陷盆地內，而村子正好位於盆地中央坐南朝北的臺地上；臺地兩側分別為長約2～3公里、寬約數百米的低地，低地內均為稻田。因此，在雲貴高原腹地原本普遍都是山高坡陡路窄而又缺水的烏蒙山區，我們杉木寨這個小山村不僅地勢平坦視野開闊，而且山上有樹、地下有煤、村邊有水，是個水火俱全的好地方。由於杉木村周圍屬煤系地層，黃色酸性土壤廣泛發育，加上氣候濕潤、土壤肥沃，因此這裡非常適宜杉、松、樺、楓等高

杉木寨鳥瞰图

大喬木的生長，其中杉木即是本地最常見的優質速生樹種，也是當地民居建築最常用的優質木材。當年杉木小村正是由以杉木為主的原始森林懷抱其中，故"杉木寨"由此而得名。在上世紀五十年代初期，杉木寨仍是一個落後原始的小山村，村子周圍的山上原始森林密佈，臺地兩側凹地的沖溝內山泉流水終年不絕。由於杉木村具有如此得天獨厚的自然

條件，從而使這裡成為了一個晴不怕旱、雨不會澇且旱澇保收的宜居之地。另外，由於受傳統文化的影響，杉木吳氏歷來十分重視耕讀傳家，小孩從小就要求他們要發奮上學讀書。因此，自改革開放以來，先後從我們杉木及附近的村寨走出了數十位青年學子。

我們杉木寨的吳家，祖祖輩輩都是以務農為生。傳到我父親這一輩時，父輩共有四弟兄，我父親排行老三。父親生於清光緒十一年(西元1885年)，屬相酉雞。從年輕的時候開始，連我母親在內，父親先後娶過三房太太。父親同前面兩個太太先後生過四、五個小孩，結果都在童年患病夭折了。在前面兩位太太先後去世後，大約在1938年左右，父親又才和我母親結婚。母親姓譚名鳳英，生於辛亥革命那年(西元1911年)，屬相亥豬。我母親當年是帶著我姐姐(姐姐當年兩歲左右，屬相子鼠，大我一輪)出嫁到我父親家來的，因為我母親的前夫(即我姐姐的父親)生病去世了。母親同父親結婚以後，也曾先後生過兩、三個小孩，但同樣也都夭折了。我出生時，父親已經六十出頭。由於是老來得子，父母親非常高興，從小把我視為家中的心肝寶貝，天熱怕捂著了，天冷又怕凍著了。而且按照我們當地的鄉俗，如果一對夫妻生養的小孩總是養不大而夭折了，那麼為了使新出生的小孩能夠健康平安地成長，孩子對自己的父親就不能叫“爹爹”或“爸爸”，而要改口叫“伯伯”或“叔叔”(鄉民們相信，如此改口以後，病魔於是就以為這個孩子不是這個“命硬”的父親生的，從而放過這個孩子而得以平安地長大)。因此，我從小就叫父親為“伯伯”，當然媽媽的稱謂則沒有任何改變。

我的父親名叫吳華高，大伯叫吳華清，二伯叫吳華益，四叔叫吳華興，我出生時，叔叔伯伯們都不在世了。在父親的幾個弟兄當中，父親算是讀過書的人，因為聽說我的兩個伯伯和一個叔叔都沒有多少文化，他們都是只會種田的莊稼漢。父親不僅讀過書、會種田，而且還懂得不少中草藥(小時候他常帶我一起上山去挖草藥，還教我認什麼是獨腳蓮、什麼是一支蒿、什麼又是朝天罐、車前草等等)，他自己還自學了陰陽先生。隔三岔五，十裡八鄉的老鄉會來家中請他去治病或者看墳地、安葬死人等。為此，他在我們當地還小有名氣，人們稱他為"吳先生"。每次去外地十天半月給人治病或做道場回來，他總會挑著幾升大米和幾隻幹雞幹鴨(事主家宰殺來祭祀神祇後晾半幹的雞鴨)，或一兩支羊腿回家來(按照家鄉當地的習俗，父親替喪家安葬死人做道場時，事主家要殺雞宰羊來祭祀神祇，並給先生一升大米和一隻雞或一隻鴨，或者一支羊腿作為酬謝)。因此，那時我們家的生活在當地還算是相當滋潤的。

我出生時我們家總共有五口人，除開父母親和我以外，還有個哥哥和姐姐。哥哥是從外面過繼到父親名下做養子的。他家姓胡，是我嬸嬸的親侄兒。他家有五弟兄，我哥排行老二，他父親忙時種田，閒暇時帶著幾個兒子燒制砂鍋砂罐挑去鄉場上售賣補貼家用。因家庭子女多，田地又少，他們家的生活十分貧苦。姐姐與我同母異父，聽母親說姐姐大約才一歲多，她父親就突發急病去世了，其後母親就帶著姐姐改嫁到我父親家來了。因父親同前面兩個太太先後生了四、五個小孩都未能存活下來，後來父親同母親結婚後生的兩、三個小孩也都先後夭折了，父母親為此特別傷心和苦惱。要知道在舊時的農村，家中如果沒有男孩是非常被人瞧不起的，所謂"不孝有三，無後為大"在人們的思想觀念中十分地根深蒂固。父親眼看自己已經六十出頭了，於是就和母親商量，打算從外面過繼一個男孩來繼承家業。另外，我們當地還有一種習俗，即當一對夫妻結婚多年生的孩子不容易存活時，需要從外面過繼一個男孩來家中做"押掌"（意即鎮住或驅趕家中的病魔），這樣以後出生的小孩就容易成活長大了。正是出於這樣的想法，父母才決定從外面過繼一個男孩來家中，一是可以作為押掌，二是萬一沒有男孩，繼子將來還可以給自己養老送終並繼承家業。後來經我嬸嬸撮合，於是於1946年左右就把我四嬸大哥家的二兒子名叫長元的過繼到我們家來了。我哥哥生於1931年，屬相未羊，到我們家時已經15歲了，不過我父母親待他卻視若己出。開初父親還送我哥去村裡私塾讀書，並給他取了個文縐縐的名字："胡朝綱"。我哥去私塾讀了一兩個月，但因他當年已十五、六歲，從小幹農活慣了，錯過了讀書的最佳年齡，對上學一點也不感興趣，拿起書本就頭疼，加上父親已年逾六旬，家中急需男勞動力，於是我哥就再也不去上學，而改為幫父親種田了。後來過了一年多，父母親覺得我哥哥既然是過繼來傳宗接代的養子，不如就改成跟父親姓算了，於是征得我哥和他父母親的同意，並特意請先生擇了個良辰吉日，在家族中某些得高望重的長輩人士和寨鄰親友的參加與見證下，公開舉行了一個為我哥改姓的隆重儀式。改姓儀式過程中一個重要的環節是，當我哥跪在我們家堂屋中央供奉有"天地君親師位"的神壇（菩薩）面前接受親友們的祝賀時，我哥鄭重地向菩薩發了誓言：改姓以後一輩子都不能反悔，並且要一輩子忠於吳家，即使將來"三輩還宗"時（按照我們當地的習俗，過繼的繼子傳至第三輩時可以恢復原生家族的姓氏，所以叫"三輩還宗"），在可能的情況下，仍然要保留一個男丁繼續姓吳。當天改姓儀式結束以後，父親按照家族中的輩份為我哥正式取名為"吳明發"。

　　轉眼到了解放初期，哥哥已二十出頭到了談婚論嫁的年齡，可是經媒人介紹了幾個女孩也都沒有談成，而我姐姐當年也十六、七歲了，已經出落成了一個亭亭玉立的大姑娘。於是我們家門中的人和不少內親就主動前來給我父母親出主意，大家都說："你們家的大兒子是從外面過繼來的，而你們家的姑娘也是從外面帶來的，他們之間根本就沒有任何血緣關係，不如讓他們兄妹倆結為夫妻算了！"父母親一合計：這倒也是！如果他們兄妹倆同意的話，不也是一樁美滿的姻緣嗎？原本我哥和我姐平時就很親熱，經父母及親戚們這麼一撮合，他們兄妹倆自然十分高興。於是在 1952 年左右，我哥和我姐二人就喜結連理了。這在當年我們這個偏僻的小山村裡，也是一時傳為佳話。

（二）

　　我哥來到我們家大約不到兩年我就出生了。由於父親是老來得子，我在父母的眼中簡直被視為珍寶，全家人都圍著我轉，有什麼好吃好穿的都先給我。平時除了母親照看我以外，姐姐看護我最多。我剛學會走路時，姐姐就牽著我的手，一步不離的跟著，生怕在哪裡摔著或碰著了。聽母親說，大概是在我八、九個月大的時候，寒冬臘月的一天上午母親在家煮飯時，剛用火鉗燒紅來烙了一塊臘肉的豬皮（清洗臘肉之前棄除豬皮上殘留毛髮時必做的一道工序），火鉗就放在灶臺上。過了不一會兒，姐姐把我從外面抱回家來，隨手就把我抱坐在放有火鉗的灶臺上，由於舊時嬰幼兒穿的都是開襠褲，屁股是露在外面的，結果剛放下去，我立刻就被火鉗烙傷疼得撕心裂肺地大哭了起來。母親見狀，心想：這寶貝兒子分明就是他老爸的心頭肉，萬一有個閃失，那還了得？！於是立刻就把我抱起，同時一邊就對我姐破口大罵起來："你個該死的丫頭！你把老幺整燙傷了，你老爹要是在家，看他不把你打個半死才怪呢！"姐姐頓時也被嚇得大哭了起來。幸好那幾天父親被接走去外地給人家做道場去了，否則要是父親在家的話，真有可能要把我姐姐狠狠地大揍一頓。後來經過三、四個月的治療，我右大腿根的燙傷算是好了，不過卻留下了一條四、五寸長的疤痕。經過這件事情以後，姐姐看護我就更加格外小心了。本來這是一椿發生在嬰幼兒時期的事故，我根本不可能有任何記憶。我上中學後，有一次在河中游泳時，同行的同學從後面看到我的右大腿根有一條四、五寸長的傷疤，於是便問我這是怎麼回事，我當時感到莫名其妙，回家後問了母親，母親這才給我講了這條傷疤的來龍去脈。

　　由於我是家中最小又最受寵愛的男孩子，因此母親給我

貴州農婦正在推磨

斷奶斷得很晚，大概三、四歲時仍在吃奶吧。我記得有一次母親正在推磨磨玉米碴子，而我卻纏著母親要吃奶，母親因忙著推磨不想停下活來，

於是我就不依不饒地鑽到母親的衣服裡面去吸著乳頭不放，母親為了遷就我她只好停下活來，讓我吮吸了十幾口。有一年夏天的一天下午，我兒時的玩伴袁小寶（一個遠房親戚侄兒，大我一歲）手裡提把著鐮刀來我家，叫我同他一起去外面割草和玩耍，我說："等一下，讓我先吃個奶再走！"於是我又跑到母親的懷裡吃起奶來。我長大以後，體質顯得比其他同齡的孩子還要好，也很少生病，不少人都說，可能與我小時候吃母乳吃得多或許有一定的關係吧！

父親在世的時候，我們家有五、六畝水田和三、四畝旱地，解放初土改時家庭成份被劃為中農。由於家中人口不多，再加上父親經常外出給人治病或安葬死人做道場，每個月或多或少都有香米和雞鴨帶回家來，而且我們家每年冬季至少也要殺一頭三、四百斤的年豬，把豬肉薰成臘肉以後要吃一年到頭，因此小時候我們家的生活在當地還算是相當不錯的。記得那時家裡每次燉雞湯，父母親總會把雞肝和雞腿留給我，而我吃雞腿時，總是先把雞皮扒下來給母親，然後自己再吃雞肉，母親卻從無怨言。父母外出哪怕是得塊糖果或是水果之類好吃的東西，總是捨不得吃而不管多遠，也要帶回家來給我。不過父母雖然疼愛我，但對我卻並不過分嬌慣和寵溺。在我很小的時候，父母親就要求我要學會自己穿衣服和扣扣子（以前的衣服都是自己家手工縫製的，紐扣是用布條做的中式扣子，

贵州农村舂米的石碓

尤其是新衣服的扣子一般都很緊，小孩子扣起來非常困難）。稍大一點，父母親又教我學習掃地和掃院子。過去農村沒有電，也沒有打米機和磨面機，農家吃的米和麵都是用石碓來舂和用石磨來磨的，因此，每逢大人們舂米和磨面時，父母就會要我同他們一起搭一隻腳舂碓，或者搭把手推磨。另外，父母還要求我與村裡的小夥伴們一起上山去放牛、割草或砍柴，也是我童年時常幹的活。父母在教我幹活時，常會對我說：我們是莊稼人，莊稼人不管什麼樣的活從小就要學會，而且不管是幹什麼活或者辦什麼事，一定要認認真真地幹好，決不能敷衍了事。所以從小我就記住了父母對我的教導，不僅從小就養成了熱愛勞動的習慣，而且不管做什麼事，我都認認真真地加以對待。

我之所以說父親是讀過書的人，那是因為我小時候看見我們家閣樓上有一個兩、三尺見方且做工精細的大木箱，裡面裝滿了各種書籍，其中有一些是父親買白棉紙裁來自己做的手抄本，本子裡父親用毛筆書寫的小楷字體十分工整和漂亮，有一個手抄本可能是父親為我哥訂來寫字用的，書皮上有“胡朝綱”三個字，但本子裡一個字也沒寫。另外，絕大部分書籍為木版印刷的線裝書，也有部分是現代印刷廠印刷出版的所謂的洋版書。其中有一本紙張已經發黃的洋版書顯得特別舊，而且已經開線散頁、封面也不見了。這本書的內頁裡面有各種各樣的鬼怪圖畫，比如有伸著又長又大舌頭的無常鬼，而無常鬼又分白無常和黑無常，另外還有牛頭馬面鬼、十殿閻君、小鬼下油鍋、小鬼鋸人頭、人死了過奈何橋等等恐怖的畫面。當我看到這些圖畫時感覺全身毛骨悚然、心跳得砰砰直響，感到非常地害怕；但過後不久又想再看一下，於是三天兩頭的，只要父親不在家，我就會悄悄地溜上樓去打開箱子來偷看這本鬼怪書籍。我想這就是大概這本書為什麼會爛得那麼快的原因吧。可惜這些書籍連同木箱一起在1958年左右的大躍進年代，因家中無人時，不知被什麼人給抬走了。

　　父親對我的啟蒙教育比較早，大概在我兩、三歲的時候，就開始教我念《百家姓》《三字經》等之類的兒童啟蒙讀物了。除了這兩本兒童讀物，父親平常還教我唸："上大人，孔夫子，化三千，七十二"。我不知道這是他自己編的還是什麼正規讀物，反正這幾句至今我還牢牢地記在腦海裡。我記得當年父親不僅教我讀書，而且還用粉筆把字寫在家中的板壁上教我認，有時候還給我講解。但是兩、三歲的小孩哪有什麼理解能力，只能跟著他鸚鵡學舌。有一次父親讓我背百家姓，當我背到"趙錢孫李，周吳鄭王，馮陳諸衛，蔣沈韓楊"時，一下子就跳到"奚范彭郎"去了。父親聽了大笑起來，說："小老幺，你是不是肚子餓想吃稀飯啦？怎麼一下子就跳到'稀飯盆狼'去了？"平常父親對於寫有字的廢紙或者廢棄的書稿向來收藏得非常好，他也從不亂扔寫過字的廢紙，偶爾見地上有丁點字紙垃圾，他會立刻把它撿起來放在紙簍裡，然後集中燒掉。他常常對我說："那些寫有字的廢紙，千萬不能亂扔在地上任人踩踏，否則就是糟蹋聖賢！"甚至還嚇唬我說："如果踩踏字紙，將來眼睛會變瞎的！所以千萬不要把字紙丟在地上用腳踩到。"其實我知道父親的良苦用心，那就是從小教導我要尊重知識、尊重文化。父親是這樣說的，也是這樣做的，通過言傳身教，他在我幼小的心靈裡灌輸了一些尊重知識的正確觀念。

　　由於從小受到父親的薰陶，到我四、五歲時，我對父親所教的《三字經》《百家姓》等兒童讀物，基本上已是背得滾瓜爛熟了。雖說我不認識多少字，也不懂得口中念的是什麼意思，但只要父親說叫我背《三字經》或《百家姓》，我便一口氣能背誦三、四十句不停歇，直到父親叫我停下來時，我才停止。為此，父親常常在人前誇耀我說：「我家小老幺記性好得很，將來肯定是個讀書的料！」父親在世的時候，家門中的一些堂哥或者侄子農閒的時候，常常喜歡晚上到我們家來同父親擺談，其中我有個尚未出五服和我們家比較親的堂哥名叫吳明亮，以前讀過很多書，也見過世面，很會擺龍門陣。村裡但凡哪家有個紅白喜事，他總會到場給村民們講三國或者水滸的故事，是全村人公認的年輕人中文化程度最高、口才也最好的人才。我四、五歲的時候，有一天晚上，他照例又來我家同父親擺龍門陣，家裡的火塘邊除了我的父親，還有我哥哥及隔壁的兩、三個堂哥，總共六、七個人坐在一起烤火。開始的時候，父親讓我背《三字經》給大家聽，我背了《三字經》後，父親又要我背他剛教我的幾首唐詩，比如李白的《靜夜思》，王之渙的《登鸛雀樓》等，我都如數家珍地背了下來。還沒等我完全背誦完，大家都拍手稱讚說：「小老幺的記性真是太好了，將來讀書一定很得行！」此時，吳明亮幺哥把我拉到他的胸前，讓我坐到他的膝蓋上，然後對我說：「幺兄弟，來讓我摸一下你的腦袋！」隨即用他的大手從我的額頭摸到頭頂，再從頭頂摸到腦後，然後兩隻手又分別從兩邊的太陽穴摸到耳後相交時結束。明亮幺哥摸完我的腦袋後立刻笑著對眾人說：「哎喲！這個幺兄弟的腦瓜子不得了哇！他的腦袋靈光得很，將來讀書一定很凶啊！"說得大家頓時哄堂大笑起來，我也在大家的哄笑聲中不好意思地掙脫了出來。

　　雖說從小喜歡跟父親背《三字經》和《百家姓》，但有一件事卻讓我對上學讀書產生了抵觸情緒。大約是在我四歲左右那一年，在我家隔壁大伯伯家的堂屋裡有個私人學校（相當於私塾），教室裡有一、二十個小學生，教師是我的一個堂姐夫名叫葉明儒。有一天上午，我在大伯伯家屋前的院壩裡玩耍時，忽然聽到大伯伯家堂屋裡有讀書聲，於是出於好奇我就趴在門縫裡往教室裡面看。當時老師正在教學生認字，其中有個學生被叫起來讀生字，由於不認識，這個學生讀不出來，於是老師就把這個學生叫到黑板前來站起，然後就用棕條做的教鞭狠狠地抽打學生的手掌，而抽打的次數，則以這個字的筆劃多少為准，筆劃越多，挨打的鞭數就越多。當時我看到那個被打手掌的學生臉上顯得非常地痛苦，手掌每被抽打一鞭就會立即縮回到胸前去一次，但老師說打得還不夠數，還必須得接著打，於是這個學生很不情願地又只得把手掌伸出去，讓老師接著打直到把筆劃數打完為止，最後那個學生的手掌已經被打得又紅又腫了。只見打完以後，那個學生變得臉紅筋脹的，眼裡噙著淚花差點就哭出來了。看到這樣的情景，我當時感到非常地害怕。因為那時父親見我年幼，一般主要是教我讀和背誦，很少教我認字，即使有時教我認了，我也記不住。我想我要是去上學讀書，如果老師教的生字我認不出來的話，肯定也要挨打的，那個棕條打起人來特別疼，我可受不了。第二年春天大約在我五歲左右的時候，有一天上午，父親要送我去堂姐夫的私人學校發蒙讀書，可我死活就是不去。結果氣得父親拿起根小竹條到處追著我打，一邊追一邊口裡還不停地罵：“媽的，你小子既然不願意去上學，那你就扛把鋤頭跟著我上山開荒地去算了！”那時我年紀雖小，但身輕如燕跑起來飛快，已經年近七旬的父親，他哪裡能追得上我？！我記得當時已是春末時節，麥苗已經抽穗比我高了。父親追我從家裡跑出來後，我就徑直往村外的麥田裡面鑽，此時父親看不見我究竟是藏在哪兒，拿我就更沒有辦法了。鄰居們見此情景，紛紛勸我父親說：“幺爺爺，算了！孩子才五歲不懂事，他不願上學就隨他了，等過一、兩年他大一點再說吧！您老人家這樣追他，萬一他跑不見了，您老人家不是更傷心嗎？”母親也在一旁著急地勸說父親，讓他不要再逼我了。（這裡人們或許會問：既然我父親在他們的弟兄之中排行老三，為什麼家門中人卻稱他為“幺爺爺”而不是“三爺爺”？原因是在我們老家當地舊時還有一個習俗，即一家人如果有四、五弟兄或四、五姐妹以上，父母往往把倒數的第二個男孩或者女孩稱為“幺”，而把最後一個男孩或女孩稱為“滿”，比如“幺兒”、“滿兒”，或“幺妹”、“滿妹”等等，意即這對夫妻的孩子已經生得足夠多的了，已經生“滿”了，不想再生了。因我父親在他們弟兄之中排行倒數第二，因此，我爺爺奶奶就把我父親叫“老幺”，而把我叔叔叫“老滿”。由於父親在家族中的輩份比較大，於是家們中人便稱呼我父親為“幺爺爺”，而我叔叔則稱為“滿爺爺”。）父親經人們一提醒，這才作罷。但是當時我想，父親可能還沒有完全打消讓我去上學讀書的念頭，我想讓他更著急一些，於是當天直到中午吃午飯時我就一直躲藏在麥田裡沒有出來。由於肚子餓，我就坐在麥田裡摘套種的豌豆角來吃。整個上午父母親到處找我都沒找到，他們顯得非常地焦急，最後還是我哥哥在麥田中央找到了我，並把我背回了家中。從那以後，父親就再也不敢逼我去上學了。就這樣，我在家裡又玩了一兩年。到了1955年的秋天，我已經七歲多了。有一天晚上，吳明亮幺哥來我家聊天，他對我父親說："幺爺爺，9月份我要去米潤教書去了。鄉里面在米潤辦了個小學，他們請我去當老師。您就讓幺兄弟跟我去米潤小學讀書吧！怎麼樣？"父親說："好啊！小老幺現在已七歲多了，是應該上學了。你既然在那裡教書，那他就跟你去吧！"當父親問我去不去上學時，我想吳明亮幺哥這麼喜歡我，他教我認字的時候，如果認不出來，他很可能不會打我，於是我很爽快地就答應了，哪知道政府辦的新式學校是不准許打人的。因此，當年9月初我就同村裡的一、二十個小夥伴，高高興興地到米潤小學上學去了。

我的童年在未上小學之前，應該說還是比較幸福的，因為那時種田種地還是各家各戶，農村人的生活簡樸而自然、寧靜而祥和，加上那時父親還在世，家中的生活比較滋潤，可以說是衣食無憂。而且童年時期我還經常與小夥伴們一起上山去放牛、割草、砍柴和玩耍，感覺非常地有趣。雖然已經過去了五、六十年，但大腦裡常有美好的回憶。上世紀五十年代初期，我們老家附近的山上到處都是原始森林，森林裡不僅時常可以看到野豬、刺蝟、穿山甲、黃鼠狼或黃麂等野獸出沒，還可以看到拖著漂亮長尾巴飛行於林間的錦雞以及喜鵲、杜鵑、畫眉、黃鶯、斑鳩等各種各樣的山雀，而且一年四季都有優美的風光。由於植被好，甘甜清冽的山泉水終年不斷，夏天每逢老鄉們去六枝下營盤趕場回來時，往往成群結隊地都要坐在老黑山山嶺上的涼水井埡口休息。此時人們還會從路邊的灌木叢上摘張寬大肥厚的新鮮樹葉，並把它折成漏斗形的瓢狀，然後再舀上幾瓢清涼甘冽的山泉水美美地慢慢品賞起來，那滋味似乎比現在時興的什麼可樂都還要可口。春天，不僅田邊地坎及路邊山上開著火紅的映山紅，而且各種顏色的杜鵑花及野花開得滿山遍野，整個山鄉猶如一幅優美的山水畫。一到夏天，山上的各種野果如楊梅、桃子、李子等成熟時，小夥伴們就會邀約一起上山去采摘楊梅或桃子等野果，其中又以小水井的那棵又大又紅得發紫的火炭楊梅最為搶手。而秋天的景色則更為漂亮，此時不僅滿山遍野的楓葉紅得似火，而且山上的板栗、柿子及獼猴桃等野果隨處可見。那時村子附近的國家寨及沙地腳的田邊地角還有柿子、核桃及板栗等果樹。秋天我們幾個小夥伴常常會在下過秋雨的早晨，天剛亮就約起跑到某個山上的板栗樹腳下去揀最大顆最香甜的板栗。有時我們又會帶上籮筐上山去採摘獼猴桃或柿子，拿回來後放到家中的閣樓上，然後就可以美美地吃上十天半月甚至個把多月了。那時候的冬天特別冷，出門時常常可以看到老黑山的山梁上白雪皚皚，而每家的房檐上則掛滿了一兩尺長的冰柱。寨子旁邊的水田裡則結上了一層厚厚的冰，於是小夥伴們會把家裡的小板凳拿來當冰撬使用，他們把小板凳倒過來平放在冰面上，然後人坐在板凳的腹部中間劃著玩耍。過年時我們小孩不僅可以吃上各種各樣的粑粑或零食，還能穿上新衣服，而且寨子裡還會立上幾副高高的秋千，以供大人和小孩們玩耍。有時小夥伴們也會製作類似於朝鮮族人的那種磨磨秋千來玩，即在平地上立一根一兩米高的柱子，在柱子頂端再架上一根可以轉動的橫樑，然後在橫樑的兩端再各掛一副小秋千，兩個小孩一人坐一頭，旁邊的人幫他們轉起來以後，大人小孩們都高興得直拍手叫好。秋天或冬天小夥伴們一起上山去放牛時，我們還會在平地上一起玩"打雞兒棒"的遊戲(雞兒棒是一長一短、一粗一細的兩根大小木棍，然後用一隻手拿大木棍擊打小木棍，並以大木棍擊打小木棍飛出去的距離遠近以決勝負，此遊戲有很強的技巧性和娛樂性)，這個遊戲既安全又有觀賞性；有跑有跳，既鍛煉了大腦，又鍛煉了身體的協調性，小夥伴們都非常喜歡。每年的不同季節，我們老家的山上還會長出各種野生蘑菇，比如初冬或初春時節，山上枯樹樁上會長出大朵大朵的白冬菌，夏天山上的茅草地裡又會長出鮮味十足的雞樅菌，而灌木叢裡還可以采到羊肚菌、牛肝菌、黃絲菌等，秋天的枯樹上還長有香菇。總之，差不多一年四季都可以采到各種各樣的菌子。冬季裡我們村子裡差不多每家都會殺年豬過年，而每逢宰了年豬燒火熏臘肉，當我們全家坐在火塘邊烤火時，父母親總會從尚未熏好的豬腿上割下一大塊瘦肉，然後用竹簽穿起來烤給我吃，那烤肉的鮮香味道簡直難以形容，至今回想起來還會直流口水。總之，童年時期的老家是我一輩子魂牽夢繞的地方，那裡有我許許多多童年美好的回憶。

(三)

童年時除了家鄉的優美自然風光，還有許多當地農村的風土人情及風俗習慣，也給我留下了難以磨滅的印象。這些風土人情及風俗習慣隨著時代的變遷和科技的進步，不少已經有了很大的改變，而有的則已經完全絕跡了，現在即使在當地農村或許已經看不到了。在這裡我將略記一二，以使我們的下一代對老家原有的風土人情有所瞭解。

以前我們當地的老鄉們修房蓋屋全部用的都是木頭，因為我們山裡別的沒有，有的就是樹林，而且滿山遍野都有建房用的優質木材——杉木。山裡人蓋新房時，一般都是根據家境的貧富程度來決定修多大的房子，而房子的大小則以"幾個頭"來評判。所謂幾個頭就是一排由立柱組成的排扇有幾根立柱就是幾個頭，最小的房子一般為7個頭(即中間最高的一根立柱作為屋脊中柱，兩邊各分別為 3 根柱子對稱排列)，最大的房子有13個頭或15個頭的。一般的小戶人家修的是7個頭的房子，也有修9個頭或11個頭的。普通的房子一般為長三間兩層，即除中間的一間用作堂屋外，兩邊各修一間作為臥室或廚房，而樓上則作為存放糧食的倉庫或作它用。大戶人家一般修13個頭或更大的長五間的兩層大房子，同樣的中間一間作為堂屋，兩邊的四間作為廚房或臥室。堂屋一般是供奉神祇用的，也就是說，各家各戶都會在堂屋裡設置神龕，神龕上供奉有"天地君親師位"的牌位，老百姓俗稱供菩薩，同時堂屋也是處理家庭重要事務的地方。因此，堂屋是一個家庭的神聖場所。此外，人們還常常在正房的側面修建廂房，以用作飼養牲畜的牛(馬)廄和收納柴草、犁耙、農具等雜物。

貴州農村山里蓋房子

　　農家的修房蓋屋對農民們來說，是家庭中除婚喪嫁娶之外的重大事務之一。因此，舊時的農家對此非常重視，從選擇屋基到何時立房都要請風水先生來斟酌選擇良辰吉日，而立房子的那天，主人家通常要操辦酒席來招待親朋好友。人們建房時，一般要請兩三個木匠師傅來主持修建，而且整個蓋房過程中不能使用任何一顆鐵釘。建新房時屋基平整好以後，木匠師傅先將砍下來存放了一段時間至少陰個半幹的杉木，根據主人家的要求做成 7 個頭或 9 個頭、甚或更多個頭的排扇。排扇做好以後，木匠師傅(俗稱掌墨師)要在吉日吉時(一般是在吉日的淩晨 5 時左右天剛濛濛亮時)祭魯班，此時掌墨師傅左手提一隻雄雞，右手握一柄板斧來到排扇當中，用斧背輕輕逐一敲擊躺在地上的排扇中的不同立柱，同時口中高聲唸道：“天上紫雲開，魯班下凡來。魯班來到此，正是伐木時。一伐天長地久，二伐地久天長，三伐三元及第，四伐常發其祥！”掌墨師祭完魯班後，人們即刻燃放鞭炮，接著就

貴州山民立新房上樑

是立房屋的排扇骨架，此時全村的青壯年男子都會不請自來

地到現場來幫忙，因此場面非常壯觀。排扇立起來以後，木匠師傅隨即用許多木頭穿枋的榫卯結構件將幾個排扇連接固定在一起，這樣這間新房的屋架就建立起來了。吃過中午飯以後，又在擇定的吉時（一般是在立房的當天下午 1 點左右）上樑。所謂上樑就是在新房居中的堂屋兩根中柱上，架設一根特別選定的又大又粗的橫樑。而這根橫樑是由主人家的妻舅精心挑選而贈送的，妻舅家一般會在立房的前一天傍晚，請四個年輕小夥子抬著披紅掛彩的房梁，並由一幫吹鼓手沿途吹著嗩吶敲著鑼鼓給立房的主人家送來，到了主人家村頭寨口時還要燃放煙花爆竹，儀式相當隆重。

中午上樑之前，掌墨師首先在由妻舅家送來的房梁的正中間位置畫上八卦太極圖，並用紅布包裹數枚銅錢（或銀元）訂在房梁上，同時將一條或數條長約丈許寬約兩三尺象徵吉祥喜慶的紅布對折掛在橫樑正中央。吉時上樑之前，掌墨師要先殺一隻雄雞來祭梁。此時掌墨師先用左手握住公雞的雙翅，再用右手指甲掐破雞冠擠出雞血，然後將雞冠血塗抹在房梁的兩端和正中位置，同時一邊塗抹雞血一邊高聲唱唸祭文：「東家賜我一只好雄雞，而今拿在我手裡。一祭東，兒子兒孫在朝中；二祭西，兒子兒孫穿朝衣！祭梁頭，兒子兒孫做諸侯；祭梁腰，兒子兒孫穿龍袍；祭梁尾，兒子兒孫高中舉！」祭梁畢，眾人於是用繩索將房梁拴住提起，然後橫架于堂屋正中的兩根中柱上。此時，一眾嗩吶匠吹鼓手立即吹奏起歡快的樂曲，同時人們又在立好的排扇房架上燃放鞭炮，主人家還派人從房架頂上向地面上的人群拋撒梁粑和少量清水，預示主人家的房屋建成後必定風調雨順、吉祥安康。而地面上的人群則爭先恐後地拼搶從屋架頂上拋撒下來

如今的杉木民居

的梁耙和尚未炸開的鞭炮，整個新房裡呈現出一片人聲鼎沸的歡樂景象。屋架立好以後，房屋的室內外裝修包括樓板、牆壁等全部都用杉木改成的木板來完成。屋頂的鋪蓋，在我們當地未燒磚瓦之前，蓋的都是茅草屋。上世紀六十年代末期，我們當地開始請四川泥瓦匠來指導燒磚瓦以後，人們也就全都住上了瓦房。這樣的木板房建成以後，住在裡頭可謂是冬暖夏涼，感覺十分舒服。然而進入新世紀以後，我們當地雖仍盛產木材，但是由於封山育林和木材價格偏高，如今人們建房已不再使用木材，而是紛紛建起了堅固耐用、高兩三層或三四層的鋼筋混凝土樓房，家家戶戶都過上了樓上樓下電視電話的幸福生活。

其次，我們老家那地方舊時還有個"哭嫁"的習俗。舊時青年男女到了十三、四歲的年紀，父母親就要開始張羅為他們尋找物件了，找到物件以後，男方家要把男女雙方的生辰八字寫在一張紙上，然後拿去找先生比對看兩人的"八字"是否合得來。如八字合得來，過一兩年到雙方十六、七歲時，男方家就要去給女方家"發八字"（又叫納八字）了，即男方家請媒人去給女方家下聘禮，如女方家接收了，那這樁婚事就算正式篤定了。納完八字一兩年以後，到男女雙方十八、九歲時，兩家又要開始張羅結婚的喜事了。至於結婚的喜慶日子，一般都是由男方家請先生擇定，男女結婚時，雙方家庭都要操辦酒席來款待自己家的賓客，關係較近的內親們一般都要給辦喜事的人家送大禮。其中男女結婚的頭一天是女方家操辦酒席招待娘家親朋好友的日子，這一天女方家還會煮上百十個雞蛋，煮熟後再把雞蛋殼染上胭脂紅，然後把這些紅雞蛋散發給左鄰右舍的兒童們食用，寓意喜慶吉祥。第二天即男女結婚的那一天才是男方家的喜慶日子，這一天男方家通常都要大操大辦，宴請八方賓客。男方家結親的隊伍一般是在頭一天女方家辦酒席的傍晚到達女方家的，去接親的人除新郎官以外，還有一幫送接親彩禮的年輕人，而講究的人家還雇有一乘供新娘乘坐的花轎。女孩結婚的頭一天，一般要在家裡進行精心地梳妝打扮，新娘子的嫂子或好姐妹會用一根紅絲線，幫新娘子把嘴唇上下看起來比較粗和顯眼的汗毛去除掉（這就是俗話說的新娘子出嫁之前的"絞臉"），同時也幫她把眉毛弄成漂亮的柳葉眉，頭髮也要進行精心的梳理，這樣新娘子看起來就更加清秀和俊俏

貴州山區迎親圖

了。那時市面上也沒有什麼五花八門的化妝品，講究點的人家，新娘子或姑娘們常用的就是胭脂粉或雪花膏。結婚的那天早晨，不管是娘家的人還是新郎家來接親的人，天還不亮很早就起床了。起轎之前新娘已

在閨房中小聲地哭泣，而到起轎離開娘家時新娘子哭得就更其（更加）傷心了，其本意就是覺得父母養育了我這麼多年，現在我要離開父母開始自己新的人生了，心中感覺十分不捨。因此，新娘子離家之前的哭泣在普通人看來是十分正常的，沒有任何人會去干擾或勸阻。接親的隊伍出門離開娘家時，除了要燃放煙花爆竹以外，新娘家通常也會請一幫人（其中包括兩個兒童作為送親童子），把娘家送的嫁妝連同新娘一起送到新郎家去。當年娘家陪嫁時送的嫁妝一般都會有：一張床、一個衣櫃、一個衣箱、多套全新的床單被褥以及新娘的衣物等等。同時，在作為嫁妝的衣櫃中，娘家常常還會裝上一些花生、核桃及葵花籽等堅果類食品，一是象徵多子多福，二是新娘子帶到婆家以後，新婚當晚年輕人們鬧新房時，新娘子會拿出來賞賜給鬧婚的年輕人們吃，以此緩解鬧婚時遭遇的窘況。送親的人到了新郎家以後，在新郎家吃完喜酒後送嫁妝的人就回娘家去了，而送親童子及兩三個送親的直系親屬，卻要在新郎家待上兩天，然後第三天新郎新娘回門時，才會一起回到娘家去。我在四、五歲時，因家門中的一個侄女結婚，曾經做過一回送親童子，當時的場景至今仍歷歷在目。

另外，舊時我們當地農村還有個跳神治病的陋俗以及安葬死者時要"撒買路錢"的喪葬習俗。舊時我們老家當地既沒有醫院也沒有醫生，人們生病時，假如是受涼感冒，通常就會弄一大碗熱的辣椒水或姜湯趁熱服下，然後捂著被子睡一覺發發汗，可能很快就會好了。如果是頭疼腦熱而過了很長時間都還不見好，又或者是某些叫不上來的毛病，人們認為是撞到鬼了，於是常常就會去請端公或神漢來跳神，然後再輔以某些中草藥熬水服用，過個把星期這病或許就好了，人們把這種治病方式叫做"神、藥"兩解。也就是說，光跳神可能不一定管用，在跳神的同時還要輔助服用一些中草藥。老百姓相信跳神能治病，在今天看來實際上就是起到了一種精神安慰劑的作用，因為這個病人可能本來就沒生多大的毛病，即使不跳神的話過一段時間這個病或許自己就好了（當然也許會痊癒得相對慢一些），但跳了神後，病人的頭腦裡自然而然地就會產生"跳神後我的病很快就會好了"的願望，病人的免疫力增強了，於是這個病果然就好了。因此，舊時老鄉們非常迷信這種跳神治病的作用，請神漢跳神治病在當時的農村還相當盛行。

幼年時我曾在老家多次親眼目睹過神漢跳神，神漢跳神的場景至今仍歷歷在目。當年神漢跳神一般都在晚上舉行，而且共分三個步驟，即請神、跳神及退(送)神。神漢跳神時寨鄰中的人都會前來圍觀，當神漢坐在事主家堂屋中央的板凳上口中念念有詞地請神時，主人家的堂屋裡常常擠滿了人，其中神漢周圍的部分中年漢子也會附合著神漢念念有詞地幫著請神。經過約莫十來分鐘的唱念以後，神漢的全身開始發抖，情緒也隨即亢奮起來，此時神漢說他是某某神仙"附體"了，於是便在堂屋中央手舞足蹈起來。此時被神附體的神漢，往往能夠做出一些匪夷所思的事情來，比如可以用手伸入火塘中去取火，也可以用光腳板踩在燒紅的火鉗上而不被燙傷，或者是吃燃燒著的浸了菜油的紙團等等。此時神漢會問主人家有什麼事要求菩薩幫助，主人回答說我們家中某某人中了邪生病了，希望菩薩能幫主人家驅邪治病等等。當主人家把生病的人扶到堂屋中央來坐定以後，神漢會讓主人家拿一個面盆來放在病人前面的地上，並在面盆裡倒上一斤左右的散裝白酒，神漢於是用紙錢(冥幣)將面盆裡的白酒點燃後，雙手將面盆裡面正在燃燒著的白酒反復多次地捧起來往病人的臉上來回地塗抹，人們把這番神仙操作叫做給病人洗"油火"(實際是洗"酒火")。由於農村散裝白酒的度數一般都不高，神漢往病人臉上抹白酒時火焰隨即也就熄滅了，病人只不過感到有一股熱氣上臉而已，因此一般也不會造成燙傷。神漢給病人洗完"油火"過後，病人就回房休息去了，接下來是神漢給主人家算命或算凶吉等，此時神漢一般會說主人家哪裡或哪方面有什麼問題需要進行整改，比如說主人家的哪個老祖公的墳墓需要重新遷移安葬或需要殺羊子來祭奠，又或者說主人家的大門口有一棵樹擋住了財運需要砍掉等等不一而足。神漢跳完神後，接下來就是退神了。退神時也要念退神辭，神漢及眾人念了三、五分鐘的退神辭後，再由兩三個大蠻漢扶著神漢倒立著用腳爬上主人家堂屋裡關著的大門上，神漢似乎像是在上面伸了個懶腰，下來後神就完全退去了，於是神漢就恢復成了常人。當年我家六枝張家平寨的三姨爹，雖然是個大字不識一個的老實巴交的莊稼漢，可是他居然也會跳大神，而且還能用腹語(俗稱"靈哥")給人算命，據說很靈驗。因此，他當時在六枝及下雲盤一帶還挺吃香，經常是這家剛請去那家又請來的，有時甚至還忙不過來。幼年時我們家當年不知是誰生病了曾請他來家裡跳過神，當時我親眼目睹他跳大神時，在眾目睽睽之下，他不僅一下子吃掉了不少燃燒著的浸過菜油的紙團，而且還光著腳板踩彎了剛從爐灶裡拿出來的燒得通紅的火鉗，那發紅的火鉗烙在他光腳板上時吱吱發響的聲音以及冒出的那股聞起來噴臭（焦臭）的青煙，至今仍歷歷在目。很顯然這是三姨爹使人相信他有真神附體的表演絕活。不過至今我仍然難以理解的是，他的腳板為何能承受如此六、七百度以上的高溫而不被燙傷。由此不難看出，跳神治病顯然是舊時農村不僅貧窮落後，而且缺醫少藥，再加上老百姓沒有文化、愚昧無知造成的後果。農村跳神治病在上世紀五十年代還相當盛行，但到了六十年代隨著政府在農村開展"破除迷信"的教育，以及文革中破"四舊"時對迷信活動的掃蕩，到了七十年代，跳神治病這一陋俗基本上就在貴州的農村地區絕跡了。

舊時農村人生了病，一是沒醫生可請，二是老百姓貧窮落後沒錢醫治。因此，除了請神漢跳神以外，人們生病以後大多就是拖著或扛著，看他（她）自己會不會好起來。舊時人們的觀念是，上了年紀的老人生病去世，這是人生的必由之路，尤其是六、七十歲以上的老人生病以後，一般家庭都不會很著急地為他們張羅治病，而是忙著張羅準備後事，比如備辦棺材、找陰陽先生看陰宅用地、備辦喪葬物品等等。人死了以後，一般都用棺材裝殮進行土葬，對普通人家來說，這是人生"婚、喪、嫁、娶"的重大事務之一，因此老百姓歷來對此十分重視。為死者尋找墓地及選擇安葬日期，同樣要請陰陽先生來根據死者的生辰八字反復推敲選擇確定，同時安葬死者時事主家還要請道士先生來做道場，即請先生來念經為死者超度靈魂，我們當地把這種念經的儀式叫做"伴靈"。道士先生做道場伴靈時，一般都是在主人家的堂屋裡舉行，若是主人家的堂屋過小或主人家的客人太多，也有在室外搭建臨時靈堂來伴靈做道場的。一般人家為死者念經只做一個晚上的道場，而比較講究的大戶人家則有連做三天三夜道場的，不過這極為少見。道士先生念經做道場時，主人

贵州农村伴灵守灵图

家的孝子賢孫要在道士先生的指導下披麻戴孝定時在死者棺槨周圍繞棺並叩頭。當天晚上做道場伴靈時，村裡的男人們基本都會前來捧場，第二天早晨一大早天還不亮（吉日吉時）抬棺材上山時，那時沿途都是人山人海，全村的青壯年男子都會上前來幫忙，這是繼修房蓋屋時第二個不請自來的重要時刻。此時，主人家在道士先生的安排下，要沿路拋撒大量的紙錢（冥幣）作為買路錢（即交過路費），而棺槨入殮放入墓穴後，道士先生要殺一隻羊來祭奠神靈並拋撒部分紙錢來"買地"（即為死者購買墓地）。此時由一人代表土地的擁有者走在前面圍繞墓穴轉圈，並一邊走一邊不斷地高聲呼叫："賣地！賣地！"而另一人則牽羊緊隨其後，邊走邊拋撒紙錢並代表主人家不斷地應聲答道："買地！買地！"而這樣的喪葬習俗在貴州只是我們漢族人才有，本地的彝族、苗族或仡佬族等土著人家安葬死人時則不用拋撒買地和買路的紙錢。據說這種習俗是數百年前我們漢族的先祖初來貴州時，貴州不僅是蠻荒之地，而且全部由彝族、苗族或仡佬族的土司們統治，當時他們土著人是多數，我們外來的漢族人是少數，因此漢族人必須接受他們的統治。由於當地的土地山林都屬土司們擁有，當我們漢族人家死了人要抬去山上安葬時，首先要用銀錢向土司們購買墓地，抬棺材上山時還要向土司們交納過路費（即買路錢），否則土司將不准我們漢族人家埋葬死者。後來隨著從外省遷來的漢族人口逐漸增多，漢人的勢力也越來越大，土司們覺得再徵收漢人埋葬死者的銀錢似乎不妥，於是漢族頭領便與土司的頭領達成了新的協定，即漢人安葬死者之前，不用再交納銀錢等實物了，只要象徵性地給土司他們

的祖宗神靈拋撒些紙錢（冥幣）作為購買墓地和過路的銀錢即可，於是雙方皆大歡喜。從此以後，我們貴州的漢族人家安葬死人時，沿路拋撒紙錢（冥幣）作為交買路錢和購買墓地的習俗就代代相傳而約定成俗了，至今這個習俗仍未改變。

（四）

以前我們家附近的幾個村寨沒有一所正規的小學，直到1955年，鄉里才在我們杉木寨鄰村的米潤村裡開辦了一所公辦小學。當年9月初，我提著哥哥給我買的彩色藤條編織的書包，高高興興地上學去了。米潤小學離我們村大約有三華里，走路一、二十分鐘可到。當時這所小學是新開辦的，沒

2000年5月在首定与老家吴氏子侄孙辈合影(左六为作者)

有現成的校舍，也沒有正規教學用的桌椅板凳。教室除了鄉
里解放初建的一棟公房以外，其餘的都是臨時借用老鄉家的
堂屋，桌椅板凳也是學生自己帶的。不僅缺乏教室，老師也
不夠，所以一二年級就共用一個教室和一個老師。老師上課
時，先教一年級，然後再教二年級，每個年級上半節課。我
們一、二年級的語文老師正好是我的堂哥吳明亮，而我的大
名"吳明清"就是他給取的。開學第一天，他給我們班上沒
有大名的同學逐個地取了名字。輪到給我起名字時，他說：
"因為你是明字輩，那就給你起個名字叫吳明清吧！明清明
清意思就是要明明白白地做人，清清楚楚地做事。知道
嗎？"從此我就有了"吳明清"這個大名，並沿用至今。

　　我們一、二兩個班總共大約有三十多個學生，我們的教
室是解放初期鄉政府在米潤村裡修建的一棟公房。教室裡沒
有什麼正規的座椅板凳，所謂的課桌，就是用幾塊四、五十
釐米寬的厚木板，搭在方凳或者幾塊石頭上。至於椅子，則
是學生自己從家裡面帶去的小板凳，辦學條件極其簡陋。另
外，教室裡四面通風，窗戶上空蕩蕩的，別說玻璃就連糊窗
戶的紙都沒有，屋子裡也沒有什麼頂蓬，一眼看上去就是屋

2019.4.昆明（右為曾孫吳仕龙）

梁和瓦片。春夏秋三季，學生坐在裡面上課問題還不大，但是到了冬天，教室裡面就特別冷了。為了解決學生冬天上課時的取暖問題，起初學校要學生自帶火籠（一種竹編的裡面能放小炭火盆的竹籠子）到學校去取暖上課。不過有火籠的學生畢竟是少數，絕大多數學生家都沒有，於是不少學生就用舊陶罐或舊砂鍋裝上炭火帶去學校取暖。上課的時候，有的學生常常還在生火，結果弄得整個教室裡烏煙瘴氣，學生們的咳嗽聲此起彼伏，上課的老師也只得等學生們都安靜下來以後，才開始上課。過了不久學校出錢買了煤炭，於是就在教室的四周燒起了幾籠大火，這樣教室裡就暖和多了，學生們也不用再自帶火籠或火盆了。

　　我們這個一、二年級的複式班，當時主要有語文、算術、體育、寫大字（毛筆字）及音樂等課程，其中語文及寫字課是由吳明亮老師負責。吳老師上課時聲音非常洪亮，課堂紀律要求十分嚴格。他首先把當天新課文的生字寫在黑板上，然後教學生一個字一個字的認讀，最後再教我們閱讀課文。新課文教讀一兩遍以後，就讓學生們自己朗讀。朗讀課文結束以後，然後抽學生站起來認讀生字，對認讀不出生字的學生，雖然新式學校不許體罰學生了，但往往會被叫起來罰站或者狠狠地批評。我記得上語文課的時候，不僅我們一年級語文課裡老師新教的生字我全部認得，就是老師教的二年級語文課的生字，我也全都認識。所以每當二年級有個別學生認不出生字的時候，吳老師總會把我叫起來讀給全教室的學生聽。每當我流利地讀完生字以後，吳老師總會對站起來讀不出生字的二年級學生說："我看你真是個豆渣腦筋喲！你看人家吳明清這麼小，而且才剛上學都能認得，你為什麼就認不得了？難道你的腦袋瓜裡面裝的全都是豆腐渣嗎？你跟我說是不是？！"我知道這個時候吳老師明裡是在批評那個不認得生字的學生，而實際上也是在表揚我，所以當時我感到又害羞又高興，對學習的興趣也就更濃了。

我們小學一年級剛上了一個學期，轉眼就到了 1956 年年初。元月中旬放寒假以後不久就要過春節了。我記得父親對於過舊曆年有許多講究。首先臘月二十三要祭灶神，而祭

2000.5.作者(左)與侄兒吳云(中)侄孫吳順义(右)攝于普定

灶神時大多是在晚上。大概晚上十一、二點鐘左右（我們小孩子大多都睡覺了），父母親會在灶臺上擺上一碗刀頭（即一塊三寸見方帶有肉皮及肥膘且已煮熟了的新鮮豬五花肉或臘肉），再倒上一小杯燒酒，然後再點燃三炷香插在灶頭上。父親先在灶台前磕上三個頭，起來後再作兩個揖，然後嘴裡念念有詞地說："菩薩啊！你上天去給玉皇大帝彙報的時候，多跟我們家裡說說好話，保佑我們全家老幼平平安安、來年風調雨順五穀豐登。"緊接著臘月二十四就是大掃除的日子，這一天不僅全家人的衣服和被裡被面、包括桌椅板凳等等全都要拿出來清洗乾淨，而且屋裡屋外也要被打掃得乾乾淨淨，尤其是屋內連房頂上的灰塵和蜘蛛網等等，全都要進行大掃除。打掃完衛生以後，接下來的這幾天就是備辦年貨了，比如男人們就忙著宰年豬，女人們就忙著做豆腐、舂糯米面，打各種雜糧粑粑或者淨（純）糯米的糍粑等等，一直要忙到大年三十。大年三十的那天上午，一大早女人們忙著蒸糯米飯，然後男人們就把蒸熟的糯米飯打成糯米糍粑，中午全家人就以糯米糍粑為食。吃糯米糍粑時，全家人圍坐在八仙桌上，每人雙手捧著一團剛打揉成團的熱糍粑，再把糍粑揪小，然後分別蘸上紅糖水或蜂蜜，裹上抄熟後磨碎的蘇麻粉或黃豆麵，最後再把糍粑送入口中，這樣的熱糍粑吃起來別有一番風味，而且還特別扛餓。晚上則是一大桌子雞鴨魚肉等二十多個菜式的豐盛年夜飯。父親在世的時候，我們的寨子下面還有一個小土地廟。大年三十吃年夜飯之前，各家各戶都會端著刀頭去土地廟供土地菩薩，而這項任務大多落在我們小孩子的頭上。由於去供土地菩薩的時候大多是在吃飯的時間，那個時候去的人家很多，所以到了以後往往需要排隊等候，然後按順序去上供。供土地菩薩時，我們先把刀頭放在土地廟的供板上，插上已點燃的三炷香，再燒上幾頁紙錢，接著先作兩個揖，然後跪下去磕三個頭，起來後再作兩個揖，這樣供土地菩薩的儀式就算結束了。供完土地菩薩以後，我們端著自己家的刀頭急急忙忙地就往家裡跑，迫不及待地就想早一點趕回家去吃好吃的。當年供土地菩薩一般是從大年三十那天開始，一直要供到正月十五元宵節時才結束，每天中飯和晚飯供兩次。大年三十年夜飯前供完土地菩薩以後，家人開飯之前還要供家中的菩薩和家裡的老祖公。當年我們農村各家各戶都在堂屋裡設有"天地君親師"的神壇，逢年過節吃飯之前都要先供這個菩薩（那時一說到"菩薩"，人們都認為菩薩無所不能，而且人們不管做什麼事菩薩都知道，同時也受到菩薩的保佑。因此，不管是大人小孩，人人對菩薩都十分敬畏）。大年三十夜供完菩薩以後，接著就供家裡的老祖公，這時飯桌上的碗裡照樣要裝滿飯，擺好筷子和凳子，酒杯裡斟滿酒，然後家中的男主人站在方桌下首，口中念念有詞地把家門中各位老祖公的名字和稱謂都一一地念一遍，意思是請家門中的各位老祖公們前來過年吃年夜飯了，希望老祖公們吃好喝好，並保佑家中的男女老幼平安健康。念完以後，大約過個5分鐘左右（意即等老祖公們吃完飯），然後再燒點紙錢（冥幣）送給老祖公們。此時男主人還會把家中的所有小孩都叫來一起給老祖公們磕頭，於是我們會在方桌的下方先作兩個揖，再跪下去磕三個頭，起來再作兩個揖，供飯的儀式就算完全結束了，大年三十夜的年夜飯就正式開吃了。

　　大年三十吃完年夜飯以後，家家戶戶照例是要守歲的。我們當地過年時有一句俗話叫做"三十夜的火、十五的燈"，所謂三十夜的火，就是每年大年三十夜的晚上，家家戶戶都會燒一籠比平時又大又旺的煤火或柴火，然後全家人圍坐在火塘旁邊，一邊吃著各種各樣的小吃或者瓜子、花生等，一邊聊天一邊喜笑言開。而"十五的燈"，意思是正月十五元宵節時，各家各戶都要在室內外掛上燈籠或點上燈火，把屋裡屋外打扮得燈火通明而顯得紅紅火火的喜慶樣子。另外，大年三十夜晚上吃完年夜飯以後，每家每戶照例都要燒熱水洗腳。輪到我們小孩子洗腳時，大人們總會對我們說："今晚上你們洗腳要注意點哇！洗腳一定要洗到克膝頭（即膝蓋處）上才好，這樣你們將來去別人家串門時，會正好碰到人家在吃飯，那樣的話你們就有飯吃了。如果你洗腳沒洗到克膝頭，那末你去到別人家就有可能是去得太早了還不到吃飯的時候；如果洗腳超過了克膝頭，那你去到別人家可能就會去得太遲，人家已經吃過飯了，那樣的話你也就沒得機會吃飯了！"當時我們小孩子聽了總是半信半疑的，總覺得大人們是在開玩笑吧，目的是想哄我們把腳洗得乾淨一點。不過我們大多還是會按大人們的說法去做，每到大年三十夜晚上洗腳時，總會比平時洗得更認真更仔細，而且也一定會洗到克膝頭上。由此習俗不難看出，第一，說明吃飯問題歷來的確是老百姓最為關心的事情；第二，說明過去的民風還是比較淳樸的。在那個年代無論什麼時候你隨便走到哪一家，只要碰到別人家在吃飯，主人家一定都會招待你。如果你推辭不就，主人家總會說："你客氣什麼嘛！只不過是多雙筷子多個碗而已。"每逢遇到這樣的情況，主人家既然已經把飯都舀起來放在桌子上了，客人往往推辭不過，那怕即使是剛吃過飯，也會端起碗來吃它個一碗半碗的。這樣的場景小時候在我們家裡，我就曾經目睹過好多次。如果客人執意不吃，會被認為不識抬舉，亦或是認為嫌主人家的飯菜品質不好等等，如果傳出去這樣的人會被人瞧不起的。此外，三十夜晚上守歲的時候，大人們往往還要求我們小孩子不許睡覺或打瞌睡，一直要陪著大人坐在火塘邊熬著。但是我們小孩子哪裡能挺得住，往往不到半夜，就紛紛地倒在火塘邊睡著了，於是父母只好把我們抱到床上去睡了。另外，父親每年大年三十夜的晚上，他還有一項必做的工作，那就是去水井裡頭提"銀水"。一般是大年三十夜的晚上，大約是下半夜兩、三點鐘的時候天還未亮之前，他會提著兩個小口且有軟木塞的陶罐(一般是打酒用的酒壺)到村邊的水井裡去打上兩壺井水，然後提回家來放在我們家的閣樓上掛起，父親把這兩壺井水叫做"銀水"，預示和祈求來年我們家會有更多的銀錢進賬。這兩壺"銀水"提回家來掛起以後，究竟要放多久和怎麼處理，誰也不知道，因為掛在那裡誰也不曾動過(因父親曾對家裡的人交待過，不許任何人碰他提回來的"銀水"，而父親說的話在我們家裡往往就像聖旨一樣，家裡人從不敢違抗)。打我記事的時候起，父親每年大年三十夜的晚上，半夜三更的他都會去井邊提"銀水"，儘管我們家每年都沒有什麼銀錢進賬，但是他仍然樂此不疲。

1956年的春節剛過，大年正月初七父親就病倒了。起初聽說是受涼感冒發燒了，並且半夜半夜的咳嗽。當時我們家鄉既沒有醫院，也沒有醫生，只是找了一些草藥熬水給他喝，但他的病情不但沒見好轉，反而一天天地加重了。過了年初十，他不僅高燒不退，而且還拉起了肚子來，甚至到了吃什麼就拉什麼的程度，上吐下瀉導致人一天比一天更瘦弱了。當時農村已經是農業合作化的初級社了，過完年不久，社員們都在忙著積肥和做備耕工作，連小孩子們也都參加了集肥。人們大多提著一個畚箕或籮筐，滿山遍野去揀牛糞馬糞，然後交到生產隊去。我記得正月十五元宵節那天是個大晴天，天氣特別好，不僅豔陽高照，而且還非常暖和。那天下午我和幾個小夥伴正在村子上頭爛壩田一帶撿牛糞，這個時候有人跑到野外來找我，見到我後就對我說："小老么，趕快回家去！你媽媽叫我來找你，說你伯伯病得快不行了，你快點回家去吧！"我聽到這個消息以後，一路小跑地回到了家，這時大概已是下午五六點鐘了。只見母親和姐姐以及二伯媽、四嬸等幾個女的，在父親的床前不停地抹眼淚。母親見我回來了，連忙把我拉到父親的床前。此時父親已經基本不能說話了，但是見我來了，他強撐著身子，我和母親趕緊彎腰撲到床上去扶著他的肩膀。父親拉著我的手，聲音嘶啞地說："老么，伯伯怕是不行了，你可要好好地讀書啊！"然後就再也說不出話來了，不一會父親就落氣（咽氣）了。這個時候，母親、姐姐及二伯媽她們幾個女的就開始嚎啕大哭起來。我聽到哭聲，感到又悲傷又害怕，眼淚也不停地掉了下來。我知道父親他已經死了，那一年他七十一，而我正好剛剛滿八歲。

（五）

我們在米潤小學讀完了小學一年級以後，由於米潤小學實在不具備辦學條件，到1956年9月份新學年開學的時候，鄉政府就決定撤銷米潤小學，學生全部合併到臘柳鄉政府所在地的臘柳小學去了。合併到臘柳小學以後，整個臘柳鄉就只有這麼一所完全小學了。當時臘柳小學一至三年級每個年級各有兩個班，四到六年級各一個班，每個班有學生 30～40

人，因此全校有學生總共大約 350 人左右。轉到臘柳小學去了以後，開始的時候學生實行走讀，即所有學生，不論家離學校有多遠，學生早上走路去學校上課，下午上完課放學以後再走路回家。我們村離學校大約有七八裡地，步行上學大約需要45分鐘。當然我們村離學校還不是最遠的，最遠的如沙包、陶家爛壩等地的學生，他們的家離學校得有二十多裡遠，而且都是山路。學校大概是早上8:30左右上課，那些離學校遠的學生，早晨天不亮就得起床趕路。下午是 4:30 放學，如果是冬天的話，那些家住得較遠的學生下午放學回到家時，天已經完全黑了，因此他們上學更為辛苦，上學和放學回到家都是兩頭黑。相比之下，我們村的學生顯然要幸運得多。

我讀小學二年級的時候，教我們語文和音樂的老師是一位元個子高高的長得很漂亮、穿著也非常新潮和講究的年輕女老師，她的名字叫陳國蘭，家住大壩頭，聽說她是從貴陽來的，而且是大壩寨子裡頭一位富裕人家的兒媳婦。陳老師

2016.4 與老家部分侄兒侄孫相聚(自左至右:吳國義、鄧明礼、作者、吳仕龙、吳興荣、赵永思)

不僅人長得漂亮，而且書也教得好，上課時輕言細語，從不發脾氣訓人。因此，同學們都很喜歡她。我們每個星期有一節音樂課，也是她給我們上。她唱歌很好聽，也教我們唱會

了不少歌曲，其中有《康定情歌》、《藍藍的天上白雲飄》、《喀秋莎》等歌曲都是她教我們唱會的。陳老師教了我們一個學期，二年級下學期她就沒有教了，學校裡也沒有見到她的身影，後來聽說她回貴陽去了。我的堂哥吳明亮轉到臘柳小學以後，他教的仍然是小學一年級，但過了一個學期以後，同樣再也見不到他了。後來聽人說，學校對教師隊伍進行了清理和整頓，有人說陳國蘭老師是地主子女，而吳明亮幺哥是地主分子，因此學校就不讓他們教書了。為此，我的心情多少還感到有些失落，因為吳老師畢竟是我的堂哥，而且跟我家的關係又特別好。後來儘管吳明亮幺哥不再教書了，但他對我上學後的關心卻從來沒有中止過，一直到我讀初、高中時，假期中他也經常跑到我家來看我的學習成績單，瞭解我的學習情況。

我從小學三年級起，就擔任班上的學習委員，因為我的語文算術學習成績在班上總是名列前茅，而當班長的是大壩的胡明華同學（胡明華有個大哥叫胡明德，也在臘柳小學讀書，是五年級的班長）。胡明華要大我們四、五歲，在班上是個高個子，學習成績也不錯，總是排在前一兩名。我雖然學習成績好，但年紀小個子矮，又不愛說話，而且一說話就臉紅，於是班主任老師就對我說：吳明清，你就當個學習委員吧。其實學習委員的職責就是在班上幫老師收發作業本，其它也沒有什麼事。

我曾經經歷過並且至今在腦海裡還有印象的第一場政治運動，應該是 1957 年的"反右派"。記得大概是 57 年的 6～7 月份，那時農村是農業合作化的高級社階段，我們杉木村包括靛山、箐腳以及罐子窯是一個生產大隊。當時鄉里派

得有幹部下到各生產大隊來，組織和動員社員群眾開會搞
"大鳴大放"，給領導提意見和寫大字報。那時我們家房背
後是楊登高家，而貧下中農出身的楊登高（楊是我的一個堂
姐夫）是我們杉木大隊的大隊幹部，大隊的辦公室好像就設
在他家裡，當時楊登高的工作積極性非常高，大隊開會時，
他常常是會議主持者，而且他發言時的嗓門很高。鄉裡下來
的幹部大多落腳在他們家，大隊開會也在他們家裡。當年大
隊組織社員群眾開會"大鳴大放"給領導提意見時，由於大
多是在晚上舉行，地點又在我們家房背後，我們小孩出於好
奇，有時也會去湊湊熱鬧。有一天晚上我進了堂姐夫楊登高
家的堂屋以後，只見屋內不僅牆壁上貼滿了大字報，而且堂
屋中央還用繩子橫牽著掛了好幾排大字報。社員代表們則坐
在板凳上，大家你一言我一語地給大隊幹部、社主任或黨的
各項方針政策提意見。而社員群眾提意見時，往往都是用順
口溜的形式來表達，雖然已經過去了五、六十年，但至今我
仍然還記得一兩條。那時農村高級農業合作社對社員群眾已
經實行糧食定量分配了，我記得當時不論大人小孩，每人每
年分毛糧（不論是稻穀還是玉米）430 斤，這個份量對普通人
家來說應該是完全夠吃了，但對於某些人口較多而小孩又較
少的人家來說，這個份量顯然有所欠缺。因此針對這個糧食
定量政策，農民們編了幾句順口溜在"大鳴大放"的會上來
提意見："人人定量四百三，吃了不夠望拿來添；若是吃完
不得添，群眾將餓得打偏偏！"針對社員群眾必須要一起出
工一起收工，有的社員群眾認為人身不得自由，於是又編了
幾句順口溜："合作化來好是好，社員不能到處跑；若是領
導找不見，抓回來就脫不了爪爪（"爪"字貴州話讀 zao，三
聲，音同"早"。"脫不了爪爪"意即有麻煩了）！"在

"大鳴大放"的會議上，對於社員群眾揭發出來的個別有貪污問題的大隊或小隊幹部，有時會被參加會議的人抓起來五花大綁地綁起來批鬥，而這樣的批鬥會也常常是在晚上舉行。當時我們小孩一見到這樣的場面，心裡感到非常地害怕，覺得那些批鬥者怎麼會那麼狠心和下得了手，成年人的世界真是太殘酷了。被批鬥的人雙手手膀被兩三個男人用棕繩緊緊地捆綁著，不一會只見被綑綁人的手掌手指都發烏了，臉上也顯露出痛苦的表情。在批鬥的時候，每當被批鬥的人不承認指控時，批鬥者還會拿出兩根兩三尺長的木棒，分別撬在被批鬥者捆綁著的左右手膀子上並用力往下壓，使捆綁著的棕繩勒得更加緊實，此時被批鬥者便會疼得撕心裂肺地"哎喲！哎喲！"地叫喊起來。當我們一見到這樣的場面，立刻就會被嚇得看都不敢看地趕快溜回家去了。回家以後，由於批鬥會場就在我們家房背後，晚上又特別安靜，因此，當我睡覺睡到半夜三更醒來時，常常還會聽到被批鬥者因不承認指控而遭到毒打時的痛苦叫喊聲，於是我就趕緊用被子把自己的耳朵捂住。不過當年的"反右派"運動雖說也波及到了農村，但上級可能認為農民們沒有多少文化，他們即使提了些過激的意見，或是貼了些"不靠譜"的大字報，在農村中也不會產生多大的影響，因此，我們村裡沒有任何人被打成右派。不過我們臘柳小學就沒有那麼幸運了，我們學校裡有一位語文老師名叫龍興和，他老家是六枝岩腳鎮的，解放前上的貴州大學，是個文質彬彬、說話不緊不慢的知識份子，也不知他在57年的反右派運動當中，給當時的學校負責人或是共產黨的各項方針政策提了些什麼意見，結果當年他就被打成了臘柳小學唯一的一個右派份子，同時他也是臘柳小學唯一的一個有大學學歷的小學教師。被打成右派後沒過多久，龍興和老師就被"清除"出了教師隊伍，不讓他在臘柳小學教書了。為此，我們學校的不少學生家長都為臘柳小學失去了這樣一位很有學問的老師而深感惋惜。

到了 1957 年的下半年，我讀小學三年級上學期時，各地農村興起了大修水利工程的熱潮，我們老家附近分別在罐子窯及大地沖等地計畫修築兩、三座水庫，並由鄉政府出面組織各個生產大隊的勞動力，不分男女老少集中突擊。當時已是農業合作化的高級社階段，各地也按生產隊為單位辦起了集體食堂。由於農村勞動力都抽調去突擊修水利工程去了，家中的小孩沒人照管，於是在當時的農村也時興辦起了托兒所和幼稚園，把一些年老體弱的婦女抽調來充當阿姨。我哥哥姐姐大的兩個小孩當時也進了托兒所和幼稚園，為此，我母親也曾在托兒所裡當了一段時間的阿姨。由於各地已開辦起了集體食堂，我們小學生走讀回家就沒有地方吃飯了，於是學校就決定讓我們走讀的學生全部改為住校並在校辦集體食堂吃飯。

說到農村開辦集體食堂，開始的時候農民們的積極性非常高。因為聽說辦集體食堂天天都能吃到好吃的，而且還不用交錢，因此，上面剛一宣傳，各家各戶就把家裡所有好吃的，比如臘肉、香腸、豬油、粉條、豆腐，以及所有的大米、白麵，統統都交到集體食堂去了。我們生產隊的食堂就辦在我堂哥吳明剛的家裡，全生產隊社員各家交上來的肉食糧米等食品也都儲藏在他家的樓上樓下，食堂還抽調了生產隊裡公認的烹飪好手李少武、李崇儒兩弟兄當廚師，我哥則任出納員。食堂開辦之初，吃飯的時候就像農家辦宴席一樣，一、二十張大方桌在廚房前面的院壩裡一字排開，全生產隊的社員及大人小孩近百十口人一起，八個人坐一桌，每張飯桌上的菜式有一、二十道，比如香腸、臘肉、及雞、鴨、魚、肉等幾乎樣樣都有，大人小孩一邊吃飯一邊喜笑言開，場面非常熱鬧，而吃的菜式三天兩頭還不重樣。然而畢竟農村人家的物資儲備及經濟條件有限，農村的生產能力又非常低下，集體食堂大吃大喝的日子沒能維持多久，各家各戶交上來的雞鴨魚肉及臘肉香腸等等就基本全吃光了，於是集體食堂的伙食也就逐漸地一天不如一天了。後來隨著糧食供應逐漸緊張，集體食堂也由敞開肚皮大吃大喝，逐漸地就過渡到了按人定量稱飯的程度。此時，農民們對集體食堂的態度也就降到了最低點。

　　至於說小學生住校，我們農村的孩子誰家也沒有什麼像樣的行李。整個家當就是一床舊被子，一床草席，一個裝了兩升穀殼的布袋算是枕頭，一個小木盆，既是面盆拿來洗臉，有時又做腳盆拿來洗腳。至於搪瓷臉盆那個時候可是奢侈品，當時只是見鄉政府的幹部們用過。搪瓷臉盆不僅貴，而且還買不到，何況鄉下人也買不起。睡覺時草席下面鋪的則是一捆稻草，睡上去感覺又柔軟又暖和，我們班二、三十個男孩就睡在稻草鋪就的木地板上。那時我們貴州的農村，誰家的床上也都沒有見掛得有蚊帳。夏天晚上睡覺之前，每家每戶都會在屋內點燃一些能夠燃起煙霧的柴草，並把所有屋門及窗戶全部打開，此時屋內的蚊蟲因受不了煙熏紛紛飛向屋外。經過如此十來分鐘左右的煙熏以後，室內的蚊蟲基本上全都飛走了，於是再將所有屋門及窗戶全部關上，然後再上床睡覺。於是老百姓便把睡覺之前的這一番神操作叫做"驅蚊子"。不過我們在學校睡覺時就沒法驅蚊子了，因為我們住的是木頭房子，床是鋪在二樓的木地板上，床下鋪的又全是稻草，如果燒火驅蚊子的話就有可能引發火災，因此驅蚊子在學校裡是絕對不允許的。好在我們二、三十個學生睡在一個大房間裡，小孩子們瞌睡又大，即使有蚊子叮咬，平均在每個人的身上也沒有幾個包，而且往往一覺瞌睡就睡到了大天亮，所以根本就沒有人在乎是否有蚊子叮咬。不過冬天睡覺就特別冷了，因為宿舍裡四面通風，而且草席很薄很冰涼。然而一到天冷時，我們也有對付的辦法，此時我們就會兩、三個甚至三、四個學生擠著合睡在一起，然後幾床被子一起壓上，感覺就暖和多了。

學生住校以後吃飯就在學校辦的集體食堂裡。我們吃飯不用交伙食費，不過每天只能吃兩頓飯，即中午12點左右吃中飯，下午五、六點鐘吃晚飯。開飯的時候，食堂的大師傅們將蒸飯的大甑子抬到食堂外面的院壩裡放起，甑蓋打開以後，在每個飯甑裡再放上幾把舀飯的木瓢，吃多吃少由自己舀。開始的一段時間吃的盡是大米飯，菜裡也能吃上肉，後來飯裡就逐漸增加了粗糧，比如大米里摻和了玉米麵或玉米碴子。再到後來飯裡又摻上了蔬菜，飯也逐漸地不夠吃了。學生們吃的菜則是用搪瓷盆盛上煮好的蔬菜放在院壩的地上，七、八個學生一盆，大家都蹲在地上吃飯，這盆菜吃完了就再也沒有添加的了。剛開始時菜裡也還有肉，後來逐漸就見不到肉了，而且油水越來越少。蔬菜大多數時間吃的是茄子、南瓜或牛皮菜，這些菜油水少了，非常難吃，但又不得不吃，因為肚子餓起來實在也沒有辦法。由於十來歲的小孩子正是發育長個子的時候，不僅活動量大，而且消耗量也大，但是由於缺乏油水於是飯就吃得更多，因此後來到開飯的時候，學生們吃飯人人都是狼吞虎嚥似的，大家都在爭著搶飯吃。我們小孩吃飯不僅吃得快，而且在舀飯這個環節上大家還發明了一個"小竅門"。剛開始辦食堂的時候，由於飯菜的品質好，不管是用大碗或者小碗吃飯都能吃得飽。但後來隨著飯菜的品質越來越差，飯也比原來煮得少了，不少人剛吃到半飽再舀飯時飯甑裡就沒有飯了。為此，後來學生們普遍都買了個大號的搪瓷茶缸來當飯碗，開飯時先舀半茶缸或者大半茶缸來吃，吃完後第二次舀飯時，就舀一大茶缸滿滿的飯，有時甚至還用飯瓢把搪瓷缸裡的飯壓緊壓實，然後再加滿。這樣一來，用大茶缸吃飯的人，即使吃得慢一點，只要舀第二次飯時飯甑裡還有飯，就一定能吃得飽。時至今日，我吃飯仍是狼吞虎嚥的吃得又多又快，就是當年讀小學三、四年級時在學校搶飯吃養成的壞習慣，如今雖然已經七、八十歲了，但是這個爛習慣一輩子也改不了。

（六）

58 年大躍進的時候，全民差不多都在實行准軍事化管理，農村勞動力實行統一調配，今天開去這個公社修水庫或修公路，明天就有可能開到另外一個公社去煉鋼鐵。各地農村的村頭巷尾，到處都有用白灰刷寫的大標語，什麼"鼓足幹勁、力爭上游、多快好省地建設社會主義的總路線！"、"總路線、大躍進、人民公社三面紅旗萬歲！"以及"以糧為綱，以鋼為綱！"、"十五年超英趕美！"等等。當時，除了興修水利，全國各地一是興起大煉鋼鐵的熱潮，各地都在大建土高爐；二是各地農村都在"放衛星"創造"畝產萬斤糧"，"人有多大膽，地有多大產"，報紙上經常都在報導哪裡的小麥畝產達到了幾千斤，哪裡的水稻畝產達到了上萬斤，弄虛作假的浮誇風到處盛行。當時我們當地農村生產隊有兩件事給我留下的印象最為深刻，一是深耕，二是燒薰土肥。所謂深耕，就是上面派人下來指導農業生產，要求農民在耕地時要把耕作土深挖3～4尺，直到把耕作土下面的老生土翻到表面上來為止。上面下來的人對農民說，深耕以後農作物的根系才會紮得更深，這樣青苗會長得更為健壯，莊稼就能獲得大豐收。頭一年有的生產隊拿少部分耕地照此辦理，結果不僅費時費力，而且莊稼反而長得不好減產了（因為下面的老生土翻上來後沒任何肥力，莊稼哪能長得好），於是第二年就再也沒有生產隊搞深耕了。說到燒薰土肥，就是在冬春時節，上面要求農民上山去割一些柴草來放在乾田裡，然後將柴草燃成一堆堆的篝火，再讓農民把篝火周圍的土塊圍壓在篝火上去燒烤。篝火熄滅以後，第二、三天再將經篝火燒烤過的土塊分散撒到田裡去。那些燒過薰土肥的火塘，第二年夏天火塘裡的稻子秧苗果然長得非常茂盛，但問題是星星點點的燒根本解決不了土壤貧瘠的問題，而如果要大面積地燒，山上又哪有那麼多柴草？而且還費時費力，付出的勞力與收穫遠遠不成比例，所以少量的試驗了一年，第二年以後就再也沒生產隊願意幹了。這就是我們小時候看到的當時農業生產方面瞎指揮的兩個典型事例。

另一個印象最為深刻的記憶就是大煉鋼鐵。58年大躍進時提倡的口號是"以糧為綱，以鋼為綱"，而且在工業上要求中國在"十五年內超英趕美"，也就是說，當時全國一是大抓糧食生產，二是全民動員大搞大煉鋼鐵，因此58年全國掀起大躍進高潮時，大煉鋼鐵的熱潮在全國各地到處遍地開花。我們村子周圍的山上，上世紀五十年代初期到處都是原始森林，幾個人合圍的楓香樹、樺槁樹以及青杠樹等隨處可見，每到秋天，滿山遍野都是紅葉和野果。大煉鋼鐵那年，也不知是從哪裡調來的大量民工，一部分人上山去負責砍樹，對於那些幾個人合圍的大樹，他們把樹砍倒以後，將大樹截成三、四米長的筒子，然後再將樹幹內部掏空做成風箱，用來吹土高爐裡的炭火煉鐵。小一些的樹木則砍下來劈開燒成木炭，運到建有土高爐的地方去供煉鐵用。另外一些人，則在我們寨子下面名叫大坪子的平壩地帶建起了六、七座土高爐。人們用從山上砍來的樹木搭建起許多臨時工棚，外地調來的民工們就住在這些工棚裡。土高爐建成以後，公社動員群眾把各家各戶鐵做的農具、炊具，比如鐵鍋、鐵鏟以及廢舊的犁頭、鏵口等等一切舊鐵器，統統砸碎後送到大坪子去以供土高爐煉鐵用。與此同時，公社還發動社員群眾滿山遍野去揀鐵礦石，我們小學生也放假加入了上山去找鐵礦石的行列。大坪子的土高爐點火試車成功以後，工地負責人還組織民工們敲鑼打鼓地去給公社報喜，於是大煉鋼鐵的熱潮，一時搞得熱火朝天，一派欣欣向榮的景象。然而由於我們當地沒有什麼鐵礦，只是在煤山地區偶爾見到有少量的黃鐵礦出露，不多久這些零星的黃鐵礦很快就被挖完了。與此同時，在山上也找不到什麼鐵礦石，於是大坪子的土高爐很快就成了無米之炊，開工不到半年，這些土高爐就宣告下馬了。然而由此產生的惡果是，我們村子周圍山上的原始森林，經過大煉鋼鐵運動這麼一折騰，基本已全部被砍光了。

　　我們小學生除了參加大煉鋼鐵以外，每年在夏收和秋收時節還要放一、二次農忙假，學校組織學生去公社各地幫助生產隊收割莊稼。每次農忙假大約會放兩三個星期到一個月左右，由老師帶隊去有關的生產隊。我們全班二三十個學生，每兩個學生(男生和男生，女生和女生)帶一床被子，一張草席，每人再帶上一個飯碗一雙筷子，老師帶著我們今天到這個寨子去掰玉米，明天又到另一個村子去割稻子；走到哪兒就幹活在哪兒，也吃住在哪兒。忙完了這個村子裡的活，明天又轉移到另外一個村子裡去；哪裡需要人，我們就去哪裡幹活，直到公社機關認為收穫季節已經收尾，不再需要學生幫忙了，老師才帶著學生們回到學校。

到了 1959 年我念小學四年級時，聽說學校的食堂糧食供應不上，食堂停辦了。於是學校又決定不讓學生住校而恢復走讀了，而吃飯則在家鄉生產隊的集體食堂搭夥。這個時候生產隊的集體食堂伙食已經不行了，不僅缺乏油水，而且糧食供應不足。食堂裡煮的飯不僅粗糧多，而且還摻雜了不少的蔬菜，飯煮的非常軟爛。此時，生產隊的食堂早已不像原先那樣大家在一起吃大鍋飯了，而是改為以家庭為單位，按大人小孩每人定量稱飯，打飯回家後各家在自己家裡吃。我記得，大人當時每人每頓飯定量是一斤七兩，小孩則根據年齡的大小來決定稱飯的重量，我當年11歲，定量稱飯是每頓一斤。由於飯是摻雜了蔬菜或野菜煮的，飯顯得很稀軟，從食堂裡打來的菜又缺乏油水，大人們還要勞動，每頓一斤七兩飯根本就不夠吃。對我們小孩來說，一斤飯也就兩小碗，雖然我們不用幹活，但是兒童活動量大，每頓一斤飯也是不夠吃的。為此我們家把飯從集體食堂打回來以後，還要在飯裡再摻和一些野菜或者蔬菜，湊合著把肚子填飽。另外，生產隊的集體食堂還規定，小學生下午放學回家時，每天要在回家的路上採集2～3斤野菜交到集體食堂去，放學回家後才有打飯的資格。不交或者少交野菜的學生，就不給稱飯或者少稱飯。有一次我因野菜交得不足，食堂管理員鄧國友就要扣我的飯，為此我還同他大吵了一架，罵他是鄧麻子。由於我是第一次少交野菜，老母親又來給他賠小心，後來還是給我稱足了 1 斤飯。從那以後，我就再也不敢不交或者少交野菜了，否則就要挨餓肚子。這樣的生活從 59 年到 60 年，我上中學之前基本上就是如此。

當年儘管生活十分困難，學習條件也非常艱苦，學校上課也不太正常，但是我的學習成績基本上沒有受到多大影響，在班上一直都是名列前茅。1960 年的四、五月份，我念小學五年級下學期的時候，學校接到了普定縣文教局的通知，說小學五年級學習成績優異的學生，可以提前一年畢業報名參加六年級應屆高小畢業生一起報考中學。於是，我們五年級包括我在內共有三個學生獲得了提前畢業參加報考中學的資格。考試的結果，我們三個提前參加報考中學的學生全都考上了中學，其中班長胡明華和另外一個同學考上了化處農業中學，而我則考上了普定二中。由此，1960 年 9 月份，我提前一年小學畢業而跨入了中學的大門，那一年我正好 12 歲。

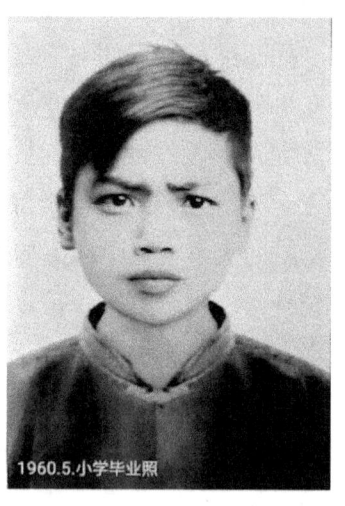

1960.5.小学毕业照

我的童年在上小學之前相對來說應該還是比較幸福的。那時父親還在，不僅物質生活相對優越，而且由於父親很早就對我進行了啟蒙教育，精神生活也是豐富多彩的，因此，幼時的童年可以說是無憂無慮而幸福的。然而自從上了小學以後，正趕上全國農業合作化運動，從小學三年級就開始住校和吃集體食堂，接著又經歷了大躍進和人民公社，我們小學生也被捲入了其中。當時我們不僅上山去揀過鐵礦石，而且一年兩次的農忙假，我們這些十來歲的小學生也像大人一樣，今天開到這個村，明天又開去那個隊，走到哪兒就勞動到哪兒，有時為了掙工分即使是寒暑假，我們也要參加生產隊的勞動。而最讓人撓頭的是，從小學三年級開始吃集體食堂後，不僅吃的缺乏營養，而且還經常吃不飽飯。這樣的童年生活的確是十分苦澀的。然而正是童年經歷過艱苦的生活，才磨礪了人生的意志，激發了人的潛能；童年時吃過苦，才使人更懂得感恩，更懂得珍惜。因此，可以毫不誇張地說，童年時吃過的苦，都是我人生的寶貴財富，使我受用了一輩子。

第二章 艱辛的少年時代

（一）

　　大約是 1960 年的 7 月份，當我和同村的吳興志接到普定二中郵寄來的入學通知書的時候，通知要求我們到普定二中白墳分校去報到，當時我們二人為此都感到很納悶。既然是考上了普定二中，為什麼不去縣城而是去白墳分校報到？白墳分校又是怎麼來的？它又在哪裡呢？由於當時我們都是十二三歲的小孩，自然不知道普定二中白墳分校是怎麼來的，但據後來瞭解到的情況，才完全弄清楚了白墳分校的來歷。原來在 1958-59 年的大躍進年代，全國各地在大煉鋼鐵的同時，各行各業都在大幹快上，而教育戰線也不例外，全國各地都在擴建中小學校和擴大招生。普定二中正是在此大環境下，在原普定縣農業中學的基礎上建立起來的。普定農業中學創建於1958的大躍進年代，由於當時僅有一棟磚木結構數十平方米的老舊教學樓，因此當年僅招收了一個班約三、四十個學生，接著 59 年又招了一個班數十個學生，到 60 年初縣裡決定籌建普定二中時，普定農業中學僅有學生兩個班約七、八十人。當年縣裡決定將普定縣農業中學改建為普定二中的同時，決定重新修建一座大型的教學樓。考慮到普定二中新教學樓的建設需要相當長的時間，縣裡於是又決定將化處區白墳鐵廠下馬後遺留下來的廢舊廠房及辦公樓，臨時改建為普定二中白墳分校，用以接納當年招收的新生，待校本部的新教學設施完全建成後，再把白墳分校的學生遷回校本部去。因此，普定二中當年招收的大約四百來個初中一年級新生，全部都收到了去白墳分校報到的入學通知書，而我就是這四百來個新招的學生之一。

白墳分校的校址位於普定縣化處區政府所在地附近的播仁公社白墳大隊，這裡離區政府機關大約 5 公里，離我們老家大約20公里。白墳的地名就是因其所在地有一所很大且建得很堂皇的白色墳墓而得名的。1958 年全國掀起大煉鋼鐵熱潮時，縣裡在白墳附近的隴子山腳下建起了十幾座煉鐵的土高爐，全盛時期這裡有工人三、四百人，工人們上班實行三班倒。我們老家附近山上常年有不少民工砍樹燒木炭，就是專供這裡的土高爐煉鐵用的。這裡的土高爐煉鐵用的大木頭風箱，據說不少也是從我們老家附近的山上砍來的大樹做成的。然而由於大躍進年代的許多建設專案都是大轟大上，普遍缺乏前期的可行性論證，白墳鐵廠正是這種大幹快上的產物。由於白墳附近甚至整個化處轄區內並無鐵礦，白墳此地也無充足水源供給，鐵廠建成後不久就成了無米之炊，堅持了不到一年左右，隨即也就宣告下馬了，由此就為後來普定二中白墳分校的開辦留下了一筆資產。由於那時候國家的資產都是統一調配，二中在此開辦分校，佔用鐵廠下馬後遺留下來的辦公樓及廠房、宿舍等，學校也不用交納一分錢，只需要縣裡發個文件就行了。因此，二中白墳分校的籌建很快就完工了。於是我們這批接到通知到白墳分校報導的學生，60 年 9 月初就按時到白墳分校報到來了。

白墳分校當時有初中一年級新生 13 個班，學生約 400 人。當時我分在一年級 3 班，和我同班的同學有本村的吳興志(他是我的一個遠房侄兒，大我四歲)，還有臘柳村的陶玉昌，我們三個都是從臘柳小學考去的。白墳分校當時的負責人是普定二中的副校長婁育才，他是一位中等身材且身體十分健碩的中年人，平時總是穿著一身洗得發白的黃軍裝，聽人說他是個轉業退伍軍人。我的班主任老師名叫黃顯中，是貴陽師範學院中文系當年畢業，剛分配來普定二中的新老師。黃老師教我們的語文並兼任班主任。60 年 9 月初開學時，學校的食堂還沒有建好，學校於是就在辦公樓旁邊臨時搭了一個偏廈，然後用磚塊砌個土灶，再用一口大鐵鍋煮飯給我們學生吃。當時我們初中生的糧食定量為每月23斤，食用油三兩。開學時，我們每個學生每個月繳納 3 塊 6 角錢的伙食費，也就是說我們每天吃糧還不到8兩（即早餐吃糧就一兩多點，中餐和晚餐各三兩），每天的伙食費僅為一角二分錢。學生排隊領飯時，妻校長親自給我們每個學生舀一大鐵瓢米飯和一瓢菜，而吃的蔬菜則以老南瓜、茄子及牛皮菜為主，其中又以牛皮菜吃的最多。由於油水少，糧食定量不足，十幾歲的小孩又處在長個子的身體發育時期，每天的飯菜基本上都不夠吃。開學以後就是秋收時節，學校附近有大片大片的玉米地和烤煙地。為了充饑，每天下午放學以後，我們都會去附近生產隊剛收過莊稼的玉米地裡，尋找遺漏未收或掉落到地上的玉米或豆角，然後拿回學校去設法煮熟來吃。有時我們還去收過莊稼的玉米地裡撒新鮮的玉米杆，像吃甘蔗一樣嚼著充饑。同時也會去收過煙葉的烤煙地裡，抖烤煙莖杆頂上的煙籽來吃。而有的同學還去山上採集已經開繁了的野棉花回來，摻和在飯裡（以此增加份量）搗爛做成飯餅，然後烤熟來吃。總之，凡是能在野外找到的任何可以吃的東西，我們都拿來充饑。10 月份學校的食堂建好以後，學生的伙食費從 11 月份開始上漲到了每月 4 元 8 角，食堂也改為給學生蒸罐罐飯了。當時食堂為每個學生準備了一個土陶罐，並用油漆在陶罐上寫上了學生的名字。煮飯時，先在陶罐裡放上米和水，然後將罐子放到蒸氣爐裡去蒸，開飯時由食堂管理員把飯罐從放涼了的蒸汽爐裡拿出來，然後按罐子叫名字，叫到誰，誰就上前去領飯並打菜。開始時吃的是淨大米飯，後來因糧食供應不足，定量的糧食裡就開始搭配粗糧了，因此食堂在給學生蒸罐罐飯的時候，大米里逐漸地就摻雜了一些玉米碴子或者是豆子等粗糧，食堂的飯也就越來越不夠吃了。在此情況下，家住附近的學生，他們可以經常回家去弄些蔬菜或胡蘿蔔之類帶回學校來充饑，而我們住得較遠的學生，要三、四個星期才能回家去一次，而每次從家裡回學校時，我們都要從家里弄些土豆、蔬菜或者辣椒等可以充饑的食品帶回來。

當年學期結束放寒假回家過年時，哥哥與我一道去化處區糧站購買了假期的定量糧油帶回家去吃。記得那年一個半月左右的寒假，我買的定量糧總共有 30 多斤(我們當時的定量是糧食每月 23 斤，油 3 兩)，其中有十幾斤大米，5 斤左右的糯米(因過春節特殊供應，大米為 8 分錢一斤，糯米為每斤一毛二分)，而搭配的粗糧有兩種，其中有 5 斤左右的豆子和 5 斤左右的玉米，另外還用一個小玻璃瓶買了 4 兩菜油。因此，當時光買放寒假的定量糧我們就準備了好幾個小口袋。當我把這些糧食買回家去以後，家裡的人還著實羨慕了一回，因為母親及哥哥姐姐他們農民，當時每人每月的定量糧才有 17 斤，根本就沒有我們學生的定量多。農村人的定量這麼少吃不飽怎麼辦？農民們總不能坐在家裡餓肚子等死吧？於是家家戶戶的強勞力整個大冬天都會上山去挖蕨根來摻和在玉米麵裡充饑。由於我們當地屬煤山地區，山上到處都長有蕨菜，春天可以采嫩蕨菜來當蔬菜吃，冬天則可以挖蕨根來充饑。因此，那幾年一到冬天，山上到處都可以看到挖蕨根的人。蕨根挖回來以後，先要拿到村頭的小河溝裡去反復淘洗乾淨，然後將洗去泥土的蕨根放在火炕頭上烘乾切碎，然後再將切碎的幹蕨根用石碓舂成粉末，過籬篩後將一定份量的蕨根粉末同玉米麵混在一起，用水拌濕後做成蕨根粑粑，最後放在飯甑裡蒸熟或者放在鍋裡烙熟來吃。如此做成的蕨根粑顏色發黑、口感偏硬並略帶苦味，熱的時候吃還湊合，冷了以後就硬得難以下嚥了，但是肚子餓起來實在也沒有辦法，不吃的話就只能餓肚子了。當年，我們不僅吃過蕨根粑，而且還吃過枇杷樹皮與玉米麵做成的枇杷樹皮粑粑（枇杷樹皮的處理與蕨根類似，也是要先烘乾再磨成粉末），然而相比之下，蕨根粑相對要容易消化一些，而吃了枇杷樹皮粑粑以後消化就比較困難了。由於枇杷樹皮的味道是澀的，長纖維非常少，加上摻和在枇杷樹皮粉末裡的玉米麵不多，結果吃了枇杷樹皮粑粑以後，常常幾天都解不出大便，到後來人們就不再吃枇杷樹皮了。此外，我們當地的山上、荒地或幹田裡還生長得有各種各樣的野菜，比如折耳根、蕨菜、香椿、野芹菜、薺菜、清明菜（又叫毛香菜）及灰灰菜等等，一年四季老鄉們常常去山上采挖各種各樣的野菜來摻和在飯裡吃。另一方面，由於我們當地地處偏遠，上級領導或許是管不過來，又或許是睜隻眼閉隻眼，1961 年上半年集體食堂解散以後，老鄉們便偷偷地在深山老林裡私自開荒種地，種植些土豆或蕎麥等早熟農作物來幫助度過了糧食困難關。因此，三年困難時期我們當地才沒有餓死幾個人。但是在全國的其它很多地方就沒有那麼幸運了，他們那些地方可能沒有那麼多山地也沒有那麼多野菜，再加上執行的極左政策，因此，據說其它很多地方因當年鬧糧荒曾經餓死了不少人。

　　發生在 59～61 年的所謂三年困難時期，其實給我的印象是，我們那時候根本就沒見到發生過什麼大的自然災害，也就是說既沒有大旱也沒有大澇，甚至老人們都說58～59年農業還取得了大豐收。那為什麼老百姓會吃不飽飯呢？除了後來政府說的國家要給蘇聯還債等主要因素以外，其中一個原因，我認為是當時國家對糧食實行統購統銷政策，從五七年左右的時候開始，農村生產隊打下來的糧食，全部都要農民挑到國家倉庫裡去存放起來，農村生產隊和農民手中不存放一粒糧食。而國家倉庫的儲糧往往還要調往外省，再加上倉儲管理不善而經常出現鼠害及蟲咬黴變等現象，從而也浪費了不少糧食，於是全民只好實行糧食定量供應。農民雖然種糧但不能儲糧，農民吃的糧食也必須從國家的倉庫裡買回來，再加上合作化實行的是極左路線，農民在初級社時分得的少量自留地，公社化以後也都全部被收歸了集體。除了定量供應的糧食以外，農民家中沒有任何多餘的糧食，再加上農民的定量普遍偏低（我們當地當時每個農民每月僅供應 17斤糧和食用油3兩），從而造成了全民餓肚子的現象。我記得1961 年左右，我們村就有部分青壯年男勞動力因長期饑餓營養嚴重不足，從而導致身體虛弱而死（我們村的肖亮清、國啟盛及胡德光三人都是在 61 年因饑餓而死的）。在如此艱難的生活條件下，學校裡有個別年齡較大的學生，因忍受不了這樣的艱苦生活條件，他們回家後就再也不來上學了。因為在學校裡總是吃不飽飯，如果在家幹農活的話，除了定量供應的糧食以外，還可以從地裡或山上採挖些野菜回來充饑。留在學校裡念書的學生也因為生活困難，大多也不安心學習，有的學生常常請假回家去幾天也不回來，無故曠課或不認真完成作業在學生中是普遍現象。而像我這樣的人，由於從上小學吃集體食堂以後就經常吃不飽飯，由此直接影響了身體的發育而導致個子矮小，小學五年級提前報考中學體檢時，我的身高僅為 1.33 米，體重為 32 公斤，幹農活對我來說顯然是十分困難的。所以從小我唯一的願望就是要好好地讀書，爭取將來能夠脫離農村，混上個城鎮居民戶口而吃上商品糧，這樣就不用再像農民那樣成年累月地在田地裡辛辛苦苦地幹農活了，因為當農民實在是太累太苦。因此，自從上了中學以後，我就很少回家，即使週末回家，也都在星期天下午按時返回了學校。平時也從不無故曠課，課外作業也都能認真按時完成，學習成績在班上始終處於上游水準，由此我在班主任老師的眼裡留下了較好的印象。

（二）

　　1961 年 3 月，初中一年級下學期開學以後，學習生活一切照舊。但過了不久大約 4 月份的時候，有學生聽說普定二中校本部的校舍已經全部建成了，學校已經具備了完全接納分校學生的能力，但校領導決定要等到下半年 9 月 1 號新學年開學以後，才將白墳分校的學生遷到校本部去。由於白墳分校的辦學條件實在太差，一是學校的場地實在太小，而且地勢高低不平，學校缺乏體育鍛煉的場所；二是生活條件不行，不僅學生宿舍沒有自來水供應，就連食堂煮飯都得靠馬車去幾公里遠的地方拉水，再加上白墳地處遠離集鎮的偏僻農村，學生及教職工想購買點生活日用品也極為困難。因此，不僅學生想儘快搬回普定縣城校本部去，就連教職員工也想儘快離開這裡。但在當時的情況下，如果校領導不同意，學校裡的任何事情也是辦不成的。為此，除了白天有三五成群的學生去分校校長辦公室反映學生的要求以外，每天晚上十點鐘寢室裡吹了熄燈哨子以後，學生們躺在床上便大聲地呼喊："我們要搬回校本部！"、"我們要搬回校本部！"由於學生們住的是樓板房，又是睡的大通鋪，往往幾十個學生住在一個大房間裡，一個寢室的學生剛呼喊完"我們要搬回校本部！"其他寢室的學生立刻就馬上回應。因此，每天晚上整個分校校區的樓房裡"搬回校本部"的呼喊聲此起彼伏，而這種呼喊聲往往要持續半個多甚至一個多小時左右，直到學生們進入夢鄉為止。分校學生要求搬回校本部的呼聲是如此之強烈，這是分校領導們沒有想到的。為了儘快平復學生的情緒，分校領導只好將這一情況向校本部領導作了彙報，希望儘快將分校的學生遷到校本部去，否則將嚴重影響分校的教學秩序，校本部隨即派了一位主要領導到分校來瞭解情況。校領導來後一看學生們的情緒基本已經完全失控了，如果再不搬遷，恐怕還會鬧出什麼亂子來。於是本部校領導開會決定，立即撤銷白墳分校，將所有的學生及教職員工全部搬遷到縣城校本部去。因此 1961 年 4 月份，我們就從白墳分校合併到縣城普定二中校本部去了。

　　剛開始在白墳分校上學時，學校離我們老家大約 40 華里。除了開學時哥哥為我挑行李送我去學校以外，平常週末偶爾回一趟家，都是和我的同班同學即侄兒吳興志一起走路回去。40 華里的山路，對於我們從小在農村長大的十二、三歲小孩來說，基本沒有什麼問題，因為在農村生長的孩子，從小幹農活或走山路習慣了。但是學校搬到縣城去以後，我們家離學校就有六、七十華里的山路了，而這個距離對於一個十二、三歲的小孩來說，要步行去學校就顯得十分困難了。

幸好那時有哥哥幫助我，否則我去普定縣城上學會更加的艱難。我記得從分校搬去縣城校本部之前，我和吳興志把鋪蓋先拿回了老家，告訴家裡學校已經搬到縣城去了。去縣城校本部上學的那一天，吳興志和我兩個一起去的。當天我哥哥和吳興志的父親給我們挑著行李，我和吳興志兩人空手走在後面。我們四個人一大清早吃過早飯後就從老家出發了，當走完四、五十裡山路到達普定後寨的十五裡幹壩地帶時，我的雙腳就疼得不行了，但是無論如何我還得忍受著堅持把最後的二、三十裡路走完。我哥哥他們兩個大人見我走路很費勁，於是就放慢了腳步。最後到達學校的時候，可能已經是下午的四、五點鐘了。這是我平生第一次出遠門，也是我第一次走那麼遠的山路。到達學校找到班主任老師，把住的安頓下來以後，我的雙腳就已經疼得落不得地了。幸好學校有熱水供應，吃過晚飯後哥哥又給我打了盆熱水，我好好地燙了下腳以後，當天晚上又睡了個好覺，第二天早上醒來，雙腳就基本可以下地走路了。

　　說到上中學時，我們農村學生攜帶的行李，其實也並不比上小學住校時能改觀多少。主體仍然是一床被子，一個穀殼枕頭，一床草席，不同的是家裡花4～5塊錢給我買了一個搪瓷臉盆。另外，原來上小學住校時鋪的是一捆稻草，上中學以後，稻草換成了一張草簾子(那是我哥哥親手用稻草編的大約五尺長、三尺寬、厚約十幾公分的草簾子，可以卷成筒狀便於攜帶)，鋪床時，先將草簾子展開鋪在床的竹笆折上，然後在草簾子上鋪上草席，再放上被子、枕頭，睡覺的床就算鋪好了。當然上了中學後也像城裡的學生那樣，開始用上了牙膏牙刷。至於蚊帳，對於我們農村學生來說那可是

奢侈品，我上完整個中學直到上山下鄉總共七八年的時間，
從沒用過蚊帳，也沒見到有其他同學的床上掛得有蚊帳。因
為那年月什麼東西都要憑票證定量供應，蚊帳是用紗布做
的，價格雖說不貴，主要是還收布票。那時我們家不僅沒
錢，而且我哥哥姐姐他們後來一連生了五、六個小孩，家庭
人口多，小孩子穿衣服又爛得快，家裡的布票根本就不夠
用，哪有多餘的布票拿去買紗布來做蚊帳？我們家裡從來就
沒有掛過蚊帳，所以我也從未想過上中學在學校裡睡覺要掛
蚊帳的。至於鞋子，上小學時穿的都是母親和姐姐她們給我
做的布鞋，上中學以後，因為走路多爛得快，光穿布鞋顯然
已經不行了，因此，哥哥姐姐他們給我買了解放鞋(即一種
鞋幫為黃色帆布的淺口膠底鞋，價格約為3-5塊錢一雙)。在
衣服穿著上，打我上了中學以後，母親和姐姐她們認為應該
要改觀一下了，不能老是讓我穿著她們手工縫製的粗布衣衫
上學了。因此，家裡節省下錢和布票，專門給我買了藍色的
卡嘰布，拿去我們寨子裡的裁縫師傅為我用縫紉機做了一套
中山裝，讓我去學校念書的時候穿。當年我們家族中有一位
名叫吳明權的堂哥，解放後不久他就在鄉政府工作，後來又
在公社機關當秘書數十年直到退休，算是我們村裡唯一的一
位國家幹部。他的夫人即我的堂嫂子名叫周富珍，會做裁
縫，從50年代末期開始他們家就買了縫紉機，嫂嫂在家裡為
附近的村民用縫紉機縫製衣服，每套衣服上下裝一起收手工
費兩、三塊錢。但當我們家拿布料去請周富珍嫂嫂替我做衣
服的時候，嫂嫂從不收我的縫衣手工費，每次去她總是說：
"你這個小叔叔上中學太不容易了！我沒有什麼可以幫助你
的。我給你做衣服，就當我幫你做就行了，希望你好好地讀
書！"嫂嫂的話非常感人，至今我都還記得一清二楚，可以

說是終身難忘，可惜的是對周富珍嫂嫂的恩情，我至今都沒有機會報答而深感遺憾。後來上中學的幾年，我又先後在嫂嫂那裡做了幾套中山裝，自始至終她都沒有收過我家一分錢的手工費。

（三）

我們從白墳分校搬到縣城普定二中校本部剛剛一個多月，大約是61年的5月份，學校就發生了一件大事。當時縣裡接到上級有關檔的通知，要求全國各地要對現有的各級各類學校進行調整、裁減或合併，並對持有農村戶口的學生要大量的裁減下放回家參加農業生產，學校只能留下少部分學生。因此，縣裡決定撤銷普定二中，二中留下來的少量學生則合併到一中去，而普定一中又恢復為普定中學。本來在當時學校生活十分艱苦的情況下，3月初新學期開學時，就有部分年齡較大的學生自動放棄了學籍，選擇在家務農而不回校念書了，在校就讀的不少學生也常常因吃不飽飯而不安心學習。因此，當學校宣佈上級決定撤銷普定二中並下放學生回鄉務農的消息時，絕大多數學生都普遍持歡迎的態度，而且還紛紛報名自願下放回家，此時學校已經完全停課了。至於學生的去留問題，除了自願報名以外，班主任老師和學校還掌握著決定權。對於我本人來說，當時心裡感到非常矛盾。首先，學校的生活確實太艱苦了，而最惱火的問題就是常常吃不飽飯。其次是學校離家太遠，步行回家一趟非常困難。但是，由於我本人年齡小個子矮，回家幹農活顯然也是非常困難的，我很想留下來繼續讀書，因此，在班上其他同學紛紛報名下放回家的情況下，我一直也沒有去找班主任老師。能否被留下來繼續讀書，我當時心中也沒有底，心裡總是忐忑不安。正當我處於焦慮狀態的時候，班主任黃顯忠老師找我來了，一見面他就跟我說：“吳明清，我想跟你說一下，你家雖然是農村的，但是你年紀小個子又矮，你要是回家去幹農活的話恐怕很困難呢，因此我看你乾脆還是留下來繼續讀書算了！你覺得怎麼樣？”聽到黃老師說要我留下來繼續讀書，我心裡非常地高興，於是馬上就對黃老師說：“黃老師，那好嘛！我願意留下來。謝謝您啦！”黃老師說：“好的。你既然同意了，那我就把你的名字放在留下來的學生名單上了！”黃老師說完就走了。過了一會兒，我侄兒同班同學吳興志找我來了，問黃老師找我談話了沒有？我說黃老師已經跟我說了叫我留下來，我同意了。他說黃老師也找他談話了，叫他下放回家，他也同意了，還說：“下放就下放吧！反正在學校裡飯都吃不飽。”不一會，我們班的另一位家住臘柳寨的陶玉昌同學也來告訴我，說他也被黃老師告知留校了。到了 5 月下旬，我們白墳分校遷回校本部的 13 個班總共三、四百個學生，最後只留下了部分年齡較小及學習成績和表現較好的學生一共三十多人，其餘百分之九十以上的學生，全部都下放回家了。我們二中剩下的這三十多個學生編為一個班，然後就合併到普定一中去了。普定二中撤銷以後，普定一中又恢復為普定中學。當母親得知同村的侄兒吳興志已經下放回家了，而我還繼續留校讀書時，母親深情地對我說：“老么，你也回家來算了！在學校裡讀書，不僅路遠走不了，而且飯還吃不飽。”我對母親說：“媽，我在學校裡讀書，還有23斤的定量糧食，而你們在農村每人只有 17 斤，我在學校裡的糧食定量比你們還要多好幾斤呢！”母親知道我喜歡讀書，再怎麼說也說不動我，於是就不再強求我了。

　　位於普定縣城背後山頂上的普定中學，是民國時期由普定縣城著名的士紳大富伍孝高先生捐資修建的，整片建築白牆黛瓦，離縣城一、二十裡遠的地方都能看得清清楚楚。普定中學解放前就很有名氣，附近幾個縣的富家子弟都慕名前來普定中學讀書。1960 年，普定二中建成後，普定中學改為普定一中，結果不到一年撤銷普定二中，普定一中又改回普定中學。在學生未下放之前，普定一中也在縣城王家灣建了分部，一中全校有學生一千多人，每個年級都有好幾個班，其中初中一年級的新生最多。學生下放以後，我們二中的初一新生留下了一個班，他們一中的初一新生留下了兩個班，合併到一中以後，我們這個班仍然為一年級 3 班。我們一(3)班的同學除了同一個公社的陶玉昌以外，還有水母公社的何明俊、波玉公社的鄔貴權、鄔富豪等人。陶玉昌雖然與我是同一所小學考上中學的，但畢竟不是同一個村子的，他又比我大了好幾歲，平時兩人很少能玩在一起，所以課後我一個人感覺比較孤單也很想家。

　　我記得當年的端午節是六月初的一個星期六，因為很想家再加上端午節是吃粽子的時節，於是我就決定一個人步行回家去一趟，看看家裡是否有什麼好吃的。星期六一大早天剛麻麻亮，大約 6 點鐘左右我一個人就從學校出發了。端午節前後是我們當地的插秧季節，此時正值雨季，端午節前幾天差不多天天都在下雨，然而星期六那天卻是個大晴天。大約上午 9 點多鐘，當我走到老水母附近的磨香河邊準備過一座石拱橋時，由於前幾天連降暴雨結果導致山洪暴發，河水漲上岸來把過河的石橋全部給淹了，人已經沒法從橋上過河了。此時我已經差不多走完超過三分之一的路程了，顯然不想半路折返回學校去。於是我就決定沿著河岸往上游走，想到上游去尋找能過河的橋樑。然而當我沿著河岸向上游走了好幾裡路以後，一直也沒見到有過河的橋樑出現，心裡很是著急。正當我猶豫不前時，忽然發現不遠處的河面上有一條渡水的木槽橫跨在一段只有十來米寬的河道上。我知道這是農村生產隊架設用來渡水灌溉農田用的，我們老家那地方也有。不過這個渡槽看上去已經很陳舊了，好在渡槽裡沒有水（因稻田剛插上秧苗，暫時還不需要水灌溉），但上面佈滿了青苔，我尋思我應該能從渡槽上走到河對岸去。為了避免摔倒跌到河裡去，於是我就小心翼翼地彎下腰來，屏心靜氣地用兩隻手把著渡槽的兩邊，慢慢地從渡槽上走了過去。過了渡槽以後，我提到嗓子眼的心終於落了下來，此時我才注意到我的心臟還在怦怦地跳哩，不過我感到特別地高興，因為過了這條河，沿路就再也沒有什麼大的河流了，於是回家的步伐也就更快了，有時甚至還小跑起來。等我回到老家時，母親見我回來了不禁大吃一驚，她高興地說："老幺，昨天晚上我才夢到你呢，怎麼你今天就回來了！？"我說："媽媽，我有好久沒有回來了，這幾天在學校裡我都好想你們喲！"母親說："媽更想你喲！你一個人回來在路上怕不怕？"我說："大白天的倒是不怕，就是漲水了。"當時母親和姐姐她們才剛吃過中午飯，時間估計還不到中午12點，家裡灶臺上的煤爐也才剛剛封上，於是母親趕緊撬開灶火，為我準備好吃的。晚上全家人坐在一起聊天時，當我把白天從學校回來的路上所遇到的驚險情況講給母親他們聽時，母親連忙說："哎呀！好危險喲！河水把橋都淹了，你就轉回學校去算了！幹嘛你還要走渡槽上過河？萬一你走到半道渡槽斷了，人不是就掉到河裡去了嗎？"母親說完擔心得差點就掉下了眼淚來，連連說："老幺，下次遇到這種情況，千萬不要再冒險啦！"後來我仔細想了想，這次過河的經歷的確充滿了危險。首先安裝有渡槽的河面雖然比較窄，但河水更深、流速更快，如果渡槽不結實，人走上去渡槽支撐不住就斷了，此時人掉到河裡就完全有可能被大水沖走了，那樣的話肯定就沒命了，更何況那時我根本不會游泳。而我之所以還能從渡槽上安全地走過去，一是那個渡槽還算結實，二是我當年的個子非常瘦小，體重也很輕，同時我在過渡槽的時候還蹲了下來，這樣就大大地降低了重心，再加上我走得也很慢，從而避免了渡槽發生共振。要是個子高大的人，渡槽裡又放得有水的話，說不定走到半道渡槽就有可能斷了，如果發生這樣的情況，人掉到河裡去肯定也就沒命了。經過母親的再三叮囑，從那以後，我就再也不敢一個人單獨回家了。如果要回家，我就約上臘柳寨的同班同學陶玉昌一起。要知道回家一趟有六、七十裡山路，路上不僅要爬山涉水，而且還要穿越不少山林，當年的羊腸小徑上還經常發現有野獸出沒，路途上到處充滿了危險，母親的擔憂顯然是有道理的。

　　此事過了不久，母親去六枝下營盤趕場時順便去幹河村大姨媽家串門。當大姨爹、大姨媽問起我在普定上中學的情況時，母親就把端午節我一人獨自從學校回家時的危險情況一一說給了他們聽，完了母親著急地說："我們家老幺叫他不要讀書了，他非要去讀不可。可他年紀那麼小，普定縣城離家又那麼遠，這可怎麼辦喲？！"大姨爹說："你們家吳明清要是能在下營盤這裡讀書就好了！這裡離你們家才十多裡路，而且譚應文和喻忠賓（我的兩個表哥）兩老表都在下營盤六枝中學讀書呢，他們要是能在一起讀就熱鬧了。"母親說："我們家與你們屬於不同的縣份啊，我們老幺哪能在這裡上學？他要是能來這裡讀書，那就太好了！”此時坐在旁邊的喻忠美大表哥插話道：“二姨媽，我們村裡有個叫郭忠學的，他現在營盤小學當教導主任，等我找個機會問一下他，看他認不認識六枝中學的負責人。如果他認識人的話，請他幫個忙，把幺老表轉學到六枝中學來算了！”母親說：“如果要是能這樣的話，那就太好了！”喻忠美大表哥當年是他們村裡的生產大隊會計，鄰近村寨的人都認識他，而且他與同寨的郭忠學老鄉關係也非常好，因此後來聽說當大表哥找到郭忠學並同他說到我的情況時，郭忠學說他經常代表雲盤小學去六枝縣文教局開中小學校教導主任會議，與六枝中學的教導主任很熟悉，並說他答應幫這個忙。到了 61 年七、八月份放暑假後，郭忠學到六枝縣文教局參加中小學教導主任會議時，找到六枝中學的教導主任，並把我想轉學的事跟他說了，六枝中學的教導主任一口應承了下來，答應 9 月初新學年開學以後就辦。到了 9 月初初中二年級開學的時候，我回到普定中學剛上了兩個星期的課，我轉學到六枝中學的接收許可證就辦下來了。9 月 20 號左右，我哥哥拿著六枝中學同意我轉學的接收證來到普定中學找到我，花了一兩天時間辦好了我的轉學手續，9 月 23 號我和哥哥回到老家，25 號我就到六枝中學報到來了，從此我就正式成為了六枝縣六枝中學的一名學生。我轉學到六枝中學以後，我們整個臘柳公社在普定中學讀書的就只有陶玉昌一個學生了。後來也不知是沒有夥伴、又或許是在學校裡讀書總是吃不飽飯的緣故吧，陶玉昌讀完初中二年級上學期以後就輟學回家務農了，從此，我們公社直到文革前的三、四年時間內就再也沒有考上一個中學生。

（四）

　　六枝原本隸屬于貴州省郎岱縣，是郎岱縣的一個區，在六枝的轄區內，本來也沒有中學。上世紀50年代中後期，國家地質勘探部門在貴州的六枝、水城及盤縣一帶（即現今的六盤水地區），發現儲藏有豐富的優質煤炭資源。隨著三線建設的推進，國家計畫把六盤水地區建設成為祖國大西南的重大能源生產基地。為配合三線建設的開展，為此1960年貴州省決定把郎岱縣政府從郎岱鎮遷到六枝的下營盤，並將郎岱縣改名為六枝縣（後來曾一度改名為六枝市後又恢復為郎岱縣），隨即郎岱中學也就搬遷到了六枝下營盤，並改名為六枝中學。我轉到六枝中學時，六枝中學為完全中學，不過高中每個年級只有一個班，初中每個年級為兩個班。我報到後分在初中二年級一班，全班總共有學生三十多人。當時我大姨媽的小兒子喻忠賓表哥也在六枝中學念書，他念的是初中三年級，而我念初中二年級，小表哥高我一個年級。由於大姨媽家離學校比較近，大約只有四華里左右，喻忠賓表哥是住在家裡，每天早出晚歸走路上下學。因此，當我轉學到六枝中學以後，大姨爹大姨媽就要我也住在他們家裡，同小表哥一起走讀。於是從初中二年級上學期開始，我就在大姨媽家住了下來，同小表哥一起當起了走讀生。

　　我母親的外家在六枝店子鄉那玉大隊那七村，母親有四姊妹，其中母親排行老二，母親的大姐即大姨媽家住在下營盤附近的幹河村，大姨媽向來與母親的關係最好，兩家平常往來也非常密切。1961年上半年公共食堂下放以後，農民們也重新分到了自留地，農村的生活已經有所好轉。由於郎岱縣的各機關單位都搬到了六枝下營盤，為了就地解決縣城機

1963.5 初中毕业时留影(前排左为作者)

關單位的蔬菜及副食品供應，大姨媽他們整個營盤公社都改為種植蔬菜的副食品基地了。因此，從某種程度上來說，大姨媽他們家的家庭生活和經濟條件相對比我們家就好多了。我吃住在大姨媽家將近一年，他們不僅沒有收我一分錢的伙食費，而且有時大姨媽還會偷偷地塞給我幾塊錢作為零用錢，我感覺他們待我太好了。因此，假期中我也會同小表哥一起給他們家幹些家務和農活，比如春天同表哥一起給他們家挑煤燒火煮飯，夏天又一起上山割草喂牛及打豬草等等。上學的時候，每天早上我同小表哥一起走路上學，下午又一起走路回小表哥家，這樣的走讀學習生活，持續了初中二年級整個學年。62 年 9 月份，由於小表哥初中畢業時沒有考上高中，於是他就中斷學業回家務農了。我上初中三年級時，就住到學校裡去了。

我上初中三年級時已是 62 年的 9 月份了，當時學校食堂的伙食費是每個學生每月四元八角錢，初中學生的糧食定量已改為每月 27 斤，而高中學生的糧食定量為每月 33 斤，學校食堂的伙食已經有所好轉。由於我們家沒有經濟來源，所以即便是每月四元八角錢的伙食費對我來說也是一筆不小的負擔。為了解決我上學所需的伙食費及少量的零用錢，母親和姐姐在農業生產勞動之余，她們娘倆起早探黑地上山去采挖各種野菜(比如折耳根、野芹菜、蕨菜及竹筍等)，在週末趕場時，用背簍背到下營盤的集市上去售賣(集市就位於六枝中學附近的雲盤老街上)，每到週末趕場(集)天的下午四、五點鐘集市散場之前，我就去集市上會母親和姐姐，然後她們就將賣野菜積攢的零錢(大多數為二分、五分和一角、兩角或伍角)，全部都交給我，作為我交學校的伙食費及零用錢。當時每個星期她們也就只能掙個三塊兩塊的，儘管收入如此微薄，但母親和姐姐卻樂此不疲，不辭辛勞地供我讀書。與此同時，母親她們來趕集時，也會順便帶一些自己家裡做的蕨根粑粑來給我拿去學校充饑。母親和姐姐，就是如此數年如一日地含辛茹苦的供我讀書，直到我高中畢業。當時我就在心裡暗想，我一定要好好讀書，絕不能辜負母親和姐姐她們的期望，並且將來一定要好好的報答她們；她們的大恩大愛，我將終身沒齒難忘。

正是在如此艱苦的生活條件下，我能上中學讀書的確是非常不容易的，因此我就暗下決心必須得努力學習，否則我就對不起母親和姐姐。經過艱苦努力，從初中二年級開始，我的學習成績在班上逐漸穩步上升。全班三十多個學生到初三上學期的時候，我的各科學習成績已經從初中二年級時班上的第20名左右，很快就上升到了班上的前十名，到初中畢業時又上升了班上的前五名。初中畢業前夕，我們班上有不少從農村來的學生，因家庭經濟困難而選擇報考了中專，因為中專學校的學生不用交伙食費。當時我們班上有幾個同我要好的同學比如宋國尉、宋良輝、喻忠豪、陶廷碧等都準備報考中專，其中喻忠豪(我表哥喻忠賓的堂弟)同我的關係最好，他準備報考興義師範學校，並邀我同他一起報考，但是被我拒絕了。我對他說：“忠豪，我不想考中專，我要考高中。”聽了我的話，他只好悻悻地離去。後來他果然如願地考上了興義師範學校，畢業後做了一名中學老師，而我也如願地考上了六枝中學的高中。

（五）

由於六枝中學於 1959 年才剛剛草創，辦學之初學校的教學設施、師資力量及領導班子都比較薄弱，因此開始幾年學校的教學品質相對較差。1962 年的高三畢業班，是六枝中學創建以來的首屆高中畢業生，結果當年只有一個學生考上了大學。到了1963年，第二屆高三畢業班全班二十多個學生也只有四個考上了大學。這個教學成績在當時整個安順地區的教育系統中，應該屬於後進之列。為了儘快改變學校教學品質的落後狀況，安順地區文教局從63年下半年開始，一方面對學校的領導班子進行了調整，先後從省教育廳調來了教學管理經驗相對比較豐富的周光輝任校長兼黨支部書記，從安順地區教育局調來秦洪恩任副校長，另一方面又大抓教師隊伍建設，先後從外地調入和從全國各地師範院校的畢業生中選拔一批優秀的中青年教師，充實教師隊伍。這批新來的教師中，有西南師範學院歷史系研究生畢業的張世德老師，有華東師大歷史系畢業的莊雨集老師，以及貴陽師範學院畢業的吳靜康、鄧先甫、李世福、彭萬儀、任萬英、黃繼初等老師。還有部分從外地調入的具有豐富教學經驗的老教師，比如李紹庸、周宗馬等等。學校在周光輝校長的領導下，先後建立健全了全校學生集體早鍛煉、早讀和晚自習等一系列規章制度，加強了課堂紀律和嚴格實行學生上課考勤制度，學校的教學管理及學生的學習風氣很快就有了明顯的改觀。

1963 年 9 月份，我上高中一年級時，正趕上了學校大抓教學品質。當時我們高一班共有學生 48 人(高中部每個年級僅有一個班)，我們每天早上 6:30 起床，然後集體跑步 15-20 分鐘進行早鍛煉，洗漱完畢吃完早餐後，7:30 到教室集體早讀語文或外語。早晨 8:00 開始上課，每節課 45 分鐘，上午四節，下午三節。晚上 7:30 還要去教室晚自習，完成老師佈置的課外作業，或者預習新課文，每天的學習都安排得滿滿當當的。與此同時，學校宣傳的是號召學生爭取做又紅又專的三好學生，要求學生不僅要學習好，而且還要思想紅。當時極"左"的唯成分論已經開始在學校大行其道了，家庭出身好的學生可以發展入黨入團，學生幹部和共青團的幹部也主要由家庭出身好的學生擔任。我本人的家庭成分是中農，我自然不屬於班上團支部重點培養發展的物件，加上我這個人從小性格比較膽小內向，平時在大庭廣眾中說話臉就會發紅，因此班上開會或者課堂上也不怎麼發言，學習成績雖然還可以，但在班上並不怎麼引人注意。由於我對學習特別重視，課堂上集中精力注意聽老師講課，並做好課堂筆記，課後除了按時完成課外作業以外，還及時做好複習和對新課的預習，而對需要強記的文科，比如語文課本上的某些範文以及政治、歷史和外語等等，在複習備考階段，有時一個人、或者邀上三兩個好友，一起去學校附近的小山上，採取大聲朗讀而後強記的方式大段大段的反復朗讀和背誦，最後將原文完全背下來。正是採用了上述有效的學習方法，從而收到了較好的學習效果。高一上學期結束期終考試時，六個主科(即語文、數學、物理、化學、俄語、政治)，除數學以外，其餘幾科都上了80分。到高一學年結束的時候，學習成績又上了一個臺階，六個主科全部都在80分以上，其中物理還超過了90分，總成績在班上躍升到了前五名，由此我便逐漸地引起了班上同學和老師的注意。不過當年我們高一班在學年結束時，竟有15個同學因升學考試成績不合格而留了級，淘汰率幾乎達到三分之一。學校當年教學要求之嚴格及學生學習競爭之激烈，由此可見一斑。

經過高中一年的刻苦努力，我個人的學習成績明顯地獲得了提升。但是由於我個人的性格比較內向，平時很少與同學交流，班上開會時也很少發言，大概屬於只專不紅一類的學生。高一學年結束放暑假時我拿到了成績通知單，成績單上班主任老師給我的評語是："學習刻苦努力，學習成績優秀，但性格不夠開朗，關心時事政治不夠。希望在努力學習的同時關心時事政治，努力爭取進步。"暑假回到老家以後，吳明亮幺哥像往常一樣，照例常來我家聊天，並順帶瞭解我的學習情況。一天晚上他來我家聊天時，要我把高一的學習成績單拿給他看一下，我於是便把剛發的學習成績單遞給了他，明亮幺哥看完成績單後鄭重其事地對我說："兄弟，我看你的學習成績相當不錯呢！六個主科的考試成績都在80分以上。不過有個事情你可要注意喲！老師說你性格不夠開朗，關心時事政治不夠，你一定要努力改正過來才行！你們班不是有團支部嗎？在班上除了把學習搞好以外，你還要同班幹部及黨團員搞好關係，積極爭取入團。這樣的話將來你的前途才會更加光明遠大呢！"本來我拿到成績單時，看到各科考試成績都在80分以上，而且老師也給予了充分地肯定和表揚，心裡還挺高興的呢。至於評語上說的自己性格不夠開朗，關心時事政治不夠，我也承認這是事實，但我想要改變這兩方面的缺點，也得慢慢來，我只要繼續努力把學習抓好就行了。因此，實際上我根本就沒有認識到自己今後的努力方向，結果經吳明亮么哥這麼一點撥，我才明白新學年開學以後，我該如何努力了。於是進入高中二年級以後，我便主動地同班幹部和團小組的同學們搞好關係，並主動地向團支部遞交了入團申請書，與此同時在集體場合或召開班會的時候，我也積極爭取發言，平時也抽時間多關心班集體。經過將近一年的努力，我在改進性格孤僻方面有了明顯的進步，在公眾場合發言或講話時也不再那麼臉紅和害羞了，在關心集體及時事政治方面，也獲得了老師及同學們的認可。高二學年期終考試時，我的綜合學習成績也躍升到了班上的前三名。1965 年 11 月份，經班上的共青團員兼團小組長王朝明同學介紹，我終於加入了共青團，正式成為了一名共青團員。

貴州省的六盤水地區由於蘊藏有豐富的優質煤炭資源，上世紀六十年代初期，中央出於三線建設的需要，決定把六盤水地區建設成為我國西南地區的重要能源基地，於是國務院決定在儲藏有豐富煤炭資源的六枝、盤縣及水城三個縣的範圍內分別建立三個特區，而這三個特區又合併起來成立六盤水地區。而當時中央政府之所以把六盤水作為西南三線建設的重點，這是因為在同樣地處西南腹地的四川攀枝花地區還發現了儲量巨大的優質釩鈦磁鐵礦，其中的釩和鈦因在航空航太領域具有廣泛用途而被稱為“戰略金屬”，而六盤水地區不僅具有儲量豐富的煤炭資源，而且與攀枝花又相距不遠，有煤炭就可以冶煉鋼鐵，而有鋼鐵就可以造飛機大炮。

因此，在上世紀六十年代初期，國家為準備打仗而謀劃三線建設的時候，六盤水和攀枝花兩地便自然而然地成為了國家西南地區三線建設的重中之重。當時六盤水地區成立以後其行政上雖隸屬於貴州省，但業務上卻接受中央煤炭部的直接領導。由於六盤水在國家三線建設中所具有的特殊重要地位，第一，當時該地區帶有極強的保密性，比如在名稱上六盤水對外不能稱"六盤水地區"而稱為"大華農場"，而其下轄的三個特區對外也不能稱為"六枝特區"、"盤縣特區"或"水城特區"，而被稱為"XX農場"，比如六枝特區當時便被稱為"摩天嶺農場"，甚至於連貴陽煤礦學校也被稱為"大華農校"。第二，當時的六盤水地區及其下轄的三個特區的黨政負責人其行政級別都特別高。比如1965年國務院在六盤水地區成立的"西南煤炭建設指揮部"，其黨委書記是由時任煤炭部的常務副部長鐘子雲兼任，而指揮長則由六盤水地區的黨委書記丁丹兼任，而丁丹的級別為行政8級（與副省長同級）；六枝特區的黨委書記沈萬山，其行政級別為13級，與地委書記級別相當。由此可見中央高層對六盤水地區的重視程度之高是前所未有的。從1963年以後，隨著六盤水轄區內各個特區的建立及基建專案的展開，全國各行各業都對六盤水下轄的各個特區的建設給予了大力支持，國家先後從東北（如遼寧的撫順、阜新）及華北（如河南的平頂山、河北的開灤）等地成建制地為六枝特區遷來了大批煤礦工人及礦山機械設備，於是在從六枝到下營盤這個原來十分寂靜、長度僅約為10餘公里左右的狹長山谷裡，一座新興的煤礦新城就逐漸拔地而起了。當時六枝特區的範圍僅限於盛產煤炭資源的原郎岱縣六枝區及部分從普定縣劃撥過去具有煤炭資源的少數幾個公社（鄉鎮），面積雖然不大，但六枝特區的所在地下營盤至六枝一帶到處都在大興土木，煤礦機械廠、建築安裝公司、電廠、列車發電站、醫院、自來水廠等各種配套城鎮設施，在短時間內紛紛地就建設完備了。與此同時，在六枝特區建設期間，中央的一些文藝慰問演出團體如煤炭文工團等，每年都會不定期地到六盤水地區來進行慰問演出，各種經典的電影也會在週末時在露天上映向公眾開放，我們當時作為中學生，既觀看過中央來的各個文藝團體的精彩演出，也觀看過不少當時上映的經典影片。六枝特區的所在地下營盤，既是六枝特區的首府，也是郎岱縣（六枝縣）縣機委所在地，我們六枝中學最初雖還不隸屬於六枝特區管轄（行政上隸屬於安順地區的郎岱縣），但六枝特區下屬各機關廠礦單位的子弟均就讀于六枝中學，因此，我們六枝中學享受到了特區和縣裡的雙重待遇。直到 1966 年文革前夕，六枝中學才正式隸屬於六枝特區，並改名為六枝特區第一中學。

我們在六枝中學念書的時候，鄧小平的三弟鄧徐初在六枝縣任副縣長。鄧徐初，原名鄧蕭初，又名徐初，系鄧小平的同父異母弟，另外，鄧小平還有個二弟名叫鄧墾，鄧徐初是三弟。鄧小平16歲赴歐洲法國留學參加革命後，鄧徐初留在老家協助其父管理家產。1950 年初劉鄧大軍解放四川以後，1950 年 5 月鄧徐初在重慶入西南軍政大學學習，結業後被派到貴州工作時改名為徐初，歷任貴州省普安縣青山鎮鎮長、縣財政科長、安順縣財政局副局長等職，1960 年任六枝縣副縣長。1965 年 11 月，鄧小平在李富春、薄一波、穀牧等中央領導人的陪同下到六盤水地區的六枝特區視察時，曾在六枝會見了當時六盤水地區的負責人丁丹及其弟弟鄧徐初等人。同年12月份，我們六枝中學邀請徐初副縣長到學校裡來為全校師生作了一場發揚革命傳統教育的報告。徐初的面容和長像酷似其兄鄧小平，尤其嗓音如出一人，不過身材比鄧小平要略高一些，大約為1米65左右的中等身材。報告會上，徐初重點介紹了鄧小平青少年時期在家鄉的一些基本情況，印象中記得當時他說鄧小平在少年時期尤其酷愛讀書，而且膽大心細，有一股子闖勁，為人很有擔當和正義感，從小就學會了游泳等等。鄧小平16歲離家赴歐洲留學，後來在法國遇到周恩來就參加了革命，從那以後就再也沒有回過老家。1966年6月文革暴發後，徐初隨即受到了極大衝擊，尤其是到了66年底67年年初，其兄鄧小平連同劉少奇相繼被打成中國最大的兩個走資本主義道路的當權派以後，有造反派又揭發說徐初當年在四川老家是一個漏網的"惡霸地主分子"，並揚言要把他揪回老家去進行批鬥等等，此後，徐初在郎岱縣機關就成了常常被掛黑牌遊街糾鬥的重點對象。1967年3月初，徐初在身心受到了極大地摧殘和傷害的情況下，於是就在郎岱縣委招待所旁邊的冒水龍潭投水自盡了。所幸的是，1978年鄧徐初的冤假錯案終於獲得了平反。

前面已經說過，由於六枝中學是大躍進年代創立的，教學設施及師資力量有限，開頭幾年的教學品質很不理想。後來經過全校師生員工的艱苦努力，六枝中學的教學品質逐年有了明顯的提升。具體表現在，六二年的第一屆高中畢業生只有一人考上大學，然後六三年的第二屆考上大學的學生增加到了四個，六四年的第三屆又增加到了九個，接下來六五年的第四屆考上了16個。我們班是學校的第五屆即六六屆的高中畢業生，校領導下決心爭取我們這一屆高三班能考上25

名大學生，讓六枝中學每年高三畢業班考上大學的學生人數
實現自然數的平方增長，給六枝中學增光添彩。與此同時，
學校根據上級的有關指示，並借鑑外地的經驗，準備在我們
這個高三畢業班中推薦少數家庭出身好、家庭社會關係清楚
的品學兼優學生，保送去上全國重點大學。為此，從高三上
學期開始（即65年的初冬），學校就秘密地對班上為數很少且
品學兼優的學生候選對象，開展了家庭及社會關係調查。當
年這項工作是由學校黨支部委派王寶和王啟武兩位黨員老師
具體負責實施的。客觀地說，我對學校開展的這項工作當時
是一無所知的，因為第一，這項工作是學校領導內部組織開
展的，不屬公開宣傳的內容；第二，學校也不告知候選學生
本人。由於我的家庭社會關係相對比較龐雜（即我父親有四
弟兄，另外還有兩個姑母，母親一方又有四個姐妹和兩個兄
弟），調查祖宗三代顯然牽涉的人員相對較多，牽涉的地域
層面也相對較廣。兩位王老師為調查和摸清楚我的家庭和社
會關係，先後在六枝、普定兩縣特區跑了兩、三個星期。高
三上學期結束放寒假我回家過年時，我們老家生產大隊的黨
支部書記陶玉盛來我家串門時告訴我說：“吳明清，我告訴
你個事。十一月份，你們六枝中學有兩個姓王的老師，其中
一個年紀稍大一些戴眼鏡的老師好像叫王寶，拿著你們學校
開的介紹信來我們大隊黨支部，找我瞭解你們家的家庭情況
及社會關係呢！我已經把你們家祖宗三代的情況都給他們兩
位元老師做了詳細地介紹，並著重強調你們家祖祖輩輩都是
老實巴交的農民，你父母親及家庭主要社會關係歷史清白，
沒有任何歷史問題。兩個老師對你家的情況很滿意哩！”我
非常吃驚地問陶支書：“我們中學的那兩個老師來調查這些
幹什麼呀？”陶支書說：“我問了他們了，兩個老師都說你

在學校裡的學習成績非常好，各方面的表現也很不錯，學校
準備明年推薦你去上全國重點大學呢！所以他們說這次是來
搞政審調查的。"陶支書給我說了這些情況以後，我才知
道：哦！原來學校還有這麼一個計畫，而且我還是這個推薦
計畫的候選學生之一。不過儘管我在寒假中知道了學校明年
有可能推薦我去上重點大學的計畫，但我並沒有沾沾自喜，
更沒有把這個消息告訴任何人。因為我想這個事還不知道能
不能實現呢，最好還是要通過自己的努力爭取考上一個理想
的大學，才更符合實際。因此，寒假結束返回學校以後，我
像什麼事也沒有發生一樣，不過我對高三下學期各個主科的
學習抓得就更緊了，一心就想爭取考上一個比較理想的大
學。終於功夫不負有心人，當年四月底、五月初的高中畢業
考試，六個主科的學習成績有五科都在90分左右，我記得其
中俄語考了 96 分，物理考了 93 分，而語文考試由於作文寫
得不是太理想，從而使語文成績才考了80幾分。儘管我本人
對畢業考試的成績覺得不是太理想，但班上的同學及科任老
師們都紛紛前來向我表示祝賀，甚至各個科任老師都紛紛動
員我報考他們自己所教的專業。教我們語文的袁名揚老師甚
至還對我說："吳明清，不管你報考什麼專業，放暑假以
後，只要你的大學錄取通知書一到達學校，第二天我就會把
它送到你們家裡去！"（因袁名揚老師是我們普定縣馬場鎮
的人，他有時步行回老家要路過我們寨子，故他才有為我送
達大學錄取通知書之說）。儘管各科任老師對我十分厚愛，
但當時我的理想是報考物理系。

　　然而正當我們六六屆的高中畢業生集中精力準備迎接 6
月份的全國高考時，1966 年 5 月 16 號，中共中央發佈了
《5.16 通知》，全面吹響了在全國開展文化大革命的號角，

緊接著報紙、廣播電臺也發佈了全國高考推遲半年舉行的通知。於是全校立即停課，並組織全校師生學習中央文件，全校由此捲入了轟轟烈烈的文化大革命運動的洪流之中。豈知這場史無前例的文化大革命洪流來勢之猛、持續時間之長及影響之大，是任何人都始料未及的，它不僅摧毀了我們六六屆高中畢業生即將實現的大學夢，也完全徹底地改變了我們這一代人的命運，而且給整個國家也帶來了極大的災難。

中學是人生學習知識的黃金階段，它見證著一個人從少年到青年的生命歷程，也是一個人的性格發展和吸取知識的關鍵時期。如果說一個人在童年時期，受家庭和父母的影響相對比較大的話，那麼在青少年時期，影響一個人是否健康成長的最大因素應是學校(中學)這個社會環境莫屬。因為在青少年時期，是否上了一所好中學，是否獲得了良好的教育，對成年後的個人前途發展將會產生重大的影響。所幸我的中學時代，雖然比較艱辛，但當時的學習環境及社會風氣，總的來說還是非常有利於我們青少年健康成長的，從而

使我們得以安定完整地完成了中學六年的學業，為日後的深造和工作打下了堅實的基礎。然而個人的奮鬥目標及前途規劃在一定程度上，雖說可以通過個人的努力來實現，但是實際上個人的前途和命運在很大程度上，卻是與國家的政治社會環境或歷史的發展潮流息息相關

的。也就是說，個人的奮鬥目標及前途規劃，只有在國家處
於安定的政治社會環境中，通過個人的努力奮鬥才有實現的
可能。否則在國家處於政治動盪的社會環境中，根本就沒有
任何個人的奮鬥目標和前途規劃可言。正如 1966 年 5 月，正
當我們 66 屆高中畢業生集中精力準備迎接全國高考的時候，
一場突如其來的文化大革命運動不僅徹底地粉碎了我們的大
學夢，而且徹底地改變了我們這一代人的命運。因此，可以
毫不誇張地說，個人在滾滾的歷史洪流面前，只不過是其中
的一朵小小的浪花而已，根本就沒有任何掙扎的餘地。

第三章 迷茫的蹉跎歲月

（一）

1966 年 5 月 16 號的那一天，中共中央發佈了《中國共產黨中央委員會通知》（簡稱《五·一六通知》），號召在全國開展文化大革命，向黨、政、軍及文化領域裡的“資產階級代表人物”猛烈開火。緊接著，人民日報又在 6 月 1 號發表了《橫掃一切牛鬼蛇神》的社論。由此，一場全國性的轟轟烈烈的文化大革命運動就發動起來了。

文化大革命剛開始的時候，首先開展的是破除舊思想、舊文化、舊風俗、舊習慣的“破四舊”運動，當時凡是社會上一切與傳統文化和外來思想有關的東西，統統都在掃除之列。比如老師家中珍藏的古舊圖書、名人字畫、古玩及首飾等，抄家搜出來以後統統都被銷毀。寺廟裡面的佛像、菩薩雕像以及建造得比較豪華的墓碑等也都被統統砸毀。更為荒唐的是，學生上街遊行時，見到人們夏天穿的塑膠涼鞋也要求脫下來檢查，如果發現鞋底後跟處有像“共”字（其實更像“井”字）圖案的，學生們便勒令穿涼鞋的人當場脫下來銷毀掉，意思是怎麼能把“共”字（即共產黨或共產主義）踩在腳底下？緊接著是發動全校師生寫大字報進行檢舉揭發，開始在教師隊伍中抓“牛鬼蛇神”。於是學校教學樓的樓上樓下走廊裡及牆壁上到處都掛滿了大字報，很多平時教學工作嚴謹、對學生要求嚴格的老師，他們都受到了嚴重的衝擊。許多家庭出身不好的老師被打成了牛鬼蛇神，於是有學生便把這些老師的頭髮剃成了陰陽各半的所謂牛鬼蛇神頭，並勒令他們站在太陽底下暴曬亮相；業務能力較強的老師則被打成了"反動學術權威"而遭到污辱和醜化；有的老教師還被打成了歷史反革命或漏網右派分子，不僅被戴高帽遊街示眾，而且還遭到了捆綁批鬥甚至毒打。大約是66年的7月下旬，從北京六中來了幾個紅衛兵小將，其中為首的一個女生名叫陸璐，他們到我們六枝中學來串聯煽風點火。66年8

1967.1.高三班部分老同學攝于六盤水紅代會(二排左二为作者)

月份，毛主席的《炮打司令部---我的一張大字報》公開發表以後，以江青為首的中央文革小組，把鬥爭的矛頭對準了劉少奇和鄧小平，並指出中央有一個資產階級司令部，很快劉、鄧便被揪出來並被打成了中國一號和二號走資本主義道路的當權派。於是從上到下，全國各地各級政府機關、企事業單位及學校，開始起來抓走資本主義道路的當權派。我們六枝中學的造反派也積極回應中央文革的號召，起來造學校領導的反，並在校領導中抓走資本主義道路的當權派，於是校長兼黨支部書記周光輝及副校長秦洪恩等人，被作為學校走資本主義道路的當權派揪了出來。其後，造反派對學校裡的兩個走資派及幾個"歷史反革命分子"和"右派分子"，進行了無休止的批鬥。八月中旬，學校成立了紅衛兵組織和校革委領導班子，我們高三班的王正有同學，因其家庭出身貧農根正苗紅而被推舉為校革委主任，負責領導全校的文化革命運動。到了66年八、九月份，全國又掀起了紅衛兵的大串聯活動，全國各地成立了紅衛兵接待站，負責接待各地來進行革命大串聯的紅衛兵小將。9月初，隨著毛主席數次在天安門城樓上接見全國各地來北京串聯的紅衛兵代表，我們學校又組織部分家庭出身貧下中農及工人家庭的紅衛兵代表，乘火車上北京去接受毛主席的檢閱。當時雖然我也是學校紅衛兵中的一員，但是由於家庭出身中農，達不到進京紅衛兵代表的資格，自然無緣作為學校的紅衛兵代表被派往北京接受偉大領袖的檢閱。大約是六六年的九月底十月初，我同同班同學喻民福等首次乘火車去貴陽進行革命串聯，當時我們住在貴陽六廣門體育館，吃住都在體育館的紅衛兵接待站。由於我們是第一次出遠門，又是第一次到貴陽這樣的大城市，因而對城裡的一切都感到特別的新奇。我們不僅白天上街去看大字報和抄大字報，而且還乘坐公共汽車跑去黔靈山公園及花溪公園等名勝風景區遊覽。每天在接待站吃完晚飯以後，我們晚上還步行去貴陽大十字、噴水池等熱鬧的地方，一邊看大字報，一邊看熱鬧。當時青年人最時髦的服裝是一身（或上半身）黃軍裝，頭上戴一頂黃軍帽，腰上再紮上一條軍用皮帶，而女生則都剪成了齊耳短髮。但是並不是所有紅衛兵都能有這樣的服裝，能穿上黃軍裝的，大多是軍人家庭出身的紅衛兵。至於黃軍帽，當時市面上偶爾也能買到，而我正是在貴陽的什麼地方花兩、三塊錢買到了一頂黃軍帽，戴在頭上時感到無比地自豪。然而有一天晚上，當我和喻民福等同學去大十字看大字報搶傳單時，在擁擠的人群中由於個子矮，不知道被誰把我的黃軍帽給摘走了，為此我還曾懊惱了好久。我和喻民福等同學從貴陽返回六枝以後，接著又乘車去昆明進行大串聯。那時所謂的革命大串聯，對於我們這些青年學生來說，其實就是去湊熱鬧和免費遊山玩水，因為全國各地都設有紅衛兵接待站，紅衛兵小將們憑藉校革委開具的介紹信，在全國各地乘火車、汽車和在紅衛兵接待站吃住都不用花錢，而且想去哪兒就去哪兒。不僅吃住不花錢，有的紅衛兵去到了北方，因天氣冷帶的衣服不夠，於是他們還在紅衛兵接待站借了皮大衣或軍大衣，有的人甚至還借了不少的現金和全國糧票。而這些借了衣物和錢、糧的人，據說後來大都沒有歸還。

我同班上的幾個同學在昆明串聯結束返回六枝以後，這時已經是 66 年的 11 月初了，但是同學們還是覺得意欲未盡，於是11月中旬我又同李志鴻、陳經緯等同學再次乘火車去貴陽。在貴陽玩了幾天以後，正當我們計畫從貴陽乘火車去北京串聯時，突然聽到了中央人民廣播電臺全文播發的中央文革關於停止全國乘車大串聯的通知，檔要求學生立即停止全國性的乘車大串聯，轉而提倡立足於本地的步行串聯，於是我們只好作罷乘火車返回了學校。我們從貴陽返回六枝中學以後，咱們高三班的部分同學覺得既然不讓乘車串聯了，那我們還可以組織步行串聯嘛。於是我們班的部分同學同學校裡的個別老師商量了一下，決定組織一支徒步串聯隊，繼續開展步行大串聯活動。後經請示校革委同意以後，以我們高三班的部分同學為主，學校組成了一支由15名學生和老師組成的徒步串聯隊，準備步行去北京。該徒步串聯隊的領隊是李庭寬老師，成員有我們班的吳九雲、戴彩鳳、董敘和、喻民福、孫維友、李青素和我以及初中和高一的部分同學。為了去到北京以後能夠見到毛主席，我們步行串聯隊還特意去六枝礦務局地宗煤礦，挑選了一塊四、五公斤重的烏黑發亮的煤炭，先用藥棉和白紗布裡三層外三層的包裹起來，然後再用一塊大紅綢布包裹得嚴嚴實實的放在一個專用背包裡，準備步行到達北京以後，以此作為珍貴禮品代表貴州六盤水地區的人民，把它獻給偉大領袖毛主席。當年12月初，學校為我們步行串聯隊專門召開了歡送大會，於是我們一行15人從六枝出發，一路上打著紅旗，背上背著背包、腿上裹著綁腿，雄赳赳、氣昂昂地就上路了。人們常說：理想很豐滿，現實卻很骨感。第一天從六枝出發，步行了25公里左右到達到落別住宿，第二天又從落別步行到達丁旗，第三天到達幺鋪，第四天到達了安順，總共4天大約步行了75公里。走了沒有幾天，大家的腳板都打起了水泡，結果步行的速度一天比一天地慢了下來。說到徒步旅行，開頭的十天半月是最艱苦和最難熬的，不僅腳板打起了水泡，而且隨著體力的消耗，人的精神狀態也感覺十分勞累和疲乏。然而畢竟那時我們都是一、二十歲的年輕人，大家又懷著一股子接受艱苦鍛煉的"革命朝氣"，加上年輕人精力充沛，等到熬過了兩、三個星期的磨合期以後，大家走起路來也就逐漸地習慣和輕鬆了。十來斤重的煤塊，雖然當時並沒有指定專人負責拿，

2019.4.与老同学吴九云(右)畅谈

但一想到它是送給偉大領袖毛主席的"珍貴禮物"，於是一路上人人都爭搶著把它背在背上。由此可見那個時代的年輕人思想是多麼的單純啊！當年我們正是憑著年輕人的一股子單純的所謂革命朝氣，一路從六枝出發，步行下安順經平壩去貴陽；再從貴陽經息烽去遵義過

(后排为作者)

婁山關，經桐梓下綦江到重慶。再由重慶往西，沿長江溯流而上，過江津去合江；再從合江過長江去內江，經資中、資陽，過簡陽最後到達成都，全程足足走完了一、兩千公里。每到一個有革命教育意義的城市或紀念地，我們都會停下來參觀學習，接受革命的傳統教育。比如在安順，我們參觀了王若飛的故居；在修文，我們參觀了張學良將軍的囚禁地---陽明洞。我們到達遵義時，還在遵義停留了兩天，先後參觀了遵義會議會址和紅軍墳。到達重慶後，我們又參觀了歌樂山上的渣滓洞和白公館。在四川合江，我們不僅參觀了"32111英雄鑽井隊"的英雄事蹟，而且還住在當地的農民家中，參與了當地生產隊的農業生產勞動，體驗了當地老百姓的生活。我們在步行的過程中，每天儘管走得很累很辛苦，但全體隊員始終團結一致，途中沒有一個掉隊或半途打退堂鼓而退出步行的。有時我們走在路上，偶爾也會有汽車停下來招呼要我們上車，儘管走得很累，但都被我們一一地謝絕了，隊員們始終以飽滿的熱情堅持步行。記得徒步串聯

的最後一天，由於成都遙遙在望，為了儘快趕到終點，我們一早從簡陽出發，當天晚上一直步行走到了成都，那天一共走了 140 多華里，是我們徒步串聯以來走路走得最多最長的一天。當我們到達成都的時候，已經是 1967 年的元月下旬了，我們準備在成都休整幾天，並計畫在此地參觀和遊覽一下以後再啟程北上。然而就在我們剛到達成都後的一兩天，中央文革又下發了全國停止一切形式革命大串聯的檔，也就是說連步行串聯也不能再開展了，於是我們的徒步串聯活動在到達成都後就不得不終止了。接著我們先去成都郊區的大邑縣參觀了劉文彩莊園，然後又去都江堰參觀了秦代李冰父子的古代水利工程奇跡。回到成都市內後，我們又參觀了杜甫草堂、武侯祠等名勝古跡。在成都待了大約一個星期左右，最後我們一行便集體乘火車返回了六枝，此時已經是 67 年的二月初馬上就要過春節了。對於這次步行串聯，以現在的眼光來看，可能覺得那時候的年輕人實在是單純得有點可笑，有車不坐非要一步步地走路受累吃苦，所得與付出實在不成比例。但仔細想想，當時吃的那些苦，實際上也是對人生意志的一種磨練，它不僅鍛煉了我們的筋骨和意志，而且也豐富了人生的閱歷。因此，從這個角度去看問題，這樣的收穫應該還是值得肯定的。不過文革中包括我們青少年在內的絕大多數人的思想和言行，在現在看來確實是十分荒唐和可笑的。

在我們外出開展大串聯的時候，大約是在 66 年的 11 月份，我們班以封培定、鄭權利、王偉夫及周賢貴等同學為首，在學校裡組織成立了一個名為"遵義戰鬥隊"（後來隨著組織成員的增多，遂更名為"遵義戰鬥團"）的群眾造反組織，並同時編輯出版了一份名為《驅虎豹》每週一期的四開油印的小報在校內外發行。當時這份小報的內容主要以大批判文章為主，同時也刊登同學們寫的一些針砭時弊的小品雜文，內容並不具體針對

1993.7.作者(左二)与六枝中学老同学封培定(左一)喻民福(左三)周贤贵(右一)摄于六枝

學校的任何領導或老師，主要是以此滿足我們班上部分同學對文學藝術的興趣愛好和追求而已。由於封培定同學自幼喜好美術和書法，念高中時就在全國發行的《中學生》雜誌上發表了美術作品，平時也喜歡寫寫詩歌或雜文小品等，他的書法在學校更是小有名氣，是我們班乃至全校公認的多才多藝的文學才子。因此，封培定同學不僅擔任了這份小報的策劃和總編輯，同時還是這份小報的美術作者和油印鋼板的主要刻寫者。1967 年 2 月初，當我們結束徒步串聯返回學校以後，我和喻民福同學也參與了該份小報的編輯，並為這份小報撰寫了部分大批判文章及雜文小品，有時我也承擔了小報的部分鋼板刻寫及油印工作。

從 1967 年元月份開始，文化大革命發展到了全國各地的造反派開始向走資派奪權的階段。首先是上海發生了紅衛兵和工人造反派奪了上海市委的大權，從而掀起了一場稱為"一月風暴"的奪權運動，然後是黑龍江省的造反派奪取了省政府的權力，成立了黑龍江省革命委員會，接著貴州省的造反派緊隨其後，也奪了貴州省政府的權成立了貴州省革

委，全面接管省政府的大權。當時貴州省造反派的奪權行為，曾被人民日報特發社論祝賀並比喻為炸響了"西南的春雷"。此後，全國各省市的造反派紛紛先後奪取了本省市政府的大權。到了67年的三、四月份，就基本實現了"全國山河一片紅"（意指全國各省、市、自治區政府的權力全部都被造反派接管了）。至於我們學校的領導，早在六六年七、八月份就被打倒靠邊站了，校革委取代了校領導，學校到處成了紅海洋。每棟建築物的外牆上到處都有用紅油漆刷寫上的各式各樣的大標語，其中以"無產階級文化大革命萬歲！"、"毛澤東思想萬歲！"以及"四個偉大"為最多。《大海航行靠舵手》以及毛主席語錄歌曲的歌聲到處都可以聽到。當時人人都手拿一本俗稱紅寶書的毛主席語錄袖珍本，每天向毛主席"早請示、晚彙報"。學生們除了集中學習中央文件以外，還要結合毛主席語錄開班級討論會，在思想上"鬥私、批修"，"狠鬥私字一閃念"。課間休息時，學生們還要集體跳忠字舞，向毛主席表忠心。總之，很多在現在看來十分荒唐的行為，但在那個瘋狂的年代卻是十分流行和時髦的革命行動，任何人都不敢、也不容許對那場轟轟烈烈的文化大革命運動，有任何一丁半點兒的懷疑和違反，否則就有可能被打成"現行反革命"而受到迫害。

1967年四、五月份以後，席捲全國的紅衛兵運動接近尾聲，代之而起的是各種各樣的群眾造反組織應運而生。工人和機關幹部成為了文化大革命運動的主力軍，而且各群眾造反組織之間常常因觀點不同或者意見不一致，分化成了對立的兩派，而對立的兩派之間由文鬥逐漸地又發展成了武鬥。

其中又以於 1967 年 2 月份開始的湖北武漢地區兩大派別的群眾造反組織，即"工人總部"和"百萬雄師"之間的武裝衝突流血事件，即是全國不同派別群眾造反組織之間由文鬥演變為武鬥的典型代表。為此，很多工廠、機關和學校實行了

1995.5 作者(中)与六枝中学老同学 封培定(右)朱华(左)摄于六枝矿务局

軍事管制，機關單位紛紛進駐了軍宣隊(軍人宣傳隊)或工宣隊(工人宣傳隊)。我們學校也由上級派駐了軍代表，並由六枝礦務局地宗礦派出工人宣傳隊進駐我們學校，協助校革委領導和組織學生學習中央文件和開展大批判運動。

(二)

客觀地說，在這場看似轟轟烈烈、實則屬於一場內亂的文化大革命運動當中，作為一個中學生，我本人並不是一個積極的參與者，但也不是一個消極的旁觀者，而是一個隨波逐流的隨大流者。文革初期既沒有參與過抄家，也沒有給老師和校領導貼過大字報；既沒有污辱和打罵過老師，也沒有在批鬥老師和校領導的批鬥會上發過言，而更多的是參與編輯小報、抄寫大字報和寫大批判文章等等，但那些都是應景

之作，並未針對過具體的老師和校領導。也就是說，在文革中自己從未幹過任何受到良心譴責的事情。在這場運動中，我之所以是個隨大流者，而不可能成為一個拋頭露面的人物，第一，這是由我的家庭出身決定了的。在文革中"唯成份論"盛行的極"左"年代，反動的"血統論"大行其道，他們大肆宣揚："龍生龍，鳳生鳳，老鼠生兒會打洞。"言下之意就是，只有那些"紅五類"（即出身於革命軍人、革命幹部、貧農、下中農（或佃農、雇農）及工人家庭）的子女，才具有天然的革命優越性，他們才是文革的主要依靠對象。而"黑五類"（即出生於地（主）、富（農）、反（革命分子）、壞（份子）、右（派份子）家庭）的子女，則統統地被打入另冊。另外，像我們這種家庭出身為中農、或者城鎮小手工業者、職員、自由職業、城市貧民等家庭的學生，既不屬於"紅五類"子女、也不屬於"黑五類"子女，而被蔑稱為"麻五類"子女，在文革中處於一種非常尷尬的境地，只屬於可以團結的物件。第二，我當年的性格特別內向，有時連在公眾場合說句話也會臉紅，也就是說，在大庭廣眾之中拋頭露面，並不是我的性格。正是這樣的主觀和客觀因素決定了我不可能成為當年的風雲人物，而只能是一個隨波逐流的隨大流者。然而仔細想來，隨波逐流的隨大流者，當年又何止我一人？應該說當時的絕大多數學生都是像我這樣的涉世未深的青年，在文化大革命這樣一個前所未有的洪水猛獸面前，我們既不能窺其全貌，更無可能產生任何懷疑而與之相抵觸，只能是被動地捲入到這股巨大的歷史洪流旋渦之中，泥沙俱下、殘渣泛起，身不由己地被裹挾著向前推進，真正積極地投入而又衝鋒在前的學生僅是極少數。而當文革進行到67～68年的時候，學生在學校裡除了學習中央文件、開批判會和偶爾上街遊行以外，平時都是無所事事，逐漸地大家就對這場運動產生了厭倦情緒。由於文革中知識份子已被打成了"臭老九"，"讀書無用論"在社會上廣泛盛行，同學們在無聊之餘，於是就紛紛玩起了撲克牌或偷偷地打起了麻將。尤其是打撲克，更是我們學生百無聊賴時打發時間的主要活動。那時不管是白天還是晚上，除了吃飯時休息一會兒，然後隨便走到哪個學生宿舍，准能碰到有學生正在打撲克。其中有打百分的，也有打"找朋友"的，而玩得最起勁的則是"拱豬"，這是同學們當時最主要的娛樂項目之一。誰打撲克"拱豬"輸了，不僅會被貼鬍子，甚至還會被罰鑽桌子腳或鑽床腳。整整兩年多的時間，學生們就是這樣成天在學校裡混日子，大好的青春就這樣白白地被浪費掉了。

在文革中那種渾渾噩噩的年代，作為一個高中畢業生，有時眼看前途無望，心中難免會感到十分地惆悵，心想這個運動也不知道要搞到什麼時候才能結束，如果長期這樣混下去，不知道我們的人生將來會是怎麼樣的結局喲？！1967年年底，由於越南抗擊美國侵略戰爭的戰事日趨吃緊，根據"援越抗美"形勢的需要，全國各地開展了徵兵活動，我們學校裡也開展了徵兵宣傳。當時我想，既然高考已經被取消了，上大學已經毫無希望，而文革也不知道要搞到什麼時候，不如報名去參軍算了：二十來歲的年輕人去到部隊鍛煉幾年，或許會有意想不到的前程。於是我就毅然地在學校的徵兵辦公室報了名，後來經過體檢和政審，我獲得了準備入伍參軍的通知，當時我的心情別說有多高興了！當時我們班除我以外還有李澤榮、孫維友、高二班有謝榮鵬、高一班有袁永光等一共十幾個同學一起都上了參軍入伍的名單。於是利用週末回家的機會，我把我準備要去入伍參軍的"喜訊"告訴了母親和哥哥姐姐他們，我以為當他們聽到我即將參軍的消息時，一定也會非常地高興。誰知母親一聽我要去當兵，當即表示堅決反對，她說："你是我們家裡唯一的男孩，哪能去當兵啊？！人家都說'好鐵不打釘、好男不當兵'，你幹哪行不行，為什麼要去當兵？我明天就去學校找你們老師說去！"我從未見母親對我發過那麼大的火，而且我以為母親或許只是發發脾氣而已，過幾天或許就沒事了。誰知她禮拜一果然就真的去了學校，而且還找到了我們學校的校革委主任、同時也是我曾經的班主任周宗馬老師，並向周老師詳細地介紹了我們家的家庭情況：即哥哥是外面來的，姐姐是同母異父等等。總之一句話就是："吳明清是我們家裡的獨子，我不同意他去當兵！"周老師一聽這個情況，當即就表態說："老人家，您說得有理！您老人家先回去。現在我已經知道你們家的詳細情況了，既然吳明清是你們家中的獨子，那我們就不能讓他去當兵了！"我回到學校以後，周老師把我叫去了他的辦公室，告訴我老母親已經找到他說了我們家的詳細情況了，並說既然你是家中的獨子，母親也不同意，學校已經決定取消你參軍入伍的資格了。聽了周老師的話，我感到非常的沮喪，心想這個施展人生抱負的大好機會落空了。為此，我對母親還產生了不少的怨氣。眼看著即將參軍入伍的同學們一個個喜笑言開，別說我有多懊惱了。六八年元月份，學校裡這批獲准入伍的同學們高高興興地參軍去了，而我卻懷著悶悶不樂的心情仍然留在了學校，同廣大師生一道，又開始了日復一日地無休無止地學習檔和開展大批判的運動，而晚上及週末仍然是和同學們一起玩撲克、打麻將，渾渾噩噩地混日子，要多無聊就有多無聊！

　　從 66 年六月份開始到 68 年底，我們同全國各地的中學生一樣，整整地在學校裡瞎混了兩、三年。當時全國的大、中、小學校已經完全停課兩、三年了，工廠也停止了招工，很多機關單位、工廠都不上班了，國民經濟出現了嚴重的下滑。原本三年困難時期過後，經過從 62 年到 64 年的三年調整，全國的經濟形勢已經有了很大的轉變，到 65 年時，全國各地已是物資豐富、物價平穩，人民的生活水準有了顯著的提高。結果經過 66 年到 68 年兩、三年文化大革命的折騰，全國各地又出現了物資短缺、物價飛漲的困難局面。正是在這樣的形勢下，國家可能已經意識到，聚集在學校裡的上千萬中學生根本無法進行合理地安排，唯有讓他們下農村插隊落戶、參加農業生產才是最合適的處置。於是六八年底人民日報發表了毛主席的指示："知識青年到農村去，接受貧下中農的再教育，很有必要！"隨即就在全國各地開展了一場轟轟烈烈的知識青年上山下鄉運動。在這種形勢下，我們學校也立即開展了動員學生上山下鄉的宣傳。當時的做法是，屬於城鎮戶口的初、高中總共三屆畢業生，由政府出面組織集體下放到有關地區的生產隊插隊落戶，而家住農村、戶口也在農村的學生，則實行哪裡來哪裡去的政策，各人回自己家鄉的生產隊參加農業生產。我家在農村、戶口也在農村，於是 1969 年的元月下旬，我自然而然地就回到了老家的生產隊。想不到辛辛苦苦地讀了十幾年書，好不容易熬到高中畢業，以為考上了大學，從此就跳出了"農門"，誰知一場轟轟烈烈的文化大革命，不僅打碎了我的大學夢，而且還把我送回了農村，回到了生我養我的地方。當時的那種失落感，簡直難以用一個準確的詞語來形容，真像是"辛辛苦苦十幾年，一夜又回到了解放前！"

（三）

1969年的元月下旬，我懷著十分失落的心情，悶悶不樂地回到了老家。雖然是回到了生我養我的地方，那裡有我最親的家人和鄰里鄉親，但畢竟從小在外面讀書過慣了集體生活，回到老家以後一個人感到非常地寂寞和孤獨。當時頭腦裡感覺一片空白，滿腦子想的是：個人的前途算是徹底完蛋了，將來怎麼辦啊？回到老家後，由於冬季裡生產隊也沒有什麼農活，我當時也不知道從哪里弄來了兩、三部小說（記得有《紅樓夢》、《清史稿演義》及《隋唐演義》等），成天就坐在家裡的火爐旁邊看小說，門都不想出，更不想見外人。由於心情不好，也很少同母親和姐姐他們說話。母親及哥哥姐姐他們知道我從學校上山下鄉回來了，他們開始的時候也是非常高興的，尤其是老母親見到她從小就牽掛的寶貝兒子回家來不走了，心裡頭別說有多麼高興啊，只見她老人家成天總是樂呵呵的！但是見我來家以後心情一直不好，成天總是悶悶不樂地看書，母親及姐姐她們感到挺納悶的。有一天，母親問我學校及其他同學的情況如何時，我情緒低落地對她說："現在學校裡的學生全部都上山下鄉了，學校裡已經沒有學生了，學校可能都已經關門了。我不知道回家來以後怎麼辦喲？！"母親說："你回家來了，那就幹農活唄！"我立即說："媽，你們辛辛苦苦地供我在外面讀了十幾年書，到頭來還要回家來幹農活，那我的書不是白讀了嗎？你們的辛苦不就白費了嗎？"母親接著說："我們辛苦倒無所謂，不過現在國家的政策是讓你們上山下鄉參加農業生產，目前也沒有什麼出路，你就先在農村安下心來，幹幾年農活再說吧，說不定過幾年上面的政策又變了呢！"聽母親這麼一說，我也無話可說。當時的現實情況確實是無路可走，既然已經從學校上山下鄉回老家來了，無奈之下，那就只能在生產隊裡待著了。

當時回到老家來以後，最想解決的就是自己每個月的零花錢問題。在學校的時候，不管是讀書還是呆在學校裡"鬧革命"，至少還可以向母親和姐姐她們要伙食費和零花錢，現在既然已經回家來了，我已經沒有任何理由再向母親及姐姐她們伸手要錢了。再說一個二十來歲的大小夥子，還伸手向老母親要錢，再怎麼也說不過去，但是一時又想不出什麼掙錢的法子。正當我一籌莫展的苦悶之際，村子裡我初中一年級白墳分校的同學、同時也是我的遠房侄兒吳興志找我來了。一見面他就對我說："小爺（ㄠ叔），聽說你回家來了。我同寨裡的李生富買了一台爆米花機，我們想邀請你同我們一起去走村串寨，幫人家爆玉米花掙點零花錢，不知道你是否願意去？"一聽是去幫人家爆玉花，開始的時候我還有點猶豫，覺得一個堂堂的高中畢業生去幹這樣的事，似乎有點抹不開面子。但轉眼又想，現在也沒有什麼門路可以掙錢，不如同他們一起去試試看，於是我也就答應了。第二天，我們三人輪流扛著爆米花機到附近的幾個村寨，去給老鄉們爆玉米花。當時每爆一鍋玉米花收兩毛錢，每天大概可爆三、四十鍋，因此每天每人可以掙兩、三塊錢。就這樣我們三人每天早出晚歸，連續給附近的老鄉們爆了三、四個星期的玉米花，每人分得了四、五十塊錢。到 4 月份的時候，生產隊的農活就開始忙起來了，爆玉米花的活也就停了下來。

　　說到幹農活，雖說是長期在外讀書，但畢竟生長在農村，放寒暑假時也經常在家裡的自留地裡幹活，有時也參加生產隊的勞動。因此，一般的農活都能拿得起來，比如種地、插秧及挑、抬等一般性的農活都沒有什麼問題。但是農村裡男人幹的真正的農活，比如犁牛打田、犁地等，我還真沒有幹過。尤其是犁牛打田的時候，由於田裡的土是水淹著的看不清界線，如果沒有經驗，打田的時候有的土就有可能犁不到，而犁不到的水田種上水稻秧苗後，因泥土板結秧苗紮不進根，水稻就長不好。因此，犁牛打田及犁地這道農活我得從頭學起。為此，生產隊長特意為我挑選了一頭脾氣特別溫順的老黃牛，並先教我學習如何犁地，還親自給我做示範。他首先教我如何訓牛，要牛朝左邊走時該怎麼喊，朝右邊走時又該怎麼喊；犁地時如果遇到大的石塊，如何通過快速提犁把抬高鏵口避讓石頭，以防石塊碰碎鏵口；調頭時又如何抬犁頭和放犁頭，怎樣操作才能把邊角上的土全部都能犁到等等，經過不到一個星期的練習，我終於學會了如何用牛犁地這道農活，不久又學會了犁牛打田。

　　在農村，真正的農忙時節是夏收夏種和秋收秋種這兩個季節，尤其是夏收夏種的插秧時節。這個季節是在農曆的端午節前後，此時，女人們主要是收割麥子和油菜籽，男人們則負責打田插秧。由於生產隊有不少高榜田，而這些稻田一般沒有水源灌溉，完全靠天上落雨。端午節前後，正是天上下滂沱大雨的漲水季節，此時正是男人們起早摸黑搶水打田的大好時機，如果錯過這一漲水季節，高榜田就只能改種旱地了。這樣的農活一直要忙三四個星期，等到把秧插完男人們的活相對也就輕鬆了。我在這一季節的勞動過程中，著實狠狠的鍛煉了一回，背上及脖子上都曬脫了一層皮，幹起活來，一點也不輸生產隊的農民社員。生產隊長及社員們見了我都說：看來你這個"太學生"，還沒有忘掉農民的本色呀！幹起農活來一點也不比咱們老農民差。我聽了心裡非常高興，但嘴裡仍然謙虛地說："哪裡哪裡，我還差得遠呢！"好在那時年輕氣盛、20剛出頭的人，要力氣有力氣，要身體有身體，累了睡一覺瞇睡醒來，又活力四射了。

　　時間一晃半年多就過去了，農活也差不多完全幹習慣了，個人的孤獨感也逐漸地消失了。到了69年的8月份，村裡的兩個生產隊隊長一合計：我們這裡有個高中畢業生，讓他幹農活豈不是太大材小用了嗎？乾脆咱們在村裡辦個學校，讓吳明清來教小孩子讀書算了！於是兩個生產隊長來到我們家，把在村裡打算辦學的想法詳細地給我作了介紹，並問我願不願意教書，至於待遇和報酬，除每年按生產隊的一個強勞動力分糧食以外，每個學生每個學期交十塊錢作為學費。我當時心想，農活是完全可以幹得下去的，但實在是太苦太累，既然生產隊要辦學校並讓我來教書，那就幹吧！於是我就同意了村裡兩個生產隊長的要求。當時學校就辦在我家老房後面我哥修的新房的堂屋裡，桌椅板凳仍然是因陋就簡，讓學生把自己家吃飯用的方桌、板凳以及條桌都拿來，再買塊大黑板掛在牆上就行了。最後又找來了半截鋼管，用鐵絲拴起掛在屋外的立柱上，以敲鐘為號決定上課、下課。就這樣，經過兩個多星期的籌備，我們的小學準時於當年9月1號正式開學了。學校辦起來以後，學生除了本村兩個生產隊的小孩以外，還有箐腳靛山生產隊的，以及罈子窯等地的小孩也都來了，全校總共有學生三十多名分為三個年級，其中以新發蒙的學生為主體，當年我們村子裡有吳順義、吳興榮、吳東升、葉正翔、葉正鼎及靛山的吳興林、吳順林等，都是在我們的學校開始發蒙讀書的。罎子窯的鄧太和、郭滿榮、郭滿華及郭滿富等，也到我的學校裡來讀二年級或三年級。由於一年級的新生有十幾個，其餘的二年級和三年級的學生分別有五、六個或七、八個不等，總共二、三十個學生都合在一個教室裡上課，上課時用複式班的形式教學。即一般是先教一年級，上完一年級的課，接著教二年級，最後教三年級。每節課仍然是 45 分鐘，上午 8:30 開始上課，課間休息 15 分鐘，上完三節課後中午 12:00 吃午飯。午休兩個小時，下午 2:00 又接著上課。下午也上三節課到 5:00 放學。課程除了語文、算術兩門主課是按年級分開上以外，音樂、體育兩門課是三個年級集中一起上的。由於教的是小學一至三年級，雖然沒有用到多少自己所學的知識，但大部分精力主要花在了學生課堂紀律的管理上。這些學生大多數是我們村裡吳姓家族中的子弟，由於我在家族中屬於老輩，這些娃娃對我有一種敬畏的心理，因此開始的時候他們都很聽話，課堂紀律相當不錯。但隨著時間的推移，他們同我混熟以後，也不再那麼拘束了，課堂上有學生也開始不怎麼聽講了，於是就要花較多的時間和精力來維持課堂秩序。這樣每天五、六節課上下來，精神上感覺還是蠻疲勞的，有時一躺下就睡著了。

轉眼到了 69 年 11 月份，70 年春季徵兵的宣傳工作又開始了。此時我想，這是一個好機會，這次我一定要想辦法去當兵了，不能老這樣待在家裡混日子。68 年春季那次徵兵，本來在學校我已經體檢和政審通過了，但是臨走之前由於老母親反對，結果就沒去成。為此事，我曾經對她老人家抱怨過多次，這次上山下鄉回來後，母親知道我對上次她阻攔我去當兵的事還在耿耿於懷，心情總是不高興，所以很多時候她也在遷就我。但這次我想再次報名去參軍，母親是否能夠同意，我還是沒有把握。為了確保能夠做通老母親的思想工作，這次我又想到了吳明亮幺哥，只有把幺哥請來，才有把握說動老母親。為此有一天晚上，我特意把吳明亮幺哥邀請到我們家裡面來，當時屋裡有母親、哥哥和姐姐。吳明亮幺哥來家坐定以後，我首先開門見山地對母親說："媽，今年的徵兵宣傳又開始了，我要準備報名去參軍了，希望你老人家不要再阻攔我了！"母親說："媽不想讓你去當兵，還不是怕你去到軍隊裡頭出危險？家裡頭只有你一棵獨苗苗，你現在連媳婦也沒有結，你去到軍隊裡頭萬一有個閃失，那可怎麼辦？！"姐姐也給母親幫腔說："老幺，你現在在家裡教書不是挺好的嘛！幹嘛還要去當兵？當兵又有什麼好？"此時，吳明亮幺哥發話了，他對我母親說："幺太太，既然明清兄弟想去參軍，我看您就不要再阻攔他了！現在是和平年代，您老人家就讓他去吧！幺兄弟讀了那麼多書，去到部隊說不定就讓他去當個文書或文化幹事之類的職務，真正扛槍上前線打仗恐怕還輪不到他呢！另外，自古以來忠、孝不能兩全。現在新社會提倡的是好男兒志在四方，幺兄弟的志向是要抓住一切機會到外面去闖世界。他出去替國家服務，萬一做得好前途遠大，我們家族中的人還不是要沾光！所以我勸您老人家就讓他去算了，不要再阻攔他了。否則幺兄弟在家裡待著整天都不高興，您老人家看在眼裡還不是心裡不好受！"這時我哥也開口說話了，他說："既然老幺不想在家裡待，他想去當兵就讓他去吧！家裡的老母親有我們照

1994.7 与周宗马老师合影于六枝

管。”眼看大家都這麼說，母親最後也只好同意了。她對我說：“老幺，你實在想去當兵得很，那你就去吧！不過你去了要注意安全，在軍隊裡頭搞兩年就快點回來成家！”我一看母親同意了，高興地說：“好嘛！我去當兩、三年的兵就回來。”其實我當時心裡想的是，只要我出去了，能在外面待多久就待多久，不一定非要回來不可。於是過了兩天，我就高高興興地到公社報名參軍去了。

人們常說：天有不測風雲，人有旦夕禍福。12月上旬，公社通知報名參軍的年輕人去化處區衛生院進行體檢。大約過了一個星期，體檢結果出來了，公社革委發來通知要我去公社，我以為我的體檢和政審已經通過了，可能很快就要入伍了。誰知到了公社，公社負責徵兵的領導告訴我說，醫生體檢時發現我肛門上有個痔漏，因此體檢不合格，不能入伍參軍。當我聽到這個消息時，猶如被人從頭上打了一悶棍似的，整個人一下子腿都軟了。心想，我的命運為什麼會是如此的多舛呀？前年是母親不同意，今年又是體檢不合格，命運怎會如此地捉弄人啊？本來我的體質向來比較強壯，身上也沒有什麼毛病，但上山下鄉回家以後，過了兩三個月，我的肛門附近總是發癢和隱隱作痛，偶爾還會有惡臭的黃色液體從肛門旁邊滲出，走路時疼痛感加重。由於當時年輕，心裡並不太在意，心想過一段時間也許就好了，所以也就沒有去看醫生。誰知這次參軍體檢時卻誤了大事，因為就這麼一點小毛病，把我的個人前程給耽誤了。但我當時還不死心，決定去化處區裡找負責徵兵工作的張指導員說一下情，看看是否還有通融的餘地。為表示我堅決要求入伍當兵的決心，去之前的頭一天晚上，我咬破了右手的食指，用帶血的手指在一張白紙上，寫了一封簡短的堅決要求參軍入伍的血書。去到區裡找到張指導員後，我把血書交給了他，要求他讓我去參軍入伍。張指導員把我叫到了他的辦公室，然後對我語重心長地說："小吳，你要求入伍當兵的決心很好！你的文化程度很高，確實也是我們部隊需要的人才。不過你的體檢確實沒有過關，這個入伍的標準是沒辦法改的。你今年去不了不要氣餒，等你把這個小毛病治好了，下一次如果有機會你還可以去嘛！"此後不管我如何再三地請求，張指導員始終就是不鬆口，於是我只好又沮喪地回到了老家，繼續小學教師的生涯。到了70年放暑假時，老母親在六枝平寨找到了一位專治痔瘡的私人醫生，花了二、三十塊錢，終於徹底地治好了我的痔瘡。

(四)

周宗馬老師是我讀高中二年級和三年級時候的班主任老師，他向來對我很好，我們之間的師生情誼一直都比較深厚，因此即使上山下鄉了，有時候週末去下營盤趕集，我也會去他家看望他。大約是1970年的三，四月份左右，周老師已調到六枝特區教育局任文革主任了，主管整個特區教育局的文教工作。一個週末我去看望他時，周老師聽說我在村裡教小學，便對我說："明清，你想不想來六枝這邊教書嘛？下營盤大寨後面新成立了一所抗大中學，現在急需老師，如果你願意來的話，我給你弄個教師指標！"我一聽是當中學教師，當即高興地就答應了。周老師接著又說："因為你回鄉以後屬於普定縣的知青了，不屬於六枝特區管轄，因此我以六枝特區教育局的名義，給你寫個徵求意見函，你拿去你們普定，從生產大隊開始到公社、再到縣人事局去徵求一下意見。如果他們同意放你了，你把回函拿回來，我就給你辦理教師的招工手續！"於是周老師很快就把六枝特區教育局寫給普定縣人事局的徵求意見函寫好後交給了我，要我儘快把此事辦完，然後把回函交給他。當我拿著這個徵求意見函從生產大隊到公社，再到縣人事局去徵求意見時，生產大隊倒是沒有任何問題，然而到了公社以後公社革委主任不在家，只找到一位副主任，副主任看了看我給他的徵求意見函，便說："你是我們的知青，為什麼要由六枝那邊來安排呀？而且現在主任不在家，也不知道他什麼時候能回來，你等他回來以後再說吧！"我一看這個副主任的態度，估計公社這一關肯定過不了，如果等公社革委主任回來，他要是在徵求意見函上簽上"不同意"三個字，那麼這條路就被徹底地堵死了。我想不如先拿到縣人事局去找個熟人幫一下忙，如果縣裡同意了，公社這裡就無話可說了。我第二天步行到達縣城以後，為保險起見，我先去找母親外家的一個遠房親戚，他叫張文明，當時在普定縣法院任審判庭長，61年我在普定縣城讀書的時候曾見過他。找到張庭長以後，我把六枝特區教育局給普定縣人事局的徵求意見函拿給他看了，要他幫我去縣人事局說一下情，他答應明天早上可以去試試。當晚我就住在他家，第二天上午上班後，張庭長帶著我去到了縣人事局，到了人事局長的辦公室以後，我把六枝特區教育局的徵求意見函遞給了人事局長，要求人事局能同意放我去六枝特區工作。張庭長隨即把我的情況比如我以前是在六枝特區念中學、然後上山下鄉就回到老家來了等向人事局長做了簡單地介紹，並希望縣人事局能同意放行。人事局長看完徵求函後沉思了一會說：“這個事情恐怕不好辦呢！你們生產大隊是同意了，但公社革委沒有簽署意見。你首先得有公社的意見，公社革委同意了然後你才能拿到我們縣上來。你現在沒有公社基層的意見，你讓我們縣人事局怎麼簽？另外，你現在已經是我們縣裡的知青了，我們縣的知青我們有我們自己的安排，怎麼能讓六枝那邊來安排呢？”人事局長這麼一說，我們兩人什麼話也答不上來。張庭長眼看這個事情沒有任何轉圜的餘地，無奈只好帶著我離開了縣人事局。回家過了幾天，我懷著失望的心情去六枝特區教育局見周老師，並把普定縣人事局不同意放我的事告訴了他，周老師聽完後只好惋惜地說：“既然你們縣裡不同意，這就沒辦法了！看來你也只能在普定縣那邊想辦法了。”我知道周老師為我的事已經費心盡力了，謝了周老師的一片心意以後，我又再次懷著失落的心情回到了老家，繼續我的教書生涯。

　　在老家教小學很快一個學年就過去了，轉眼到了 70 年的 8 月中旬，眼看 9 月 1 號逐漸臨近，小學的新學期就要開

1994.7.六枝一中部分老同学
与周宗马老师合影 (前排左三为作者)

學了。一天下午，大隊支書給我捎來了公社革委的一個口頭通知，說要我去公社一趟，公社革委主任有事要找我談談，但大隊支書也沒說公社革委主任找我究竟是有什麼事，我當時的心裡不免有點忐忑不安。第二天上午我如約步行去到了播改村的公社機關。那時我們臘柳公社早已於60年代中期同朵貝公社合併了，兩個公社合併後統稱為朵貝公社，但公社機關設在離我們村大約有七、八公里路遠的播改村。當時的公社革委主任名叫馬德隆，50歲左右年紀，六枝特區大用灣寨人；另外還有兩個副主任，一個叫李玉槐，也是大用人，另一個叫李順義，他是本公社田壩大隊的人，貧下中農出身的老土改幹部，不識幾個字但記憶力超群，上次去公社機關簽字，見到的就是他。另外還有一位沒任職的副主任，名叫王朝煥，化處區水母的人。我找到公社革委馬主任以後，馬主任把我叫到了他的辦公室，我坐下來後，馬主任對我說："小吳，聽說你上次來公社找我，我不在家就沒有會到你。我們以前還不知道和認識你，現在才知道原來你是我們公社唯一的一個高中畢業生哩！現在既然你已經上山下鄉回老家來了，我看小學你也不用再教了，我們公社革委已經研究決定了，調你來公社機關幫助公社革委做些文字工作，你看怎麼樣？”本來上次來公社簽徵求意見函時，遭到拒絕後我心裡多少還有些怨氣，我以為這次馬主任要跟我談談上次簽徵求意見函的事呢，結果聽馬主任這麼一說，真是有點出乎我的意料。我心裡想，我這次要是不同意來公社的話，萬一以後有什麼招工的機會，公社不同意放的話，那不就更糟了？我想乾脆還是同意來算了，來了以後設法同公社的領導搞好關係，以後有什麼事不就好辦了嗎？於是我考慮了一會就答應了。馬主任見我表示同意後，他又說：“調你來公社機關工作，是作為半脫產幹部處理的，你的戶口仍在原生產隊，你仍在原來的生產隊分糧，公社每個月給你發25塊錢的生活補助費。你回去以後給生產隊和大隊說一聲，就說抽你來公社機關工作是公社革委決定的。你回去把小學的事情處理完以後，九月初馬上帶上行李就到公社機關來報到。好嗎？”我說好的。回到生產隊以後，我把公社革委的決定給生產隊和大隊做了轉達，然後把我們學校的小學生全部遣送到了對門寨袁運衡的小學去了以後，帶上行李我就去公社機關報到了。

　　當時的公社機關，除了革委的馬德隆主任和兩個副主任以外，我的堂兄吳明權也在公社機關工作，當年他是公社機關的秘書，專管公社機關的公章和接轉電話等工作。當時全國各地正在開展“一打三反”運動(即打擊現行反革命破壞活動、反對貪污盜竊、投機倒把及鋪張浪費的政治運動)。農村中最嚴重的就是貪污和盜竊案件頻發，貪污一般多發生在生產隊及大隊幹部的身上，而盜竊則多發生在老百姓中間，尤其是農村中的盜砍、盜伐山林以及盜賣耕牛和集體生產資料時有發生，個別地區盜砍盜伐山林還相當的嚴重。因此，整個公社範圍內已經立了不少案件，其中有個別性質特別嚴重的刑事案件已經移交給了縣公安局偵破，一般較小的案件則由公社革委自己組織調查和處理。由於公社自己負責的案件數量較多、工作量比較大，而公社的脫產幹部又少，即使把我抽調來了，也覺得人力不夠，於是公社革委又從下半公社的田壩大隊抽調了另一個人來參加案子的調查和資料整理工作。下半公社來的這個人名叫鄭代和，當年大約30歲左右，他是1960年普定中學高中畢業後並考上了北京石油學院的大學生，入學讀了一年大學後，61年因病休學回家，後來就中斷學業而留在老家終身務農了。公社把我們抽調來的兩個人分開，一個人跟一個副主任再加一名當地的生產大隊幹部，組成兩個三人小組，分別下到有問題的生產大隊，負責調查當地的貪污和盜竊案件，逐案收集人證、物證，並對涉案人員做好訊問和筆錄工作。案件調查完成後，然後再回到公社機關編寫案件的調查報告，並逐案分析案件的性質和嚴重程度，在此基礎上，根據相關政策提出初步處理意見，再經公社革委集體討論審閱定稿後蓋章，最後報送到普定縣革委審查備案並存檔。由於我編寫的調查報告事實清楚、證據充分、分析得當，深得公社及縣兩級革委領導的好評。在整個一年多的“一打三反”運動過程中，經我參與調查並執筆編寫的案件調查報告總共有一、二十份，其中個別有關盜竊及姦淫婦女的重要案件，經轉呈縣公安局後，引起了警方的重視。後來縣公安局在我們調查的基礎上，經過進一步偵查和補充證據，最終犯罪嫌疑人均被繩之以法。

一九七一年九月份，有關林彪的"9.13"事件發生以後，10月份宣傳"9.13"事件的中共中央檔就下發到了公社一級，於是公社又組建了傳達中央文件的宣講小組，下到全公社的各生產大隊去向廣大社員群眾，傳達宣講中央文件的精神。我被抽調加入了公社的宣傳小組，並作為主要宣講員，自始至終參與了為期一個多月的中央文件宣講工作。在這一個多月的中央文件宣講工作中，我同公社的李玉槐副主任，先後在十幾個生產大隊召開了二十多場群眾大會，並由我在大會上宣講中央文件的精神。經過數十場的宣講，由此獲得了在大庭廣眾之中說話而不怯場的鍛煉，從而也為我後來上大學和工作後擔任兼職社會工作打下了一定的基礎。經過在公社機關與公社革委領導一起工作了一年多以後，幾位公社領導對我的為人和工作能力給予了充分的肯定和積極的評價，他們都認為我這個人誠懇、樸實、為人正派、樂觀向上，並且有很強的文字工作能力。在公社工作期間，馬主任還引導我積極爭取進步，鼓勵我寫入黨申請書，積極向黨組織靠攏。與此同時，馬主任還十分關心我的個人前途問題。當年他曾試圖把我轉為正式的國家幹部，留在公社同他們一起工作，但是由於當時沒有招工指標，馬主任想把我轉為正式公社幹部的想法一直難以實現，為此他也時刻留意大中專學校招生的動向。大約是1971年的6～7月份，安順地區師範學校開始面向上山下鄉知青招生，我們公社分到了一個名額。馬主任得知消息後，立即來告訴我說："小吳，我知道你是個有工作能力的年輕人，我們公社非常喜歡你並很想把你留下來一起工作，但是現在看來想留也留不住，我們不能耽誤了你們年輕人的個人前程。現在安順地區師範學校已經開始招生了，不知你是否願意去？"我當然很想繼續上學深造，爭取再多學些知識，但一聽是中專招生，當即對馬主任說：「馬主任，安順師範學校屬於中專，中專招生我就不去了。我都高中畢業了，水準應該與中專生相當，我想我就沒必要再去念中專了。以後如有大學招生的機會再說吧！」馬主任說：「那也好。以後如有大學招生的消息來了，我就馬上告訴你！」轉眼到了72年的三、四月份，一天下午馬主任去縣裡開會回來後，他高興地來告訴我說：「小吳，現在大學招生的消息來了！我們公社分到了一個名額，招生專業是貴陽師範學院的體育系，不知道你願不願意去？如果你願意去的話，我們公社就推薦你。」我聽到這個消息以後心裡非常高興，心想上大學是我多年以來的夢想和願望，現在只要有大學上，不管它是什麼專業我都願意，即使是體育系也行。於是我說：「馬主任，行！體育系我也願意去。」馬主任說：「那好！那我們公社馬上就把推薦你的名字報到縣裡面去！」到了5月中旬，縣教育局通知各個公社推薦上大學的人都去縣裡面試和體檢。到縣裡面試的時候，給我面試的是來自貴州大學物理系的楊老師，他首先詳細地詢問了我的學歷及就學情況，然後又出了幾道初中和高中的數學題給我做，不一會我都準確無誤地完成了測試。面試完了，楊老師說：「小吳，你就等著錄取通知書吧！」我當時心裡還嘀咕了一下，心想上體育系還要測試我的數學水準，真是有點奇怪呢！體檢也很順利地通過了，因為我的痔瘡70年夏天做了手術後已完全痊癒了。面試和體檢結束以後，我又回到公社繼續工作去了。過了兩、三個星期大約到了6月上旬，我收到了貴州大學郵寄來的錄取通知書，告知我7月中旬到學校入學報到，錄取的學校和專業不是原先分配給我們公社的貴陽師範學院體育系，而是貴州大學化學系，我感到非常地意

外。但仔細一想，我之所以被貴州大學錄取，一定是貴大派
來招生面試的楊老師在面試時，看到我這個人個頭不高，不
是搞體育的料，同時見我是66屆的高中畢業生，中學基礎知
識扎實，於是就把我從貴陽師範學院體育系調整到貴州大學
化學系去了。公社領導知道我得到了貴州大學的錄取通知
書，並且七月中旬就要離開公社去貴州大學報到了，於是公
社的幾位領導在高興之餘，決定在我去大學入學報到之前，
爭取幫我把加入黨組織的問題解決掉。於是公社黨委立即通
知我所在生產大隊的黨支部書記陶玉盛，要他趕快召開黨支
部會議為我履行入黨手續。接到公社黨委的指示以後，大隊
黨支部馬上召開支部會議討論了我的入黨申請，結果支部會
議自然是一致同意我加入黨組織，介紹人是黨支部書記陶玉
盛和支委王佑恒。大隊支部把同意我入黨的支部決定報到公
社黨委去以後，1972年6月12日晚上，公社黨委立即召開
黨委會審查我的入黨申請，結果公社黨委會也是一致同意我
加入中國共產黨，並當即在黨委會上為我舉行了入黨宣誓。
由於文革時期黨員已經取消了預備期，因而只要黨委會討論
通過，新黨員從入黨宣誓之日起，就是一名中共正式黨員
了。不過說句心裡話，當時接到貴州大學的錄取通知書以
後，心裡簡直高興得把其它的事情統統都拋到九霄雲外去
了，對於是否入黨，我當時並沒有想得那麼多，更沒有一心
想要在上大學之前把個人的入黨問題解決掉，不過後來一
想，既然公社領導這麼關心，那就入吧。拿到大學錄取通知
書，我回家以後告訴了母親和哥哥姐姐，他們聽到這個消息
也都非常地高興。然而我思前想後，想到高中畢業後六年
來，尤其是上山下鄉三年多來所經歷的各種酸甜苦辣，一直
在苦苦地尋求人生的各種可能出路，現在終於實現了自己夢

寐以求的大學夢，心情久久不能平靜，由此不禁喜極而泣，於是我在家中痛痛快快地大哭了一場。

　　人們常說：人分三六九等，命運各不相同，但是上蒼對每一個人又似乎是相對公平的。在漫漫人生之路的某一時刻，命運為你關上了一扇門的同時，或許又為你打開了另一扇窗。比如1969年元月的上山下鄉，假如我不是回老家而是與同班同學一起集體插隊落戶的話，那1970年六盤水地區招工時，我有很大可能就是六盤水地區的一名煤礦工人。同樣地如果當初普定縣人事局同意放我去六枝特區教育局工作的話，那我很可能終其一生就是一名中學教師，而不可能在1972年還有機會跨入貴州大學的校門，我這一輩子或許將與大學無緣，我所走的肯定又會是另一條截然不同的人生之路。

第四章 奮進的金色年華

（一）

　　文化大革命自 1966 年 5 月中旬 "五・一六通知" 開始以後，隨即就取消了全國性的高考。經過文革 4～5 年的折騰，到了 1970 年左右，儘管上級領導天天都在喊要 "抓革命、促生產"，但整個國民經濟卻出現了嚴重下滑，人民的生活水準也在逐年下降。由於大學數年不招生，更沒有大學畢業生補充到就業隊伍中來，因此各行各業都出現了知識和專業人才嚴重短缺的局面。面對知識界出現的嚴峻人才斷

1975.7.

層狀況，中央高層可能已經意識到大學長期停辦也不是個辦法，但又不能走回頭路，必須得另想辦法如何對教育界進行改革。於是到了1970年，毛主席對上海機床廠培訓工人技術人員的經驗進行了總結，他指出："大學還是要辦的"，"但學制要縮短，教育要革命"，"要從有實踐經驗的工人

農民中間選拔學生，到學校學幾年以後，又回到生產實踐中去。"這就是毛主席當年發表的著名的"七‧二一指示"。根據毛主席的這一指示，1970 和 1971 年，北大、清華等幾所京內院校首先開始進行少量試招生，學制暫定為三年。接著從 1972 年開始，又在全國所有大專院校全面鋪開擴大招生，這就是文革中工農兵大學生的由來。據統計，從1970到1976 年，全國所有大專院校總共招收了九十二萬余名工農兵大學生，而我正是這九十多萬工農兵大學生之一。

　　1972 年 7 月中旬，我懷著無比喜悅而激動的心情如期到貴州大學化學系報到來了。按理如果不是文化革命中斷了大學招生的話，此時的我應該是大學畢業後已經工作兩年了，因此，實際上我們這批人完全是被文革整整地耽誤了六年，白白地浪費了大好的青春。儘管如此，畢竟我們最終還是跨入了大學的校門，至少也算是同齡人中的幸運兒吧。為此，我心中還是感到非常地高興，同時也產生了追求知識的強烈欲望和緊迫感，於是在心中就暗暗地下定了決心，一定要在大學裡把知識學好。

　　我們班是文化大革命中斷大學招生六年後，貴州大學化學系招收的首批工農兵學員，專業是分析化學。當時貴州大學共有七個系（中文、數學、物理、化學、歷史、哲學及外語），每個系招收一個班，所以整個貴大當年首批共招收了七個班，總共約三百來個工農兵學員。我們班當年報到的學生共有 41 名，其中男生 23 人，女生 18 人。41 人中不僅年齡差距較大，而且文化層次也參差不齊，從初中一年級到高中三年級每個年級的學生都有，其中約 60% 的學生僅具有初中文化程度，高中生約占 40%，全班學生中高中全部念完的六六屆高中畢業生僅有兩、三人。另外，同學中

1974.9 与老老同学摄于都山车站（右一为作者）

絕大部分是由農村推薦來的上山下鄉知青，有少部分是由工廠、礦山推薦來的工人。當年工農兵學員上大學，不僅不用交學雜費，而且國家還給每個學生發放助學金，當年助學金的金額為每個學生每月 19 元 5 角，其中 13 元 5 角由學校食堂發給飯菜票，剩餘的 6 元則發給學生本人作為零用錢。如果是上大學之前參加了工作、並且工齡已滿五年的同學，他們還可以帶全薪學習。由於我們化學系屬於理工科，班上沒有招收解放軍學員。文科比如中文、歷史及哲學等系則招收

1992.9.贵大50周年校庆化学系部分师生合影(左二为作者)

有少量的解放軍學員。解放軍學員一般都是排級以上的幹部，他們來上學享受的也完全是部隊裡相同級別的幹部待遇，因此他們在學員中的待遇算是最高的。

由於班上同學之間的文化層次差距比較大，而且大部分學員只具有初中文化水準，中學的基礎知識相對比較貧乏，因此開學以後，學校決定先用三個月的時間給學生補習中學階段的基礎知識。也就是說，班上前三個月開的數學、物理、化學等幾門課，老師上的全都是中學階段的基礎知識，英語則是從最基礎的英文字母和基礎音標學起。由於我是班上僅有的兩、三個六六屆的高中畢業生之一，中學基礎知識相對比較扎實，老師在給班上的同學上完數理化的基礎課以後，總是讓我來給班上的同學們答疑解惑，有時則直接站在講臺上給同學們講解，儼然像是數理化老師的助教。經過三個月左右的數理化各科基礎知識的補習以後，班上的教學開始進入了正規大學的課程，但是有部分學生的基礎實在太差，學習根本跟不上教學進度，於是班上的個別同學就從我

們理科轉系去
學文科了。由
於文革中極"左
"思潮氾濫，再
加上招收的是
工農兵大學
生，當時提倡
的是：工農兵
上大學，並對
大學實行
" 上、管、

改"，即工農兵不僅要上大學，而且還要參與管理大學、改
造大學。在這樣的大環境下，老師對學生的要求顯然與文革
之前完全不一樣。一般情況下，老師上完課以後，課外作業
不僅留得很少，而且平時也不舉行測驗和小考，只是在半期
和期終舉行兩次考核，考核時題目也相對出得比較簡單，考
核的結果是基本上人人都能過關，因此，學生平時的學習壓
力並不是太大。

　　我們班學的是分析化學，這是個實用性非常廣泛且實踐
性也非常強的專業，但凡水泥、礦山、冶金、環保、食品、
醫藥、地質勘探甚至公安破案等都離不開分析化學技術。由
於文革中斷了大學數年的招生，國家非常急需這方面的人
才，因此大學剛一開始招生，很多大學的化學系都選擇招收
了這個專業。在大學學習期間，學校和老師的要求雖然不
高，但是我本人對學習絲毫沒有放鬆。由於我是班上的四個
黨員之一，中學的學歷也最高，於是我便被系黨總支指定為
班級的黨支部書記，另一個黨員李萬智同學則被指定為班

1974.9.部分貴大老同學攝于韶山火车站(前排左三為作者)

長。作為班上的黨支部書記，除了要完成自己的學習任務以外，平常還要協助我們班的指導員（當時學校給每一個班配備了一位教師，而這位教師則被稱為指導員）管理整個班級的各項工作，包括學生的思想教育、班級學習情況、班上團支部的活動以及新黨員的發展等等，業餘時間我要花大量的精力來處理這些社會兼職工作。次年73級的工農兵學員進校以後，我又被系領導指定兼任了系團總支書記。由於大部分業餘時間都被社會工作佔用了，我的學習就只能利用上課的時間，儘量提高自己的學習效率。儘管自己平常比較累，但自我感覺心情舒暢，而且學習成績也沒有受到多大的影響。我心裡也非常清楚，系領導之所以讓我擔任班級黨支部書記的工作，體現的是系領導對我本人寄予的厚望和信任；另一方面，因為全班同學都知道我是66屆的高中畢業生，在學習

1973.7.貴大老同学(后排右
三为作者)

方面有一定的優勢,我應該在各方面做出表率。因此,在平常嚴格要求自己的同時,學習上也是做到了刻苦努力。我基本沿用中學時候的學習方法,即課堂上抓住老師講課的重點,並做好課堂筆記,課後及時完成作業和做好複習。對於老師要講的新課,力求先預習一至二遍,做到心中對新課內容先有個瞭解。對於英語,則利用早上上課前或業餘時間多讀多練。由於中學基礎扎實,加上自己又有一套行之有效的學習方法,因此,在三年的大學學習期間,我的學習成績在班上始終名列前茅。正是因為學習成績突出,再加上平常解決疑難問題時思維較為敏捷,我被班上的同學戲謔為“大神童”,而另一個年齡較小、原來學習基礎較差,但學習成績同樣非常優秀的陳維明同學則被稱為“小神童”。然而世界上哪有什麼“神童”?只不過是在背後比別人多付出了些時間和精力而已。

由於工農兵上大學是文革廢除高考後的新生事物,當時被讚譽為教育革命的偉大創舉,並大力提倡實行開門辦學,

瞻仰革命纪念地湖南第一师范

(左为作者右为徐湘春)

1974.9. 湖南长沙

把教育同三大革命實踐活動緊密地結合起來。強調工農兵不僅要上大學，還要管理大學，改造大學，要求學生不僅要學工，也要學農，還要學軍。為了學農，我們班在離學校十幾華里遠的磊莊機場附近，開闢了一塊四、五畝大的土地作為農場，並在農場裡種上土豆、辣椒、茄子等蔬菜，我們全班同學定期帶上農具步行去農場參加勞動鍛煉。每到秋天的農作物收穫季節，我們就會把收穫的土豆等蔬菜交到學校的食堂去，用以改善全校師生的生活。為了使班上的學農工作做得更好，班上還推舉了一位從農村來的同學擔任勞動委員，而這位勞動委員就是潘治海同學。潘治海雖然年齡不算大，但個子高身體壯實、人也很樸實，於是大家都叫他老潘。老潘是貴州省麻江縣的苗族後生，幹農活是把好手，他既有力氣，也懂得如何幹活種地，是個非常稱職的勞動委員，深得同學和老師們的信任和讚賞。

　　實行開門辦學的第二項就是學工的實踐活動。開學後的第一年，系裡首先有針對性地選擇讓我們班到化工或冶金工業部門的化學實驗室去參觀學習，讓我們實地體會和瞭解分

析化學的實用性和重要意義，從而促進我們的專業學習。為此1973年的暑假，系裡由專業老師帶隊，我們全班同學去到遵義城廠和遵義鐵合金廠分析化學實驗室進行了為期兩周的參觀和學習。1974年的8月份，學校又組織我們全班同學去到湖南株洲冶煉廠的分析化學實驗室實習了一個半月。當年8月中旬，我們全班同學由系上老師帶隊，乘火車經廣西柳州、桂林去湖南株洲(當年湘黔鐵路尚未通車，從貴陽乘火車去往北方須繞行廣西)。在乘車途中，同學們還在桂林中途下車，遊覽了桂林風光。株洲冶煉廠是一個擁有數千名工人的大型鉛鋅礦冶煉廠，除了生產鉛鋅等有色金屬外，還回收和生產諸如鍺、鎵、銦、鉈等稀有金屬，該廠的分析實驗室規模很大，既設有化學分析實驗室也有儀器分析實驗室。化學分析實驗室又分重量分析、容量分析及原子吸收光譜分析等幾個小組，同學們分別輪流在各個分析方法組之間交換實習，進一步將所學的書本知識緊密地結合了生產實際。實習期間，同學們還拜廠裡的實驗技術員為師，虛心地向老師傅們學習，從而加深了同廠裡工人師傅之間的友誼，真正達

到了學工和開門辦學的目的。我們當年在株洲實習的時候，正值八、九月份的盛夏季節，每天氣溫都在三十五、六度以上，這樣的酷熱天氣在貴州是從未經歷過的。到了株洲，才使我們這些從小生長在雲貴高原的人，真正地領略了中南地區的濕熱氣候。上世紀七十年代中期，正是文革開展以來，經濟形勢逐年走下坡路的時候，全國各地糧、油、副食品一直都在實行憑票定量供應。由於湖南地處湖泊、河流眾多的丘陵地帶，屬於農業比較發達的魚米之鄉，豬肉的供應相對比貴州要充足得多，在鄉鎮的集市上也常有私人宰殺的豬肉出售。相比之下，貴州的豬肉不僅少，而且價格更高。為此，我們在株洲冶煉廠實習的不少同學，在實習結束之前利用週末到株洲的鄉鎮集市上買了不少肥豬肉，然後熬成豬油和油渣後帶回貴陽去改善生活。這也算是外出實習的另一額

1974.12.全班同学与地矿局 马工程师合影 (第三排右三为作者)

外收穫吧。另外，我們在實習期間，還利用週末組織同學們去韶山參觀了毛澤東主席的故居，接受了革命傳統教育。總之這次全班同學赴湖南株洲冶煉廠的實習實踐活動，大大的

開闊了同學們的眼界，無論在思想上還是在業務上都有了很
大的收穫。

（二）

開門辦學的實踐活動，除了學軍的這一項由於沒有條件
或時間來開展以外，根據所學的專業特點，學校主要緊緊抓
住學工的實踐活動，重點強調通過學工來促進和提高學生的
專業技術水準。為此，我們全班從湖南株洲冶煉廠實習回來
以後，系裡又組織全班同學到貴州省地礦局分析化學實驗室
去參觀學習。此後，系裡又將省地礦局中心分析室的馬工程
師請到學校來給學生講課，進一步提高同學們的專業理論水
準。"走出去、請進來"的這項活動前後經歷了一個多月，
進一步地增強了學校與生產單位的聯繫。

由於工農兵學員的學制為三年，我們是 72 年 7 月份入
學的，75 年七、八月份我們這一屆學員就應該要畢業離校
了。按照學校的安排，從 75 年 4 月至 7 月，是我們 72 級學

1975 年 催化所毕业实习 （台上答辩者为作者）

1974.7貴陽
花溪公園 (居中者为作者，两侧为潮春和碚农)

生的畢業實習時間。為此，由學校出面聯繫了貴陽市區及附近有關的廠礦及科研單位為同學們開展畢業實習。其中，中科院貴陽地球化學研究所中心實驗室、省地礦局中心實驗室、省冶金設計院化學分析實驗室等單位是實驗技術條件相對較好的實習單位。當年 4 月中旬，我有幸同班上的其他九位元同學一道，由化學系的薛賽鳳老師帶隊，到中科院貴陽地球化學研究所中心分析室去做畢業實習。中國科學院貴陽地球化學研究所，當時是中科院直屬的國家級地學科研單位，當年全所有十餘個研究室，其中有一個中心分析室，是專門為全所科研人員服務的，該所的工作條件及儀器設備在當時的同類型實驗室中是最好的。中心分析室分為化學分析和儀器分析兩大部分，其中化學分析又分為岩石分析組、礦物分析組及原子吸收分析組等。到地化所以後，我分在岩礦分析的原子吸收組，指導老師是該室的郭安貞老師，畢業實習的題目是：利用原子吸收光譜儀測定硫化礦樣品中的微量鉈。由於鉈這個金屬元素在地殼中是一個分散元素，很少有獨立的礦物或礦床，它總是呈分散狀態分佈在岩石和某些硫化礦物中，而且這些岩礦中鉈的含量非常低。因此，岩礦樣品中微量鉈的準確測定在當時還是比較困難的。為此，中心分析室的領導決定讓郭安貞老師指導我來把這一難題加以解決掉。鉈在岩礦樣品中的含

1975.7.地化所实习结束时与所领导合影
第二排左四为所党委书记
杨敦仁

第二排左2为作者

量很低，1 克樣品大約只含有 1～2 微克的鉈，而當時原子吸收光譜儀的檢測限則為 3 微克。因此要達到準確測定樣品中的鉈，則必須加大稱樣量，亦即必須首先對樣品中的微量鉈通過化學前處理來進行分離和預富集，這樣才能達到測定的要求。為此，我在指導老師的協助下，首先從化學溶樣的條件試驗做起，一步步地開展條件試驗。在完成化學溶樣條件試驗的基礎上，接下來又進行微量鉈的分離與化學富集條件試驗及原子吸收測試條件試驗。在上述繁瑣複雜的化學條件試驗過程中，也曾反復經歷過數次失敗，但最終還是取得了成功。經過將近三個月的艱苦工作，終於完成了岩礦樣品中微量鉈的原子吸收光譜測定方法研究的畢業論文。畢業實習結束時，我還在地化所的中心分析室舉行了畢業論文答辯，分析室的幾位領導及指導老師都出席了答辯會，他們對我畢

2007.10.贵大化学系72级部分老同学(后排右二为作者)

業論文的工作成果表示非常滿意。本來按照學校和系裡的規定，對於分析化學專業的學生，只要求學生經過三年的學習以後，能熟練地掌握化學分析技能，並能圓滿地完成生產任務，即為一個合格的化學分析技術人員，從而達到了畢業實習的目的。然而我們到地化所中心分析室以後，室領導並不單純要求我們能夠完成地質樣品的分析測試工作，而是讓我們開展新的測試方法研究，鍛煉我們分析和解決問題的能力，這就對我們的畢業實習提出了比學校裡規定更高的要求。而我們班在地化所實習的十位同學，絕大多數基本上也都完成了畢業實習的任務。

　　三個月左右的畢業實習結束以後，同學們都回到了學校，馬上就要面臨畢業分配了。當時是計劃經濟的年代，大中專畢業生都是由國家統一分配。按照當時的政策，工農兵學員畢業以後，原則上是從哪裡來，還回到哪裡去。比如由

1975.12.地化所鎮寧社教工作队黃果樹瀑布留影(前排左二为作者)

工廠推薦來上大學的，畢業後原則上仍回到原來的工廠裡去，而由農村推薦來的學生，畢業後原則上仍回到原來的縣裡去，然後再由縣人事局重新分配專業對口的工作。不過學校和系裡仍然掌握有學生分配的主動權，一是學校每年根據教學的需要，每個班可擇優選擇1～2名畢業生留校當老師；二是如果當年國家急需某個專業方向的畢業生，學校則優先滿足國家的需求。有關我畢業後的分配去向，在畢業實習之前，系裡的負責同志就曾向我透露了我們班準備選擇一、兩個同學留校任教，具體的人選一個是我，另一個就是陳維明。從我本人來說，我是從農村來上大學的，畢業後如果能留在大學當老師，那自然是非常理想的了，因為畢竟大學教師也是一份非常體面的工作，因此我對畢業分配沒有什麼可擔憂的，安安心心地等待 8 月份學校的畢業分配通知就行了。然而大約是75年8月中旬的某一天，貴州大學負責學生分配工作的學生處的處長邵大秀老師打電話到化學系系領導辦公室，說要我去校學生處一趟。我按時去到了學校學生處的處長辦公室，見到處長邵大秀老師以後，邵老師對我說："小吳，今天叫你來是有關你的畢業分配問題，我們想徵求一下你本人的意見。本來你畢業後的去向，按照系裡和校領

2006.7.与赵钢军老同学(右)摄于贵阳甲秀楼

導的意見是留校當老師的。現在的問題是，地化所人事處兩次派人來我們學校要數、理、化三個系的畢業生，兩次他們都點名非要你去地化所不可。上個星期他們第一次來人點名要你時，當時我們學校沒有同意，我對他們說：'吳明清已被我們留校了'。但是這個星期他們又第二次來人了，並說一定要你去地化所不可，至於化學系的其他畢業生，可以由學校推薦。因此，我們想徵求一下你的意見，看你是願意留校當老師呢？還是願意去地化所？如果你願意去地化所，為了保持同地化所這個國家級科研單位的良好關係，我們同意放你去！"聽了邵處長的話，我當時吃了一驚，沒想到地化所會派人到學校來要我，而且還來要了兩次。雖然我在地化所實習了三個月，但我跟他們的各級領導都沒有任何交集，而我在地化所更無任何私人關係，因此當聽到地化所來人要我時，我是非常意外的。我知道地化所不僅是國家級的科研單位，而且各方面的工作條件比大學裡強多了，我當然非常希望能去研究所工作，於是我便毫不猶豫地對邵處長說："邵老師，原來聽說讓我留校當老師，我是

非常樂意的。現在既然地化所來要我，那我就去地化所算
了！"邵處長說："那好吧！這就分配你去地化所。這次地
化所來我們學校要畢業生，化學、數學、物理三個系的都
要，但化學系的畢業生他們指名道姓地一定要要你，看來你
在地化所的畢業實習做得不錯啊！你給我們學校爭光了！"
談話結束時邵老師還對我說："兩、三個星期之前，我們還
收到了你們普定縣委辦公室的來信，也說要要你回普定縣委
辦公室去工作呢！結果被我們給回絕了。我給他們回信說：
吳明清是化學系的畢業生，不是學中文的，我們已經把他留
校了！"就這樣，我從本來畢業後留校當大學老師的，結果
鬼使神差地就去了中科院地球化學研究所，走上了人生的另
一條道路。而另一個意想不到的是，普定縣委辦公室竟然也
寫信來貴大要我。當時我心裡也在想：我從未在普定縣機關
工作過，更不認識普定縣委的任何領導，他們怎麼會知道我
的名字？經過再三的思考，我想也許是當年我在公社機關工
作時，曾編寫過一、二十份"一打三反"運動案件的調查報
告，這些報告在上報給普定縣委辦公室審查備案的時候，可
能曾引起過當年縣委負責人的關注吧。

　　1975年的9月初，當我拿著畢業分配報到證去地化所人
事處報到時才知道，我們班除我而外，還有王道遒和孫福慶
總共三個同學，一起分到了地化所。另外物理系還有四個同
學(猶嘉槐、伍勤憲、王明再和李永明)、數學系也有三位同
學(張黔凱、甯東海、劉家興)總共十個人一起分配到了地化
所。隨後相繼又從貴州工學院、成都地質學院、北京大學、
南京大學、中國科技大學等高等院校陸續分配來了部分工農
兵大學生，總共大約有三十多人。這是地化所自文革開始以
來，九年後第一次補充新人。

(三)

　　我們這批貴州大學分配來的畢業生是當年九月初最先到地化所來報到的，由於當時省科委根據省裡的要求，要地化所選派部分科技人員到鎮寧縣去參加社教運動，於是我們這批最先報到的大學畢業生，便被派上了用場。當年 9 月下旬，所裡由薛承林老師帶隊，以我們貴大分配來的學生為主，一行十餘人下到了貴州省鎮寧縣城關鎮去開展社教運動。當時我們下去的這十來個人共分為兩個小組，每組四、五個人，一個小組住在鎮寧縣城關鎮的城西大隊，另一個小組住在城南大隊。我原先分在城南大隊這個小組，但後來工作組長分配我給大家煮飯當炊事員，我就沒有下隊了。我們這個社教運動工作組，白天有時要同生產大隊的社員一起參加生產勞動，晚上給群眾開會學習中央有關社教的文件，這項工作從 75 年 9 月下旬一直持續到 76 年的 3 月中旬，在下麵幾乎待了六個月，我也為我們工作隊的同事們整整煮了半年的飯，由此廚藝也練出來了，但凡包子、饅頭、花卷以及煎、炒、烹、炸，樣樣都能做。雖然數十年過去了，但至今我的廚藝仍然還沒有荒廢。

　　76 年 3 月底社教工作結束回所以後，我和王道迺分配在地化所的中心分析室。其中我分在岩石分析組，王道迺分在礦物分析組。當時中心分析室的負責人仍然是支部書記李明，副主任呂銀忠，與我實習時沒有什麼變化。因此，從某種意義上來說，我又回到老單位來了，兩位元室領導與我都很熟悉(尤其是支部書記李明，他是我畢業實習時的指導老師之一)，他們對我都非常瞭解和關心。後來聽說我們畢業

2006.7 与地化所老所长涂先生涂师母摄于贵阳

分配的時候，地化所人事處去貴大要數、理、化三個系的畢業生，其中還專門點名要我，據說就是中心分析室的負責人提出來的。地化所中心分析室共設有五個分析測試小組：即岩石組、礦物組、原子吸收光譜組、X-螢光光譜組及可見光光譜組。其中岩石組和礦物組屬化學分析，其它三個組屬儀器分析。原子吸收及 X-螢光光譜組雖屬於儀器分析，但樣品離不開化學前處理。也就是說，化學分析是所有分析測試手段的基礎，也是一個合格的分析測試工作人員的基本功。只有熟練地掌握了化學分析測試的技術和技能，才能更好地完成各項儀器分析測試工作，進一步提高儀器設備分析測試的精確度和準確度。而岩石礦物的化學系統全分析則是化學分析的核心和重要組成部分，一個分析化學技術人員如果熟練地掌握了岩石化學系統全分析的技術和操作技能，要學習和掌握其它的分析測試方法和技術(比如有機分析、食品和藥物分析、同位素的分離和測定，以及儀器分析等等)就相對地比較簡單和容易了。我知道室領導之所以把我分在屬於最基礎的岩石化學分析組，顯然是想要好好地錘煉我的化學分析操作技能，提高我的分析化學基本功。

　　岩石分析小組在整個中心分析室裡是最大的一個組，總共有十來個人，這是因為中心分析室承擔了全所地質樣品的分析測試任務，而其中的絕大多數地質樣品又均為岩石樣品，因此日常工作量非常大。岩石組的組長名叫葉傳賢，63年雲南大學化學系畢業的，是一個說話十分幽默的四川人。由於我是新人，所以室裡就指定由葉傳賢老師帶我，在分析測試工作中我如有什麼問題就找組長幫助解決。我們岩石組的工作任務，就是承擔所裡地質科研人員送檢的所有岩石樣品。一般每週星期一上午，組長向全組工作人員分發地質樣品，每批樣品大約為30個，而每批樣品的分析測試週期根據分析測試專案的多少和樣品的分析測試難易程度而定，有的兩三天即可出結果，有的則需要一個星期。由於我是新人，開始時組長每批樣品只分配給我15個。經過兩三個星期左右的練習，如果操作技能提高了，操作程式熟練了，那就增加到30個，達到一般工作人員的水準。岩石樣品的分析測試，一般都是對樣品進行系統化學全分析，即對岩石樣品中的矽、鋁、鈣、鎂、錳、鈉、鉀及含水量、揮發份等總共十二個檢測項目進行定量測試，每項測試結果都要精確到小數點第二位。由於是定量全分析，分析測試的所有各項加起來，總量必須要達到99.5%以上才算合格。如果總量低於99%或大於101%，則有可能要重新測試。與此同時，為了檢驗分析人員的操作技能和分析測試的準確度，組長在分發樣品的時候，常常會在其分發的送檢樣品中插入數個國際標準樣，因此，地質樣品的化學系統全分析對分析化驗人員的操作技能要求是非常高的。剛開始的時候，我的實驗操作技能還不夠完全熟練，個別樣品的測試資料總是超出誤差範圍。經過兩、三個星期的反復強化訓練，我負責的地質樣品的分析測試資料，終於完全達標了，兩個月以後我就能獨立地承擔分析測試任務了。

上世紀七十年代中期我進地化所工作的時候，所裡有三位老專家，一位是原西南聯大畢業後留學美國、1950 年回國的塗光熾先生，他當時是地化所的所長，也是一位享譽國內外的著名礦床地質學家；第二位是留學日本近十年、於 1952 年回國的郭承基先生，他是國內著名的稀有稀土元素礦物地質學家，曾為中國內蒙古包頭白雲鄂博超大型稀土鐵礦床的地球化學研究作出過重大貢獻；第三位是 1942 年畢業於西南聯大地質地理系的劉東生先生，他是中國著名的環境地質學家，有中國"黃土研究之父"之美譽。他們三位都為祖國的地質科研事業作出過傑出貢獻，是國內地學界享有很高聲譽的地質地球化學家。由於有三位老專家的傳幫帶，即使在文化革命中極"左"思潮氾濫的大環境中，地化所的學術氛圍仍然十分濃厚。地化所當時主編和出版得有兩種全國性的學術刊物，一本是學術性的季刊叫《地球化學》；另一本則為文獻綜述性質的月刊《地質地球化學》。所裡的科研人員經常在所裡主辦的刊物或全國性的有關學術刊物上發表論文。所裡圖書館的館藏專業圖書、期刊及雜誌非常豐富，不僅有大量的中文書刊，而且還有種類齊全的各語種外文專業書刊，是所裡科研人員最喜歡駐足的地方。到了地化所的圖書館我才知道，地化所的科研成果之所以那麼多、名氣那麼大，原來是有原因的，那就是科研人員的敬業和鑽研精神，是我們過去在大學裡從未見過的。上班時候的圖書館裡常常坐無虛席，人們或是查閱科研資料，或是閱讀專業書刊，整個圖書館裡非常安靜，偶爾聽到的只是翻閱圖書的沙沙聲。

此情此景，我深為他們的這種敬業精神所感動。到了這樣的科研單位，我感到非常榮幸，覺得我到地化所來工作算是來對了。作為一個分析測試的科技人員，我想我不能僅滿足於能完成樣品的分析測試工作，在熟練掌握分析化學操作技能的基礎上，還必須要熟練地掌握外語，要能夠快速地閱讀外文資料，進一步提高自己的科研能力。因此，在工作之餘，我經常去圖書館借閱有關分析化學的英文書刊，強迫自己大量地快速閱讀英文文獻。經過兩、三個月的艱苦訓練，我就可以熟練地閱讀本專業的英文文獻了。但我並不想光滿足於能看懂文獻，對於某些不僅是最新的而且也是比較優秀的專業論文，我還想把它們翻譯成中文以進一步加深理解，同時還想把翻譯的文章發表在中文的有關專業期刊上，以供同行參考。但是看得懂是一回事，而要準確地將外文資料翻譯成中文，也不是一件容易的事情。因為這不僅要外文功底好，而且中文功底也要非常好才行。因此，我在能熟練地閱讀英文專業文獻的基礎上，又有選擇性地選取一些優秀的英文專業文章，試著譯成中文。剛開始時譯得比較慢而且文字讀起來也顯得比較彆扭和生硬，但練習了一段時間以後，隨著自己對英文文法熟練程度的提升和詞彙量的積累，翻譯起文章來也就越來越順手了。

另外，到了地化所以後，我親眼看到的另一個與在大學時代不同的景象是，即使是在文革尚未完全結束的年代，偶爾也會有一些外國同行專家到所裡來訪問，同時偶爾也會有所裡的科研人員出訪國外。凡有外國專家來訪，所裡都會舉行學術報告會。有時出於好奇，我也想去看看外賓在所裡作學術報告時是個什麼樣的陣仗。記得第一次去所裡一號樓會議室聽外賓作學術報告時，會議室裡擠滿了來聽報告的科研人員。當時外賓講的是英語，雖然自己也學了幾年英語，結果是到了現場一句也聽不懂！但學術報告會上做翻譯的都是所裡的科研人員。看到這個場景，我心想所裡的科研人員真厲害呀！他們不僅經常在學術刊物上發表文章，而且外語還這麼好，與外國人說話和給外國人當翻譯一點問題也沒有，我從內心裡著實羨慕這樣的人。總之，隨著對地化所的認識和瞭解的逐漸加深，自己越來越覺得更喜歡這個研究所了，同時也覺得自己離一個合格的科技人員還差得很遠，還必須要繼續努力學習才行。現在雖然大學畢業工作了，但身在這樣的科研單位，感覺自己要學習的東西還很多很多。因此，平時除了努力幹好本職工作以外，業餘時間也常常用來學習外語或專業書籍。

（四）

中國科學院地球化學研究所是上世紀六十年代中期，中國科學院因應黨中央國務院關於加強三線建設的戰略部署，並結合地球化學學科發展的需要，於 1966 年春在貴陽成立的。為此，當時的中國科學院院長郭沫若先生還專門為地化所的建立題了詞：“地球化學是一門新興科學，成立專門研究機構在我國是一件大喜事。望于礦產資源綜合利用的物質成份、成礦作用、成礦規律研究中作出優異的成績，以促進社會主義建設事業”。

當時地球化學研究所的建立基本上由三部分組成，即主體是由中科院北京地質所分遷出來的 400 多人，其次是 1958 年成立的中科院貴陽化學研究所的 170 多人，再加上由昆明遷來的中科院北京地質所昆明工作站的 20 多人，三部分加起

來全所總共有職工 600 余人，所址就選在毗鄰中共貴州省委的貴陽市觀水路楊家壩。地化所成立以後，直到上世紀九十年代中期，它一直是中國科學院直屬的地學專門研究機構，主要承擔有關地球化學的重大基礎理論研究課題，以及重大礦產資源的物質成份、成礦規律及如何指導找礦等的基礎理論研究。在計劃經濟年代，地化所的科研任務主要由國家有關部門擬定並通過科學院下達，科研經費也由科學院撥給。

　　1975 年，國家為解決我國優質鐵礦資源嚴重不足的問題，給中國科學院的有關地學科研單位下達了在全國尋找富鐵礦的科研任務（即俗稱的"富鐵礦會戰"），我們地化所即是"富鐵礦會戰"的主要科研單位之一。1976 年 6 月上旬，中心分析室的領導決定要我同原子吸收組的燕金壽老師一起，出差去山西承擔所裡晉北富鐵礦會戰隊的地質樣品的分析測試工作。當時晉北富鐵礦隊的分析測試工作定點在太原鋼鐵公司的中心分析實驗室，時間為八、九月份。但是在去太原工作之前，所裡第四紀研究室的文啟忠教授又邀請燕金壽和我二人，參加他們室裡七月份承擔的山西省昔陽縣大寨大隊的土壤調查和分析測試任務，於是文啟忠、余素華、燕金壽及我總共四人於六月中旬乘火車離開貴陽北上去山西了。

當我們乘坐的火車經過河南駐馬店一帶時，忽然從車窗望出去，只見鐵路兩邊許多電話線杆頂部瓷壺絕緣子上都掛滿了麥草，正當我們指指點點地感到奇怪時，忽聽鄰座有人小聲地說："去年(1975年)夏天河南暴雨成災發洪水，導致十幾座水庫垮壩潰堤，特大洪水一共淹了十幾個縣，當時還死了很多很多的人哩！但是各級領導都不讓對外講。"此時我們才知道原來是這麼一回事喲！洪水把電話線杆都淹沒了，足見當時的洪水至少應該有十來米深吧。然而這麼大的災難，當時全國性的報紙電臺卻從未見報道過，全國老百姓壓根就不知道有這麼一回事。可見文革時期的廣播電臺天天都在說全國各地"到處鶯歌燕舞"，實則是報喜不報憂啊！

坐了兩天多的火車以後，我們終於到達了山西省昔陽縣大寨大隊，並住進了大寨大隊招待所。由於當時正值全國掀起轟轟烈烈的"農業學大寨"的高潮，全國各地不斷派人前來大寨參觀學習，因此儘管大寨離昔陽縣城僅有十來公里，但為了接待全國各地前來參觀學習的代表，大寨建起了一座十分氣派的招待所(實際上就是賓館，然而當年都叫招待所)。經過文革十年的折騰，當時全國人民的生活非常緊張，不僅糧、油及副食品一律憑票定量供應，而且主食中的粗糧占比也相當大。

剛到達昔陽縣時，我們曾在縣政府招待所吃住過一兩天，結果住到大寨招待所以後，發覺大寨招待所的伙食比縣政府招待所還要好。縣政府招待所食堂的主食不僅經常以玉米麵做的窩窩頭和抿圪鬥為主，很少能吃上白麵饅頭，早餐的小米粥也差不多就是一碗清湯，碗裡沒幾顆小米，而且菜的油水也很差。然而大寨招待所不僅粗糧少，主食經常能吃到白麵饅頭，而且還能吃上肉。我們在大寨大隊住了一個多星期，一是對大寨大隊的不同土壤類型進行了系統的採樣，二是當時正值夏季麥收時節，我們又同大寨大隊的社員們一起參加了收割麥子的勞動。

當時我們一邊工作一邊心裡還尋思，在大寨工作期間看看是否能有機會見到陳永貴，然而當年的永貴大叔已經擔任了國務院副總理，長年都住在北京，原來的大隊黨支部書記郭鳳蓮也已擔任了昔陽縣或更高一級的領導職務，大寨大隊的黨支部書記已換成了昔日的婦女主任宋立英。我們雖是科學院派去為大寨做工作的科研人員，但是不要說陳永貴，就連郭鳳蓮也都沒見到。我們在大寨進行土壤取樣的時候，曾經登上了大寨背後的虎頭山，放眼望去：只見位於太行山土石山區的大寨，其背靠的七溝八梁一面坡(俗稱狼窩掌)，經過大寨人的精心治理，已把這窮山惡水開闢成了層層梯田，並通過在山梁上建蓄水池引水澆地，徹底改變了過去靠天吃飯的狀況。看到這樣的景象，我們一行人打心眼裡還是蠻佩服的，心想要是全國農業都像大寨人那樣苦幹加巧幹，那整個農業就全改觀了，全國人民的吃飯問題應該就可以完全解決了。我們在大寨工作了十來天采集完土壤樣品以後，又回到昔陽縣城住到了縣政府招待所，在縣土管局實驗室做土壤的分析測試工作。大約7月20號左右，我們完成了大寨土壤樣品的分析測試工作以後(後來文啟忠教授根據大寨土壤樣品的分析測試結果曾在有關學術刊物上發表了一兩篇學術論文)，我和燕金壽二人乘車離開昔陽去太原同所裡的富鐵礦科研人員匯合，準備在太原鋼鐵公司中心實驗室完成所富鐵礦隊采集的地質樣品的分析測試工作，而文啟忠同余素華兩人則乘火車返回了貴陽。

　　我們到達太原以後，因所裡晉北富鐵礦工作隊采集的地質樣品尚未運抵太原鋼鐵公司的中心實驗室，我和燕金壽二人暫時尚無工作可做，於是便在太原市及周邊遊覽了起來。我們二人在太原先後遊覽了晉祠、雙塔寺及迎澤公園等名勝古跡後，7月25日，所黨委副書記柴雲山由莫明山陪同，乘坐所裡派的北京吉普車從北京也來到了太原，然後準備去晉北看望所富鐵礦工作隊，我們當時都住在太鋼招待所。柴書記他們決定7月27號乘車去晉東北五臺山遊覽，問我們是否願意同行，我們當然求之不得，於是我們四人7月27號一大早乘車從太原出發前往五臺山。從太原到五臺山大約有200多公里的路程，但是由於當時的公路全是沙土路，夏天經雨水沖刷後道路條件非常差，中途又停車休息吃中飯，因此全程開了五、六個小時，下午二、三點鐘才到達五臺山風景區。位於山西東北部的五臺山寺廟群，位列中國四大佛教名山之首（其它三個佛教名山是：浙江普陀山、安徽九華山、四川峨眉山）。五臺山供奉的是文殊菩薩，其寺廟始建於漢代，興盛于隋唐。早在唐代，五臺山的寺院建築就多達三百餘所，有僧侶五千余人，是名副其實的佛教聖地。文革初期，五臺山的寺廟建築曾遭到一定程度的毀壞，但整個寺廟建築群仍呈現出宏大的規模和莊嚴肅穆的佛國氛圍，其中佛光寺和南禪寺即是中國現存的兩座最早的木結構建築。我們遊覽時雖處在文革時期，但寺院內仍有少量僧人住持，他們負責打掃衛生和保護廟產。當天下午遊覽結束後，我們四人又乘車前往五台縣城，入住在五台縣政府招待所，我同燕金壽老師準備第二天乘公車返回太原，而柴書記和莫明山二人則準備直接乘車去晉北。當時五台縣政府招待所的吃住條件不是很好，我們住的不僅是平房，而且都是三個人一間的大房間。當晚我同莫明山及柴雲山副書記同住一屋，燕金壽與所裡開車的司機則住隔壁房間。睡到半夜時分，睡夢中我突然聽見我們房間的門框哐啷哐啷直響，當時以為是燕金壽老師敲門叫我起床去趕一大早回太原的公共汽車哩，於是我接連叫了兩聲：「燕老師，燕老師！是你敲我們的門嗎？」但無人應答。此時，突然聽到屋外有人在大聲呼喊：「地震啦！地震啦！大家趕快出來！」聽到呼叫聲後我立即起床並準備穿好衣服再出去，結果只見睡在我旁邊的柴書記一聽到「地震啦！」的呼喊聲後，馬上赤身裸體地就從床上跳了下來，連衣服褲子都來不及穿，操起條大毛巾往腰上一圍就沖到屋外去了。我穿好衣服後來到屋外，只見招待所的大院裡男男女女的到處站滿了人，不少人也都只穿了背心短褲，此時招待所屋簷上吊著的路燈仍在來回地搖晃，人們七嘴八舌地議論紛紛，都說這次地震震級一定不小，但都不知道究竟是發生在哪兒。柴書記見沒什麼危險後，才又返回屋內去把衣服褲子穿上了再出來。見到這樣的場景，當時我心裡還嘀咕：這些人怎麼連衣服都沒穿或沒穿好就跑出來了？難道他們不感到難為情嗎？事後有人告訴我說，像在突發地震等可能危及生命安全的特殊緊急情況下，保命是第一位的，其它的都不重要。柴書記他們很多人聽到喊「地震啦！」就立即往外沖，此種堪稱教科書式的經典求生方法，顯然是非常值得肯定的。大家分別回屋以後，此時已是凌晨 4 點過鐘了，人們早已無心再睡，大都三言兩語地聊天直到天亮。第二天一大早起床吃完早餐後，我和燕金壽老師乘公共汽車返回太

原去，而柴書記他們二人則坐著所裡的北京吉普直奔晉北去
了。我們到了太原以後才知道，原來淩晨的大地震發生在唐
山。聽中央人民廣播電臺的新聞報導說，地震震中位於唐山
市，震級為 7.8 級，並有大量建築損毀和人員傷亡，但沒報
具體的傷亡數字。然而直到過了很多年以後人們才得知真
相，原來 76 年 7 月 28 日淩晨 3 點 43 分發生在唐山的大地
震，實際震級超過了 8 級，震中裂度為 11 度，震源深度為
12 公里，屬於淺源地震，破壞力極其巨大。地震後整個 100
多萬人口的唐山市被夷為了平地，地震直接造成的死亡人數
高達 24 萬多人。此次地震造成的生命、財產損失及慘烈場
面，為世界所罕見。

　　當年唐山發生的大地震還波及到了天津、北京、石家莊
等眾多的華北城市，而且大震後餘震仍然不斷，搞得整個華
北地區人心惶惶，各方面的正常工作全都停了下來，防震及
抗震救災成了主旋律。地震過後人們普遍都不敢住在屋裡睡
覺了，於是紛紛在院子裡搭建起了防震棚，人們吃住都在防
震棚裡。地震後中央立即發出了動員全國支援唐山抗震救災
的緊急通知，各地到北京及周邊城市來出差的人員紛紛離京
返回原地，太原也因抗震救災的需要，要求外地人員儘快離
開，於是我和燕金壽老師只好乘火車於七月底返回了貴陽。

　　1976年在中國的現代歷史上，絕對是一個極其特殊的年
份，因為在這一年之內接連發生了數起中國歷史上非常罕見
的重大事件。首先是 76 年 3 月 8 日在中國吉林省發生了一場
世所罕有的重大天文事件，即吉林隕石雨。3 月 8 日下午 3
時左右，一塊重達 4 噸左右的隕石以約 1000 公里/小時的速
度從太空飛馳而來，在吉林市郊區 19 公里的高空淩空爆炸，

在約 500 平方公里的範圍內形成了大大小小的隕石雨，其中最大的一塊隕石重達1770公斤，是世界上已知最大最重的一塊石隕石。而這場隕石雨其分佈範圍之廣、碎塊數量之多、場面之宏大為世所罕見。另外這次隕石淩空爆炸其威力之猛如同核彈，然而在如此大的範圍內卻竟未傷及一人一畜，堪稱世界奇跡。其次是在這一年之內，影響中國現代歷史的三位舉足輕重的偉人毛澤東、周恩來、朱德相繼在數月內先後辭世（即 76 年 1 月 5 日國務院總理周恩來逝世，接著 7 月 6 日全國人大委員長朱德逝世，最後是 9 月 9 日中共中央主席毛澤東逝世）。當年三位偉人的謝世極大地震撼了中國政壇，尤其是中共中央主席毛澤東的去世，宣告了一個時代的終結，同時也極大地影響了中國政壇的政治走向。因此，從某種意義上來說，毛澤東的逝世，在客觀上為其後粉碎“四人幫”及結束為期十年的文化大革命創造了條件。第三，76 年 4 月 5 日清明節，北京 100 多萬市民自發在天安門廣場集會悼念周恩來總理，藉以聲討“四人幫”，此次事件被稱為“天安門事件”或“四五運動”。第四，76 年 7 月 28 日淩晨 3 時唐山發生特大地震，100 多萬人的唐山市被夷為平地，此次地震造成的死亡人數高達24萬多人，其生命財產損失及其慘烈場面為世所罕見。第五，76 年 10 月 6 日，中共中央在新任主席華國鋒的領導和葉劍英元帥等老一輩革命家的協助下，成功地粉碎了以王洪文、張春橋、江青、姚文元為首的“四人幫”，結束了為期十年的文化大革命，中國歷史翻開了新的一頁。總之，1976 年註定是中國現代歷史上極為特殊的一年，在後世撰寫的中國現代史書上，必將會濃墨重彩地注上一筆。

（五）

1976 年 10 月上旬粉碎"四人幫"以後，標誌著為期十年的文化大革命運動宣告結束了，為此，全國人民感到十分高興。1977 年 7 月，鄧小平複出，並由鄧小平來主持國務院的工作。鄧小平上臺以後，立即大刀闊斧地進行了一系列改革。當年 7 月中央決定廢止文化革命中推薦上大學的做法，改為恢復中斷了十一年的高考制度；10 月份教育部又決定恢復研究生招生制度。而正是當年的高考和研究生招生制度的恢復，不知改變了多少知識青年的命運。

當年十月聽到教育部宣佈恢復招收研究生制度的時候，當時並沒有引起我多少特別地關注，心想招收研究生嘛，也許純粹是高等院校的事。到了 78 年 1 月下旬，所裡接到了中國科學院 1978 年關於下屬各研究所恢復招收研究生的檔，檔中列出了各個研究所當年有資格招收研究生的導師名單和招收名額。我們地球化學研究所當年只有塗光熾、郭承基、劉東生三位老先生有招生資格，並且每個老先生分別只招收一名，其中塗先生招收的是礦床地球化學專業，郭先生招收的是分析化學專業，劉先生招收的是環境地球化學專業，考試時間定在當年 5 月中旬。與此同時，所裡還把招生簡章貼到了佈告欄上，動員合資格的科研人員積極報考。當時由全國各地有關大專院校畢業後分配到地化所來工作的工農兵學員，總共大約有五、六十人，他們看到招收研究生的招生簡章以後，絕大部分人都認為那是高不可攀的事情，我們沒有那個奢望，能把自己的本職工作幹好就行了，哪敢報名去考研究生喲？因此，絕大部分工農兵學員的心態都是對此漠不

1977.8.上海豫园

關心視而不見，好像與我無關一樣。當我看到所裡貼出的研究生招生簡單以後，頭腦裡也是經過了一番激烈的思想鬥爭的。首先我想到我們這批進所的工農兵大學生雖說是單位上的新生力量，但是由於某些特殊原因，造成我們這批人本身知識水準上先天不足，因此社會上對工農兵學員有"水準低、業務能力不行"的普遍看法。即使是學得比較好專業能力和水準也比較高的工農兵大學生，單位上的人也總會以異樣的目光看待你，提職提級時也常會受到不公正的對待，我想我不能總是生活和工作在這樣的陰影裡。現在所裡既然有報考研究生的機會，又何不努力地拼搏一把，考上了以後不也就改變了自己的身份了嗎？但隨後又想考研究生應該是特別高難的一件事情，而我們所面對的是向全國招生，競爭肯定非常激烈。另一方面準備考試的時間也非常短，從報名到考試只有短短三個月左右的時間。因此，開始的時候我確實也是有些猶豫不決：究竟要不要報名？報了名要是考不上會不會很丟面子？但後來我又想，既然是本所的導師招收研究生，招的又是本人所學的專業，無論如何應該報名試一下，即使考不上，自己仍然還在所裡面工作，個人並沒有什麼損失。主意拿定以後，我就去所裡人事處報了名。78 年 2 月上旬所裡又接到科學院的通知，進一步明確了各專業招生所考的科目和考試的具體日期，其中分析化學專業的考試科目為：政治、外語（英語或者俄語自選一門）、無機化學和分析化學，外語和政治由全國統一命題，專業基

1978 貴陽黔靈山

礎課和專業課則由招收單位和導師自己命題，考試時間全國統一定在 5 月中旬。我決定報名參加研究生的招生考試以後，心裡壓力自然是非常大的，因為從報名到考試只有短短兩、三個月的時間，自己既要系統地複習好四門功課，又要承擔日常的分析測試工作，時間是非常緊張的。也就是說由於白天要工作，整個四門必考功課的複習，只能利用業餘時間來進行。為此，在這兩、三個月的時間內，每週從星期一至星期六（當時每週工作六天），除了白天上班以外，晚上和週末，我都把全部精力投入到了複習備考當中。首先我對要

考的專業基礎課和專業課(即無機化學和分析化學),逐章逐節地對教科書上的理論進行系統地複習,並做到能夠完全理解和複述;其次,對這兩門教科書上的所有習題,全部逐一地進行解答並書寫在專用的練習本上。對政治科目的複習,主要是對當時所有的重大時事問題和重大政治事件的要點,進行全方位的閱讀和理解,並總結寫出書面提綱且全面背熟。英語則系統地複習和熟悉語法,並進行了適當的聽力訓練和大量地做英語練習題(比如針對語法和詞彙的多項選擇題、英譯漢、漢譯英等等)。在這兩、三個月的時間內,白天照常上班,晚上和週末則去辦公室複習(因當時住的是四、五個人的集體宿舍,干擾比較大)。當時地化所報考研究生的工農兵學員只有猶嘉槐和我兩個人,而他的辦公室也在地化所三號樓三樓我的辦公室隔壁。當年他在地化所沒有分到宿舍,還住在所外他父母親的家裡,每天晚上我們兩個人各自在自己的辦公室裡專心致志地複習功課,直到半夜一、兩點鐘後,我們一起下班時,他才騎單車回家去休息。

由於我們地化所的三位老先生在全國地學界的知名度非常高,因而當年全國各地報考三個老先生研究生的科技人員十分踴躍。據地化所人事處當時負責招生工作的人員說,當年全國各地報考塗光熾先生研究生的科技人員有六十多人,而報考郭承基先生研究生的則多達七十多人,但招生名額卻分別只有一名,可見當年的競爭是非常激烈的。78年所裡報名參加考研究生的科技人員也非常踴躍,全所總共大約有二十多人,但基本上都是文革前畢業分配到所裡來工作的大學生。儘管文革中歷屆畢業分配到所裡來的工農兵大學生總共已有五、六十人,但其他人都沒有報名,只有我們貴州大學75年畢業分配來所裡的兩個學生報考(即猶嘉槐和我),其中猶嘉槐報考的是中科院北京計算所高慶獅教授的電子電腦專業研究生，而我報考的則是本所郭承基先生的分析化學專業研究生。地化所本所的其他考生，因他們都是文革前畢業分配到地化所來工作，66年又隨所搬遷來貴陽的，由於地理環境或其它方面的原因他們總想離開貴陽，因此他們報考的都是中科院北京地區有關研究所的研究生，也就是俗話說的想考個"北京戶口"而達到回京的目的。1978年5月中旬，貴陽地區的考生大約有三、四十人，被安排在貴陽市南明區箭道街小學參加考試，四門課連續考了兩天，每天上午考一門、下午考一門。由於我們是文革後的首屆研究生招生，當年的外語考試還允許帶外文詞典。當時我參加完考試以後，總體的自我感覺不是很好，因為政治、英語及分析化學這三門課，感覺考得還行，但是無機化學的考試則沒有把握。為什麼沒有把握？因為無機化學這門課考的只有一個題目："試論化學反應的基本原理"，這個考題完全出乎所有考生的意外，而我們滿腦子裡準備的東西則沒有考。可以說，這個題目既沒有超出無機化學的範疇，但在無機化學的教科書裡，似乎也找不到相關的內容和標準答案。因此這個題目考的是考生對化學反應機理的深刻認識和理解。也可以說是出題人(即研究生導師)在多年的科研實踐工作中，對化學反應機理已有深刻認識的基礎上，檢驗一下考生對這一問題的深入看法和理解。由此也可以看出這個題目出得十分的精妙。當我拿到試卷看到只有這麼一個題目時，和其他考生一樣也是大吃一驚。開始時也是感覺無從下手，待鎮定下來以後，仔細琢磨化學反應的基本類型，再從化學反應的基本類型推演到化學反應的基本實質，即原子核外電子的得失和轉移等等，如此洋洋灑灑地書寫了一個多小時大約4～5千字就交卷了。卷子是交上去了，但心裡卻沒有一點底，心想反正聽天由命吧！

1977.9.貴陽黔靈公園

前面說了當年社會上普遍有一種偏見，認為凡是工農兵大學生都是混出來的，都沒有什麼水準。因此，工農兵大學生在工作單位上一般都不被看好，提職提級常常會受到不公正對待（當年我之所以報考研究生，就是想通過考上研究生而徹底地改變一下自己的工農兵學員身份）。78 年我報名考研究生的時候，不僅所內、而且所外有熟悉我的人也認為我肯定不行，都想等著看我的笑話。比如當年貴陽地區報考郭承基先生研究生的，還有一位元 XX 大學化學系 65 年畢業分配在貴州省冶金設計院化學實驗室工作的許 XX，他是該實驗室的負責人。75 年春季我們班畢業實習的時候，曾有部分同學分在他的實驗室裡實習，而且他還是我們同學的指導老師。因冶金設計院離地化所不遠，我也曾去他們的實驗室裡找同學玩過，所以我與許 XX 有一面之交。後來我們班又有三個同學畢業後分配在他的實驗室裡工作，我又去過他們實驗室幾次，這樣一來二去，我和許 XX 就認識了。到了 78 年恢復研究生招生的時候，許 XX 也報考了地化所郭承基先生的研究生。當他得知我報考的也是郭先生的研究生時，他在實驗室裡對我的同學說："如果吳明清能考上郭先生的研究生的話，那我肯定也能考上；如果我考不上的話，那他也不可能考得上！"言下之意，我肯定考不過他，而他肯定比我行。招收研究生的考試結束以後，大約過了兩、三個星期，地化所研究生招生考試的成績出來了，在報考郭先生的數十個考生當中，雲南個舊雲南錫業公司中心分析實驗室的一位姓張的工程師(也是文革前畢業的大學生)四門功課總分考了第一名，而我的總分則名列第二，省冶金設計院化學實驗室的許XX據說名列在第十幾名以後。由於當年報考郭先生的研究生只取前兩名進行複試，許XX自然而然地也就名落孫山了。事後，許XX在得知我考了第二名並被錄取了以後，他表現出極其不服氣的口吻對我的同學說："哼！吳明清能考上地化所郭先生的研究生，肯定是他們所裡判卷老師關照的結果！要不他怎麼會比我考得還好？"其言下之意是，我很可能是在所裡開了後門才考上研究生的。其實當年我只是一個進研究所才兩、三年的新人，與導師及所裡的老同志之間，根本就沒有任何私人關係。而且所裡的閱卷老師系由多人組成，最後的排名完全以四個科目的考試總成績為標準，說我考上研究生有走後門之嫌，純粹是無稽之談。誠然，文革中招收的工農兵大學生總體上的確良莠不齊，但也不排除有學得很好的學生，其中更不乏品學兼優的佼佼者。因此，對具體的人要做具體的分析，不能簡單地一概而論。

地化所的兩個老先生原計劃是分別只招收一名研究生，考試結束以後從考生中取考得最好的前兩名到所裡來複試，然後根據複試結果擇優錄取一人。郭先生的研究生複試時，原計劃是雲南個舊雲錫公司的那個張工程師(第一名)和我

（第二名），後來因雲錫公司不放張工程師走，複試時張工程師就沒有來，於是又在報考郭先生的考生中從後面遞補了一名叫林鐵的考生來參加複試。林鐵也是1975年畢業於貴州工學院化工系的工農兵學員，當年畢業後分配在貴州赤水天然氣化肥廠工作。與此同時，所裡塗光熾教授也複試了兩個考生，其中一位是來自西北大學的李英，另一位是來自湖北宜昌地質所的譚運金，複試結束以後，我們參加複試的四個考生雙雙都被錄取了。當年7月下旬，我們都收到了中科院下發的研究生錄取通知書。

（六）

1978年8月下旬，我們新錄取的四個研究生到所裡報到時，郭先生的名下突然又增加了一個名叫鄭寶山的大個子研究生。原來他最先報考的是地化所劉東生先生的研究生，鄭寶山被錄取時，劉先生正準備從地化所調到北京地質所去工作，於是劉先生在臨去北京之前，就把他錄取的這名研究生轉給了郭先生，這樣地化所78級的研究生就從原先的4名增加到了5名。根據後來的公開資料顯示，78年全國的首屆研究生招生，除了中科院所屬的研究所以外，教育部所屬的高等院校，僅有北大、清華、復旦、浙大、南大、華中科大以及中國科大等少數幾所大學獲得了招生資格。全國當年報名參加研究生招生考試的考生總共有六萬多人，實際錄取了1萬名左右，其中中科院系統共錄取了約1000人。78年我們地化所有約20多名科技人員報考研究生，其中被錄取的總共只有10人，這些被錄取的78級研究生是：吳明清（地化所）、猶嘉槐（北京計算所）、孫世華（北京地質所）、於潔（北京地質所）、許榮華（北京地質所）、張流（地震局地質所）、盧演儔(地震局地質所)、李長生(北京環化所)、梁卓成(北京地質所)、程洪德(北京地質所後轉地化所)。10 人中除猶嘉槐和我是75年畢業的工農兵大學生以外，其餘的均為文革前畢業的大學生。除我以外，其餘 9 人均考上了中科院北京有關研究所的研究生的，畢業後他們也都如願地留在了北京工作，其中程洪德在北京地質所研究生基礎課結束後，又轉為地化所塗光熾先生的研究生，畢業後留貴陽所工作；猶嘉槐考上研究生以後，1980 年由中科院北京計算所公派去美國猶他大學留學，1985 年博士畢業後，1986 年就職於加拿大阿爾伯塔大學電腦系，現為阿爾伯塔大學電腦系的終身教授；李長生也於上世紀 80 年代留學美國，其後也留在了美國工作。

我們科學院系統的研究生按照原先的計畫是，全部集中到中國科技大學北京研究生院（即現在中國科學院大學的前身）去上一年的基礎課，但是由於當年科大北京研究生院的籌備工作尚未完全就緒，要 10 月中旬才開

學。我們貴陽地化所的研究生于當年八月底九月初報到以後，郭承基先生則希望我們能儘快早一點上學，並且還要求林鐵和我兩個學化學的除了要完成研究生的基礎課學習任務以外，還增加了地質學、岩石學和礦物學等地質基礎課的學習，於是所裡人事教育處決定讓我們郭先生的三個研究生，9月初就去合肥中國科技大學報到，參加科大的研究生學習，並旁聽科大地球化學系的地質基礎課。而塗光熾先生的兩個研究生李英和譚運金，當年10月份則去到了中國科大北京研究生院報到，參加中科院北京地區研究生的基礎課學習。我們三人如期於78年9月初到達合肥中國科技大學，與科大的研究生一起被編為兩個研究生班。研究生班開的公共課共有三門：政治、英語及第二外語(當年78級的首屆研究生，要求畢業時要能熟練地掌握兩門外語)。二外我當時選擇了俄語，因為中學我學過六年俄語，有一定的基礎。中國科技大學1958年創建於北京，上世紀70年代初因回應國家的戰備需要，輾轉遷移到了安徽省合肥市，選址在原合肥師範學院的校園內。由於文革十年浩劫，科大雖在合肥經歷了七、八年的建設，但進展不大。當年為了迎接恢復高考後的77級和78級新生，學校在校址西側徵用的蔬菜地裡修建了四棟五層樓高的教學樓(俗稱四牌樓)。由於合肥地處淮河以南，按照當時國家的有關政策，淮河以南為南方，而南方的機關單位，包括學校的教學樓和宿舍等都不能安裝冷暖設備，冬天合肥的氣溫最冷可降到零下十幾度，而夏天的梅雨季節氣溫則常常保持在零上36～37度以上。因此，可以說冬天合肥的氣候冷如冰窖，夏天的氣候又熱似火爐，所以當年我們在合肥中國科大學習的那一年，學習條件非常艱苦。所幸去合肥科大之前，我在所裡後勤倉庫借了一件皮大衣。冬天天冷教室裡坐不住的時候，我就披上皮大衣坐在床上蓋上被子看書；而夏天五、六月份的梅雨季節，潮濕的氣候使得室內的皮大衣回潮濕潤了，於是我便將皮大衣拿到室外的太陽底下去晾曬。結果皮大衣拿到室外去晾曬以後，皮大衣上的水分不但沒有減少反而還增多了，皮大衣在太陽底下竟然還曬滴出了水珠來，於是我又只得將皮大衣拿回室內去自然陰乾。由此可見空氣中的水蒸汽幾乎已經達到了飽和狀態，這就是江南地區梅雨時節的典型氣候特點，我們從雲貴高原去的人，首次經歷如此高熱高濕的氣候，整個人感覺就像進入了蒸籠一般。晚上睡覺的時候由於天氣十分悶熱，我們一般都不關閉門窗，於是宿舍樓旁邊農田裡的大量蚊蟲便由門

窗飛入了室內。熄燈以後，宿舍裡到處都是蚊蟲，睡覺時蚊帳外的蚊子仿佛就像蜂群一樣嗡嗡作響。第二天早晨起床以

後，靠在蚊帳邊的臂膀或大腿上，全是蚊蟲叮咬後留下的紅
斑。好在當時年輕，那時合肥的生活物資也相當豐富，雞蛋
豬肉比較便宜，學校食堂的伙食也相當不錯，兩毛五分錢就
可以吃到肉菜，而五分錢一碗的菜湯裡還有蛋花或肉沫，因
此當時並沒有感覺到學習有多辛苦。經過一年的艱苦努力，
我們終於勝利地完成了在合肥科大研究生班的學習任務，79
年 8 月初回到貴陽的研究所以後，又要準備開展下一階段研
究生畢業論文的工作了。

（七）

　　我的研究生導師郭承基教授是中科院院士、中國著名的
稀有稀土元素礦物地質學家。他 1943 年畢業於北京大學地質

系，同年赴日本京都大學留
學，在日本京都大學郭先生
又系統地專攻了化學和分析
化學。在熟練地掌握化學知
識和分析化學技能的基礎
上，1947 年他又師從日本
著名的稀有元素礦物地質學
家田久保實太郎進入京都大
學大學院（即研究生院）學
習，研究稀有元素礦物地質
地球化學，1952 年研究生

博士畢業後，郭先生帶著日本籍妻子和三個孩子回到了中
國。郭先生既懂地質又懂化學，是名副其實的地球化學家。
回國後，郭先生起初先供職於中央人民政府地質部，後於
1953 年轉入中國科學院地質研究所工作。1955 年他帶領科研

人員首先在中國山西及內蒙古等地開展尋找稀有元素礦產資源的研究，經過數年工作終於在祖國各地找到了許多稀有元素的新礦床和新礦物，並根據科研實際的需要創立了礦物化學這一門新的邊緣學科，使我國在這一研究領域躋身于世界先進之列。

　　內蒙古包頭的白雲鄂博鐵礦床是 1927 年由丁道衡先生首先發現的，後經地質學家們的多年研究，探明白雲鄂博礦床是一個世界級的富含稀土、鈮、釷等稀有金屬的特大型多金屬鐵礦床。上世紀五十年代中後期，以何作霖、彭琪瑞、司幼東等為首的中國地質學家會同以索科洛夫、阿列克桑德洛夫以及謝苗諾夫等蘇聯科學家聯合組成的中蘇合作隊對白雲鄂博稀土鈮鐵礦床進行了綜合研究，然而他們歷經數年有關白雲鄂博礦床複雜的稀有稀土元素的分佈、賦存形式以及物質成份等諸多方面均未完全弄清，致使五十年代中後期建成投產的包頭鋼鐵公司因缺乏經濟科學的礦石選冶工藝流程，使得白雲鄂博鐵礦石中富含的稀土稀有元素金屬未能獲得回收利用而混入爐渣廢料中被排掉，從而使國家遭受到了重大損失。為了儘快弄清白雲鄂博鐵礦床的物質成份，為包頭鋼鐵公司制定一個科學合理的選冶工藝流程提供科學依據，郭承基教授于1962年臨危受命主持了這一當時由國家科委、冶金部和中國科學院聯合下達的國家級重大科研攻關項目，他帶領一班新中國培養出來的青年科技人員，僅用短短兩、三年的時間，便基本上弄清了中、蘇科學家多年來未曾解決的問題，他們提交的內蒙古白雲鄂博鐵礦床物質成分的科研成果報告(被收錄於國家科委 1965 年出版的重大科研成果彙編《國家科委科學技術研究報告》中)，為包頭鋼鐵公司的采礦、選礦及冶煉工藝流程的制定作出了巨大貢獻，從而使白雲鄂博鐵礦床中富含的稀土稀有金屬獲得了回收利用，為國家作出了重大貢獻，當年受到了國家科委、冶金部和中國科學院的表彰。與此同時，在歷年科研實踐和理論工作總結的基礎上，郭承基教授在文革前就已經先後撰寫發表了大量學術論文，並編撰出版了《鈾礦化學》《放射性元素礦物化學》《稀土礦物化學》以及《稀有元素礦物化學》等將近十來部理論專著。因此，郭承基先生憑藉其在上世紀五、六十年代取代的這一系列科研成果及學術成就，從而奠定了他在中國地質學界和地球化學界的崇高地位和學術威望。此後郭承基教授帶領科研人員歷經三十餘年的研究，於八十年代中期終於完成了內蒙古包頭白雲鄂博超大型稀土鈮鐵礦床地質地球化學、成礦機制和成礦規律研究，此項重大科研成果曾先後榮獲全國科學大會成果獎和中國國家自然科學二等獎。1981 年 3 月身兼國家科委主任和中科院院長的方毅副總理到貴州視察時，專程到訪貴陽地化所接見了郭承基先生和全所科技人員，並當場對郭先生為國家做出的重大貢獻進行了充分的肯定和表揚。

郭先生在中國科學院北京地質所工作時，從 50 年代起就曾經招收過研究生，為國家培養了一大批稀有稀土元素礦物地質地球化學的專門人才。文革後恢復招收研究生時，首批招生專業雖然是分析化學，但實際上郭先生是想通過招收化學專業人才，然後把他們培養成為既懂化學又懂地質的地球化學專業行家。為此我們剛一入學，郭先生就要求我們在上研究生基礎課的時候，要把地質方面的基礎課作為主要的學習內容，因此我們在開始進行研究生畢業論文工作之前，郭先生就對我們兩個研究生提出了更高的要求：你們兩人的畢業論文不是純粹的分析化學工作，而是要有一個地球化學的專題，用你們所掌握的分析化學技能，對地質樣品進行有特色的分析方法測試，取得資料以後，在此基礎上再進行地球化學問題的分析和探討。也就是說我們的研究生畢業論文應包括兩個方面的內容：一是分析化學的工作，即樣品的分析方法試驗和樣品測定，二是用自己測試所取得的資料進行地球化學分析和討論。為此，郭先生還為我專門指定了兩名

指導老師，一位元是指導我做化學實驗的老師名叫雷劍泉，另一位是指導我做地球化學研究的老師名叫王賢覺，這兩位指導老師都是郭先生所在研究室的業務骨幹，也是郭先生研究工作的得力助手。當時導師給我定的論文題目是：臺灣淺灘海底沉積物中微量稀土元素的紙色層分離技術及地球化學研究。

　　稀土元素或稱為稀土金屬，是化學元素週期表中的 15 個鑭系元素及鈧、釔等總共 17 個元素的總稱，由於最初在瑞典發現的稀土氧化物呈土狀，而且很稀少，故人們稱其為"稀土"。稀土金屬是寶貴的戰略物資，有"工業味精"和

"新材料之母"之稱謂，廣泛應用於尖端科技領域和軍工。
在冶金工業領域，只要往很多金屬材料裡添加一定份量的某
種稀土元素，其物理化學性能將會獲得極大的提升或改變。
比如在鐵基的鐵硼磁鐵中加入一定份量的稀土元素釹以後變
成了釹鐵硼磁鐵，其磁性就比原先的鐵硼磁鐵增強了數十
倍。目前由稀土開發的永磁體、發光、儲氫、催化等新功能
材料，已是先進製造業、新能源等高新技術產業不可或缺的
原材料。與此同時，稀土元素還廣泛應用於電子、石油化
工、冶金、機械、輕工、環境保護及農業等領域。我國具有
世界上儲量最豐富的稀土礦產資源，因此，加強對稀土元素
的基礎理論和應用研究具有極其重要的理論意義和實用價
值。另外，由於稀土元素的化學性質極其相似，在地質作用
過程中它們常常相伴共生，因此要分別對地質樣品中的單個
稀土元素進行分離和測試，通常是比較困難的。尤其是稀土
元素含量特別稀少的岩石樣品，要對其中的單個稀土元素進
行分別定量測定，在當時的儀器設備條件下，尤其顯得特別
困難。根據導師的要求，我的碩士論文就是以臺灣淺灘海底

沉積物作為研究物件，利用紙色層分離法來分離其中的 7～8
個單一稀土元素，在此基礎上再進行定量測定。取得實驗資
料以後，再對臺灣淺灘海底沉積物的稀土元素地球化學特徵
進行研究和探討，而整個碩士論文的關鍵和難點，正是海底
沉積物中單個稀土元素的分離和測定。為了解決這一實驗工
作難題，我在雷劍泉老師的指導下，投入了大量的時間和精
力來做這項工作，週末和節假日常常都是泡在實驗室裡。如
此經過將近一年半左右的艱苦努力，最後終於順利地完成了
研究生畢業論文的實驗工作。

（后排右5为作者）

中国海洋化学学会学术讨论会

　　1981 年 7 月份，在實驗工作完成的基礎上，我又在地球
化學指導老師的幫助下，用自己實驗所取得的資料完成了
《臺灣淺灘海底沉積物稀土元素地球化學分佈特徵的研究》
的研究生畢業論文。但當我和林鐵把完成的研究生畢業論文
提交給所教育處，準備申請碩士學位論文答辯時，卻遭到了
當時人事處分管教育的 PXX 的拒絕和刁難。其理由是當初我
們二人報考的是分析化學專業，而地化所沒有分析化學碩士

1981.11.作者(右)与中科大化学系
主任張懋森教授(中)及尹方(左)教
授合影

學位的授予權。然而事實上 1977 年 10 月在決定恢復招收研究生的時候，授學位的事在首屆研究生招生時尚未提到議事日程，也就是說，78 級首屆研究生的招生導師並不是以是否具有學位授予權來進行招生的，而是以導師的學術水準及其在同行中的威望來確定是否具備招生資格的。因此實際上，首屆獲得研究生招生資格的導師基本上都是全國各學術界最著名的專家及學者，可以說都是院士級的人物。其次，我們二人的研究生導師是國內稀有稀土元素地球化學界的權威專家，1980 年，地化所郭先生同塗先生一道同時被遴選為中國科學院學部委員（後改稱院士），1981 年又被國務院確定為中科院的首批博士生導師，因此，郭先生指導的研究生難道就不具備授予碩士學位的資格和水準嗎？第三，我們的研究生畢業論文並不是純粹的分析化學，而是利用分析化學的手段來解決地球化學問題。何謂地球化學？地球化學就是用化學的理論、方法或手段，來研究和解決地質學的問題。也就是說，地球化學是地質學與化學雜交的一門新興的邊緣學科。因此，無論是從學科定義上還是從工作內容上，我們的研究生畢業論文完全符合申請地球化學碩士學位的要求。然而即使經導師和兩位指導老師反復與人事教育處交涉，仍遭到斷然拒絕。教育處給出的答覆是，如果我們二人要申請理學碩士學位，只能自行聯繫所外的科研單位或者大學，向他們申請分析化學碩士學位的論文答辯。在此情況下，導師只得出面聯繫中國科技大學化學系（上世紀 50 年代末期中國科技大學創立之初，郭先生曾作為兼職教授在科大地球化學系授過課），申請去科大答辯或是請他們派人來地化所為我們二人主持答辯，以此為我和林鐵申請中國科大的理學碩士學位。當年11月中旬中國科技大學化學系派來了化學系系主任張懋森教授和尹方副教授，到地化所來主持林鐵和我二人的碩士論文答辯。答辯的結果是我們二人都獲得了"優秀"的評價，並順利的通過了碩士學位論文答辯，次年年初我們都獲得了由中國科技大學頒發的理學碩士學位證書。我和林鐵二人舉行碩士學位論文答辯的時候，人事教育處 PXX 也列席了答辯會，但當我們二人的答辯

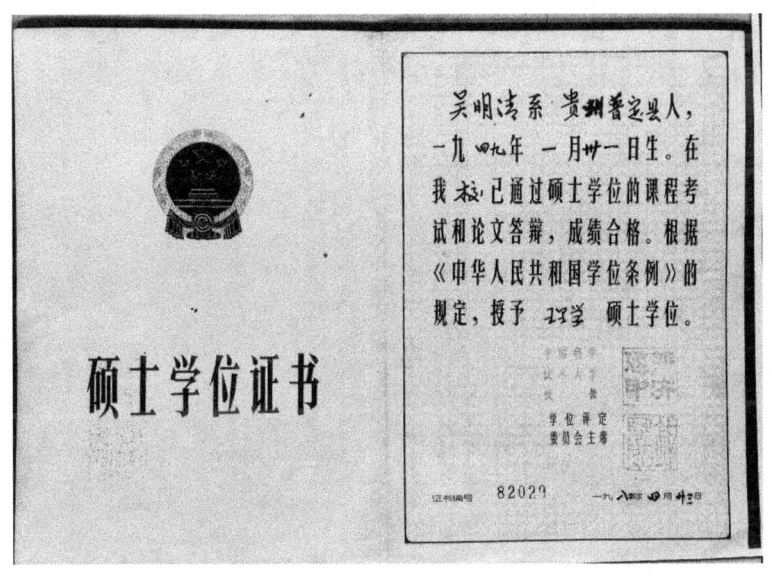

都取得"優秀"的成績後，會後這女的竟對其辦公室的手下人說："哼！科大的兩位教授簡直就是胡來！"言下之意，科大的兩位教授就不應該給我們二人的答辯打那麼高的分。與此相反的是，我們的碩士論文答辯結束後，科大化學系主任張懋森教授對郭先生說："郭先生，您的兩個研究生的畢業論文已經做了大量的工作，他們畢業論文的工作量比我們學校裡很多研究生的還要多，而論文的絕大部分涉及的都是地球化學方面的內容，他們完全有資格在本所申請理學碩士學位，完全沒有任何必要到所外去申請啊！"對於地化所人事教育處的刁難行為，當時不僅我和林鐵兩人不理解，而且不少人也不理解，認為這個女的為什麼辦事會是如此的古板，絲毫沒有半點通融的餘地。然而對於某些瞭解內情的人來說，他們非常清楚，這個女人的行為並不是一個單純的古板問題，而是有其深層次原因的。換句話說，假如我和林鐵的導師不是郭先生而是塗先生，你看她還敢刁難不？相信就是借給她一百個膽子她也不敢。當然囉，在對待我個人不管是提職提級，還是出國等問題上，絕不是這個女的唯一一次、更不是最後一次刁難，後面她還有更精彩的表演。

第五章 顧全大局 放棄夢想

(一)

1981 年 11 月碩士研究生畢業以後，我和林鐵都留在了所裡工作，並且都分在了研究生導師郭先生的稀土元素地球化學研究室。當時的研究室主任就是郭先生，副主任是林傳仙，而林也是郭先生五十年代末的研究生畢業的。地化所當時總共有十三個研究室，其中除了我們稀土研究室以外，還有一個稀有元素地球化學研究室，以前這兩個研究室是合在一起的，統稱為稀有元素地球化學研究室(本質上稀土元素亦屬於稀有元素的範疇)，文革前郭先生就是這個研究室的主任。後來隨著稀土元素地球化學學科發展的需要，稀有元素研究室裡一部分專門從事稀土元素地球化學研究的科研人員，獨立出來成立了稀土元素地球化學研究室，郭承基教授

1985.11 稀土室欢迎康姆(前排左二)回访(前排右三为作者)

任室主任，同時也兼任稀有元素地球化學研究室的主任。地
化所稀有、稀土元素研究室的科研實力及研究成果從上世紀
六十年代起還在北京地質所的時候，不僅在全所、乃至在全
國地學界都是出類拔萃的。即使是在文化大革命鬧騰得正歡
的時候，經國務院和中國科學院批准，地化所於 1972 年 12
月在貴陽組織和領導召開了全國稀有稀土元素地質科研工作
交流會(實際上就是學術會議)，開了文革中國內科研單位主
持召開全國性專業學術會議的先河。1985 年 10 月，以地化
所的稀土元素地球化學研究室為牽頭單位，又在浙江寧波主
持召開了第一次全國性的稀土元素地球化學學術討論會，會
上成立了中國稀土學會，郭先生被選為中國稀土學會的副理
事長。由此可見地化所稀有稀土元素地球化學科研水準在全
國地學界的地位和影響力之大，是不言而喻的。另一方面，
地化所的稀有稀土元素地球化學研究之所以能取得如此顯著
的成果，除了主要依賴于科研人員艱苦努力地工作以外，同
時也是以稀有稀土元素地球化學研究的學科帶頭人郭承基先

生等老一輩科學家的領導及傳幫帶密不可分的。因此，從某種意義來說，我和林鐵能夠在1978年考上郭承基先生文革後的首批研究生，畢業後又能留在郭先生的手下工作，應該說是十分幸運的。為此，我們感到非常地高興。

1982年元月初的某一天下午，正當我研究生剛畢業還未來得及很好地考慮自己下一步的科研工作如何開展的時候，我們研究室的黨支部書記沈麗璞老師通知我參加支部會議，議程是討論黨支部的改選問題。也不知是支部書記沈麗璞老師要準備調回北京了（沈書記的丈夫許榮華78年考取了北京地質所的研究生，畢業後已留在了北京工作），還是因為幹了多年的黨支部書記後感到困倦了想換人，於是她就在支部會議上提議讓我來代替她擔任研究室的黨支部書記，而且與會的幾個黨員老同志竟然也都一致地表態同意了。此事來得是如此之突然，搞得我一點思想準備都沒有，而且他們幾個老同志好像是預先就商量好了似的，會上即使我再三竭力地想推辭但就是推不掉，他們硬生生地就把研究室黨支部書記的職務推到了我的頭上。會後室裡黨支部把改選結果報到所裡面去以後，所黨委居然也批准認可了，我當時感到真的是有點趕鴨子上架的味道。按照中科院有關行政級別的文件規定，中科院屬部級單位，其下屬研究所的行政級別相當於司局級，因而所長、書記的行政級別亦分別為正司局級，研究室的主任和黨支部書記的行政級別相應地為正處級。但文革以後，各研究室的黨支部書記大多數都是由科技人員中的黨員兼任，只有極個別的研究室才配備有專職的黨支部書記，並兼任研究室的行政副主任。各研究室兼職的黨支部書記，名義上是處級幹部，但實際上並未享受處級幹部的待遇。也就是說研究室的兼職黨支部書記，純粹只是一份社會兼職工作而已，並不享受任何額外的待遇。

　　雖然我是一個研究生剛畢業的新人，但作為一個有近十年黨齡的老黨員，在此情況下，我沒有任何講價錢的權利，好在我在上大學時曾擔任過班級的黨支部書記，多少還算有點經驗，於是只好硬著頭皮承擔了下來。作為黨支部書記，上任以後我首先著手抓的是新黨員的發展工作。根據研究室黨支部歷年來的工作記錄顯示，從文革開始以來，我們黨支部已有十幾年沒有發展過一個新黨員了。為此研究室裡有不少人對原來的黨支部書記意見很大。其實早在文化革命之前，室裡就有部分老同志寫了入黨申請書，但由於受到極"左"思潮的影響，認為這些寫了申請書的同志，他們有的家庭出身或者社會關係或多或少存在著某些問題，因而這些同志要求進步的問題，多年來遲遲沒有獲得解決。我接手支部的工作以後，詳細地瞭解了室裡過去寫過入黨申請書的幾個老同志的情況，認為他們不僅是研究室裡的業務骨幹，而且多年來一直對加入黨組織始終懷有強烈的願望，於是我想

2007.10.地化所稀土室部分老同事(右一為作者)

儘快地逐個把他們的入黨問題加以解決掉。首先我把以前寫過入黨申請書的幾位老同志召集在一起開座談會，同他們談心瞭解他們的思想狀況，並瞭解他們對入黨的看法和要求入黨的迫切程度。同時也向他們交底，黨組織的大門始終是敞開著的，只要符合條件、個人願意，組織上隨時都歡迎他們加入。為此，幾個參加座談會的老同志心情都很激動，紛紛表示要努力創造條件，爭取早日加入黨組織，而且會後又紛紛再次提交了入黨申請書。經過半年多不到一年的工作，我們黨支部就把要求入黨多年的三個老同志（一個是家庭出身資本家的研究室副主任，另兩個是家庭社會關係中過去認為多少有一點所謂歷史問題的業務骨幹），都發展成了新黨員。其後又在 84 和 85 年，支部又先後發展了兩個年輕的黨員，進一步壯大了我們研究室的黨員隊伍，此後研究室的科研工作呈現出了欣欣向榮的新氣象。室裡的老同志們都說，我們這個室的新支部書記很有魄力，並說年輕人就是不一樣，思想比較開放，一上來在不長的時間內就把研究室裡要求入黨多年而沒有獲得解決的問題，痛痛快快地都解決了，室裡的研究工作和人的思想面貌發生了很大的變化，事實上也的確如此。從 83 年開始，研究室在組織科技人員積極申請和承擔科研課題的同時，一方面積極組織籌備召開一次全國性的稀土元素地球化學學術會議，另一方面又組織室裡的科研人員集體編撰《稀土元素地球化學》專著，其中我本人還承擔了編寫《稀土元素在生物圈中的分佈》一個章節。此書於 1985 年初正式出版發行以後，在全國同行中引起了極大的反響。1985 年 10 月，以我們地球化學研究所為牽頭單位，由我們研究室籌備的第一次全國性的稀土元素地球化學學術討論會在浙江寧波舉行，全國稀土學界的數百名精英人士齊聚寧波與會，會上還成立了中國稀土學會，並選出了以郭承基院士為副理事長的第一屆全國稀土學會理事會。

(二)

在我個人的學術業務工作方面，其中一項重要的工作就是協助我的導師、研究室主任郭承基先生開展科研工作，也就是說給郭先生當助手，協助他解決科研工作中所遇到的困難和問題。另外，我自己還承擔有沉積地球化學的研究工作。上世紀 80 年代初，郭先生已年近七旬，雖說學部委員(院士)不存在退休問題，但郭先生還患有嚴重的冠心病和肺氣腫等疾病，身體基本處於半休狀態，其科研工作主要以成果總結性質的室內工作為主。由於老先生患有嚴重的呼吸系統疾病，對燃煤產生的煤煙特別敏感，而貴陽的冬季當時又主要依賴於燃煤取暖，因此郭先生非常不適應貴陽市區的燃煤空氣環境。當年貴州省政府瞭解到這一情況以後，承蒙秦天真副省長的關心，1981 年，省裡先是安排郭先生郭師母倆老口在花溪公園的西舍賓館療養了將近一年，其後又協調貴州省科委為郭先生在省植物園弄到了一套平房。於是1982 年以後，郭先生和郭師母老兩口就住到遠離貴陽市區的貴州省植物園去了。住的問題解決以後，老先生考慮的問題就是，他要對其數十年的科研工作進行系統性地總結，準備編寫出版一部數百萬字的《稀土地球化學演化》的學術專著。但是要編寫和出版這麼一部大部頭的著作，第一要收集大量的科研文獻資料，第二需要一筆數額相當大的出版經費。83 年初，當我把郭先生的要求向所領導反映以後，所裡的意見是收集資料的事，主要由研究室指定專人負責，而有關出版經費的事所裡無法解決。但所領導又說，中國科學院的院長手頭每年都掌握得有一定數額的資金即院長基金，這筆資金一般作為院下屬單位某些緊急專案的應急經費，並建議郭先生去申請這個院長基金，或許會有所收穫。我向郭先生彙報了這一情況以後，先生聽了非常高興，馬上就對我說："明清呀，我最近身體不是太好，我看這個申請院長基金的事，能不能交由你來給辦理一下？這樣吧，你先寫個申請報告的初稿出來，然後我再看一下就行了。"本來我想既然我已打聽到了出版經費的申請管道，這一下老先生肯定要自己親自來寫申請報告了，誰知老先生竟然要我來為他寫申請報告，這真的是完全出乎我的意料。我當然知道這是郭先生對我的信任，但這個任務實在是太重大了，我擔心怕把事情辦砸了承擔不起這個責任。但是既然老先生已經發話了，我也不好直接推辭和拒絕，於是只好勉為其難地應承了下來。接到郭先生交給的任務以後，我首先在頭腦裡反反復複地思考醞釀了好幾天，我想既然是申請院長基金，但對申請報告的格式我又不是很清楚，不如把這個申請報告換成直接給院領導寫一封信算了，這樣的效果或許會更好一些。當我覺得思考得差不多以後，於是便模仿郭先生的口氣，給當時中科院主管地學口的周光召副院長寫了一封信。信的開頭首先自我介紹了一下郭先生自己的個人經歷，其中重點提到上世紀50年代初回國以後，為解決內蒙古白雲鄂博超大型稀土鈮鐵礦床的選冶問題，首先攻克了礦石中磷的賦存狀態，其後又組織科研攻關，弄清了白雲鄂博超大型稀土鐵礦床中有用元素的賦存狀態、礦物組成及分佈規律，正式確定了該礦床為含稀土、鈮、鐵的世界上獨一無二的超大型綜合性礦床。信中還特別強調，稀土元素、尤其是某些具有獨特性能和特殊用途的特

殊稀土元素，是未來高新科技領域的戰略物資，亦是各國竟
相研究和爭奪的物件，我國具有巨大的資源儲備優勢，應加
強對特殊稀土地球化學的研究。最後再強調指出，申請者經
過對內蒙古白雲鄂博超大型稀土鈮鐵礦床三十多年的研究，
已經積累了大量的科研資料。因此，申請者想利用有生之年
進行系統性總結，準備編寫一部大型學術專著出版發行。現
在的問題是缺乏出版經費，為此特向院領導寫信，希望能夠
獲得一定數額的院長基金資助，用於現正編撰中的專著的出
版發行云云。當我把給周光召副院長的信初稿寫好謄正以
後，懷著忐忑不安的心情送到貴州省植物園郭先生的住所，
希望老先生親自來修正定稿。然而又令我意想不到的是，郭
先生看完初稿後馬上就對我說："明清，我看你給周院長的
這個信寫得很好嘛！我沒有什麼要修改的了。我現在簽個字
以後，你立刻把它發出去算了！"聽了郭先生的話，我提到
嗓子眼的心總算落了下來，心想終於獲得老先生的認可了。
接下來信是發出去了，但管不管用心中還是沒有底。然而大
約過了兩個月左右，郭先生就收到了中科院周光召副院長的
回信。信上周院長首先對郭先生研究白雲鄂博超大型稀土鈮
鐵礦床為國家作出的重大貢獻表示感謝，其次為支持老科學
家總結科研成果，特撥款 5 萬元作為郭先生擬撰寫的學術專
著的出版經費。郭先生接到周院長的回信以後，心情非常地
高興！要知道，在上世紀 80 年代初，5 萬元的經費已經不是
個小數字了，更何況這筆錢還是來自中科院的院長親自掌握
的院長基金，一方面足見院領導對郭先生文革前的科研成果
及貢獻是十分瞭解的，另一方面也體現了院領導對老科學家
的關心和愛護。後來中科院又有一位副院長來貴陽地化所視
察和檢查工作，院領導去看望郭先生時，瞭解到郭先生的專

著出版經費尚存有一定缺口，並希望郭先生再向院裡寫個報告說明一下專著出版的情況，於是我又為郭先生編寫了第二份申請報告。院裡接到郭先生的第二份報告以後，於1985年年初，周光召院長又從院長基金裡下撥了另一筆5萬元的經費，這樣郭先生當年總共就獲得了10萬元的專著出版經費。經費解決以後，郭先生便安安心心地從1985年開始，日以繼夜地編寫他的大型學術專著《稀土地球化學演化》。歷經七、八年嘔心瀝血地精心編撰，於1993年左右，一部大約400萬字的鴻篇巨著《稀土地球化學演化》終於由貴州人民出版社先後分五卷出版發行了，郭先生終於完成了他的平生夙願。

(三)

　　我雖然是郭先生的研究生，但從研究生的畢業論文工作開始，研究方向與郭先生本人從事的專業領域並不完全一致。研究生畢業以後，我仍然沿襲研究生畢業論文的專業方向，繼續開展海洋沉積地球化學的研究工作。我研究生畢業論文所做的工作是臺灣淺灘海底沉積物稀土元素地球化學，這個工作的樣品是由中國科學院青島海洋研究所提供的。也就是說從我的研究生學習階段開始，我們所就同中科院青島海洋所開展了科研合作，而青島海洋所的趙一陽教授也是我研究生畢業論文的指導老師之一。

　　1983年10月份，青島海洋所有一個東海沖繩海槽的科考專案，海洋所地質研究室的趙一陽教授給我來信，詢問我是否願意參加。我想海洋科考應該與陸地上的野外地質考察截然不同，很想去親身體驗一下這個海洋科考工作，於是便

1983.10:作者(左)与肖小月摄
于东海海洋科考船上

欣然答應前往。當時我們所和我一起應邀同行的，還有歐陽自遠副所長的研究生肖小月，他的任務是在科考船上搜集宇宙塵，為他的研究生畢業論文採集樣品。中國科學院青島海洋研究所是國內最大的綜合性海洋科研單位，當時全所有科技人員七百來人，該所裝備有一艘排水量約為4000噸的海洋科考船，船名為"科學一號"，船上裝備有先進的海洋科考儀器設備，是當時國內最大、也是最先進的海洋科學考察船之一，可同時進行海洋生物、海洋地質、海洋物理、海洋化學等多學科的綜合科學考察，也是當時國內能夠承擔遠洋科考的幾艘大型船舶之一。之所以選擇10月份出海，主要考慮的是這個季節海洋氣候條件相對比較穩定，海洋熱帶風暴及颱風相對較少，洋流流速也相對較為穩定，這樣的氣候條件有利於海洋科考作業。當年10月下旬我們二人抵達青島時，船員及科考人員已經提前半天登船了，待我們二人上船以後，船上的最佳床位基本上已滿，於是我們兩個只能住到離輪船汽輪機較近、噪音也比較大的機動床位上去了。我們與海洋地質室的科考人員一共大約有 14～15 人，其中有 4～5 個年輕人是海洋地質室的研究生，他們當中有楊永亮（原地化所老黨委書記楊敬仁的兒子）、翟士奎、王金土等。他們這次出海也是去採集畢業論文的海底地質樣品，我需要的樣品與他們擬采集的樣品類型大致相似，只是各自的研究內容和領域不同而已。因此我們地質室的人員就編為一個工作小組，其他海洋物理、海洋化學、海洋生物的又分別各為一個組。各個組有各自的採樣方式和採樣要求，然而和我一起去的肖小月則與眾不同。由於他的任務是收集宇宙塵，於是他就在船頂的某個部位放上一大塊表面光滑的塑膠面板，守株待兔式的等待宇宙塵從太空自然飄落，然後每隔7～8個小時去搜集一次就行了。因此全船就數他的工作尤其輕鬆自在。

　我們的科考船是 10 月下旬的一天中午離開青島開赴東海的。當天天氣非常晴朗，海上風平浪靜，科考隊員們都站在甲板上揮手與青島告別。這是我平生第一次乘坐這麼大的輪船出海遠航，不用說當時的心情有多麼的激動和高興。一會兒跑到船頭，看著船尖劈波斬浪前行；一會兒又跑上船頂，放眼極目遠眺，只見藍天白雲與大海相連，成群的海鷗在輪船四周翻飛，當時的心情別說有多高興了。然而更使我和肖小月吃驚的是，下午吃晚飯的時候，沒想到船上的餐飲檔次會如此之好，副食光菜品就有五、六個，每頓不僅有肉有白菜豆腐，而且還有魚有蝦，至於主食比如米飯、饅頭則不限量，想吃多少就吃多少，而且我們在船上吃飯還不用交伙食費。這在上世紀80年代初期全國各地主、副食都還在實行憑票定量供應的情況下，真是一件意想不到的大好事。不過接下來我們遇到的第一個考驗是，由於我們睡覺的地方離汽輪機太近，這裡噪音非常大，我和肖小月住在同一個房間裡，說話都得提高很大的嗓音互相才能聽得清楚。晚上睡覺更是一大挑戰，由於汽輪機的噪音始終在耳邊嗡嗡作響，因此人躺在床上根本無法入睡。不過相比之下，我的耐受能力

相對要好一點，到了下半夜我就基本上睡著了，然而肖小月則始終睡不著。第二天我們把這一情況向科考隊長做了反映以後，過了一、兩天，船上就把我們二人的房間調到離汽輪機較遠一些的位置上去了。這個位置噪音雖然還有，但明顯小多了，這才基本上解決了我們二人的睡覺問題。我們遇到的第二個考驗是暈船。科學一號考察船的最大航行速度為 15 節（1 節等於 1 海裡，即 1.852 公里），即大約相當於每小時將近 30 公里的時速，如果海上風平浪靜，人們在船上絲毫也感覺不到有任何顛簸和搖晃。從青島到東海沖繩海槽的距離大約有一千三、四百公里，科學一號考察船要開四十多個小時才能到達考察的預定海域。第一天白天海上風平浪靜，但是晚上睡覺以後，不知睡到半夜什麼時候，忽然覺得身體在床上一會兒翻過去，一會兒又滾過來。這時醒來後才知道海上已經起了風浪，輪船顛簸起來了。早上起床以後，從房間的舷窗往外看去，只見海上風浪大作，天空烏雲密佈，船的搖晃也越來越厲害了，人坐在床沿上雙手必須緊緊抓住床邊的扶手才行。早上吃早餐時我去餐廳就餐，竟沒見到有人去吃飯，我以為我去晚了。中午在餐廳吃午飯的時候，餐廳裡

仍然沒有幾個人。聽食堂的大師傅說，因輪船顛簸得很厲害，有人暈船就不想吃飯了，而有的人來了以後，把飯直接就拿回房間裡吃去了，所以餐廳裡的人很少。我吃飯時只見餐廳裡沒人坐的椅子，隨著輪船的顛簸和搖晃頻率，一會兒滑向餐廳的右邊，一會兒又滑向左邊，來來回回地在餐廳的地板上反復地滑動，不過餐廳裡的飯桌倒是固定在地板上的。大師傅說，像今天這樣的情況，一般來餐廳吃飯的大多為老科考隊員，他們已經是久經考驗的老水手了，七、八級的風浪對他們來說一點也不在話下。一個廚房大師傅問我是不是新來的？以前是否在船上幹過？我說我是貴陽地化所來參加海洋科考的，這是我的第一次出海。這位大師傅又說："你好像還不怎麼暈船呢！"我說我好像還能忍受這樣的顛簸。我問大師傅像這樣的風浪，風力該有多大級別了？大師傅說看船的這個顛簸程度，估計海上的風力應該有 7～8 級了。在這樣的風浪情況下，我當時還能吃得下飯，只是不能吃得太飽。不過同我一起去收集宇宙塵的小肖就沒有這麼幸運了，風浪大一點他就有些受不了，當天的中午飯他好像也沒怎麼吃。當時一起吃飯的一個老科考隊員對我說：今天的風浪還不算太大，真正風浪大的時候，人都沒有辦法坐著和站立了，必須緊緊抓住船艙頂上的吊環和把手才行，否則人就摔倒了。經過一個下午的航行，到了晚上風浪就逐漸地平息了，人們也不知不覺地進入了夢鄉。

沖繩海槽位於中國東海大陸架的邊緣，呈北東南西向展布，全長約 800 公里，而寬度在 300 公里左右。我們這次考察是從北端開始，來回橫穿沖繩海槽，每隔40～50公里左右的距離布點考察採樣，這樣既照顧到了海槽邊沿，又照顧到了海槽中部。海槽裡的海水深度一般在1000米左右，最深可達2000餘米。我們的科考船於第三天的凌晨3:00點左右到達沖繩海槽北端第一個預定的採樣網站。輪船拋錨停下來以後，甲板上亮起了大燈，各個學科的考察隊員立即出動，只見海洋化學的人在採集不同深度的海水樣品，海洋物理的在觀察海流，海洋生物的則打撈海水中的各種浮游生物和底棲生物。我們海洋地質的則準備采集兩種類型的海底沉積物樣品，一種是海底表層沉積物，另一種是海底的柱狀沉積物。海底表層沉積物用抓鬥式取樣器採集，而海底柱狀沉積物樣品則用重力取樣器取樣。這兩種取樣器都是通過船上的機械來操作的，老科考隊員們都是這兩種機械的熟練操作能手，我們年輕人則在一旁做幫手。每個網站的工作時間取決於取樣工作的難易程度，工作順利的話，一個多小時就可以完成，如果不順利或者風浪大的話，則需要反復進行兩、三次重複操作才能獲得成功。這樣的話，有時需要兩個多小時才能完成一個網站的工作。一個網站的工作完成以後，又轉移到下一個網站，接著又開始新的采樣工作。網站與網站之間科考船開行大約需要2個小時。我們採用的是連軸轉的工作方式，輪船開行轉點的時候，我們就回船艙休息；輪船到達站位時，我們立即到舺板上去開展工作，即工作兩、三個小時後休息兩、三個小時，如此循環往復。而且這樣的工作方式往往需要連續幹上三、四天甚至四、五天才能輪換休息一天。有人或許認為這種工作方式人也許不會太累，其實不然。由於輪船從這個網站到下一個網站之間，只有二、三個小時的間隔時間，在這麼短的時間內，人根本沒法安心休息入睡。因此，人們在這樣連軸轉的工作環境中，連續幹上兩、三天以後，由於睡眠嚴重不足，人的總體感覺非常疲勞，如果海上再有風浪，幹活時人又總是搖搖晃晃的，那整個人就更加疲憊不堪了。再加上在船上進行取樣操作時，常常需要搬動數十公斤重的地質樣品和工具，這基本上都是重體力活，因此人們工作時體能的消耗是非常巨大的，不是年輕力壯的人，是很難勝任這種海上作業的。很顯然，海洋地質考察工作的勞動強度明顯比陸地上的地質考察工作要大得多了。到了此時我們才真正明白，原來船上的伙食為什麼會開得那麼好，這顯然是很有道理的。海洋科考時人們承受如此大的勞動強度，人的體能消耗是非常巨大的，如果沒有營養豐富的飲食加以補充，身體明顯是吃不消的。因此，這次海洋地質考察實踐，我們總算是親身實地地體驗了海洋地質考察工作的艱辛。

我們在海上連續工作了半個月左右以後，正當人們疲乏得幾乎難以堅持工作的時候，船上的氣象預報說，西太平洋上有一股熱帶風暴正向沖繩海槽方向襲來，船長立即通知船上停止一切科考作業，科考船需要全速駛往舟山群島進港避風，於是我們就可以放心大膽地休息睡覺了。第二天早上一覺醒來，船上有老科考隊員說，我們的船已經抵達了舟山群島的沈家門港。船拋錨停好上岸後，整個人在陸地上的感覺好像與在船上就完全不一樣了。在船上工作了十幾天，即使船停下來一動不動，但仍覺得腳底下輪船舺板的地面總是在不停地搖晃中，而如今一踏上岸才覺得這樣才是真正的"腳踏實地"，當腳板踩在岸上地面紋絲不動時，心裡頓時才感到無比地踏實。

沈家門港位於浙江舟山群島舟山本島的東南側，面臨東海，背靠青龍、北虎兩山，是東南沿海的天然避風良港，同時它既是中國最大的天然漁港，也是世界三大漁港之一（其二為挪威的貝根和秘魯的卡亞俄）。為了避風，我們的科考船需要在沈家門港停留兩、三天。上岸後，我們海洋地質室的七、八個年輕人，有人提議到碼頭的海鮮市場去買螃蟹煮來吃，於是我們一群人在海鮮市場買到了二、三十斤大梭子蟹。拿到船上以後，交給食堂的大師傅替我們烹調（當時的梭子蟹賣三毛八分錢一斤）。當天中午我們七、八個年輕人光吃螃蟹喝啤酒，大家通通快快地享受了一頓海鮮大餐。沈家門港距離普陀山不遠，第二天我們地質室的這群年輕人又遊覽了普陀山風景區。沈家門港屬普陀區，距離普陀山景區不到10公里，但卻是隔海相望，我們需要乘坐渡輪過海。普陀山說是山，其實它是舟山群島中的一個小島，島的面積大約僅為 30 平方公里，島的中部有座山峰，海拔高度大約為300 米，取名為佛頂山。相傳普陀山是觀世音菩薩下凡教化眾生之地，所以普陀山在民間的名氣很大，號稱海天佛國。不過當時島上的遊人很少，究其原因，一是因為改革開放才沒幾年，人們還比較貧窮，旅遊尚未形成風尚；二是普陀山地處東海前哨的舟山群島，交通極為不便，因此前來遊覽的大多數是當地人。由於地處偏遠、交通不便，加上普陀山的旅遊設施相對比較落後，觀音菩薩的廟宇也年久失修，所有這些與普陀山的名氣極不相稱。

　　我們在沈家門港停留了兩、三天以後，西太平洋的熱帶風暴已經平息，於是我們又乘船返回沖繩海槽連續工作了十幾天，最後終於勝利地完成了為期將近一個月的海洋地質考察工作，順利地回到了青島海洋研究所。在青島休息了幾天後，分取了六、七十個沖繩海槽的表層沉積物樣品。帶著這批樣品，我和肖小月乘火車輾轉回到了貴陽。後來我對這批樣品分別進行了化學成分、微量元素和稀士元素的分析測試和地球化學研究工作，最終分別在《海洋學報》、《地球化學》等學術刊物上發表了兩三篇科研論文。

(四)

我的導師郭承基先生，1943年畢業於北京大學地質系，同年赴日本京都大學留學，1952年回國。郭先生在留學期間與日本太太結婚，回國後，日本太太也加入了中國籍，是一名日裔中國人。從回國後到80年代初的三十多年間，郭先生從未回訪過日本。80年代初期，隨著科技領域的改革開放逐漸擴大，科學院也在努力拓寬管道，採取"派出去"和"請進來"的方式擴大對外學術交流。派出去，就是將一些曾經留學海外的老專家以及學術骨幹派到國外的對口權威學術機構進行參觀訪問，學習別人的先進理念，同時充分發揮老專家當年留學時結下的友誼和人脈，為我們的科研服務。而請進來就是有針對性地邀請國外對口單位的權威專家和學者到研究所來講學，借鑒和學習國外的先進理念和學術思想，實現與國際先進水準接軌。郭先生作為曾在日本留學多年，回國後又為國家的稀有和稀土元素科研工作做出過重大貢獻的老科學家，自然屬於派出去參觀考察的重點對象。經過向中國科學院國際合作局申請及與日本有關單位聯繫，1985年4月，郭先生和我同時收到了日本學術振興會的邀請，由我陪同郭先生於1985年9月下旬前往日本有關大學和科研機構訪問一個月。得到出國訪問的通知以後，我和郭先生分別從所裡領取了國家下發的服裝制裝費，又向貴陽市公安局申請了公務護照，然後通過中國科學院國際合作局向日本駐華大使

自左至右:作者、增田彰正、郭先生

1985.10.参访东京大学增田彰正教授

館申辦了赴日簽證。當年 7 月份我們的簽證就辦妥了，9 月 20 號左右，我和郭先生從貴陽乘飛機到達北京，先到中科院國際合作局領取了護照和簽證，國際合作局的局長還親自會見了郭先生和我，並交代了一些出國的注意事項，強調到國外以後要注意安全等等。9 月 25 號上午 11:00 左右(相當於日本東京時間 12：00 點，日本時間比北京時間早一個小時)我們師徒二人由北京乘坐國際航班離開首都北京，大約下午 2:00 點左右(東京時間)到達了日本東京成田機場，出海關後，日本學術振興派了一位日本小姐到機場出口處迎接我們。當天傍晚我們就住到了東京都下榻的賓館。

這是我平生以來的第一次出國，所以到了日本東京以後，看到什麼都覺得非常新奇，感覺中國與日本的差距實在太大了。東京是日本的首都，也是日本的第一大城市，同時也是當時世界上經濟最發達、人口也最多的國際大都市之一。東京市區到處高樓林立，但街上的行人並不多，而且人們走路大多都是匆匆而行，很少看到像中國大街上有許多人懶洋洋地漫步的樣子。另外，東京市內的街道非常整潔，街道上看不到丁點垃圾。人們過馬路時，完全遵從紅燈停、綠燈行的規則，人人都從斑馬線上快速通過。一旦紅燈亮起，沒有人會橫穿馬路。日本的汽車在馬路上是靠左行駛的，這大概是日本當初制定汽車交通規則時是仿照英國的交通法規制定的吧。東京市內的商業街，街道兩邊都是超級商場，這些商場大多只專營一種商品，這在上世紀80年代的中國是聞所未聞和見所未見的，因為我們中國當時的大商店都叫百貨商店，即什麼都賣。日本商場每天早晨開門之前，商場裡的所有員工都會站在商場門口整齊地排成兩行。商店開門時，有客人進店的時候，站在門口兩側的員工都會向客人行90度的鞠

躬禮，並用日語小聲地向客人打招呼："歡迎光臨！"即使只有一個顧客進店也照樣鞠躬致敬，這樣的歡迎儀式大概要持續十分鐘左右。據說一年365天，只要商店開門營業，天天都是如此。進了商店，只見店裡的商品琳琅滿目，貨品十分豐富。比如賣電視機的商店，從幾英寸的到三、四十寸的大螢幕彩色電視機一應俱全，而且都是同一個牌子的電視機，並按照螢幕由小到大整整齊齊地擺放在貨架上，場面十分的壯觀和震撼。要知道在上世紀80年代中期，我們國內的黑白電視機都還尚未完全普及，普通人家能買上一台12～15英寸的黑白電視機就已經很不錯了，至於彩電基本上就很難見到，價格就更不用說了那是非常的貴。

　　我們當時計畫在東京訪問四天，這裡有兩個單位需要參觀訪問。一個是位於東京都附近的築波日本地質調查所，另一個就是東京大學。我們到達東京的第二天，日本學術振興會派人陪同我們，乘車前往築波科學城參觀日本地質調查所。日本地質調查所成立於1882年，是日本唯一的綜合性地質調查研究機構，我們參觀訪問時，日本地質調查所已經走過了百年的歷程。該所的藤井所長向我們詳細介紹了日本地質調查所的機構設置概況，以及近年來的工作重點任務及成果，其後又帶我們參觀了該所的地質博物館。我們重點參觀

1986.10 日本東京

了該所地質博物館第四展室展出的眾多日本礦物及化石標本，下午郭先生又同藤井所長相互交流了各自的研究領域及成果。此外，我們還觀看了用投影儀展示的日本列島立體地質圖以及斷層和火山的位置等等。當天晚上，日本地質調查所藤井所長宴請了郭先生我們二人。我們從築波回到東京市內後，第三天便開始了對東京大學化學系的訪問。東京大學化學系的增田彰正教授是日本著名的稀土元素地球化學家，他的實驗室裝備有當時國際上比較先進的等離子體質譜儀，可以對地質樣品中的微量稀土元素進行準確測定。增田教授及其研究

（前排左一为作者）

1985.10.日本京都大学会馆
郭先生会见老同学合影

團隊經常在有關的國際學術刊物上發表稀土元素地球化學學術論文，在國際上自成一家，並具有相當的知名度和影響力。郭先生同增田教授交流了各自的研究成果，並商討雙方進一步開展科研合作和學術交流的可能性，其中包括共同培養研究生和派遣訪問學者到增田彰正教授的實驗室來工作等。後來我們訪問結束回國以後，向當時的所領導做了彙報，1987年所裡將塗先生的碩士研究生畢業的劉叢強派到了日本東京大學化學系增田彰正教授的實驗室做訪問學者，其後又轉為攻讀博士學位的研究生。劉叢強 1993 年博士畢業後，又在日本理化研究所任研究員，1996年回國後，1997年任地化所所長，2011 年當選為中國科學院院士。他算是我們地化所與東京大學聯合培養出來的一位地球化學家。當年在增田教授實驗室參觀訪問時，郭先生曾與增田教授商定，擬派我去增田教授的實驗室攻讀博士學位，但後來因故放棄了，這是後話。

我們這次訪問日本的重點是參觀訪問郭先生留學日本時的母校---日本京都大學。京都位於日本西部，是日本的千年古都，不僅歷史悠久，而且傳統文化積澱深厚，而京都大

學則是僅次於東京大學的日本著名高等學府。郭先生曾于
1943 年至 1952 年在京都大學學習了 9 年，他不但在此獲得

了知識，同時也收穫了愛情。因此，我們計畫在此停留兩周，一是在京都大學參觀訪問和講學，二是郭先生也順便探親訪友。我們在東京大學訪問結束後，從東京乘坐日本新幹線快速列車到達京都。從東京到京都大約有 300 多公里，新幹線快速列車大約開行了兩個小時。中午到達京都火車站時，京都大學的接待人員以及郭先生夫人的姐姐及弟弟（妻舅）親自到車站來迎接。我們到達京都大學時，郭先生當年留學日本時的很多老同學得知這一消息以後，紛紛從日本全國各地趕來與郭先生會面。在京都大學會館聚會的那天，總共來了二十多位郭先生的老同學，其中絕大多數都是日本各個大學的知名教授，有的則是日本某些大型企業的高級主管，分別三十多年的老同學齊聚京都大學會館，場面十分的熱鬧和感人。第二天，郭先生在京都大學地質礦物學系禮堂作學術報告時，場內座無虛席。本來先生留學日本近十年，又娶了個日本太太，除了精通日語以外，英文功底也十分深厚，按慣例作學術報告時，先生可用英語或日語，但先生考慮到祖國的尊嚴，堅持要用漢語作學術報告。為此，還專門

在地質系找了一位中國留學生小張做現場翻譯。但由於小張
到日本留學的時間不長，日語尚不夠完全熟練，加之對稀土
稀有元素的某些專業詞彙和術語不是太熟悉，因而現場翻譯
不甚理想。於是先生常常需要幫助翻譯糾正某些日語用字，
有時甚至還情不自禁地用日語做起了演講，為此引得報告廳
裡響起了一陣陣歡快的笑語聲和掌聲。

　　郭先生上世紀 40 年代留學日本時，曾在京都大學附近
的光華寮居住過一段時間。光華寮是一棟灰色磚木結構的五
層單元宿舍樓，它是二戰時期京都大學為中國留學生租賃的
宿舍樓，上世紀五十年代初，臺灣的中華民國政府又出資將
房產買了下來。一天傍晚吃過晚飯以後，我和郭先生一起散
步時，先生提議一起去訪問一下他當年住過的宿舍樓光華
寮，我當即欣然同意前往，於是我們師徒二人散步來到了光
華寮。隨著歲月的流逝，加之年久失修，光華寮建築的外牆
已經斑駁了，外表十分破舊，為此先生十分感慨。不過樓內
的生活設施還算完備，樓裡也住有不少中國留學生。當我們
從一樓逐漸向樓上攀登時，在三樓的一間單身宿舍裡，居然
遇到了當年與郭先生一道留學京都大學的山西胡姓同鄉。當
郭先生第一
眼看到他的
老同學時，
不禁大吃一
驚，差一點
沒能認出
來，因為眼
前分明就是
一位看上去

1985.10 与日本梅田教授合影
于日本奈良

年逾七旬、頭髮鬍子已經花白、衣著也十分簡樸的普通老者。郭先生簡單地與他交談了一會兒，得知這位仁兄仍是孤身一人，既無家室，更無財產，只能寄居在光華寮，狹小的室內空間陳設十分簡單陳舊，有的家俱像是從垃圾堆裡揀來的（在西方社會、包括日本，每到月底的時候，搬家的人總會往垃圾堆裡扔不少功能齊全的舊家俱或舊電器，需要的人往往會揀回去使用）。看到胡姓同學的這種生活窘況，先生亦不便再多問他這幾十年來的詳細情況，於是我們師徒二人只好懷著一種難以名狀的心情匆匆地離開了光華寮。

　　郭先生與他的日本太太是在京都大學留學期間相識的，當時先生住在光華寮，而郭師母家就在光華寮附近開了一間洗染店。週末時郭先生常去師母家的洗衣店洗燙衣物，一來二去就與郭師母相識了。去的次數多了，先生與師母逐漸就由相識到相知，最後雙方便產生了愛情，1947 年左右先生就與師母喜結良緣了。師母家原姓柏野，婚後郭先生為師母取名為郭秀君。2006 年夏天我回國探親時，去所裡探望郭師母（彼時郭先生已去世），師母曾向我回憶起她與郭先生年輕時相識的情景，師母告訴我當年郭先生向她表白時，師母曾有不少顧慮，她對郭先生說：“你是個大學者，而我只是個高中生，我怕配不上你！”然而郭先生卻堅定地對師母說：“文化層次的差距不是問題，只要我們相愛就行了。以後你只要管好家庭照顧好孩子就行了！”郭先生與郭師母共結連理整整五十載，果然是一對恩愛情深的模範夫妻，他們一共養育了 7 個子女（2 男 5 女），而且全都由郭師母一人親手撫育成人，從未假手於她人。郭師母的確堪稱賢妻良母的典範！

　　郭先生是一位極富愛國情懷的科學家。先生留學日本近十年，是稀有稀土元素礦物地質學大家，當年又娶了個日本太太，按理他要留在日本治學一點也沒有問題，但是他卻在上世紀五十年代初，博士畢業後毅然決然地攜妻帶兒回到了百廢待興的中國，並為祖國的稀有稀土元素地球化學科研事業做出了傑出貢獻。訪日期間，我們師徒二人常常一起外出散步談心。當年先生曾告訴我，在他留學日本博士快畢業時，曾有幾所日本大學準備聘請他當教授，但都被他一一謝絕了。郭先生說，有兩個原因決定了他不想留在日本而要回來為祖國效勞。他說："在日本只要一提到中國古代，日本人沒有哪個不伸大拇指的，但是一提到中國的近現代，日本人沒有誰能看得上中國。這是第一個原因。其次，我學的是稀有稀土元素礦物地質地球化學，但日本沒有這方面的礦產，而中國則是稀有稀土元素礦產資源大國，只有回到中國，我的所學才有用武之地。正是這兩個方面的原因，促使我博士畢業後就回到了中國。"由此可見，郭先生的一番肺腑之言，真誠地道出了一個拳拳報國的赤子之心。然而郭先生回國後，先後在文革中受到了衝擊和不公正地對待，所幸後來都平了反。

　　另外，當我和先生在一起散步談心的時候，先生也不忘對我加以諄諄教導。在談到如何做科研工作時，郭先生說："做研究最關鍵的一點，就是要全身心地投入進去，其它的什麼事都不要想，你唯一所想的就是你的研究專題。要知道搞科學研究是沒有八小時工作制的，如果你鑽進你的研究專題裡頭去了，可以說除了吃飯睡覺，你無時無刻不在考慮你的研究專題，比如實驗應該如何做才能取得準確資料呀，測試資料出來了又該如何解釋，研究報告或論文應該如何編寫

1985.10.日本京都岚山与导
师摄于周总理诗碑前

呀等等。等到你把研究報告或學術論文撰寫完成了，你心中
的那股子高興勁兒和成就感簡直是難以形容的，此時你就享
受到做研究的樂趣了！”開始時我對先生所講的“做研究時
你什麼事都不要想，你所想的只能是你的研究專題”這句話
並不怎麼理解，心想我們作為普通老百姓，下班以後哪有不
想老婆孩子、不想一日三餐及柴米油鹽的？我們實在是做不
到哇！然而到後來我自己獨立承擔科研項目做研究的時候，
才知道先生所講的這些道理原來一點也不假。從醞釀選題到
編寫專案申請書，在科研過程中遇到困難了該如何解決，取
得實驗資料後如何解釋以及如何撰寫科研報告或論文等等，
整日整夜地都在思考科研專案中碰到的困難或問題，而且真
的是幾乎到了廢寢忘食的地步。此時，我才真正體會到先生
的教誨是何等的深切啊！

　　我們在京都逗留期間，除了重點參觀訪問京都大學以
外，我們還先後參觀訪問了京都教育大學、奈良教育大學、
奈良女子大學以及大阪大學等，並與京都大學達成了擴大學
術交流和合作的意向。其間我們還遊覽了京都禦所(即日本

平安時代位於京都的皇宮)、京都嵐山的周恩來總理詩碑
(1919 年周恩來留學日本時遊覽京都嵐山曾作《雨中嵐山》
一詩，1979 年日本友人為紀念周總理而集資立碑刻詩於嵐山
公園)、奈良公園等名勝古跡。1985 年 10 月 25 日，我們師
徒二人的訪日行程圓滿結束後，我們從大阪乘飛機返回了北
京。

　　我們當年訪問日本是由日本學術振興會(相當於中國的
國家自然科學基金委)邀請的，訪日期間的經費由日本學術
振興會承擔，而且待遇相當高。當時郭先生享受的是教授級
別的待遇，日方發給他一個月的生活費是 53.5 萬日元，而我
享受的則是講師的待遇(當年我在所裡的專業職稱為助理研
究員，相當於大學講師或工程師級別)，日方發給我一個月
的生活費是 48.5 萬日元。當時 1 美元大約可兌換 250 日元左
右，因此，我們一個月的旅日生活費大約分別為 2000 美元左

右，相比當時派往歐美國家參觀訪問的中國學者，日本學術
振興會給的待遇算是最高的了。

（五）

　　1985 年 10 月訪問日本期間，郭先生為我初步聯繫了京
都大學和東京大學，我準備於 1986 年年底或者 1987 年初赴
日本留學攻讀博士學位。於是 86 年 2 月份，我報名去中科院
成都外語培訓中心學習英語，3 月初就赴成都學習外語去
了。當年我的英語水準還相當有限，一般的閱讀理解和流覽
專業文獻問題都不大，短板是聽力和口語交流還比較吃力。
訪日期間，由於我的英語口語和聽力能力有限，限制了我和
日方同行直接交流的機會。我回國後，覺得哪怕以後再也沒
有機會出國，也必須要把英語聽力和口語能力提高到能自如
交流的程度，所以到了中科院成都外語培訓中心以後，我就

1986.9.與日本坂本浩教授
（右）攝于桂林

想好好利
用這個學
習機會，
把自己的
英語水準
提高一至
兩個檔
次。因而
在英語學
習期間，

整個人好像又重新回到了學校一樣。每天的課程都排得滿滿
的，既有聽力又有口語，還有閱讀理解和語法等課程，過去

從來還沒有如此系統地學習過英語。4月底外語培訓中心"五一"勞動節放假，恰好又逢週末，於是我請假兩天回貴陽所裡處理有關工作事務。回所後我才聽說所黨委已經換屆改選了，而且我已被選為所黨委委員進了所黨委。當時新的所黨委書記是朱正強，新的所長是謝先德，副所長有歐陽自遠、陳毓蔚，黨委副書記是許景榮，黨委委員有：謝先德、歐陽自遠、陳福明、梁卓成、李加田、吳明清。朱正強書記聽說我從成都回來了，於是就把我叫到了所裡一號樓的書記辦公室，朱書記嚴肅地對我說："小吳，聽說你去成都學習外語去了，下半年還要準備去日本留學是吧？所裡的同志都很信任你，你已經被選進所黨委了。我們黨委是個常務班子，7個黨委成員各自都有具體分工，每個委員各分管一攤工作。因此你留學日本的事希望你認真考慮一下，能否放棄算了，因為你一旦去日本留學，至少也需要四、五年的時間。你現在是我們所裡培養的接班人，希望你不要辜負了所裡對你的期望！"我當時的答覆是，我說："朱老師，我現在是去學英語。日本留學的事現在還處在聯繫當中，如果留學的事確定了，學完英語後我還要去學習一段時間的日語才能走。過兩天我還要返回成都去學英語，等我學習完英語回來後，我再答覆您。"五一假期結束後，我又返回成都，繼續學習了兩個月的英語，7月中旬學習結束後返回了貴陽。回到所裡以後，謝先德所長又找我談了一次話。謝所長說："小吳，今天找你來是想跟你說一下，今年所裡換屆剛把你選進了所黨委，這是全所同志對你的信任。希望你再認真考慮一下，留學日本的事能否放棄算了。以後有短期的參觀訪問再去行不行？朱書記上次已經跟你說了，我們黨委成員都是常務班子，你走了以後，黨委班子裡就少了一個人。所以

希望你再次認真地考慮一下。"我聽了謝所長的話，再結合
5 月初朱正強書記第一次跟我談的話，兩位所領導的意思都
是要我放棄出國留學而安心留所工作。我在心裡想，我這個
人的架子是不是太大了點？！既然兩位所領導都找我談話
了，要我放棄出國留學，我還是同意他們的意見算了，留學
的事先放下以後再說吧。於是我對謝所長說："謝老師，既
然你們兩位所領導都跟我說了，要我放棄留學日本的事，出
於所裡的工作考慮，我可以放棄這次去日本留學的機會。但
我有兩點要求：第一，我進了所黨委以後，我仍然要堅持繼
續搞我的科研工作。在專業技術職稱方面，如果我達到了標
準，我的專業技術職稱該提還得要提。第二，以後所裡如有
短期出國訪問的名額，比如半年或者一年期的公派訪問學者
的指標，所裡要給我一個短期出國的機會。如果所裡能滿足
我這兩個條件，那我就放棄這次去日本留學的機會！"謝所
長說："你這兩個要求沒有任何問題，所裡能夠完全滿足
你！"就這樣，當年我就放棄了去日本留學的機會，留在所
裡工作了。然而，兩個所領導當時雖然是痛痛快快地答應了
我的要求，但是隨著後來地化所廣州視窗和分部的開辦，他
們兩位頭頭一拍屁股就去了廣州，後來的所領導根本就沒有
把我的要求當回事，不僅公派訪問學者的事始終與我無緣，
而且在我的專業技術職稱的評定上也是一壓再壓。當然這都
是後話了。

　　進入所黨委後我在黨委裡的分工是，作為青年委員兼任
所團總支書記，主管全所共青團的工作，原兼任的研究室黨
支部書記仍然還在任，辦公地點仍在原來的研究室裡。具體
的工作方式是，如黨委有事或開會時，我就去黨委參加會

議，黨委沒有事時我就回研究室工作。也就是說，除了我的科研工作以外，我還有三項社會兼職工作，一是黨委的黨務工作，二是所團總支的青年工作，三是研究室的黨支部書記工作。對一般人來說，全職擔任這三項黨務及青年工作，應該是夠忙的了，更何況還要承擔科研任務。其實對我來說，完全可以卸掉科研工作，全身心的投入到黨政工作中去，再設法同所裡的頭頭搞好關係，這或許對我個人的政治前途會更有好處，即也許有朝一日還能走上所一級的領導崗位，因為畢竟所長、書記的行政級別屬於正廳局級，這是我們所裡不少行政人員所終身追求的目標。可是我當時的頭腦裡壓根就沒有這樣的觀念和想法，一心只想從科研業務上去發展，心想我的老師是個著名的科學家，我一心一意就只想做一個研究教授，對將來是否能當上個什麼級別的官絲毫不感興趣。因此，儘管肩負的行政和科研兩個方面的工作是如此的繁重，但我還是勇敢地把它承擔了下來。

然而當實際參與所黨委的工作以後，真正才知道黨委的工作是十分繁忙的。由於當時實行的是黨委領導下的所長負責制，所裡很多具體事務的實施方案，都要首先經所黨委討論審定通過以後才能佈置實施，再加上黨委本身就有很多非常具體的黨務工作，比如黨的組織發展工作、全所員工的政治思想教育工作、中央及地方各級黨委的方針政策的傳達學習等等。因此，所裡差不多每個星期都要召開一、兩次或兩、三次黨委會，而這樣的會議有時長達一天，短則兩三個小時。至於研究室黨支部書記的工作也是事務性的居多，那時實行的是每週六天工作制，每逢星期六上午是研究室職工的政治學習時間，由黨支部組織員工開展政治學習。這是當時全國各個單位每個星期六上午雷打不動的政治任務，星期六下午則是集體打掃室內外環境衛生的時間，僅星期天休息。相對來說所團總支的工作比較靈活一些，我的任務就是抓好全所十幾個團支部書記的工作，放手讓團支部書記去組織開展活動，不搞包辦代替。以上這幾項行政工作，可以說基本上佔據了我一半多的精力和時間，科研工作幾乎完全成了我的副業。為了彌補科研業務工作時間的不足，從86年開始，尤其是89年調到所黨委辦公室全職從事黨政管理工作以後，我就充分利用晚上、週末及節假日的業餘時間，一門心思地鑽研和開展我的科研工作。一般來說，星期一至星期五晚上吃過晚飯以後，7:00～7:30看《新聞聯播》，《新聞聯播》完了以後，我就去業務辦公室從事我的科研工作，比如整理或處理地質樣品、查閱科技文獻資料、整理實驗資料或撰寫學術論文等等。一般每天晚上工作四個小時，晚上11:30下班回家，12點洗漱完畢上床睡覺。早上7點起床以後，隨即打開半導體收音機，收聽美國之音的英語廣播，以此強化自己的英語聽力。即使星期天休息時，也經常泡在實驗室或者辦公室裡。這樣的私人作息制度從86年下半年開始，一直持續到90年代中期出國之前。因此，可以毫不誇張地說，從86年～95年，差不多十來年的時間，我基本上沒有完整的看過一部電視連續劇或電影。正是這樣一種見縫插針的拼命三郎似的工作精神，雖然身兼幾項黨政工作，89年以後又調到所黨委辦公室任專職的党辦主任，但我的專業科研工作始終並未受到多大影響，平均每一、兩年至少總會有一兩篇品質比較高的學術論文在有關學術刊物上公開發表。

第六章　腳踏新疆荒漠　汗灑黃土高原

（一）

　　東海大陸架邊緣沖繩海槽沉積地球化學的研究專題，到1986年基本上就結束了。到了1987年，我們研究室的王中剛研究員邀請我參加他承擔的新疆花崗岩的野外地質考察工作，這是我非常樂意參加的專案。因為第一新疆不僅幅員遼闊，而且礦產資源十分豐富，但凡搞地學研究的人都很想去那裡考察。第二，我是化學出身，雖然上研究生以後學了地質，但只能算是半路出家，野外地質工作經驗非常貧乏，很想跟所裡的地質專家老師們到野外去學習學習。因此，當王中剛老師問我是否願意去時，我就滿口答應了。王中剛老師是1954年在南京大學地質系讀三年級時，因國家亟需地質科技人員而提前畢業參加工作的，從上世紀50年代中期開始，

他就跟隨我的導師郭承基先生開展對內蒙古白雲鄂博超大型稀土鐵礦床的研究，是郭先生研究工作的得力助手，也是郭先生研究團隊的中堅骨幹，具有豐富的野外地質考察工作經驗和淵博的知識。因此，我很樂意在王老師的指導下學習野外地質考察的有關知識。當時我們研究所在新疆承擔了一項國家的"305"專案，題目叫做《加速查明新疆礦產資源的地質、地球物理、地球化學綜合研究》，而王中剛研究員承擔的是"305"專案中北疆花崗岩類地球化學的研究。按照王中剛課題組長的計畫，87年8～10月到新疆做第一次地質考察，88年7～9月再做第二次補充考察。後來兩次考察我們都按計劃做了，而且都各有驚險的經歷，雖說已經過去三十多年了，但當年很多野外地質考察的場景至今仍歷歷在目。

87年夏秋季的新疆北疆地區花崗岩的野外地質考察，原計劃是八月中旬出隊，但因領隊王中剛老師七、八月份需要處理他女兒上大學的某些問題，因而他要晚一點進疆，要我和董振生、張傑及司機姜燕華幾人先出發，8月中旬在烏魯木齊中科院新疆分院招待所會合。我女兒當年六歲半，預定9月1號開學時上小學一年級，而我愛人有

1987.8.新疆哈密星星峽大白石头泉考察天河石花岗岩

個姑姑在新疆哈密工作，於是我決定利用孩子放暑假這個機會，帶著老婆孩子先到北京旅遊，然後再從北京乘火車去新疆探親訪友兼旅遊。7 月下旬，我們一家先乘火車離開貴陽趕赴北京了。我們到達北京後，先後遊覽了故宮、頤和園、八達嶺長城以及十三陵水庫等名勝古跡以後，從北京乘坐直達烏魯木齊的特快列車奔赴新疆哈密。我夫人與她三姑一家已經有二十多年未見面了，此次我們全家前去拜訪，親人相見自是格外親熱。三姑一家留我們在哈密玩了一個星期，然後我們一家又乘火車前往烏魯木齊。在烏魯木齊又先後遊覽了新疆天池及烏市市內的各個名勝景點。8 月中旬，我夫人及孩子又乘車返回哈密，然後於 8 月底乘火車輾轉回到了貴陽，而我則留在烏魯木齊與其他考察隊員會合了。

當年我們野外地質考察小組總共有四位成員，即隊長王中剛，隊員有董振生、張傑和我。其中老董是一位 60 年代中期北京地質學院畢業的老地質，張傑則是王中剛老師 86 年招收的研

究生。我們四人配有一輛八座的北京吉普車，司機是本所司機班的一位年輕姑娘名叫姜燕華。因隊長王中剛老師延遲到疆。到了 8 月下旬，我們三人決定先到東疆哈密及星星峽一帶去開展對當地天河石花崗岩的考察。我們在星星峽東疆地區野外考察工作了幾天，由於此地距甘肅的敦煌不遠(大約只有三百多公里的路程)，於是我們又驅車赴甘肅敦煌遊覽。待我們從敦煌返回新疆烏魯木齊後，此時已是 9 月中旬了，但隊長王中剛老師仍未來疆。由於隊長不在，我們隊員又無事可幹，我們只好在中科院新疆分院招待所休息等待。

正當我們天天像盼星星盼月亮一樣等待的時候，9 月 30 號我們終於把王中剛老師盼來了，第二天 10 月 1 號國慶日，王老師休息了一天。10 月 2 號我們考察小組便驅車直奔阿勒泰而去。按照王中剛隊長的安排，我們這次考察的物件是阿勒泰北部山區位於中蒙邊境、布林津縣禾木鄉山中的海西期花崗岩，我們當天晚上到達阿勒泰市以後，入住在阿勒泰地區招待所。第二天又從阿勒泰奔赴布林津，當晚住在布林津縣政府招待所，準備第三天即 10 月 4 號進山去禾木鄉考察。從布林津縣城去禾木鄉的禾木村大約有兩百七、八十公里的路程，但聽當地人說由於都是土石山路，路況非常差，汽車至少要開一整天才能到達。而當縣裡的人聽說我們十月初還要準備開車進山去禾木鄉時，不少人都說現在已是 10 月份了，這個時節山裡頭可能都已經下雪了，你們不一定能進得去；即使進去了，但恐怕也不一定能出得來呀(因下雪以後土路不好走，汽車就很有可能被困在山裡沒法開出來了)。意思就是說季節已經很晚了，勸我們不要再進山了。但隊長王中剛老師認為，新疆這麼遠來一趟很不容易，既然來了，還是堅持要進山去看一下。於是 10 月 4 號早晨吃過早餐後，我們一行就開車上路了。當天是個大晴天，汽車離開縣城公路進入山區以後，路況的確非常差，公路上常有水坑或石塊，我們的吉普車時不時需要停下來，人下車去清除障礙後才能開行，因此，我們的汽車每個小時最多大約只能開行三、四十公里。新疆阿勒泰地區由於緯度高，10月份已進入初冬，下午三、四點鐘天空就開始暗下來了，然而此時我們才走了一百七、八十公里的路程，離禾木鄉尚有將近一百來公里。正當我們進退兩難之際，忽見前面路邊拐彎不遠處有一個驛馬店，我們開車進了院子，一問可以住宿，於是當晚我們就在驛馬店住了下來。住下來後問店主人家有什麼可吃的，店家說只有土豆和包爾薩克。我們聽了一頭霧水，不知道包爾薩克是什麼東西，有人說包爾薩克會不會是當地少數民族吃的牛羊肉噢，因為店主是哈薩克族。大約過了四、五十分鐘，等到店主將晚飯端上來時，呈現在我們眼前的是一盆用羊油煮的尚未完全熟透的土豆片，外加一包用一大塊顯得很舊也很髒的白布包裹著的用羊油炸過又冷又硬的菱形面塊，原來這就是店家所說的包爾薩克---哈薩克牧民的主食。到了這裡，我們也只能入鄉隨俗了，主人家有什麼就吃什麼吧，更何況我們是早晨在縣政府招待所吃的早餐，中午也沒有遇到過任何村莊和人家，大家都沒吃中飯，此時肚子早就餓得咕咕叫了。儘管新疆的羊肉吃起來沒有什麼膻味，但我們南方人第一次吃羊油煮的菜和食品，感覺羊膻味特別重，尤其是羊油煮的土豆片，涼了以後膻味更濃。相比之下，包爾薩克雖是羊油炸的，但由於是乾貨（只是不怎麼新鮮了），膻味並不太重，不過大家又冷又餓，實在也管不了那麼多，三下五除二，十幾分鐘我們幾個人就把那一大半盆土豆片全吃光了，包爾薩克也吃了不少。吃完晚飯以後，隊長把店家叫來算帳，我們一共五個人，店家總共收了我們十塊錢的飯費(平均每人兩塊錢)。店主又問我們明天早晨是否還要吃早餐，我們說吃，他又收了我們十塊錢的早餐錢。吃完晚飯以後，店主把剩下的包爾薩克還用那塊布包裹起來捆上口，然後就懸空掛在我們吃飯的飯桌上方，店主說明天早上你們早餐還接著吃，掛起來是防備老鼠咬。完了以後，我們又問睡覺的房間在哪兒？店主說我們這裡只有一個五、六個人的大房間，沒有單人房，每個人每晚收五塊錢的住宿費。我們總共是五個人，而且還有一個女司機，這怎麼辦？王中剛老師跟司機姜燕華商量，司機小姜說：「那就大家在一個房間裡將就住一個晚上吧！現在別說沒有，就是有單人房間，這荒天野壩的，我一個人也不敢單獨住啊！」在此情況下，於是當天晚上我們大家只好躺在同一個房間裡和衣而睡了。睡到半夜時分，不知誰探頭往窗外一望，大叫一聲：「哎呀！不好啦，外面下雪了！」這一叫大家也都醒了，一齊往窗外望去，外面果然下起了鵝毛大雪，山上和地上全都白了。這時王中剛老師說：「哎呦！看來咱們這次運氣真不好哇！明天一大早，咱們就得趕快往回趕了，否則我們怕真的就回不去了！」第二天一早起床以後，雪還在一直不停地下著，我們讓店家趕快弄了些土豆和著包爾薩克吃了，急匆匆地冒著雪開車出門就往回走了。阿勒泰山區的公路大多為灰黑色的淤泥土路，晴天汽車還能走，如果是雨雪天氣，路面就變得十分地濕滑了。汽車司機小華(她名叫姜燕華，但大家都習慣叫她小華)由於是個新手(剛有三年的駕齡)，開起車來還不是那麼地得心應手，因而有時不是車輪陷在淤泥中了，就是被石塊卡住了，我們坐車的人得經常下車去幫她清除路障，或者是幫著推車。我們的車在山上的時候，天上

下的是雪，到了海拔較低的山下，雪就變成了雨。我們幾個
人就是這樣跌跌撞撞地經過一整天八、九個小時的折騰，終
於在下午四、五點鐘疲憊不堪地返回到了布林津縣城。此時
除司機姜燕華以外，我們四個人不僅全身都濕透了，而且滿
身都是泥漿，一個個簡直成了泥猴。好在到了縣政府招待
所，我們終於可以痛痛快快地洗個熱水澡和換洗衣服了。

北疆阿勒泰地區的野外考察工作是肯定做不成了，但王
中剛老師認為西天山或許問題不大吧，於是他又決定轉往新
疆西部的伊犁地區再選點考察。我們從阿勒泰地區退出來以
後，南下經福海、克拉瑪依、奎屯，再轉向西經烏蘇、精
河，過果子溝去伊寧。然而畢竟當時的季節已是十月中旬，
伊犁地區也下了大雪，我們的汽車在果子溝因大雪封路導致
交通堵塞，在路上被困了四、五個小時，結果當天很晚才到
達伊犁地區的首府伊寧市。我們在伊寧修整了兩天，接著驅
車前往新源縣進行野外考察。到了新源，那裡也下了大雪，

1987.10 新疆賽里木湖畔

滿山遍野都是白茫茫的，不過既然來到山前了，山還是要上的。但是上山以後，花崗岩露頭已經被大雪覆蓋看不到了，於是我們只得用地質錘一點點地刨開積雪，勉強打了些花崗岩標本。當年我們雖然名為野外地質考察隊，裝備卻極其簡陋，既無專用的工作服，也無爬山用的登山靴，每人僅配備了一個地質包、一把地質錘、一個羅盤及一頂防曬的地質帽。我們夏天離開貴陽時，帶的都是夏秋兩季的衣服，到北疆野外後穿的都是單薄的單衣單褲和球鞋，此時新疆已進入了冬季，山上下著雪，下山雪又變成了雨，我們的衣服到了野外既不防寒也不防水。半天下來，我們渾身上下全濕透了。在如此惡劣的氣候條件下，王老師不得不決定終止野外考察開車撤回伊寧去。當天下午三、四點鐘我們開車從新源返回伊寧時，途中在我們的小車前面有一輛拉煤的解放牌卡車，也許是前面的煤車司機從後視鏡裡看到我們的司機是一位年輕漂亮的女孩想戲弄一下吧，或是別的什麼原因？煤車司機於是降低了車速，以每小時三、四十公里的速度，在我們車子前面的馬路中間搖搖晃晃地開起車來，其用意大概就是不想讓我們的北京吉普超他的車。即使我們的司機小華再三鳴笛，他在前面就好像沒聽見一樣，死活就是不給我們的汽車讓道。當時我們大家在野外跑了大半天，渾身上下又濕又冷又餓，很想超越前面的煤車早一點趕回招待所去休息吃飯，但前面的大車不讓道咱們也是無可奈何。忽然前面的大車逐漸偏向路的左邊開行，路的右側空出了大約一個車的位置，司機小華見狀就想加速從煤車的右面超越過去。然而當我們的小車剛與煤車平行時，煤車司機突然加速並隨即把他的方向盤往右側一打，我們的北京吉普躲閃不及，結果是我們小車司機一側的後視鏡就被煤車車廂掛掉了。於是我們只

得停下車來，撿起撞碎在地上的後視鏡，大家只好自認倒楣
地連罵了幾聲娘。由於我們的車是企圖從右側超車，這一動
作明顯屬於違章行為，即使我們的汽車遭到了損壞，責任也
在咱們的司機，我們也不好報警。因此，我們的小車只好啞
巴吃黃連似的慢慢地跟在煤車後面，一直以二、三十公里的
時速開行。就這樣我們無可奈何地跟著煤車大約又開了半個
多小時，直到煤車分路出去了，我們的小車才開始奔跑起
來。按照以往的經驗，我們覺得新疆人還是比較熱情的，尤
其是看到我們從內地去的人，他們顯得更為親熱。先前我們
在東疆哈密地區跑野外的時候，有時我們的車子在路上拋錨
了，有新疆司機見了，都會立即停下車來幫我們檢修。但是
今天碰到的這個主就不知道是咋回事了？也許正如俗話說
的，林子大了，什麼鳥兒都可能會有的吧。

　　我們回到伊寧市修整了兩天，然後開車回到了烏魯木
齊。此時已是十月下旬了，但王中剛老師總是心有不甘，還
是不想收隊。他堅持認為來新疆一趟不容易，總不能什麼收
穫也沒有就收隊回貴陽去吧，於是又決定開車前往哈密地區
的東天山去進行考察。於是我們又先後在東疆的巴里坤、木
壘及奇台等地又轉了十來天，結果仍然是無論走到哪兒，哪
兒都在下雪，不僅沒有采到理想的地質標本，而且人還非常
的受累。到了 87 年 11 月上旬，北疆的阿勒泰及東、西天山
都轉到了，王老師這才感到氣候條件實在不允許再跑野外
了，於是才下決心收隊明年再戰，等到我們收隊回到貴陽
時，已是 11 月下旬了。

　　當年我們從 10 月初到 11 月上旬這一個多月的時間裡，
在風雪交加的氣候條件下，在北疆地區從南到北、又從西到

東，前後跑了幾千公里，由於季節太晚，不僅野外考察效果不佳，而且人還特別受累。加上當年的汽車司機是個新手，對汽車的性能缺乏瞭解，每當汽車多少有點故障，她也不會處理。尤其是當年的汽車輪胎普遍都裝有內胎，汽車天天在山路上跑，有時免不了會被紮破輪胎。而在路上更換輪胎或補內胎，這不僅是個技術活，而且還是一項氣力活，由於司機小華力氣不足，這個任務自然就落在了我們幾個男考察隊員的身上。更要命的是，內胎補好以後要給輪胎充氣時，由於沒有電動氣泵，車上只有一支給籃球充氣的手動打氣筒，於是我們只好手動給汽車輪胎充氣了。我們四個男隊員輪番上陣，一人打一、二千下以後，再換另一人接著打，而要給一隻汽車輪胎充足氣，至少也得要打上25分鐘至半個小時。而這樣的爆胎事件，幾乎每隔三、五天就有可能發生一次。由於卸胎補胎的次數多了，到後來遇到爆胎，從卸胎、扒胎、補胎，再到上胎打氣，總共有30～40分鐘也就可以完全搞定了，一個多月幹下來，差不多人人都成了修胎能手。

（二）

由於有了 87 年野外考察的經驗教訓，隊長王中剛在計畫88年夏季的野外考察時，在時間和司機的選擇問題上顯然就謹慎多了。首先是出隊時間，他選在了七月初，其次是選了一個駕駛經驗比較豐富的老司機魏成均為我們開車。七、八月份正處在夏季高溫時期，此時是進入新疆阿勒泰山區進行野外考察的最佳時節。另外，由於去年出隊時間太晚，又起用了一位年輕的女司機，因駕齡短不太熟悉汽車性能，導致我們在野外考察時遇到了不少麻煩。今年的野外考察不僅

出隊早，而且又有老司機開車，應該是順利多了。88 年七月
初我們一行四人(王中剛、董振生、汽車司機魏師傅和我)從
貴陽出發，先乘飛機到北京辦事，然後再從北京轉赴新疆，
七月中旬我們就到達烏魯木齊了。由於位於烏魯木齊的中科
院新疆分院，是我們科學院有關研究所赴疆考察的後勤基
地，我們野外考察用的汽車每年秋天工作結束以後，都停放
在新疆分院的車庫裡。我們到達新疆分院後，魏師傅把車從
車庫裡開出來，稍加檢修一下就可以開展工作了。

　　當年七月中旬我們開車到達阿勒泰以後，在阿勒泰地區
招待所會到了我們同一個所的同位素地球化學研究室的一個
野外考察小組，對方的領隊是胡藹琴，於是王中剛隊長又決
定我們兩個隊合在一起，在阿泰勒市周邊一同考察幾天。兩
個隊合在一起總共有八、九個人、兩輛車，除了四個老地質
以外，我們總共有三個年輕人。在這樣的場合，正是我們年
輕人向老同志們學習的大好機會。於是到了野外，每看到一
塊新奇的石頭，我們總會撿起來向老同志們請教，比如什麼
樣的石頭是花崗片麻岩？什麼樣的又是黑雲母花崗岩？他們
之間有什麼區別？什麼是變質岩？斜長花崗岩又長什麼樣子
等等，只要我們有問題，老師們總是不厭其煩地給我們講
解。另外，我們空閒時也常常同開車師傅聊天。當我們提到
去年司機小華給我們開車時，在路上經常爆胎，而今年你們
老師傅給我們開車，卻很少發生爆胎，這究竟是怎麼回事？
魏師傅說：“野外考察因為走的都是山路，路況普遍很差，
這就要求司機要根據路況來控制車速和選擇路面，儘量避開
路坑和石塊，這樣就可以大大地降低爆胎的機率了。另外，
司機至少要為車子準備兩套備胎，還要帶上氣泵，一旦遇到
爆胎立即換上備胎就可以走了，這樣就可以大大節省時間。

每天野外工作收班後，司機還要對車子進行全面檢查，發現
有毛病或隱患，要及時開到汽車修理店去加以檢修和處理，
使汽車始終處於一個良好的工作狀態。"因此由此看來，到
野外去開展地質考察工作，選擇一個有經驗的老司機的確非
常重要。很明顯，今年我們由於有經驗豐富的老司機開車，
野外考察工作明顯就輕鬆和順利多了。

　　我們兩個隊在阿勒泰市周邊跑了大約一個多星期以後，
就各自分開了。按照王中剛隊長的計畫，我們今年考察的重
點仍然是阿勒泰北部山區喀拉斯附近禾木鄉的海西期花崗
岩。七月下旬的一天上午，我們從布林津縣城出發，當天很
順利地就來到了禾木鄉政府所在地禾木村。禾木是新疆阿勒
泰地區布林津縣最邊遠的一個鄉，當時的禾木村雖說是鄉政
府所在地，但村子其實並不大，大約也就只有二、三十戶人
家。禾木村的居民大多為圖瓦人，而圖瓦人屬蒙古人種，據
說禾木村的圖瓦人，就是當年成吉思汗西征時留下來的一個
分支，他們世代以狩獵和放牧為生。這裡居民的住房大多是
用直徑大約三、四十公分的原木堆疊而成的，這種看似古樸
而原始的原木住房，其實既結實又保暖，可以說是冬暖夏
涼，而且
一般可歷
經數百年
也不會朽
爛。禾木
村位於一
個山前河
谷的開闊
地帶，村

新疆喀拉斯禾木村

子坐北朝南，北面是阿爾泰山，山頂的皚皚白雪清晰可見，而由山頂冰雪消融的雪水彙集而成的禾木河從小村邊靜靜地流過。禾木村周邊約兩三公里的範圍內均為草地，草地的盡頭則連著原始森林。我們考察的目標就是禾木河上游阿爾泰山餘脈出露的古老花崗岩。

現在的禾木村已經是享譽國內外的著名旅遊勝地了，但在上世紀八十年代，當時別說在中國就是在新疆，人們也只知有喀拉斯而不知有禾木村。因為那時人們紛紛傳說喀拉斯湖裡有大紅魚，而且還說曾經有人看到過，因此夏天常有人開車去喀拉斯湖遊玩，想試試運氣一睹湖裡大紅魚的真顏。由於禾木村距離喀拉斯湖不遠(大約十幾公里)，去喀拉斯遊玩的人順便來到了禾木村，結果一看禾木村的原始風光及人文景觀相當不錯，是一處十分難覓的旅遊景點。就這樣一傳十，十傳百，去喀拉斯遊玩的人，不管去喀拉斯湖是否能看得到大紅魚，他們想既然來到了喀拉斯，何不去禾木村旅遊一番或許更有意思。於是去禾木村旅遊的人越來越多，禾木村逐漸地也就出名了。再後來政府有關部門重新規劃和修建了旅遊公路，去喀拉斯和禾木村變得更便捷，到禾木村旅遊的人就更多了。從此以後，禾木也就成為了新疆的一張旅遊名片。

我們於當天下午三、四點鐘到達了禾木村，在鄉政府附近的一個老鄉家安頓住下來以後，因天氣還早，隊長王中剛立即去鄉政府聯繫，準備找鄉政府給我們安排一個帶我們進山的嚮導。不一會王老師回來說，鄉長不在家，鄉政府的人說鄉長到縣裡開會去了。鄉政府的人還說，這幾天由於天氣好村裡的青壯年男子都上山打(割)草去了(為冬季的牛羊等牲畜準備乾草），現在也找不到熟悉山裡情況的人為我們做嚮導。為此，王老師便來找董振生和我一起商量看看怎麼辦？王老師說：「鄉里的人說鄉長到縣裡開會去了，也不知道他什麼時候能回來。另外，現在村裡的男人都上山打（割）草去了，即使鄉長回來了，恐怕也不一定能給我們找得到嚮導。我想我們來一趟不容易，在這裡坐等也不是個辦法，我看不如咱們自己進山，沿著禾木河往山上走，走到山上有花崗岩露頭的地方就到了，你們看怎麼樣？」我是野外地質考察的新手，拿不出什麼主意，於是王老師便問董振生個人有什麼想法，老董說：「這幾天天氣這麼好，既然不能在這裡坐等，也找不到嚮導，那咱們就自己進山吧！」王老師說：「那好吧，咱們也不用等鄉長了，明天一早我們自己進山！」事情就這樣定下來了。第二天早晨起床吃過早餐以後，大家便分頭收拾行裝。王老師考慮到進山路途較遠，當天有可能回不來，很大可能要在山上露宿一個晚上，囑咐我把煮飯的炊具和食品帶上。於是我就用一個大地質背包裝上一隻鋁鍋，同時還裝上幾把乾麵條、半瓶醬油、少許食鹽及幾個午餐肉罐頭和火柴等。臨走之前，我還從老鄉家借了一把斧頭帶上以備急用。另外，個人用的地質錘、羅盤、電筒等野外考察用品也是必不可少的，我也把它們統統收裝進大地質包裡。由於從村子背後往山上森林裡走的開闊地帶，還有三、四公里遠的鄉村簡易公路，於是魏師傅又開車把我們三人送到了山前森林邊緣的公路盡頭。臨別時魏師傅還特別囑咐我們：「你們明天早一點回來啊，我煮好飯等你們！」我們說：「好啊！明天見！」和魏師傅揮手告別後，我們三人步行進入了原始森林。

　　進入原始森林以後，發現有一條沿著禾木河上行的羊腸小徑，於是我們就沿著這條小路往森林裡頭走。剛進入森林時，就感覺到有蚊子在叮咬人，我說："咦！奇怪了！大白天的怎麼這樹林裡還會有蚊子叮人？"王中剛老師說："以前我們在可哥托海搞偉晶岩的時候（可哥托海就在新疆阿勒泰地區富蘊縣），就發現即使是大白天樹林裡的蚊子也很多，而且咬人還特別厲害。搞不好今天我們在原始森林裡要遭蚊子咬了！"果然開始時還沒發現有多少蚊子，但隨著進入森林越走越遠，樹林裡的蚊子也就越來越多了。這些蚊子的個頭普遍有我們內地的兩個大，腳和觸角都很長，顏色呈灰黑色或灰白花斑紋，我們叫它們花蚊子，這在我們南方基本上沒有見過。這種蚊子膽子好像也很大，它們一旦叮在人的臉上、手上，趕都趕不走，而且咬起人來很疼。隨著越是往深山裡走，蚊子也就越來越多了，簡直就像惹到了馬蜂窩一樣。為了防蚊子叮咬，我們的頭上戴著帆布的地質帽，手上戴著帆布手套，一隻手拿洗臉毛巾當蚊刷，另一隻手則拿著一根有樹葉的樹枝，兩手交替著不停地來回抽打著頭面部左右的蚊子。我們三人一起進山的時候，他們兩人讓我走在最前面，老董居中，王老師走在最後。我想他們兩個老同志可能是為了照顧我這個新手，才讓我走在最前面吧，於是我也就毫不猶豫地走在隊伍前面了。大約走了一、兩小時以後，羊腸小徑越來越小，如果不撥開路上的荊棘仔細辨認，似乎就無路可走了。於是為了探路，儘管蚊子咬人很厲害，但我還是把右手拿來打蚊子的樹枝，換成了一根木棒。我一邊走，一邊用木棒拍打路兩邊灌木叢上的露水，同時用木棒撥開路上的荊棘仔細辨認路徑，這樣一來，我想即使在路上碰到蛇或者其它野獸什麼的，它們一聽到響聲就預先溜走了，這樣走起路來也就安全多了。因為以前曾聽人說過新疆的大山裡常有毒蛇，而且毒性很強，甚至連馬都能咬得死。因此，在這樣的原始森林裡走路必須得多加小心。平常我們不是常說"打草驚蛇"這個成語嗎？今天我們玩的就是這個把戲。由於蚊子實在太多，過不了多久，用於拍打蚊子的洗臉毛巾頭上就逐漸出現了鮮紅的血跡，那都是蚊子叮在臉或脖子上吸足了血，然後揮打毛巾又將吸足血的蚊子打死了，所以蚊子身上的血跡浸在了毛巾上。這裡的蚊子咬人厲害還體現在，即使我們的頭上戴著帽子，手上也戴著帆布手套，而且兩隻手還不停地來回揮舞，但是蚊子還是會停在頭頂或手套上並叮穿了帽子或手套，把手和頭皮都叮咬疼了。在這樣一種極端恐怖難行的情況下，我們硬是憑著堅韌的毅力，堅持步行了十來個小時，中途都不敢停下來休息。大約到了下午六、七點鐘的時候，我們終於來到禾木河邊一塊大約有兩三個籃球場大小的草地上，草地中央還殘留著一個看上去不久前有人燒過火的火塘，估計以前有人曾在此地露營過。此時太陽尚未完全落山，抬眼望去，阿爾泰山餘脈的花崗岩露頭，仍然好像還有幾十公里遠，於是我們決定今晚就在此地露營不走了。因為如果再走的話，天黑了以後蚊子可能會更多更凶，而且晚上不僅看不見路，還沒辦法辨別方向，因此，隊長王中剛老師說，我們今天晚上就在這塊草地上搭個棚子露營吧。

我們在河邊的開闊草地上停下來以後，這時我從老鄉家借來的斧頭就派上大用場了。我先用斧子砍來一些小樹幹搭成一個窩棚的架子，接著又砍來許多松枝蓋在棚子上，然後我又從松樹林中撈來許多枯松針及乾草鋪在窩棚的地上，這樣我們露營的窩棚就算大功告成了。窩棚搭建好後，此時王老師和老董已從樹林中拉來了不少枯樹和乾柴，於是我又用斧頭將枯樹劈成兩三尺長的柴火，王老師和老董隨即就在窩棚門口生起了一堆大火。為了防野獸和取暖，整個晚上都需要燒著篝火，因此我擔心柴火不夠，於是又去樹林中拉來不少枯樹，用斧子截短後放在窩棚門口旁邊以備晚上隨時添加。棚子門口開始生火的時候，由於煙霧很大，各種蚊蟲都被煙薰跑了，等到大火燃起來以後，棚子裡及棚子周圍的蚊子相對就少多了。不過當天最狼狽的事情還是上廁所解大小便，尤其是在森林中解大溲時兩支手忙都忙不過來，即一隻手拿樹枝抽打頭面部的蚊子，而另一隻手則負責拿枝葉抽打腰部以下前後兩面叮咬的蚊子，整個過程弄的是手忙腳亂，此時每個人都不敢停留太久而只得草草了事，其尷尬醜態簡直難以形容。不一會老董負責煮的麵條也煮好了，於是我們三人有說有笑地吃起了麵條和午餐肉罐頭。這頓晚飯大家感覺吃得特別香，因為畢竟在原始森林裡走了一天，每個人不僅很累，而且都已經餓得饑腸轆轆了。晚飯過後，我們大家一邊坐著烤火，一邊漫無目的地聊著天。此時大家才注意到，我們三人的臉上、脖子及手上都分別被蚊子叮起了很多又紅又癢的大包，不過也許我當年的皮膚還比較好吧，蚊子叮到的地方只是起了不少發癢的小紅疙瘩，過一、兩天也就沒事了。晚上睡覺的時候，我睡在靠近火塘的棚子門口，而王老師和老董則睡在窩棚裡面。由於我們沒帶臥具，為防蚊蟲叮咬，於是我們只好合衣躺在松針和乾草上，而且頭和腳都用毛巾和衣物嚴嚴實實地包裹起來，否則蚊蟲叮咬起來就沒辦法睡覺了。我睡在門邊還有個任務，就是晚上時不時地還要起來往火塘裡添加柴火，否則篝火裡沒柴火就熄火了。大約半夜時分，我在睡夢中似乎聽到有什麼動物在我們棚子周圍發出了響聲，醒來後發現火塘裡快沒柴了，於是我馬上叫醒了他們兩人，一邊往火塘裡添柴，一邊告訴他們好像有什麼動物在我們的棚子周圍活動。於是我們大家走出窩棚，把手電筒拿出來一齊向窩棚四周胡亂地照射，同時一邊大聲地呼喊，一時間嗚呼連天的吼叫聲響徹了整個山谷。第二天早上天亮起床以後，篝火還在燃燒，我們熱了些昨天晚上吃剩下的麵條，草草地吃完了早餐正準備收拾行裝再次出發時，王老師抬眼望瞭望遠處山頭上的花崗岩露頭，突然對我和老董說：「看來昨天我們大概只走了二十多公里，你們看那個遠處的花崗岩露頭，好像仍然還有好幾十公里路遠呢！如果再走一天，我們恐怕也不一定能夠到達得了那裡。更何況現在路徑也看不清了，蚊子又特別多，我看咱們今天不要往前走了。我們就在這河邊上找幾塊大的滾石，打點標本帶回去就行了。我估計這些滾石都是從那上面的山頭上沖下來的。」我和老董聽了，心裡自然非常高興，於是也附合著說：「好的！好的！這個森林裡的路實在太遠太艱苦了。那咱們打點滾石標本就原路返回吧！」於是我們三人分頭在河邊上尋找大的滾石，不一會大家總共打了二十多塊標本，全都放在我背的大地質包裡。打完標本，我們又將篝火全部弄滅，為防死灰復燃，我又用燒飯的鋁鍋反復打來幾鍋河水，澆在火塘的灰燼上，確認火源已經完全熄滅了，我們三人才沿著原路返回。

　　回來的路上同樣歷盡艱辛。我的大地質包裡除了原先的炊具、食品和其他雜物以外，又增加了二十多塊花崗岩標本，估計得有四十來斤重吧。但畢竟那個時候人年輕，從小又在農村幹慣了農活，也走慣了山路，所以在返回的路上儘管背著那麼沉的大地質包，我也不覺得怎麼累。返回時我仍然是走在最前面，有時因為我走得快，眼看同他們兩人的距離拉得有點大了，於是我便在路邊停下來稍等他們一會。到了下午，走著走著，肚子也逐漸地餓起來了，於是我時不時地停在路邊上，一邊等他們倆，一邊採摘路邊的各種野生漿果來充饑。就這樣走走停停的到了下午四、五點鐘，我們終於走出了原始森林，來到了森林邊緣的開闊地帶。眼看禾木村就在眼前了，然而此時，天空已是烏雲密佈，曠野裡頓時狂風大作，眼看一場暴風雨就要來臨了，但我們離禾木村還有三、四公里遠。於是我加快腳步小跑了起來，想趕在大雨來臨之前到達鄉政府駐地。然而無奈這場大雨來得太猛、太快了，在我離村子大約還有一公里左右遠的時候，暴雨終於下來了。此時我回頭一看，他們兩人還在我後面大約五百米開外，等到我一路小跑地回到住地的老鄉家時，全身已經完全濕透了。過了一會兒，他們二人到家時更是成了落湯雞。

我們三個人安全地回到禾木村裡的駐地後，聞到廚房裡有一大股撲鼻的香氣迎面而來，原來是司機老魏師傅正在燉雞湯。我們問他在哪里弄到的雞，他說：“我知道你們進山一定很辛苦，所以我特意從老鄉家買了兩隻老母雞殺來燉起，還在鄉政府旁邊的小買部買了幾瓶啤酒，等你們回來後一起喝酒吃雞。”接著魏師傅又告訴了一些昨天我們進山以後的情況，他說：“昨天早上你們走了以後，下午鄉長就從縣裡開會回來了。他聽說有人來這裡考察要找嚮導，於是就來問我：你們進山考察的人走了沒有？我說已經走了，他又問有沒有帶嚮導和蚊帽？我說沒有。他說：哎呦，糟糕了！這山裡面有黑熊，獵人們在山上放得有打黑熊的鐵夾子，要是沒有嚮導帶路，萬一踩上打黑熊的鐵夾子，腿都有可能被打斷的喲！另外，山裡的蚊子特別凶、特別多，進山如果不帶蚊帽，森林裡的蚊子都有可能把人咬死，所以進山一定要有嚮導帶路和戴上蚊帽，否則是很危險的！”聽了魏師傅複述的鄉長說的話，我們三人感到一陣後怕。幸虧我們比較明智，走到半道就折返回來了。如果再繼續往前走下去，在原始森林裡轉悠個三、四天，說不一定真會發生什麼意外呢！大家換了衣服洗漱完畢後，端起司機老魏師傅燉的雞湯，再喝上兩瓶啤酒，四人一頓差不多就把那兩隻老母雞全都給吃光了，我們幾個人著實美美地享受了一頓大餐！飯後晚上閒聊說起這段驚險的經歷時，隊長王中剛老師深有感觸地對我說：“小吳啊！想不到你的野外生存能力還蠻強的嘛！看來跑野外你還真是把好手。”我說：“王老師，爬山涉水鑽山林，我打從小時候就搞慣了，走這點路算不得什麼！”王老師又說：“哎呀！說實話咱們這一趟經歷實在太驚險了！想想這次進山確實很害怕，根本就沒想到蚊子會有那麼多那麼凶，再加上鄉長說的獵人們在山上放得有打黑熊的鐵夾子，那就更危險了！幸好我們中途就返回來了，如果再繼續走下去，還真不知道在那原始森林裡會發生什麼意外呢！像這種情況，即使昨天晚上掉了五百塊錢在我們露營的棚子裡，我看我也絕不會再返回去拿了！”王老師說的確實是肺腑之言，要知道那時候王中剛老師他們研究員的月工資還不到200塊錢，因此 500 塊錢在那個時候已經不是一個小數目了。後來王老師考慮到我們三人這兩天冒著極大的風險進山考察和取樣，實在是太辛苦了，應該從經濟上適當給予補償，於是他以隊長的名義，給我們每人發了60塊錢的補助。

（三）

　　從阿勒泰山區禾木鄉考察結束出來以後，已是八月下旬了，此時我們又轉往阿勒泰東邊的富蘊、清河一帶去繼續考察。大約是 8 月 25 號左右的一個下午，我們三人在富蘊縣的山區考察時，按慣例我仍走在最前面。當時我們三人正行走在一個斜坡的半山腰上，而斜坡上有一條小水溝，我們準備越過水溝，順著斜坡到對面的山頭上去察看一個花崗岩露頭。溝兩邊的植被非常繁茂，青草長得足有半米多高。由於在野外已經跑了許久了，我的球鞋底已被磨成了一塊光板，當我抬起右腳向水溝對面跳過去的時候，誰知對面溝坎外是一大塊很陡的被青草掩蓋著的偏石板，在我右腳剛落地的一瞬間一腳踩滑，只見身體順著石板一下子就搓下去了一、兩米遠。在我身體將要落地的時候，右手也下意識地往地上一撐，此時只聽到"咔嚓"一聲，起來後整個右手腕就疼痛難忍了，不一會功夫受傷的部位隨即就紅腫了起來。隊長王中剛老師見了，忙問："小吳，手傷到沒有？覺得怎麼樣？"手腕雖然紅腫了，而且也非常疼，但我當時也沒有完全當回事，心想可能是手掌撐到石板上時韌帶觸到地面受傷了，所以我對王老師說："沒事！也許是手腕受傷了，過幾天可能就好了！"當天回到北屯駐地的招待所以後，吃晚飯時我的右手腕已經疼痛得連拿筷子吃飯都拿不住了。本來想等第二天早上去北屯醫院看醫生的，恰好在我們住的招待所旁邊，有一個專治跌打損傷的私人診所。吃過晚飯以後，我去小診所看醫生，進門後一聽口音像是四川人，於是我也就說起了家鄉話，他得知我是從貴州來新疆搞地質考察的，很快彼此就拉近了距離。這位中醫師姓陳，五十多歲，四川南充人，來新疆行醫已經一、二十年了。他問了我一些受傷的情況，看到我的右手腕受傷部位已經紅腫淤血了，但他也認為骨折的可能性不大，可能是觸倒手腕部位的韌帶了。於是他給我弄了些新鮮草藥，搗爛後敷在我受傷紅腫的右手腕上，並用沙布包上，然後又弄了條繃帶把我的右手臂掛在胸前，最後又給我開了一副中藥方子，並說這副中藥是泡酒來喝的，治跌打損傷很管用，囑咐我回貴陽後去中藥房把藥抓了，用玻璃瓶泡酒來服用。完了陳醫生收了我十塊錢的醫藥費。後來我們收隊回到貴陽以後，我去中藥房抓了中藥，並用玻璃瓶泡酒來喝了，效果果然不錯。我手腕受傷後，王中剛老師問我要不要在招待所休息幾天，我想我們考察隊總共就三個人，如果我離隊養傷，他們兩人出野外考察就顯得有些過於孤單了。另外，我們因配備有汽車，野外考察的流動性非常大，今天到這個縣，明天有可能就去別的縣了。因此我右手受傷後，儘管幹不了什麼活，但我不願意一個人待在招待所裡休息，我仍然願意跟隨車隊一起活動。於是我拒絕了王老師要我離隊休息的建議，每天胸前吊著個右臂，照樣跟著王中剛老師他們兩人一起上山，這樣雖然我幹不了什麼活，但三個人一起出野外就熱鬧多了。

8 月底我們開車來到了克拉瑪依市，這是北疆地區因石油而興起的一座新興城市。克拉瑪依這座石油小城雖然規模不大（僅十幾萬人）但規劃得非常好，城裡的建築整齊劃一，街道非常整潔乾淨，就連公共廁所與一般城市的都不一樣，給人一種耳目一新的感覺，這在新疆任何一個城市裡都是見不到的。到達這裡以後，王中剛老師決定我們在這裡休整兩天。趁時間有空，我決定去克拉瑪依市人民醫院看一下骨科醫生。我的右手腕受傷後儘管北屯的陳醫生給我敷了中草藥，但右手腕的疼痛仍然一直未見減輕。到了醫院，骨科醫生為我照了X光片，影像結果顯示，我的右手腕橈骨遠端骨折了，骨折的裂縫有兩三公分長，X光片上清晰可見。果然是手腕部位的橈骨骨頭斷裂了，要不我怎麼覺得右手腕的疼痛一直未見減輕哩！為了復位，醫生於是馬上在我的右手腕上打上了石膏，臨別又給我開了幾片止痛藥，囑咐我兩個星期後回到醫院來拆石膏。我告訴醫生，我們是來新疆做野外地質考察的，流動性很大，兩周以後，我們不知道又要轉到其他什麼地方去了，回不了醫院怎麼辦？醫生說，你可以去其他地方的醫院拆石膏嘛，當然囉，你也可以自己慢慢地拆，只要注意不要再傷到受傷的部位就行了。並告訴我拆完石膏以後，右手暫時還不能拿重的物品，等骨折部位完全癒合後再慢慢地鍛煉恢復功能。9月上旬，我們來到了伊犁地區，雖然已是秋天，但天氣特別好，每天都是二十多度的大晴天。此時伊犁地區到處瓜果飄香，野外考察也格外順利，到處秋高氣爽，山上還有各種野果，比如蘋果、杏和梨等，我們走到哪座山，就吃到哪座山。9月中旬，我們在伊犁地區的野外考察工作圓滿結束了。回到烏魯木齊後，我上醫院去拆了右手腕的石膏，9月下旬我們就回到了貴陽。我的右手腕在新疆跑野外骨折後，後來的恢復經歷了一個漫長的過程。首先是受傷後的開頭幾年，右手拿不了任何重的東西，稍微拿重一點的物品，就會感到疼痛。其次，每逢天氣發生變化時，比如天氣晴久了要下雨，右手腕提前一兩天就會有反應，即手腕部位就開始疼痛了。等到右手腕真正完全恢復功能，即能拿重物而不疼了，整整過了大約十年左右的時間。

我們在新疆的野外地質考察工作總共經歷了 87-88 年兩個夏天，足跡幾乎踏遍了北疆的每一個縣，其中還有不少有趣的經歷，但限於篇幅，本文僅揀了幾件精彩的經歷加以敘述，總的感覺是新疆很大很美。新疆的面積為一百六十萬平方公里，占中國國土面積的六分之一，是中國面積最大的省份。有一句話叫做：不到新疆不知中國之大，到了新疆才真正體會到什麼是地大物博。新疆幅員遼闊，物產豐富，不僅盛產石油、天然氣，而且其它礦產資源亦十分豐富，是咱們中國不可多得的一個聚寶盆。新疆真是個好地方！不過真得感謝咱們的中國古人，尤其是清末名將左宗棠將軍為我們中國保住了這麼一塊風水寶地！

（四）

1989.6.与文启忠教授黄土高原考察

1988 年上半年去新疆進行野外地質考察之前，在四、五月份的時候，由我本人執筆、與所裡第四紀研究室的文啟忠教授一起編寫了一份國家自然科學基金專案申請書，題目是《黃河中游地區馬蘭黃土的化學成分與地殼克拉克值的類比研究》。由於我過去沒有獨立研究過黃土，由我領銜出面申請不一定能獲得批准，於是便將文啟忠教授作為主申請人、我排第二位通過所科研處報到了國家自然科學基金委。由於文教授是研究第四紀及黃土的老人，早在60年代他就跟隨中國黃土研究之父劉東生先生研究過中國黃土，因此，我們這份由他挑頭研究黃土的國家自然科學基金專案申請書報到國家基金委去以後，下半年就獲得了批准，獲得資助的研究經費為 7 萬元，研究時間從 89 年初開始到 91 年底結束，總共為期三年。

按照該基金專案的進度要求，1989年初我們將要開展黃土的野外地質考察。因此，當年 4 月底，我和文教授就開始籌畫去西北黃土高原地區實施野外地質考察和取樣的事宜了。按照研究計畫，我們將從甘肅蘭州地區開始，計畫從西向東在黃土高原上拉六、七條大剖面，即從南到北、再從北到南的來回橫穿整個黃土高原地區，其中東邊延伸到山西中西部的黃土高原，在橫穿黃土高原的過程中，按一定的間距布點採樣。當年五月中旬，我和文教授等一行四人首先乘飛機到達北京，準備在北京辦完事後，再轉赴甘肅蘭州。當時北京各高等院校的學生因紀念胡耀邦逝世正在天安門廣場上鬧學潮，很多人還在廣場上靜坐示威。而且這場學潮已經波及到了北京的社會各界，甚至有部分政府部門的職工也捲入了這場運動，天安門廣場附近的街道上常常擠滿了社會各界支援學生運動的遊行隊伍。我們因要忙著出野外進行地質考察，沒有多餘的時間和心思去仔細觀察和思考這場運動，因此我們在北京停留了兩、三天以後，乘火車直奔蘭州了。

我們大概是在 89 年 5 月 20 號左右到達蘭州的，此時我們所的汽車可機田素老師傅也按照之前我們出發前的約定開車來到了蘭州與我們會合。於是在到達蘭州的第二天，我們的野外地質考察工作就正式開始了。第一天從蘭州出發，往南經東鄉、臨夏到合作再到岷縣，當天晚上住岷縣招待所。我們的汽車沿縣級公路每開行大約 25～30 公里左右就停下來，然後就到路邊的黃土地裡採集一個600～700克重的黃土樣品。當然，我們的取樣也是有嚴格要求和標準的，即我們取的既不是表層的耕作土，也不是埋藏很深的離石黃土，而是表土以下三十至四十釐米深度上的黃土，這就是我們要研究的馬蘭黃土。第一天算是拉了一個從北到南的小剖面。第二天從岷縣北上到達渭源，再從渭源東行到隴西，從隴西再北上過定西經會甯，向東北進入寧夏回族自治區的隆德、西吉，也就是寧夏南部著名的貧困山區即西(吉)海(源)固(原)地區。然而與甘肅的定西地區相比，寧夏西海固地區的自然地理環境相對就好多了。定西地區第一缺水，該地區沒有什麼河流，當地的老百姓人畜飲水十分困難。第二，定西地區的黃土原上基本沒有什麼植被，整個黃土原看上去都是光禿禿的，當我們的汽車在公路上開過時，車後揚起的塵埃能竄到二、三十米高的半空中去，汽車過後這些塵埃大約需要十幾二十分鐘才會完全消散。當地老鄉的吃水則完全依靠房前屋後水窖裡儲存的雨水，人們一般早上洗臉的水要留著晚上洗腳用，而洗完腳的水又要留著給牲口飲用，因此對當地人來說，"滴水貴如油"一點也不為過。偶爾見公路邊地裡種有小麥，但麥苗看起來大約只有一尺高左右，麥穗看上去又短又小，估計這樣的莊稼也不會有多少收成。因此，我們認為當時甘肅的定西才是西北真正的貧困地區。我們當年路過定西地區的會甯縣時，曾在會寧縣政府招待所住了一宿。甘肅的會寧，是中國工農紅軍長征時三大主力紅軍(紅一、紅二和紅四方面軍)勝利會師的地方，縣城裡建有一座非常高大雄偉的三大主力紅軍會師的紀念塔。照理說，該縣應是各級政府重點扶持和建設的地方，然而當時整個縣城竟然還沒有自來水供應，縣政府招待所食堂煮飯還要靠馬車去很遠的地方拉水來用，招待所的洗漱用水也都是土黃色的非常渾濁。至於寧夏的西(吉)、海(源)、固(原)地區主要是海拔相對較高，然而自然景觀卻比甘肅

1989.6甘肅会宁
工军会师纪念塔

的定西地區就好多了。西海固雖說是山區，但山頭上能長樹長草，山上有草就能放牧，因此當地老百姓的生活看起來並不特別貧困。我們從西海固繼續向北開行時，海拔逐漸降低，到達同心縣時，這裡已完全是平原。如果再繼續向北就達到寧夏的吳忠、銀川地區了，這是一塊由黃河河水攜帶來的泥沙沉降而形成的黃河河套沖積平原。由於北面有陰山屏障和拱衛，這裡氣候溫和、土壤肥沃，是西北地方特有的一塊富庶之地，人稱"塞北的小江南"。我們在同心縣政府招

待所住了一個晚上，第二天就在這裡考察取樣。這裡有大片
人片的農田，田裡的麥子長得非常高大健壯，如果有人鑽進
抽穗的麥田裡，其他人幾乎就看不到他了。當時我們在寧夏
的考察只到同心縣為止，因為過了同心縣再繼續往北到達中
衛等地的話，那裡的黃土已不完全是風成而更主要是水成的
了。也就是說同心縣以北的黃土已不完全是風力搬運來的，
很大可能是由黃河水攜帶來的泥沙沉降形成的，這種水成的
黃土顯然不屬於我們的研究物件，我們的研究物件是風成的
馬蘭黃土。

　　我們結束在同心縣的考察以後，汽車向南進入了寧夏與
甘肅交界的六盤山地區。六盤山因毛澤東主席在紅軍長征翻
越六盤山時寫的一首《清平樂六盤山》而名揚天下。在我們
原先的想像中，地處大西北腹地的六盤山，應該是比較荒涼
而貧瘠的不毛之地，然而當我們的汽車進入六盤山地界以
後，呈現在眼前的卻是大片大片的原始森林。為此，我們初
到黃土高原的人感到有些疑惑不解，心想乾旱少雨的黃土高
原怎麼會有這麼好的植被？正當我們年輕人感到困惑時，長
期在黃土高原地區研究第四紀古環境古氣候的文啟忠教授告
訴我們說，由於六盤山地處中溫帶向半乾旱的過渡帶，這裡
具有大陸性和海洋季風邊緣氣候帶的特點，因而降雨量較周
邊其它地區更為豐沛（年降雨量可達六、七百毫米），從而使
此地成為了陝甘寧交界處的一塊“濕島”，因此其原始植被
自古以來就比較豐富，由此形成了六盤山地區獨有的一片原
始森林。文教授還告訴我們，六盤山還是古絲綢之路東段的
必經之地，地理位置十分重要，歷來是兵家用武的要塞重
地。由於這裡生態環境好，氣候涼爽宜人，六盤山夏天又被

譽為黃土高原上的"綠色明珠"和清涼勝境。據史籍記載，成吉思汗西征時，曾在此地休養生息和整肅軍隊，後病逝於此。

離開六盤山區以後，我們進入了甘肅的慶陽地區。與寧夏毗鄰的慶陽地區，是甘肅省嵌入陝西境內的一塊風水寶地。慶陽因地處甘肅省東部故又稱為"隴東"，這裡有黃土高原地區面積最大的黃土原---董志原，也是世界上面積最大、土層最厚、保存最為完整的黃土原面，堪稱"天下黃土第一原"。而位於慶陽地區子午嶺的四百多萬畝次生林，則是黃土高原上面積最大、植被最好的水源涵養林，有黃土高原上的"天然水庫"之稱。這裡地勢平坦，土壤肥沃，物產豐富，自古以來就被視為甘肅的糧倉。我們在慶陽地區結束了甘肅省內的黃土考察後，繼續南下經合水、寧縣，進入陝西的長武、彬縣以及乾縣等地。這一地區因人口稠密，工農業極為發達，素來號稱"八百里秦川"。所謂八百里秦川，又被稱為關中平原，是渭河所攜帶的泥沙沉降而形成的沖積平原，因此又被稱為渭河平原。這裡自古以來風調雨順，土地肥沃，農業發達，為秦國文明的興起和秦始皇統一天下奠定了強大的農業基礎，"八百里秦川"之名即由此而來，當然此地同時也是華夏文明的發祥地之一。

我們在彬縣、乾縣、禮泉及咸陽一線考察結束以後，又經涇陽、三原、銅川北上到宜君、黃陵、洛川及延安等地進行考察。途經黃陵縣時，我們在黃陵縣政府招待所住了一宿，第二天還瞻仰參觀了黃帝陵。黃帝與炎帝同被稱為中華民族的人文始祖，所以我們中華民族又被稱為炎黃子孫。相傳黃帝之前是由炎帝統治，但屬九黎部落的頭領蚩尤想取炎帝而代之，於是炎帝便與黃帝聯合起來抗擊蚩尤，最後雙方在涿鹿展開決戰，結果蚩尤戰敗被殺。後來黃帝成為了華族部落的天下共主，使華夏民族由蠻荒時代跨入了文明時代。黃帝死後，便在陝西省黃陵縣城北的橋山建起了陵墓，並立廟祭祀。黃帝陵位於縣城北一公里以外的橋山山腰之上，背靠橋山，面朝東南，山下有沮水三面環繞。相傳黃帝去世時已得道升天，此陵僅為衣冠塚。黃帝陵高大雄偉（墓高 3.6米，周長 48 米），號稱"天下第一陵"。陵寢周圍有數萬株千年古柏"守護"，其中有一株據說系黃帝親手所植的柏樹

1989.6.与文启忠教授摄于陕西黄帝陵黄帝手植柏树前

樹齡已達五千歲以上，有"世界柏樹之父"之美譽。每逢清明節，國家會定期在此舉行公祭，全國各地乃至世界各地的華人也紛紛前來瞻仰和祭拜。

　　結束了黃陵縣的參觀考察，向北我們來到了毗鄰的洛川縣。由於洛川縣境內有發育良好的黃土剖面，為此我們在洛川縣停留了一天。位於洛川縣黑木溝的黃土地質遺跡，是地

質歷史時期內力和外力地質作用的綜合產物，是 240 萬年以
來第四紀地球地殼結構、構造運動和地貌形態演變的真實記
錄。洛川黑木溝的黃土剖面，各個時期的黃土地層出露齊
全，層位清楚穩定，是研究第四紀以來古氣候、古環境、古
地理以及重要地質事件的理想標準黃土剖面，歷來受到第四
紀地質學家的重視和青睞。儘管我們此次考察和研究的重點
是馬蘭黃土而不是黃土剖面，但是既然來到了黃土剖面出露
如此完整的洛川縣，我們也不得不慕名前來仔細參觀考察一
番。

　　黃土景觀是在長期的地質作用侵蝕下形成的。黃土是灰
黃色且質地均一的土狀堆積物，大片的黃土是兩百萬年前第
四紀以來，風力將黃土高原西北部廣袤戈壁及沙漠地區的微
塵粒搬運而堆積形成的，是一種典型的風成沉積物。洛川地
區有大面積的黃土平臺及黃土原。黃土原經長期的流水侵蝕
分割以後，形成了千溝萬壑、支離破碎的景觀，並伴隨滑

1989.6 黃土高原考察小組參
觀延安合影

坡、崩塌以及沉積等各種地貌形成過程，最終形成了現在的黃土景觀。來到洛川的黑木溝，此地的黃土剖面果然十分壯觀，這裡既有出露十分完整的黃土古土壤剖面，也有黃土滑坡、崩塌、黃土懸溝、黃土落水洞、黃土橋、黃土柱、黃土牆等等各種各樣的地質景觀，觀賞性極強，現已闢為國家級黃土地質公園。

離開洛川繼續北上，我們來到了延安地區，自然少不了要參觀遊覽一番。革命聖地延安，是中國工農紅軍長征到達陝北後的革命根據地，從 1937 年至 1947 年，延安一直是中

1989.6 延安

共中央的所在地和陝甘寧邊區政府的首府。延安地區的革命紀念地比較多，比如鳳凰山中共中央舊址、楊家嶺中共中央舊址、棗園中共中央書記處舊址以及王家坪中共中央軍委舊址等等。第二天我們先後參觀了楊家嶺、棗園及王家坪等革命舊址，還在延河邊留了影。參觀遊覽完延安以後，我們經安塞繼續北上去靖邊、橫山一帶考

察取樣。然後由橫山縣東去米脂，接著南下綏德、清澗、延川、延長等縣沿途取樣，再到宜川。關於陝北上述這幾個縣的物產及風土人情，過去當地的老百姓曾流傳有幾句順口溜，叫做："清澗的石板，瓦窯堡的炭，米脂的婆姨，綏德的漢"。意思是說，清澗縣盛產品質上乘的石板，瓦窯堡則出產煤炭，米脂則出美女，而綏德的男子漢則高大英俊。至於這幾句順口溜說的是否屬實，我們一無時間二無興趣去實地考察瞭解，不過相傳古代四大美女之一的貂蟬就是米脂縣人，因此，上述幾句順口溜應該是有根據的。結束了延川、延長縣的考察以後，我們由宜川過黃河去山西的吉縣，在過黃河的時候，我們又遊覽了黃河壺口瀑布。黃河是山西和陝西兩省的界河，黃河流經中游的內蒙古南部以後，突然轉向由北而南奔湧而來，當滾滾的黃河水奔騰到晉陝大峽谷時，五百多米寬的洪流驟然被上寬下窄的兩岸所束縛，河口則收攏狀如壺口，水流在50多米高的落差中翻騰奔湧，如同在一隻巨大無比的壺中傾泄而出，故此得名"壺口瀑布"。壺口瀑布寬約 30 米，高約 50 米，與貴州黃果樹大瀑布同為中國的著名瀑布。我們到達壺口瀑布時為 6 月中旬，此時正值黃河汛期，於是水量陡漲，壺口瀑布尤為壯觀。

1989.6 陝西潼關黃河大橋

　　過壺口瀑布進入山西省以後，我們由山西吉縣經大寧去
隰縣，繼續北上到達交口，由交口再向東到達靈石縣。然後
由靈石南下霍州、洪洞到達臨汾。再繼續南下到達侯馬、運
城，最後到達三門峽市，結束了山西的考察。此後我們再由
三門峽向西越過黃河過潼關，再次回到了陝西境內。到此為
止，經過將近一個半月的艱苦跋涉，足跡遍及甘、寧、陝、
晉四省區，汽車開行里程大約3000公里，我們終於勝利地完
成了預定的黃土高原地區的野外地質考察工作。

（五）

　　當天下午到達陝西省華陰縣以後，我們考察小組的同志
們想好好地放鬆一下，於是大家便決定當天晚上去夜爬華
山。下午在華陰市內享用了一頓陝西特色美食---羊肉泡饃
以後，傍晚便驅車直奔華山而去。為了爬華山，我們特意驅
車來到華山腳下，落腳在華山腳下的招待所。司機田素師傅
因腿腳不便，他留在招待所等我們第二天下山。當天晚上
8:00左右，我和文啟忠教授、孫繼敏、黃萬才等四人從招待
所出發，沿著上華山的小道便開始夜爬華山了。或許有人會
問，爬山不都是在白天嗎？為什麼華山要晚上去爬？另外，
晚上爬華山豈不是沿途的什麼美景都看不見了嗎？而且晚上
天黑爬山看不清道路應該挺危險的吧？其實人們選擇夜爬華
山顯然是有一定道理的。首先，由於華山獨特的花崗岩地質
地貌，登山的險道基本上都是光禿禿的，如果白天爬華山會
遭遇到強烈的陽光暴曬，再加上路途非常艱險，從而會使登
山變得十分的辛苦和勞累，而晚上爬山就顯得涼爽多了。其
次，夜爬華山雖然看不到華山險峻的秀色美景，但是也看不

到攀爬華山的險峻路況，因而爬山時也就不會有恐懼的心理和壓力，爬山時會顯得比較輕鬆自然。第三，選擇晚上爬華山，凌晨到達山頂後，第二天早晨還可以在頂峰觀看日出，而在華山頂上觀日出，也是華山旅遊的一大勝景。正是由於夜爬華山有上述幾大優點，因此很多去華山遊覽的人，大都選擇夜爬華山。不過當年的華山不像後來修了索道，人們可以選擇乘坐索道纜車上山或者下山，而那時上山和下山只能完全依靠兩條腿。由於我們剛剛在黃土高原地區進行了一個多月的野外地質考察，體力比較充沛，因而對夜爬華山充滿了信心。

華山向來以"險峻"聞名於天下。常言道："自古華山一條路"。我們一路上手腳並用地匍匐前行並不斷地向上攀登，首先來到的第一道險關便是千尺幢。所謂"千尺幢"，就是古人在幾近垂直的崖壁溝槽內開鑿出的數百級石階，以供遊人向上攀爬的險惡便道。晚上雖說看不清道路的全貌，但感覺山崖非常陡峭，坡度應該在70度左右。便道雖說可供兩人上下穿行，但階梯的寬度卻僅僅能容大半個腳掌，好在階梯兩邊皆安裝有鐵鍊扶手，安全性尚不成問題，不過人們每走一步都要格外小心。上完"千尺幢"，爬山的險道似乎稍微平緩了些，不久就來到了第二道險關百尺峽。"百尺峽"又叫"百丈崖"，晚上爬山因天黑什麼也看不見，然而我們白天下山時才完全看清全貌，原來是兩堵崖壁仿佛正要交合時，卻被兩塊突然飛來的巨石從中硬生生地撐住，於是古人便在兩塊巨石下的凹槽中開鑿出了爬山的險道。當人們從巨石底下的便道鑽過時，不由得心驚膽顫，擔心巨石會突然從頭頂上落下，於是"驚心石"便由此得名。晚上爬山時因一片漆黑而全無感覺，然而當白天身臨其境看到"驚心石"時，才感到的確非常震撼。接下來我們又經歷了上天梯及蒼龍嶺等險絕要道，尤其是上"天梯"更為驚險。我至今仍清楚地記得，上天梯這一險關是在一堵幾近垂直的絕壁上，從上到下垂掛著一架由鐵鍊打造成的僅供一人上下的軟雲梯。這堵絕壁雖然僅高約十余米，但因面臨萬丈深淵，卻是驚險異常。遊人到此須全神灌注地面壁攬索登梯，且只可屏心靜氣，不可回頭張望。下梯之人亦只可垂索背壑一步步地緩緩退下。上了天梯再過蒼龍嶺，大約半夜 12:30 左右我們就到達了西峰的山頂，當天晚上入住在西峰峰頂的招待所。與我們一路同行的還有五、六個人，大家相約早上起來在西峰頂上看日出。第二天早晨 5 點過鐘，天剛麻麻亮時，大家就都紛紛起床了，於是眾人來到西峰山頂的岩石上或坐或站，翹首以待日出。大約等了半個多小時，因天氣不好，東方霧濛濛的，此時天已大亮，但始終未見太陽噴薄而出，人們難免感到有些掃興。既然看不到日出，我們回到招待所吃了早餐，帶上自己的洗漱用品以後，索性就在西峰山頂跟隨遊人遊覽了起來。

華山古稱西嶽雅稱太華山，是中國著名的五嶽之一（即東嶽泰山，西嶽華山，南嶽衡山，北嶽恒山，中嶽嵩山）。與其它四嶽相比，因華山山勢最為陡峭險峻，故華山自古就有"天下第一奇險山"之美譽。華山峰頂共由東、西、南、北、中五個山峰組成，五峰之間有便道相連。其中西峰峰頂有數塊巨石狀如蓮花，故又稱為蓮花峰或芙蓉峰。登上西峰峰頂極目遠眺，只見雲霞飛湧、四野屏開，千山萬壑，若隱若現，遊人獨立于山巔，仿佛置身於仙鄉神府，於是萬種俗念，一掃而空。此外，西峰頂上的景觀比比皆是，比如翠雲宮、蓮花洞、巨靈足、斧劈石、捨身崖等等，其中斧劈石即是沉香劈山救母的神話故事《寶蓮燈》的發生地。另外，西峰頂上的摩崖石刻也比比皆是，而且工、草、隸、篆皆有，可謂琳琅滿目。我們在西峰遊覽結束後，過中峰去游南峰。南峰的海拔為2154.9米，是華山的最高峰，古人稱其為"華山元首"。登上南峰絕頂，頓感天近咫尺，似乎手可摘星。舉目環視，但見群山起伏，莽莽蒼蒼；黃渭曲流，細如麻絲；萬千氣象，盡收眼底，使人真正領略到了華山高峻雄偉的博大氣勢，享受了如臨天界、如履浮雲的神奇情趣，大有"華山歸來不看嶽"之感慨！

　　由於時間關係，我們遊覽完西峰和南峰後，便準備下山了。人們常說：上山容易下山難，意思是說上完山后體力消耗了，所以下山就顯得更吃力了。然而從華山上下來不僅僅是體力的問題，更主要是山路陡峭，人們下山需要格外小心謹慎才是。由於不少路段是幾近垂直的直上直下，路側則是萬丈深淵，而且很多階梯的寬度僅能容半個腳掌，感覺下山的難度比上山還要艱難得多。因此，下山不僅消耗體力，而且對膝蓋的衝擊力還非常大，腿腳不好的人絕對受不了這個苦。我就是因為上中學的時候跑山路傷了膝蓋，這次從華山上下來著實讓我吃了不少苦頭。然而在我們下山的途中，竟然還看到有不少農民工，他們或挑或背著數十斤重的各種生活物質，拼著吃奶的力氣往華山頂峰上爬。看到他們氣喘噓噓、汗流浹背，我們此時才真正體會到，誰說我們這些遊玩的人辛苦？這些農民工為了家庭和個人的生計，拼著性命背負幾十斤重的生活物資往華山的懸崖峭壁上爬，他們才是真正的苦命人，而我們同他們相比起來不知要幸福多少倍啊！

　　遊覽完華山以後，我們開車來到了西安市，當年的黃土高原野外地質考察工作就勝利地結束了。我們在西安停留了幾天，先後又遊覽了西安的半坡原始社會遺址、秦始皇兵馬俑及秦始皇陵等名勝古跡以後，然後于當年七月下旬乘火車輾轉回到了貴陽。

第七章　一分耕耘　一分收穫

(一)

我在貴州大學化學繫念書時，大概是大學三年級的時候，偶爾聽到有老師說，我們系裡的某某老師最近在化學學報上發表了一篇文章。當時我心裡就想，這個老師厲害呀！居然能在專業刊物上發表論文，心裡很是羨慕。工作以後由於自己的工作單位是國家級的研究所，所裡的圖書館不僅有各種中外文期刊，而且本所當年還編輯出版了兩種公開發行的全國性學術刊物，其中一個是《地球化學》，另一個是《地質地球化學》。所裡的科研人員經常在這兩種刊物或國內其它有關的學術期刊上發表科研論文。我上研究生以後，我的導師郭承基先生不僅是全國著名的稀有稀土元素礦物地質學家，而且在文化革命前就曾發表過不少學術論文，並撰寫出版了七、八本學術專著，是一位著作等身的高產科學家。身處在地化所這樣一種學術氛圍當中以及導師的榜樣，無形中就時時刻刻地鞭策著我，從上研究生的時候開始，心裡就有一個念頭，即一定要好好的做科研，力爭多發表點學術論文和發高水準的論文。

然而從事科學研究可不是一件簡單容易的事情。首先你必須在你所從事的科研領域具有扎實的基礎理論知識，其次你必須對你所從事研究領域的國內外研究現狀和發展趨勢，有一個全面的瞭解，並能從發展趨勢中發現新的問題和生長點，同時還要設法找出解決問題的方法和途徑。比如說，你要從事地球化學研究，由於該學科是地質學與化學雜交的一門新興邊緣學科，首先你必須要具有地質學、岩石學、礦物學以及地層古生物學等方面的基礎理論知識，同時你還必須具備無機化學、有機化學、物理化學等化學各分支學科的基礎理論知識，因為光有地質學方面的知識，而沒有化學基礎理論知識，是很難從事地球化學研究工作的；同樣地，如果一個人只具有化學基礎理論知識，而不懂地質學，同樣也是不可能從事地球化學研究工作的。

我的導師郭承基院士是地質與化學相結合的典範，他青年時代在北京大學本科學的是地質學，到日本京都大學留學後先是修了四年的化學，其後又師從日本著名的稀有元素礦物地質學家田久保實太郎，研究稀有稀土元素礦物地質地球化學。因此郭先生既精通地質又精通化學，是真正的地球化學家。他深知化學知識在地球化學研究中的重要性，於是在文革後恢復招收研究生時，首先就招了分析化學專業的研究生，想經過嚴格訓練以後，培養成為合格的地球化學研究專才。

我本人的碩士研究生畢業論文包括兩個方面的工作，一個是分析化學方面的工作，即海底沉積物中微量稀土元素的紙色層分離和測試，另一個是地球化學方面的工作，即討論臺灣淺灘海底沉積物的稀土元素分佈特徵及物質來源。在上世紀的六、七十年代，岩礦樣品中微量單個稀土元素的測定仍是一項非常困難的工作。鑭系元素族的這15個稀土元素就像15個攣生兄弟一樣，它們不僅長得非常相像，而且它們的性格及興趣愛好也都差不多，15個兄弟要去哪裡，常常都會一起行動；無論走到哪兒，大家都會一齊出現，因此，要把它們一個個地區別和分離開來是一件非常困難的工作。也就是說作為一個元素族的15個稀土元素，由於他們的化學性質極其相似，在地質作用過程中，他們常常伴生在一起。因此在對單個稀土元素進行分析測試的時候，首先面臨的困難就是如何把它們分離開來。上世紀六、七十年代常用的方法是，首先對岩礦樣品中的稀土元素採用化學分離法富集其中的總稀土元素，然後再採用離子交換分離法分離單個稀土，最後再通過 X-螢光光譜儀對單個稀土元素進行測定。而我的研究生論文則是採用更簡便的紙色層分離法來分離單個稀土，最後採用分光光度法對單個稀土元素進行測定。我的分離和測試方法與傳統方法相比，雖然只能分離7～8個單一稀土元素，但是具有簡便易行和節約成本等優點。不過由於采用紙色層分離單個稀土元素及測定方法的研究工作比較困難，我前前後後在實驗室裡工作了差不多一年半左右才把實驗工作做完。第一部分分析化學的實驗工作完成以後，在取得大量分析測試資料的基礎上，第二部分的工作就是對實驗資料進行整理和地球化學解釋，並由此得出研究結論，最後編寫成研究論文。正是由於我的碩士研究生畢業論文包括了以上兩個方面的內容，因此從 1983 年到 1986 年，我先後對其進行了系統總結，並撰寫出了兩、三篇學術論文，先後分別發表在《地球化學》以及全國性的有關學術會議論文專輯上。

1981年碩士研究生畢業以後，我的研究工作基本上由純粹分析化學專業過渡到了地球化學。也就是說自己在承擔研究項目時，開始參與了野外地質考察和取樣，充分瞭解樣品的地質產狀及採樣要求，學習和掌握採樣方法。從野外採集到地質樣品以後，按照研究計畫的要求，分別把樣品送到有關實驗室去做有關專案的分析測試，獲得實驗資料以後，再對實驗資料進行地球化學研究和解釋。1983 年 10 月，我與

中科院青島海洋研究所的趙一陽教授合作，參與了青島海洋
所在東海沖繩海槽的海洋地質考察。其後我們對採集到的沖
繩海槽海底沉積物樣品進行了主要化學成分、稀土及微量元
素地球化學研究，也先後撰寫發表了三篇科研論文，其中一
篇還參加了 1989 年 10 月在前蘇聯符拉迪沃斯托克(符拉迪沃
斯托克)舉行的中蘇第三屆太平洋邊緣海地質、地球物理、
地球化學及礦產資源的學術討論會，在會上進行了學術交
流。

(二)

　　1989 年年初大約是二月份的時候，中科院海洋研究所的
趙一陽教授寫信告訴我，說今年(指 89 年) 9 月下旬中國的海
洋地質科研單位與蘇聯的海洋地質科研單位，將在蘇聯的符
拉迪沃斯托克(符拉迪沃斯托克)聯合召開一次學術研討會，

問我是否願意參加，如果想去參會，那就要趕快寫一篇 2～3
千字的詳細中英文論文摘要，在 4 月中旬之前寄到青島海洋
所地質研究室，然後由海洋所的會議籌備組彙編後提交給蘇
聯科學院太平洋海洋研究所付印。當年這個學術會議是由蘇
聯科學院太平洋海洋研究所牽頭，而中方的牽頭單位則是中
國科學院青島海洋研究所。在這次會議之前，中蘇雙方已經
舉辦過兩次學術會議了，雙方的反響和效果都不錯，這次擬
議中的會議是第三次。由於會議的舉辦地點採取輪換制，即
第一次會議在蘇聯符拉迪沃斯托克舉行，第二次會議便換到
了中國的青島。這次是中蘇聯合舉辦的第三次海洋學術會
議，會議舉辦地又轉回到了蘇聯的符拉迪沃斯托克。我一聽
是去蘇聯參加學術會議，由於我還從未去過蘇聯，我當然非
常樂意前往，於是立即回信告訴了趙一陽教授，說我非常願
意參加，並于當年三月份就向青島海洋所的中方會議籌備小
組提交了參會的學術論文的中英文摘要，當時提交的論文題
目是：《東海沖繩海槽沉積物的主要化學成份特徵及其地質
意義》。89 年 7 月下旬，我從黃土高原考察回所後，收到了
青島海洋所中蘇學術會議中方籌備組寄來的正式參會通知，
通知書上說：第三屆中蘇太平洋邊緣海海洋地質、地球物
理、地球化學及礦產資源學術討論會，將於 1989 年 9 月 26
日至 9 月 30 日在蘇聯符拉迪沃斯托克(符拉迪沃斯托克)舉
行，要求參會人員作好參會準備，比如申辦好個人護照及準
備一套正式的服裝(即西裝)等。中國人當時去蘇聯訪問只要
有個人護照就行，不用申辦入境簽證，我因 1985 年訪問日本
的公務護照尚在有效期內，不用申領新的護照。到了 89 年 8
月下旬，我又接到了中蘇學術會議中方籌備小組的最後一個

通知，要求中方參會人員務必于9月22號在北京中科院機關招待所集中，23號從北京出發前往蘇聯參會。

　　9月21號我從貴陽乘火車到達北京院機關招待所以後，向中蘇學術會議的中方籌備小組報了到。原來我們這次參加中蘇海洋學術會議的人員，既有咱們中科院系統的，也有國家海洋局系統的，其中中科院青島海洋研究所有 7 人、中科院南海海洋研究所有 3 人，山東海洋學院的 2 人，國家海洋局杭州海洋二所有 1 人，中科院資環局主管海洋口的 1 人，而中科院地球化學所就我 1 人。也就是說，我們這次去蘇聯符拉迪沃斯托克參加學術會議的中方代表團，總共有團員共15 人。23 號晚上 8 點左右，我們一行 15 人從北京乘坐北京至牡丹江的直快列車，第二天(24 號)上午 9 點到達牡丹江

9.24.苏联边境格罗迭科沃小城合影

(居中者为作者)

市。當年從牡丹江去蘇聯符拉迪沃斯托克並不很方便，中途要在綏芬河倒車。我們在牡丹江下火車吃過早餐兼中飯以後，大約上午11點半，我們一行人又從牡丹江乘火車到達綏芬河縣城(兩地相距大約160公里，後來綏芬河已改為市，是黑龍江省的重要口岸城市之一)，然後又換乘綏芬河到蘇聯邊境小城格羅迭科沃的過境列車(僅有27公里)。我們到達蘇聯的邊境小城格城後，此時已是下午3點過鐘了。我們出了格城火車站，直接就上了蘇方會務組派來的大巴。格城去符拉迪沃斯托克(符拉迪沃斯托克)大約還有 200 多公里的路程，下午 6 點半鐘左右，我們就到達了中蘇海洋學術會議的下榻賓館即符拉迪沃斯托克市(符拉迪沃斯托克)的太平洋大酒店。

中蘇第三屆太平洋邊緣海海洋學術會議是 25 號報到 26 號開始開會。25 號上午報到以後，因沒有什麼事，於是青島海洋所的趙一陽教授等4~5人便邀我一起上街去閒逛。符拉迪沃斯托克原名符拉迪沃斯托克，是蘇聯遠東最大的一個海港城市，位於俄羅斯阿莫爾半島最南端。清朝時符拉迪沃斯托克為中國領土，劃歸吉林將軍管轄。1860 年 11 月 14 日俄

國逼迫滿清政府簽訂了《中俄北京條約》，將包括符拉迪沃斯托克在內的烏蘇里江以東的中國領土割讓給了俄羅斯，於是俄羅斯便將符拉迪沃斯托克命名為符拉迪沃斯托克，俄語意為"統治東方"。符拉迪沃斯托克的戰略地位極其重要，符拉迪沃斯托克港是一個天然的不凍良港，是蘇聯在遠東地區的重要出海口，也是蘇聯太平洋艦隊的所在地。這裡有蘇聯科學院西伯利亞分院遠東分部、蘇聯科學院太平洋海洋研究所及遠東聯邦大學等。我們幾個人上街以後，漫無目的地在符拉迪沃斯托克的大街上閒逛，偶爾看見街邊的空地上塑立著一尊俄羅斯戰士騎著戰馬的青銅雕像，而雕像旁邊聳立著"1860"的大字招牌。我們中有瞭解歷史的人小聲地說："你們看，符拉迪沃斯托克以前就是咱們中國的領土，1860年的時候讓俄國人給占了，俄國人來了以後，他們把這裡的大量中國人全部趕回了中國，不走的都給殺了。所以到今天，這裡已看不到中國人了。"有人說：

"是呀！國力衰弱了就是這個樣子，滿清王朝到後來已經腐敗衰落得不成樣子了，只好任列強們宰割了。"看到這樣的雕像和標牌，我們大家在心裡都不好受，感覺無話可說。我們在大街上先後逛了幾個商店，發現蘇聯人商店裡的商品並不怎麼豐富，而且還非常單調乏味，衣服不僅款式單調、顏

色灰暗，也許是俄國人普遍人高馬大吧，服裝都十分肥大。很多商品從外觀看上去十分粗獷，商店裡售賣的家俱，比如桌子椅子等其桌腿椅腿都很粗大，看上去似乎不成比例。食品部裡售賣的絕大部分是俄國人喜歡吃的列巴(黑麵包)，很少見有新鮮蔬菜，土豆倒是不少，也見有鹽醃過烤熟了的大馬哈魚(三文魚)賣。蘇聯當時是與美國爭霸的世界強國，其重工業及軍事工業非常強大，但他們歷來並不十分重視民生，因此輕工業很不發達，當時蘇聯商店裡的商品不僅非常單調，而且很多商品給人的印象就是"傻、大、粗、黑"，即設計上粗獷、工藝上粗糙、外形上笨拙，就連我們開會住的高檔賓館太平洋大酒店，其客房裡的門窗以及衛生設施等，也都顯得十分笨拙。

我們報到以後拿到了會議議程，得知會議總共開5天，除了第一天開幕式(即9月26號)的伙食是由會議招待以外，其餘四天是自己單獨在下榻酒店的食堂裡買飯吃，為此，會務組給我們來參會的代表每人每天發5個盧布用於吃飯，因此，我們每個與會代表都收到了20盧布。在上世紀八十年代末，蘇聯盧布的價格比美元還要貴，當時一個盧布大約可以換1.5個美元左右，折合人民幣將是8～9塊錢，我們每天發5個盧布相當於40多元人民幣了。早餐一般來塊黑麵包、來

碗麥片粥，再來杯牛奶，花一個盧布就足夠了。中餐晚餐各花兩個盧布左右，主食仍以黑麵包為主，米飯很少，

1989.9.27.苏联海参崴太平洋大酒店前

開飯時去晚了米飯就沒有了。蘇聯的黑麵包一般個頭很大很長，售賣時都是切成大塊大塊的厚片，我們因是第一次吃俄羅斯食品，第一頓大家的主食都買了黑麵包，還買了果醬或魚籽醬等。不過黑麵包口感比較粗糙，剛做的吃起來還行，如果放在外面的時間長了，黑麵包就變得又幹又硬難以下嚥了。第三天晚餐時，我看有烤熟的三文魚（烤熟後魚肉很紅，東北人叫做大馬哈魚）賣，於是我花兩、三個盧布買了一條一斤左右的魚來吃，但不知廚師是怎麼弄的，這魚醃得很鹹，而且魚肉非常綿老，怎麼都撕扯不下來，我花了很長時間才吃完，還害得我晚上喝了不少的水解渴。

　　會議期間我們還參觀了蘇聯科學院太平洋海洋研究所，其中有一天下午全體會議代表還乘船去他們的海洋實驗基地參觀訪問，晚上還享用了他們招待會議代表的一頓海鮮大餐，計有大蝦、海蟹、海螺、帝王蟹及許多叫不出名堂的海產品。這次學術會議第一天開幕式後，會議安排了一個大會報告，是由蘇方主持單位太平洋海洋研究所的所長做的，第二天以後就按海洋地質、地球物理、地球化學等幾個不同的

專業小組，分組進行學術交流。第三天我在我們地球化學組做了《東海沖繩海槽沉積物的主要化學成份特徵及其地質意義》的學術報告。

這次會議在 9 月 30 日結束後，10 月 1 號上午蘇方會務組仍用大巴車把我們中國代表團送到了蘇聯與中國接壤的邊境小城格羅迭科沃。我們中午到達格城下車後發現由格城開往綏芬河的火車還有兩、三個小時才到，於是我們利用這閒置時間在格城閒逛了起來，並在格城的小公園裡參觀蘇聯人慶祝中國國慶的活動。下午三點左右，我們乘火車入境中國，傍晚又回到了牡丹江市。

我們去蘇聯參會的一行人回到牡丹江以後，會議代表團就解散分頭行動了。其他人仍準備乘火車回北京，而我因所裡工作較忙想乘飛機回北京，然後早一點趕回貴陽去。10 月 2 號早晨我起了個大早，想早一點去牡丹江市民航售票處購買當天從牡丹江飛北京的機票。於是大約早上 7 點來鐘，我收拾完物品身上背著一個包，然後一邊沿著街道打聽去民航售票處如何走，一邊就直奔民航售票處去了。當時天剛亮不久，街上的行人很少，我正沿著街道左邊的人行道往前走時，走著走著突然有一個男的騎著自行車在街道上超到了我的前面(這人實際上是騎車逆行，他很有可能是在沿街尋找目標)，而當這個人剛騎車從我旁邊通過時，突然從他的自行車後座架子上掉下一個手巾包著的小包落在了地上，我立即停了下來，正準備要大叫一聲："哎！同志，你的東西掉了！"時，突然從我的後面竄出一個約莫二十多歲的小夥子來，馬上從街道的地面上撿起了那個手巾包著的小包，並對我說："別吭聲！我們看看裡邊有什麼東西？"當小夥子解開手巾打的結以後，裡頭包著的是一個紅色的正方形首飾盒。這小夥拿著首飾盒子還沒打開時，他馬上就接著說：
"等我們打開看一下，它裡面寫的是什麼？！"此時我立馬
就警覺起來了，心想：這盒子還沒打開，他怎麼就知道盒子
裡面寫有什麼東西了？這人莫不是騙子？！這小夥子把盒子
打開以後，盒子裡除了有一隻金戒指以外，果然有一張小紙
條。小夥子立即把紙條拿湊到我的眼前，只見紙條上寫著：
"張經理，昨晚我剛從深圳回來，我在那兒花了三千塊錢給
你買了個金戒指，現在送來給你，請你收下。小李。"然後
這小子馬上對我說："你不要給人說哇，咱們兩個平分！"
此時我已經完全醒悟了，我知道這小子和前面那個騎單車的
人肯定是一夥的，他們合起來演雙簧騙人，而那個首飾盒裡
的金戒指肯定是假的。於是我理都不理他，甩下一句話：
"你趕快拿走吧！我一分錢都不要。"說完加快腳步就直奔
民航售票處去了。遇到這種情況，假如我當時貪圖小便宜而
答應與那小子瓜分他撿的"贓物"的話，他肯定會把那枚假
戒指打給我，然後讓我給他一千五百塊錢的現金。假如我不
從的話，他看我是一個外地人，搞不好他就把我背著的包給
搶走了，因為當時我背的包裡確實裝有兩、三千塊錢的人民
幣現金。

　　那為啥當時我能很快地就醒悟過來了呢？那是因為前兩
年我曾在新疆聽說過有人因貪小便宜被騙走了幾千塊錢的故
事。1987 年夏天，我們第一次去新疆做野外地質考察時，中
科院北京地區也有幾個研究所因承擔國家"305 專案"派人
在新疆做野外地質考察。其中有一天下午，中科院北京遙感
研究所的一個年輕司機獨自一人去烏魯木齊市內逛街，他當
時拿著一個裝有幾千塊錢的黑色小手包套在右手腕上。當他
一人在街上閒逛時，忽然聽到身後有人叫了一聲："哎！同

志，是不是你的錢包掉了？"這遙感所司機回頭一看，原來是兩三個維族小夥子站在他的身後，其中有一個小夥從地上撿起了一個錢包，而問話的正是這個撿錢包的年輕人。當時這遙感所司機也不知是咋想的，錢包明明不是他自己的，然而他卻回答說："哦！是的，是的，是我的錢包。謝謝你們啦！"手拿錢包的維族小夥隨即把錢包打開，裡面大概有幾十塊錢，於是就把撿到的錢包遞給了遙感所的司機。當遙感所的司機拿到錢包正要準備離開時，幾個維族小夥圍上來說："哎，兄弟！我們給你撿了錢包，你應該謝一下我們才對呀！？"遙感所司機說："你們給我撿的錢包裡面也沒有多少錢，叫我怎麼謝？"幾個維族小夥說："錢即使再少，那錢包也是我們為你撿到的，你應該給我們一些錢才對呀！"但是遙感所的司機死活就是不給。於是幾個維族小夥互相嚷嚷著你推來我推去地就把遙感所的那個年輕司機推進了旁邊的一條僻靜小巷，然後把司機手上拿著的裝有幾千塊錢的包給搶走了，而且沒兩分鐘就消失得無影無蹤。遙感所的司機被搶了以後也及時跑去附近的派出所報了案，但派出所的民警當時對他說："你這個案子什麼線索也沒有，恐怕一時難以破案呢！"結果後來聽說這案子好像就不了了之了，遙感所的司機就這樣白白地損失了幾千塊錢。遙感所司機在烏魯木齊上當受騙被搶的這個故事，當年在我們科學院去新疆出差的人員當中，那傳的基本上是盡人皆知了。我當年正是聽到了遙感所司機因貪小便宜而在烏魯木齊大街上上當受騙損失了幾千塊錢的這個故事以後，一直就記在了心上，因此在牡丹江街頭遇到的這樁不同的騙人事件，很快就被我識破了。那小子見我不上他們設的圈套，於是只好拿著那個首飾盒子灰溜溜地走掉了。

　　我回到北京以後，立即就在科學院機關招待所訂第二、三天返回貴陽的飛機票，結果當時貴陽的機票並不怎麼好買，要等三、四天后才有票。我想如果再等三、四天，我坐火車早就回到貴陽去了。於是我自己去北京西站買了當天晚上從北京直達昆明的 61 次特快列車車票，當天晚上 8 點開車，第三天淩晨 6 點左右到達貴陽。然而令人不可思議的事情同樣又發生了。由於北京開昆明的 61 次特快列車是早上 5：40 到達貴陽站，10 月份的貴陽早上 6 點左右天還不怎麼亮。下了火車出站以後，我仍然是一個人背著同樣的包走在大街上，在路人看來我就是一個從外地來貴陽出差的人。我從火車站出來以後沿著遵義路往前走，想走到前面服務大樓的十字交叉路口去乘坐中巴車回所。當時天才剛剛麻麻亮，街上也沒幾個行人，我在街邊走著走著，此時又是一輛自行車急匆匆地從我側面駛過，突然也是從那騎車人的自行車後座貨架上掉了個報紙包著的小包落在了地上。這樣的情況我已是第二次經歷了，我知道又遇到騙子了，此時我並不想喊"同志，你的包掉了！"而是想看看會不會有人跑上來撿。當我還沒完全回過神來時，結果馬上就有一個年輕男的沖上來撿起地上報紙包著的小包，然後就對我說："不要吭聲！看是什麼東西，然後我們兩個分哇！"於是我馬上就操起了貴陽話，毫不客氣地對那小子說："瞎了你媽的狗眼囉！老子貴陽本地人，你小子也來耍這種鬼把戲騙我？老子見得多了去了，你小子滾遠點！"那小子一聽我是貴陽口音，知道我不是外地人騙不了，於是瞅眼瞅眼地拿著那紙包就溜到旁邊去了。這是我平生以來遇到的兩次騙局，而且前後還沒相差幾天，不過一個是在東北，一個是在西南，兩地雖然相距三千多公里，然而騙術卻如出一轍。因此，由以上事例可以得出一個教訓，即一個人出門在外，第一不要貪小便宜，第二要多留點心眼，時時小心謹慎，否則騙子騙人的手法那是花樣百出，稍不留意就有可能上當受騙。

我的另一項科研工作是中國黃土地球化學研究。1988年上半年，由我執筆並聯合所裡第四紀研究室文啟忠教授共同申請的國家自然科學基金項目《中國黃土的平均化學成份與地殼克拉克值的類比研究》，當年獲得批准面上研究基金7萬元。我們在研究中國黃土的平均化學成份與地殼克拉克值進行對比時，亦發現黃土的平均化學成份與地殼克拉克值十分類似，這從另外一個角度充分反映了黃土的物質來源與地殼物質具有密不可分的關係。1991年底當《中國黃土的平均化學成份與地殼克拉克值的類比研究》這一國家自然科學基金項目完成以後，我們總共撰寫和發表了五篇科學論文，研究成果獲廣東省科技成果二等獎（系由廣州地化所申報）。

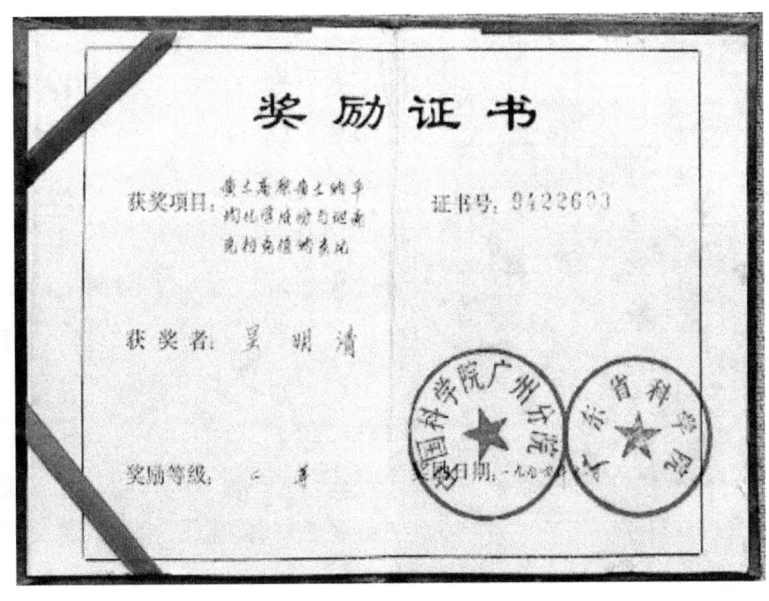

（三）

　　歐陽自遠教授當年是我們地化所第三屆所領導班子的副所長兼所黨委委員，他是我國著名的天體化學與地球化學家，也是中國探月工程的首席科學家，中國科學院院士，有中國"嫦娥登月之父"之美譽。歐陽自遠院士1956年以優異成績畢業於北京地質學院(中國地質大學的前身)，畢業時留校跟隨蘇聯專家攻讀副博士學位研究生，中蘇關係惡化後，師從於中國科學院地質研究所著名礦床學家塗光熾教授研究礦床學。1960年研究生畢業後，歐陽自遠率先在中國開展了各類地外物質(包括隕石、宇宙塵及月岩等)和比較行星學的研究。上世紀七、八十年代，歐陽自遠院士先後領銜對吉林隕石雨和美國贈送給中國的阿波羅月岩樣品開展了系統性研究，並取得了一系列重大科研成果。上世紀九十年代中期，歐陽自遠院士根據他自己多年來從事天體化學研究的一系列科研成果敏銳地感知到，中國如能開展探月工程研究必將具有重大戰略意義，於是他率先向中國科學院、國家科委以及

歐阳自逺

國家的有關部門提出了在中國開展探月工程項目(即"嫦娥登月"計畫)的立項建議，二十一世紀初這一探月工程計畫經多方面的科學論證後終於獲得了國務院的批准，於是歐陽自遠院士便被任命為中國登月計畫的首席科學家。由歐陽自遠院士首倡的探月工程計畫獲批以後，由此催生和實現了一系列中國嫦娥登月計畫及航

太工程項目的實施。因此，歐陽自遠院士又被譽為中國的
"嫦娥登月之父"。歐陽自遠院士是地化所內除兩位老先生
(塗先生和郭先生)以外，我最敬仰的師長之一。歐陽老師不
僅學識淵博、學術造詣精湛，而且平易近人，深得貴陽全所
職工的擁戴。由於從 1986 年至 90 年我們都同時在所黨委裡
工作(同一屆的所黨委委員)，因工作關係我們平時在一起接
觸的機會相對較多，而且他在所外的關係也比較廣，於是有
時我便通過歐陽老師向所外的有關單位聯繫申請科研專案。

　　1988年夏季做的第一個項目，就是通過歐陽自遠所長從
中科院蘭州地質所開放實驗室申請到的，題目是用化學熱力
學理論來討論介殼生物化石的礦物組合。這個專案牽涉到化
學熱力學、地層古生物、無機化學及礦物學。當年我在研究
海洋生物介殼化石中稀土元素的組成模式時，發現介殼生物
化石的礦物組成都是含鈣礦物，其中地質年代更老的介殼生
物化石大多由磷酸鈣組成。隨著生物演化進程的不斷發展，
介殼生物化石的礦物構成逐漸由碳酸鈣取代了磷酸鈣，並且
在碳酸鈣礦物的兩個同質異構體(方解石和文石)之間，又出
現了方解石類礦物形成在先、文石類礦物形成在後這樣一種
奇特現象。儘管生物介殼形成時的生物礦化作用與無機化學
反應之間有可能存在某些差異，但他們形成的礦物成分和結
構並無本質區別。因此，這種海洋介殼生物的生物礦化作用
同樣應該遵循自然界普遍適用的化學熱力學規則。為此，我
們用化學熱力學對海洋介殼化石的磷酸鹽和碳酸鹽，分別進
行了活度－PH 值計算，並取得了滿意的結果，我們於是利用
熱力學方程計算出來的資料，繪製出了碳酸鹽和磷酸鹽的活
度－PH 圖。在此基礎上，我們定性分析了具有不同礦物組合

的介殼生物化石所處地質時代的古海洋PH條件，指出元古代末(大約5億年前)磷酸鹽介殼發育時，當時海水的PH值可能已接近於6，而到了古生代(大約5～3億年前)，碳酸鹽介殼發育時，當時海水的 PH 值可能已接近或超過了 6.45。這篇文章撰寫完成時，獲得了歐陽自遠院士的贊許，後來此文發表在1991年的《沉積學報》上。

　　1988年下半年做的另一個項目也是通過歐陽自遠教授聯繫的，這個專案是與南京地質古生物所合作的新疆地區海相介殼生物化石稀土元素地球化學的研究。上世紀 80 年代初期，中科院南京地質古生物所藍琇教授等人在考察新疆塔里木盆地西緣的地層古生物時，曾在該地區晚白堊世至早第三紀的海相地層剖面上，採集到了一套保存完好的介殼生物化石。他們希望我們能從稀土元素地球化學的角度來研究一下，能否為探討該區域的古海洋環境提供某些有用的資訊。考慮到海相介殼生物化石形成于古海洋環境，而稀土元素族中的鈰是一個變價元素，它有正三價和正四價兩種價態，我們推測有可能利用介殼生物化石中稀土元素的組成模式來探討古海洋的氧化還原條件，而當時國外已有個別研究者開始在做這方面的探索。於是我們從南京古生物所取來了這批介殼生物化石樣品，經過精心的處理以後，我們採用中科院高能物理研究所的中子活化分析裝置，測定了這批介殼化石樣品中單個稀土元素的含量。結果發現這個地質剖面上有兩個層位上的樣品，出現了稀土元素鈰的強烈虧損。我們知道稀土元素鈰是一個變價元素，在氧化條件下，三價鈰很容易變成四價鈰，由於四價鈰極易水解而被鐵錳等氧化物膠體吸附而發生沉澱，從而造成了海水中鈰元素的強烈虧損和鐵錳結核中鈰的高度富集。而在還原條件下，由於鐵錳氧化物的溶解，四價鈰又被還原成三價鈰而回到水體當中，從而使水溶液中鈰的虧損消失，有時甚至還會出現局部水體中鈰元素的富集。因此，水溶中稀土元素鈰含量的異常程度，直接反映了介質氧化還原條件的變化。據此，我們認為稀土元素鈰完全可以作為一個探討古海洋氧化還原條件的地球化學示蹤劑而加以利用。由此我們推斷，新疆塔里木盆地西緣的古海洋可能經歷過兩次大的激烈的氧化還原條件的波動變化，我們的這一結論與南京古生物所從地層古生物學研究的角度所取得的結論十分吻合。由於這是一項較為新穎的研究成果，當年不僅在國內是首次，而且在國外也鮮見這樣的研究，為此，我們就此研究專題撰寫了兩篇科學論文，分別發表在1992 年中國的頂級學術刊物《中國科學》（B 輯）和《科學通報》上，受到國內外同行的關注。

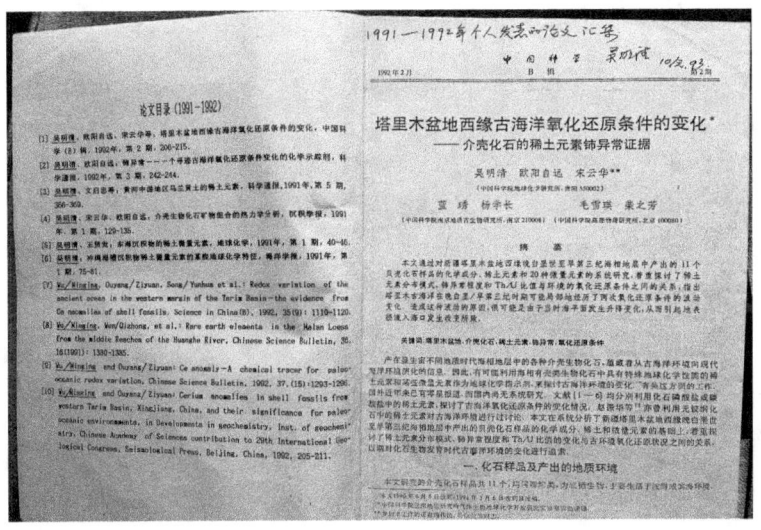

在日常科研工作中，由於我平素比較重視閱讀和總結，經常利用週末和節假日的休息時間閱讀專業文獻和寫作。尤

其是1989年調到所黨委辦公室工作以後，週一到週五白天在黨辦上班，而每天晚上從 7 點半開始去自己的業務辦公室工作四個小時，且數年如一日幾乎天天如此。大概從 1988 年起，我幾乎每年至少都要撰寫出一到兩篇科研論文，並不斷地投寄到有關的專業期刊編輯部去。也許是上天的眷顧吧，我竟然有10篇作為第一作者的中英文學術論文發表，打破了地化所歷年來以第一作者在兩年內發表學術論文數量的最高記錄，而且是兼職搞的科研(我的本職工作是黨政管理，科研只是副業，只在業餘時間搞)。為此，我連續兩年獲得了地化所科技處頒發的每年 2000 塊錢人民幣的科研論文獎(當時所裡規定，凡在一級學報上發表一篇學術論文，所裡獎勵 400 元人民幣)。1993 年 10 月，因科研成績突出，經所學術委員會評選推薦上報中科院審批，被評為有突出貢獻的中青年專家，享受國務院政府特殊津貼。1994 年和 1996 年，我又先後獲

得了兩項省部級的科技成果二等獎和兩項所級科研成果一等獎。

（四）

大約是 1990 年 3 月上旬的一天上午，所裡主持日常工作的謝鴻森副所長到黨委辦公室來找我，他對我說：“小吳，科學出版社為編輯出版《當代中國科學家傳記大辭典》，兩、三個月以前來函到我們所裡約稿，要所裡為兩位老院士各寫一篇四、五千字的傳記，塗先生的傳記歐陽自遠所長已經編寫好了，現在就剩郭先生的傳記還沒有寫。我已經找了原稀土室郭先生手下的好幾個人了，他們都說寫不了，現在只能交由你來寫了。你看怎麼樣？”我一聽是要給郭先生寫傳記，這對我來說難度實在太大了。於是我對謝所長說：“謝老師，這個事我可能承擔不了。您知道我跟郭先生才十幾年，對郭先生文革前的科研工作及貢獻一點也不瞭解，而郭先生的科研成就主要是在文革前做的。您應該找郭先生原稀有稀土室的老同志來寫才合適啊！”謝所長說：“小吳，不是我不找他們，而是他們我都找過了，但是他們都說寫不了。我也是沒有辦法，現在只能交給你來寫了。截稿日期很快就要到了，你可要抓緊時間啊！”根據謝所長說的情況，看來這個任務恐怕是想推也推不掉了，於是我只好硬著頭皮答應了下來。當時郭先生已上北京開全國政協會議去了（郭先生于 1980～1990 年曾任第六、七屆全國政協委員），我對謝所長說：“謝老師，郭先生已上北京開全國政協會議去了，我想等他回所後先采訪一下他然後再寫，您看行嗎？”謝所長說：“那好！我準備以所的名義給科學出版社回函，讓他們給緩兩、三個月再交稿。"當時關於這件事我有兩個完全"沒有想到"：第一個沒有想到的是郭先生作為地化所的兩個創所老院士之一，他的傳記竟然沒人願意來負責編寫；另一個沒有想到的是，謝所長竟然會把為郭先生編寫傳記的事交由我來承擔，為此我真的是一點思想準備都沒有。不過當時的實際情況是，由於地化所在廣州開辦分部，從88～89年開始，郭先生原稀有稀土研究室手下的老同事幾乎全部都遷去了廣州，留在貴陽的除郭先生以外僅剩下了三兩個人，因此，謝所長可能是一時沒有找到合適的人選吧。

　　三月中旬郭先生開完全國政協會議以後，因編寫他的學術專著需要在北京查閱有關科技資料，於是老先生又在北京停留了一個多月。五月初郭先生從北京乘飛機返回貴陽時，我和謝所長一道去磊莊機場接他。在回來的路上，謝所長給郭先生說了科學出版社約稿編輯出版《中國當代科學家傳記大辭典》的事，所裡塗先生、郭先生兩位元院士是約稿對象，並說了郭先生的傳記已交由我來編寫等等。於是我便對郭先生說："郭先生，您回所後先休息幾天，然後我抽個時間先採訪一下您，希望您給我介紹一下文革前的科研工作情況和經歷，然後我再來編寫。您看可以嗎？"哪知郭先生聽了以後就對我說："明清，寫傳記的事我沒什麼好談的，你自己直接寫就行了！"原指望郭先生開會回來，通過采訪他能收集到些資料和素材，這樣才更有利於傳記的編寫，然而沒想到採訪被郭先生回絕了，那就只能完全靠自己去收集素材和資料了。於是接下來的幾天我趕緊去到所裡圖書館，查閱郭先生文革前在有關地學期刊上發表的所有學術論文，查到以後並複印下來，接著又把郭先生文革前已公開出版的幾大本學術專著借來，拿回辦公室後反復閱讀這些論文和專著的內容提要，並將其中的要點摘抄下來。然後對這些素材進行精心的構思和取捨，最後又花了兩三個星期，終於編寫出了一篇 4～5 千字的傳記初稿，並反復地修改和潤色了好幾遍。謄正以後趁週末郭師母從省植物園乘車下山來買菜的機會，我寫了封短信連同傳記初稿一起裝在一個大信封裡，交由郭師母帶上山去給郭先生修改定稿。過了一個星期又逢週末時，郭師母下山來把我帶去的大信封又交還給了我，當時我想，郭先生應該已對傳記初稿做了修改了。結果打開信封以後，看到郭先生附有一封給我的短信，信的開頭就說："明清，真是辛苦你了！你為我寫的傳記稿子我已經看完了，你寫得很好！我沒有什麼要修改的了。你就按這個稿子定稿提交給所裡並儘快寄給科學出版社吧。謝謝你了！"自

1991.1.作者与老同学陈维明(左)
摄于上海鲁迅公园

從把稿子帶上山交給郭先生之後，我一直擔心郭先生對我寫的稿子可能不一定滿意，他或許會提出修改意見要我重寫或大改等什麼的，心中一直忐忑不安。這下看了郭先生的短信，才知道我寫的稿子已經完全獲得了先生的

認可，心裡感到如釋負重。這篇稿子經所裡寄到科學出版社
去以後，後來連同塗先生的傳記一起，收錄在科學出版社
1991 年編輯出版的《中國當代科學家傳記大辭典》第四卷
中，國內外正式公開出版發行。以至後來出現在諸如百度等
搜尋引擎或有關中國科學家名人辭典中的"郭承基"條目，
大多都是以科學出版社的這本《中國當代科學家傳記大辭
典》中郭承基院士的傳記為藍本編寫的。

（五）

　　1990年的四月份，所黨委進行換屆選舉時（四年一屆），
我又再次當選為所黨委委員，並且仍兼任黨委辦公室主任。
當時我們黨委辦公室，連我一起算在內總共只有三個人，黨
辦的工作除了黨委交辦的具體工作以外，日常還負責全所黨
員和職工的思想政治教育、黨組織的發展以及共青團的工作
等等，日常工作任務是非常繁雜的，因此，我們三個人平常
都非常忙。我作為所黨委委員兼党辦主任，除了平時出席黨
委會以外，有時還要代表所黨委去上級黨政部門或外單位出
席某些會議或辦理有關事務，每年到了下半年或年終歲末
時，黨政系統的各種總結報告也都要由我來編寫，並要及時
向所黨委和上級黨政部門交差。我粗略地統計了一下，平均
每年由我親手以党辦名義為黨委編寫的各種工作總結或報
告，大小合計總共有十幾個。如果遇到有什麼重大的政治運
動或者節假日的慶祝活動，黨辦的工作人員就更要忙得不可
開交了，此時往往還會邀請其他辦公室的工作人員來幫忙。
當然黨辦偶爾也有相對比較空閒的時候，不過在這種情況
下，即使在黨委辦公室無事可幹時，我也只能坐著喝茶看報

打發時間，從來不在黨委辦公室上班時間看專業書籍或幹自己的專業私活，因為我認為在其位就要謀其政，絕不能坐在黨委辦公室的位置上而幹與黨政工作無關的事情。在我本人極不甘心放棄專業而又長期專職於黨政管理的情況下，我只能利用週末、節假日以及晚上等業餘時間，見縫插針似的幹自己的專業工作。人們常說：功夫不負有心人，一分耕耘，一份收穫。幾年辛苦下來，自己既很好地完成了黨辦的本職工作，科研工作也取得了顯著的成績。

雖然我的科研工作一直都沒有中斷過，而且還一直不斷地有科研論文發表，但在我的專業職稱的評定上，卻受到了不公正的對待。按所裡的慣例和規定，只要科研工作成績或成果達到一定的水準，每晉升一級專業職稱通常都是五年。也就是說從助理研究員(講師、工程師級)升副研究員(副教授級)、或由副研究員升研究員(教授級)，如果不出意外的話，一般五年就可以升一級。我是 1981 年碩士研究生畢業的，1983 年被定為助理研究員，按理，到了 1988 年就該晉升為副研究員了。然而到了 1988 和 1989 年評審副研時，我去人事處詢問有關我的專業職稱晉升的事宜時，所人事處的PXX 卻說因所裡晉升副研究員的名額有限，比我畢業早的很多老同志都還沒有被評上，她要我往後推一、兩年再說。她這麼敷衍我其實我心裡也非常清楚，她就是想把我等同於那些沒有考上研究生的工農學員一起來對待。然而就憑她這樣一句話，在專業職稱的評定上莫名其妙地就把我壓了好幾年。到了1991年，所裡人事處見我的科研工作成績在所裡已是盡人皆知的情況下，不得已才同意我報名參加副研究員的評選，並于當年順利地評上了副研究員的專業職稱。

　　我這個人的性格和為人，在很多人看來是不適宜在中國這種講究人情世故的氛圍環境裡做管理工作的。因為我這人，第一說話辦事喜歡直來直去，不喜歡彎彎繞，沒有也不會搞花花腸子，也就是說話比較直，有時候說話得罪人了自己還不知道。第二，不管在任何場合，不喜歡更不會吹捧和巴結領導，也從不搞卿卿我我那一套，如果要我在領導面前說一些言不由衷或吹捧領導的話，我會在心裡感覺很不自在和彆扭。平時看到有個別人在領導面前溜鬚拍馬，我也會不恥為伍而敬而遠之。因此與領導除了正常的工作關係以外，平時從不往來。第三，自從進了所黨委以後，對於所裡有職工偶爾在上下班的路上向我反映所裡行政管理方面存在的某些問題，並要求我在黨委會上轉達意見時，我都會毫無顧忌地在所黨委會上轉達，因為我認為群眾由於信任你才會向你反映問題，如果你不轉達的話，在某種程度上你就辜負了群眾的期望。當然我這樣的為人和工作態度，下面的群眾自然是非常高興和滿意的，但轉達群眾意見的次數多了以後，無疑就會得罪所黨委領導班子裡頭個別主持所行政工作的頭頭，而這個不高興的人正是所黨委委員兼行政副所長的LXX。這位LXX因平時馬列主義不離口，開口必稱馬列，因此人們給他取了個外號叫“L克思”。然而 LXX 表面上對人馬列主義，對己實則是利己主義，是個不學無術而且私心雜念極重、權慾薰心的人。平心而論，這個LXX自80年代中期任了行政副所長以後，其所主管的行政處無論是在房屋基建或是在住房分配等方面，所裡職工的意見都非常大。到了90年左右，所行政處長因在房屋基建工程的招投標過程中索賄受賄被包工頭舉報而被貴陽市公安局逮捕了，此時 LXX 所主管的行政後勤管理工作，可以說是一地雞毛。然而奇怪的是，1990 年所黨委換屆以後，此人卻從副所長、黨委委員改任了所黨委副書記（不久又提升為書記），而他的夫人就是在人事處主管教育和人事、並且在我申請碩士學位和申報晉升副研究員時加以阻撓和刁難的 PXX。按照共產黨的有關基層組織原則和規章制度，如果夫妻兩人同在一個單位工作，其中一方在單位上任一把手時，其配偶不得擔任該單位的人事或財務管理等要害部門的主要負責人（即夫妻二人必須要避嫌），以避免發生貪污腐敗或專權弄權。然而當年由 LXX 任黨委書記的地化所卻不是這樣，88～89 年地化所原人事處長張克文調廣州分部任職以後，所裡本來重新任命肖學軍做了人事處長。肖學軍原是地化所文獻出版組的負責人之一，因為他為人正派、工作認真負責，又是 90 年所黨委換屆後的黨委委員，是所人事處長的最佳人選。肖學軍到人事處工作以後，為解決所裡部分職工的兩地分居等實際問題做了許多工作，深得所裡職工的信任。然而就是這樣一位為人正直、作風正派、工作能力很強的同志，卻照樣受到了 LXX 的打壓和排擠。到了 1993 年下半年，LXX 就把人事處長肖學軍打發去貴州省扶貧辦任職而排擠出人事處以後，於是便親手把他老婆提拔成了人事處長，此後人事處連一個副手都不配置，完全由他老婆一人徹底地掌控了地化所的人事、教育及外事大權長達七、八年之久。如此公開違反組織原則的人事安排不僅在地化所的歷史上是空前絕後的，即使在社會上也從未見有任何一個大小單位會有如此的專權現象。

客觀地說，1990年所黨委換屆時，這一屆的所黨委成員個人素質還是相當高的。當時這一屆的所黨委成員有高振敏、付平秋、張寶貴、肖學軍、吳明清、胡瑞忠等。這批黨委成員除胡瑞忠是剛進所不久的新人以外，其他成員比如高振敏、張寶貴、肖學軍以及付平秋等都是老同志，他們在所裡不僅業務能力很強，而且為人正直、作風正派，在所內有很強的群眾基礎和很高的威望。然而由於 LXX 心術不正，再加上通過他老婆掌控的人事處進一步地加以操弄，結果這些正直的人一個個都不受待見，到93年的時候肖學軍就被排擠出了人事處和所黨委，此後人事處就成了她老婆 PXX 一人獨霸的天下。

1990 年所黨委換屆我又連任了所黨委委員以後，LXX 和他老婆就一直想扶持在所紀委工作的另一個工農兵學員來頂替我，從而達到把我從黨委辦公室擠走的目的。然而從我本人來說，實際上我也不想在黨委辦公室長期待下去，因為我自己中意的仍然是專職從事科研工作或找機會出國深造。但是無論是 LXX 還是他老婆，當時他們也沒有找到一個正當的理由讓我從黨委辦公室離開，而我當時的想法是在沒有更好出路的情況下，也不想貿然提出來離開黨委辦公室。因為按照當時所裡科技改革的要求，凡是在一線從事科研或技術開

發的科技人員，其工資及福利待遇均由個人的科研課題經費
來承擔，而屬於管理崗位的二線員工，他們的工資及福利待
遇則由科學院下達的行政管理經費負責。因此，如果我沒有
自己的科研專案和課題經費的話，回研究室以後就只能靠掛
在別人的專案上，但這還要看是否有人願意接納，否則是難
以生存的。當年由於我一直在黨委和黨辦工作，自己手裡還
沒有單獨申請到一個像樣的科研專案，這就是為什麼我當時
還不想退出黨辦而去專職從事科研工作的原因。另外，為出
國的事，我也曾試探過人事處主管外事教育的 PXX，那是在
90 年所黨委換屆改選之前，我去人事處找到了 PXX 並告訴
她，86 年那屆的所長、書記曾對我許諾過，如果我放棄去日

本留學的機會而留在所黨委工作的話，所裡答應將來給我一個一年或半年左右的短期出國名額，不知所裡人事教育處對此作何打算時，PXX 一聽當場就拒絕了我。她說她從來就不知道有這麼一回事，還說現在所裡根本就沒有出國指標，即使有出國指標，

現在畢業的研究生這麼多，根本都輪不過來。並對我說：當時是哪個頭頭答應的，你就去找那個頭頭要嘛！言下之意就是，即使現在所裡有出國指標也不會給我。當然這樣的結果是我早就意料到了的，我一點也不感到意外。

正當 LXX 和他老婆攪盡腦汁如何才能把我打發出黨委辦公室而發愁的時候，先是 1992 年的春天，科學院外事局下文給各研究所，要求各所抽調部分處級科技管理幹部去北京培訓英語，以便為外交部駐外使領館輸送外交人員。當時所裡人事處收到檔以後，很快就來告訴我，問我是否願意去？多年以來我一直在夢想如果有機會能出國進修的話，對我的專業工作或個人前途一定會有好處，但是一直苦於沒有機會。當我聽到這個消息以後，認為如果能出國做外交人員的話，也是個不錯的選擇，於是 92 年三月底我就和肖學軍一道報名去北京中科院培訓英語去了（肖也是因在人事處任職以後感覺處處受到 PXX 的排擠而想離開）。當年七月中旬，我們在北京學習完三個月的英語以後，院裡要大家回研究所聽候通知，但此事後來就沒有了下文。全院一起去參加外語培訓的二十多人中，據說後來僅派出了五人。到了 1993 年年初，貴州省有關部門又下文，要地化所選派一名中層管理幹部（處級），去貴州省清鎮縣任科技副縣長，任期為三年，下去任職期間，所裡的一切待遇不變，縣裡還發一份工資。所裡得到通知以後，人事處第一時間又來通知我，問我是否願意去。我心想在所裡黨辦上班，晚上和週末我還可以繼續幹自己的業務，假如去清鎮縣當了科技副縣長，儘管在經濟待遇上相當實惠（可以拿雙份工資），但那就要徹底地放棄自己心愛的科研事業了（因為我不可能再在晚上或週末時間幹業務了)，這顯然不是我內心所想要的，於是我就婉言謝絕了。通過這兩件事我更清楚地知道，LXX 和他老婆真的是不希望我在黨委辦公室這個地方長期待下去了(因擔心我長期待下去將來他們退休以後或許會對他們不利)，處在這樣一種上下左右關係並不融洽的工作環境當中，我的心情自然不是很愉快，於是我就萌生了應該儘快尋求自行出路的想法。

(六)

孔子說："三十而立，四十而不惑，五十而知天命。"到了 1993 年的時候，我已經四十多歲了，早已過了不惑之年。此時，我已真正地意識到我不能再在黨辦這個環境中如此地混下去了，應該是到了對我的個人前途進行好好地規劃的時候了。自從86年進黨委和黨辦工作六、七年以來，雖然在完成黨政管理工作的同時，自己兼職完成的科研工作也做出了不錯的成績，但我也為此付出了大量的精力和業餘時間。我也非常清楚一個人的精力和時間是有限的，我不可能在從事黨政管理工作的同時，還能長期地堅持業餘時間把科研工作做下去，如果是那樣的話，長此以往身體有可能會吃不消，而且科研工作也很難做得好。我想如果退出了黨辦和黨委，專職從事科研工作的話，相信自己在科研業務上還會有更新的突破或更大的發展空間，但當務之急是在退出黨辦之前，如何才能拿到一個比較大的項目，這樣退出黨辦和黨委以後，就可以毫無顧忌地專心搞我自己的研究專案了。經過一番的仔細思索以後，心中的目標明確了，決心也就下定了，於是我就想從最近幾年的科研成果中動動腦筋，嘗試從中去發現某些新的問題或新的生長點，由此提出新的研究課題。

　　我在 1991～1992 年發表的 5-6 篇科研論文中，份量最重的是利用海相介殼化石中稀土元素鈰異常來探討古海洋環境的氧化還原條件，收到了較好的效果。這項工作在國內屬首創，國際上也只見零星報導，且尚無系統性的工作。因此，我想繼續利用稀土元素來探討古海洋環境這個問題上進一步再做做文章，並著手閱讀大量相關的中外文文獻資料。通過大量地調研了中外文資料以後，我注意到國際上已有少數學者在研究白堊紀末恐龍滅絕事件界線地層中的稀土和微量元素，藉以探討恐龍滅絕事件的原因，並取得了顯著的成果。由此，我考慮到咱們中國華南地區有若干條出露非常完整的二疊/三疊系(P/T)生物滅絕事件界線剖面，我何不以華南地區的這幾條 P/T 界線剖面作為研究物件，利用稀土元素的獨特地球化學性能，來探討一下當時的古海洋環境，進而探尋二疊紀末的生物滅絕事件的起因呢？這樣的研究別說中國從沒有人做過，就是國際上也還尚未見報道。於是我於1993 年 5 月份起草了一份《中國華南地區二疊/三疊紀(P/T)

生物滅絕事件界線剖面稀土微量元素地球化學研究》的國家自然科學基金

1993.6.四川乐山卧佛

項目申請書，通過所科技處上報到國家自然科學基金委。93 年 6 月份，我又得知科學院教育局有留學基金專案可以申請，於是我又編寫了另一份中科院教育局的留學基金專案申請書，上報到中國科學院教育局。

這裡需要先給大家交待一下什麼叫生物滅絕事件？什麼又叫二疊紀末的生物大滅絕事件？科學家們經過研究發現，地球自生物誕生以來，在地質歷史中一共經歷了五次大的生物滅絕事件，這五次生物滅絕事件分別發生在大約 4.4 億年前的奧陶紀末期、3.5 億年前的石炭紀末期、2.5 億年前的二疊紀末期、2 億年前的三疊紀末期以及 6500 萬年前的白堊紀，這五次地質災變事件分別發生時，當時地球上的絕大多數生物基本上都滅絕了。其中又以 2.5 億年前二疊紀末的這次生物滅絕事件最為典型和巨大，據統計當時地球上 96%的生物門類全都滅絕了，而滅絕的原因科學家們提出了諸如氣候災變說、海底火山爆發說或隕石撞擊說等等假說，但都尚未獲得可靠的證據和取得一致的結論。由於二疊紀末的生物滅絕事件是五次災變事件中規模最大的，因此，對這次生物滅絕事件的研究尤其引起科學家們的重視。我國華南地區因有世界上出露最為完整的二疊/三疊系(P/T)界線地層剖面，這為我國科學家研究 2.5 億年前二疊紀末的這次全球最大的生物滅絕事件提供了得天獨厚的物質條件，歷來受到國際地質學界的關注。由於當時國內外尚未有人開展過這方面的工作，為此，我選擇了《中國華南地區二疊/三疊紀(P/T)生物滅絕界線剖面稀土微量元素地球化學研究》這一項目，擬通過稀土元素的特殊地球化學性能來探討二疊紀末的古海洋環境，以期為探尋該次生物滅絕事件的起因提供某些依據。

　　兩個基金
專案申請書雖
然都已經上報
了，但能不能
獲得批准，當
時心中確實沒
有多少把握。
但是我想，如

1993.6.四川峨眉山

果這兩個基金專案，哪怕只有一個獲批，第二年(即1994年)
我將宣佈離開黨辦和不再參加94年下一屆的黨委改選。正當
我像盼星星盼月亮一樣地等待當年兩個基金專案審批的消息
時，93年9月中旬，我分別收到了國家自然科學基金委和中
科院教育局發來的通知，告知我兩個基金專案都分別獲得了
批准，其中國家自然科學基金委批准的面上科研基金專案資
助科研經費為7萬元，執行期限為3年；中科院教育局批准
的留學基金項目為高級訪問學者，訪問期限為6個月，出訪
國家為北美地區的美國或加拿大，資助經費為5000美元，即
在出國訪問工作期間，除每月由駐外的中國使領館發給生活
費以外，額外還發給自己5000美元，這就相當於在出訪國外
期間獲得了雙份生活費，其待遇比一般普通公派訪問學者或
留學生還要優厚。得知這兩個基金專案獲批以後，我終於大
大地鬆了口氣，心想這幾年的辛苦終於沒有白費，我終於有
自己的科研專案了，同時我終於也有機會可以出國進修了，
而這個機會完全是憑自己的科研實力競爭得來的，不是靠別
人施捨的。當時的那種激動和愉悅之心情，可以說是難以形
容的。另外，我不知道地化所的科技人員在我之後是否還有
人成功地申請到了院裡的留學基金沒有，但至少在我之前還

沒聽說過地化所有誰申請過並得到了院裡的留學基金資助的。因此，可以毫不誇張地說，我應該是地化所歷來成功地申請到了中國科學院留學基金的第一人。

古今中外的眾多事例說明，任何成功都不是偶然的，而是經過艱苦努力後的必然結果。也就是說沒有人是隨隨便便就可以取得成功的，成功的背後都有許多不為人知的艱辛。試想一下，我86年進所黨委以後，如果只醉心於"當官"而在科研業務工作上得過且過，既不鑽研業務，也不溫習外語，只想舒舒服服地過日子，我想過不了三、五年，我也很可能像某些在管理崗位上的科技人員那樣，科研業務也就徹底地荒廢了。如果要是那樣的話，當我在所裡受到個別惡人刁難或打壓的時候，豈不是要被他們給憋死了嗎？因此，可以毫不誇張地說我在所黨委及黨委辦公室工作的八年，在很好地履行了黨政管理本職工作的同時，又在兼職的科研業務上通過艱辛的努力，取得了突出的成績，否則我不可能在進黨委工作了七、八年之後，在一年之內還能獨自申請到了兩個國家級的基金專案。而且我申請的研究專案也不是憑空想像出來的，而是通過前期數年的科研工作積累，在先前科研成果的基礎上，同時借鑒了國際同行的先進思想理念提練昇華而得到的，其間所經歷的艱辛難以為外人道。由此可以看出，一個人努力了不一定會成功，但不努力就一定不會成功。因此，所有成功的背後，都隱藏著不離不棄的堅持；所有人前的風光裡，都包含著許多不為人知的辛酸。所謂"一分耕耘，一分收穫"，此言的確不虛。

第八章 膽囊手術 死裡逃生

（一）

1993 年 9 月中旬，正式得知我的國家自然科學基金專案和中科院的留學基金專案同時獲批以後不久，大約是 11 月份，我就正式告知了所裡的大頭目及其他的黨委成員：從 94 年元月 1 號起，我將從所黨委辦公室退出來，專職從事我的科研專案了，同時也告知他們，94 年的黨委換屆改選我將不再參選。大頭目聽了以後表面上顯得非常高興，但是當得知我不僅申請到了國家自然科學基金專案，而且同時還獲得了科學院的留學基金，其真實想法如何恐怕也只有他自己知道了。

從 94 年年初開始，我就開始籌畫如何開展自己的國家自然科學基金研究專案了。我的基金專案名稱為《中國華南地區二疊/三疊紀生物滅絕事件地質界線剖面的稀土微量元素地球化學研究》，其工作主要包括兩個部分，一個是地質學方面的工作，另一個就是分析測試方面的工作。其中地質工作即地層剖面的正確選擇和界線剖面上的精準取樣，是本專案能否取得成功的核心和關鍵所在，一旦地層剖面選擇不當，或者在界線剖面上的取樣不精准，下一步獲得的分析測試資料，其可靠性就將大打折扣。因此早在立項階段，我就對項目組的專業人員組成進行了深入考慮，為此特別邀請了所裡的老地質人員加入專案組。同時還考慮到，項目研究的地質剖面基本上都分佈在貴州，為此我又邀請了貴州地礦局區域地質調查大隊的周德權地質工程師作為專案組的成員。
這樣的人員配備和組合，為我們的科研基金專案地質工作的
順利開展，提供了品質保證。而在基金項目的地質樣品分析
測試工作方面，由於我有一個為期半年的留學基金項目，我
計畫把採集到的地質樣品帶到國外去，充分利用國外實驗室
裝備的先進分析測試儀器和設備，來對我的樣品進行分析測
試，這樣就能夠獲得更為準確的分析測試資料，由此而得到
研究成果也就更有具權威性。

　　在籌畫如何開展國家自然科學基金專案研究的同時，我
到所圖書館去大量地閱讀國外的有關專業文獻資料，尤其特
別留意和關注美國及加拿大是否有關本專業領域的文章。如
果發現有關地層界線稀土微量元素地球化學方面的文章(無
論任何地質時代)，而作者又是美國或加拿大的大學或研究
機構的教授或科學家，我就立即把作者的通訊位址抄寫下
來，然後給這些教授和科學家寫信推薦自己，並告訴他們我
有一個為期半年的國家公派訪問學者計畫，準備自帶課題和
樣品去對方實驗室工作，而且不需要對方承擔生活費用。不
久我就在英文的《Geology》(《地質學》)1994 年的最新一
期刊物上，查到了一篇有關加拿大英屬哥倫比亞省二疊/三
疊(P/T)紀生物滅絕事件有機碳同位素研究的英文文章。文
章的第一作者英文名叫 Kun Wang，我推測作者很可能是中國
人。於是我根據文章提供的通訊位址，立即給 Kun Wang 去了
一封英文信，信中把我的國家自然科學基金專案的研究內容
向對方做了詳細介紹，同時告訴他我有一個公派的留學基金
專案，訪問國家是美國或加拿大，不知他的工作單位能否接
收。與此同時，我也查到了美國哥倫比亞大學地質系有個叫
Wright 的教授，他也在做二疊/三疊(P/T)紀界線剖面微量元

素地球化學方面的工作，我也同時給Wright教授去了信。兩封信發出去以後，大約過了一個半月左右，我首先收到了加拿大 Kun Wang 的回信，Kun Wang 告訴我，他說他是個中國留學生，中文名字叫王琨，是北大地質系畢業的，1988 年到加拿大留學，1994 年加拿大阿爾伯塔大學博士畢業以後，現在加拿大地質調查所做博士後。王琨說，他和他的老闆(地調所的研究教授)對我的研究專案非常感興趣，他們很願意與我開展合作研究，並希望我去地調所一起工作。過了一兩個星期，我也收到了美國哥倫比亞大學Wright教授的回信，他也表示願意與我開展合作研究，並希望我把推薦信給他寄去。我仔細地權衡了一下美國和加拿大兩個單位的情況，覺得加拿大地調所有個中國人在一起，工作起來可能更順手一些。考慮到我當時的英語口語不是很好，如果去美國工作的話，擔心英語交流一時適應不了，於是我就婉言謝絕了美國哥倫比亞大學的教授，而一心考慮聯繫加拿大地質調查所就

1994.8.贵州紫云县野外考察

行了。其後，我又先後同王琨和他的博士後導師通了幾次信，並隨信寄去了我的英文簡歷並附上歐陽自遠院士及我的導師郭承基院士的推薦信。此後，我就與專案組的成員一邊抓緊做界線地層剖面的野外地質考察工作，一邊耐心地等待加拿大地質調查所的邀請信。

　　我的國家自然科學基金科研專案的研究物件，即中國華南地區的二疊／三疊(P/T)系生物滅絕事件的地質界線剖面，主要分佈在貴州、四川、湖北及浙江，其中貴州有三條出露非常完整的剖面，即一條在遵義高橋，一條在貴陽都拉營，另一條在望漠縣樂康。而四川、湖北和浙江則均分別只有一條出露非常完整的剖面，即四川廣元的上寺剖面、湖北黃石剖面和浙江長興縣煤山剖面。不過這幾條剖面相互比較起

1994.7遵义高桥P/T剖面野外考察(左为南君亚教授，右为作者)

來，以浙江長興縣的煤山剖面工作程度最高和知名度最大，中科院南京地質古生物研究所和中國地質大學等中外學者，都曾在煤山剖面的地層古生物學方面做過大量的工作，該剖面並已被國際地層學界推薦為二疊／三疊系(P/T)界線層型標準剖面。因此，我們項目組便把這幾條剖面作為基金專案的研究物件。於是從94年的5月份開始，我們項目組

的幾個人(南君亞、馬昌和、周德權和我)首先在遵義高橋剖面開展野外地質考察和取樣工作。由於本項目對研究剖面的界線定位精准度要求極高,界線剖面上的取樣要求也極為嚴格,因此,每個剖面至少得需要一個星期左右的時間才能完成考察和取樣工作。遵義高橋剖面的工作完成後,我們接著轉戰到貴陽都拉營剖面,最後是黔南地區望謨縣的樂康剖面。其間,我們在去望謨縣的途中,還順路在長順縣睦化鄉考察了一條出露比較完整的泥盆/石炭紀生物滅絕事件界線

1994.7 貴州长顺县睦化泥盆/
石炭纪剖面考察取样

剖面,並在該剖面上系統地採集了樣品。上述野外地質考察工作結束後,94 年 9 月份我們又去貴州省紫雲縣考察了三疊紀的地層剖面。至於湖北黃石及浙江長興等地層剖面,因當年野外工作任務繁重,時間安排上來不及開展,因此想留待第二年上半年抽時間再去補充考察。野外工作結束回所後,接下來是對數百塊地質樣品的大量室內整理工作,我作為專案負責人自然是每一件工作都得親力親為。經過數月的野外地質考察奔波和室內大量地質樣品的處理工作,極大地消耗了個人的體能和精力,因此,到接近年末時整個人感覺非常地疲憊。

（二）

正當室內的樣品處理工作尚在緊張進行的時候，大約在 1994 年 11 月 20 號左右，我就收到了加拿大地質調查所杜克 (Duke) 所長的正式邀請信，邀請信說加拿大地質調查所非常歡迎我去他們那裡工作，並希望我能於 95 年 4 月份赴加。為

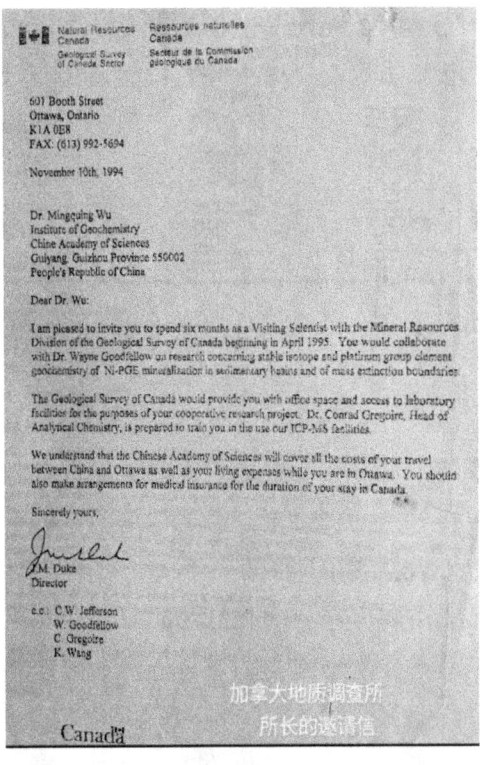

加拿大地质调查所
所长的邀请信

此我感到非常地高興，同時也感到我的樣品整理和其它出國準備工作更要加緊進行了。11 月 24 號早晨起床以後，早餐時我吃了兩碗雞蛋炒飯（我從小的最愛），飯後繼續去辦公室整理地質樣品和處理業務工作。到了下午，我開始感覺全身發緊，整個人渾身上下都不舒服。晚飯時我雖然沒有食欲，但還是勉強地吃了點東西，到了晚上 9 點鐘左右，我的右上腹部開始隱隱作痛，同時還牽扯到後背發緊發脹，渾身上下感覺非常難受。實在不能堅持繼續坐著，於是我就早早地上床休息去了，心裡想也許是最近工作太累了，今晚上好

好地睡上一覺，明天早上起來或許就好了。然而上床以後，右上腹部的疼痛不但沒有減輕，反而疼得越來越厲害了。由於疼痛難忍，於是我只好在床上翻來覆去地變換睡姿，試圖想找到個躺著稍微舒服一點的姿勢，但是不管如何翻來覆去地變換睡姿，右上腹的疼痛感卻越來越嚴重了。此時，我已經意識到很可能是自己的膽囊炎發作了，因為我在91年秋季體檢時曾查出患有膽結石，而此前又曾經聽人說過膽囊炎發作時是如何疼痛的，不過當時我還想如能堅持的話，強忍著等到第二天早晨天亮以後再去醫院。當天晚上我就這樣在床上痛苦地堅持強忍著，看看是否能夠等到天亮。但是當我強忍著到了淩晨一點鐘左右的時候，右上腹牽扯到後背的疼痛已經是劇烈難耐了，此時我全身已是大汗淋漓，而且呻吟不止。妻子見此症狀，著急地問："怎麼回事？怎麼會那麼疼？"我說："很可能是膽囊炎發作了！"妻子說："那就趕快上醫院看急診去吧！"我說："那就趕快走吧，我實在是疼得受不了啦！"當年社會上還沒有計程車服務，半夜三更的公共交通也早已停運了。好在我們的住家離貴州省人民醫院不遠，我穿戴好後在妻子的陪伴下，急匆匆地就步行去到了省醫的急診室。值班醫生問了一下我的病情，我告訴醫生說三、四年前體檢時查出我自己患有膽結石，但我從來沒有感到過不舒服。今天早上我吃了兩碗雞蛋炒飯，下午身體感到渾身不舒服，到了晚上右上腹部就開始疼痛起來了，而且這個疼痛還牽扯到了後背。醫生聽了我的陳述並結合我的症狀，診斷結果就是由膽結石引發的膽囊炎發作了，醫生說要打封閉針止痛才行。於是醫生立即給我開了處方，讓護士馬上給我注射了一劑杜冷丁，這封閉針才打了不到十分鐘，結果我就已經明顯地感覺到右上腹部的疼痛逐漸地就減輕了。大約過了半個小時，我右上腹部的疼痛感就完全消失了。為了保險起見，我和妻子又在急診室裡坐等了一個多小時，眼見我的右上腹部已經完全不疼了，於是我們就告別了醫生步行回到了家中。此時已經是凌晨三四點鐘了。

我當天晚上回家睡了一覺，早晨 9 點過鐘起床以後，多少又吃了點早餐。然而到了上午 10 點過鐘，我的右上腹部又開始疼痛起來了，到了 11 點鐘以後，右上腹的疼痛又像昨天晚上那樣難以忍受了，於是我和妻子又急忙回到了省醫急診室。見到了醫生，我又要求醫生再給我打一針杜冷丁止痛，結果醫生說：“你這個止痛針不能再打了，杜冷丁打多了是要上癮的。你現在的膽囊炎症已經很嚴重了，只能住院治療了。”於是當天上午辦完住院手續以後，我就住到了貴州省人民醫院外科大樓八樓的外科病房裡去了。入院以後，當天外科病房的醫生又為我做了 B 超檢查，結果發現我的膽囊炎症確實已經非常嚴重了，B 超影像顯示膽囊已腫脹得如雞蛋一般大小，而膽囊裡的結石直徑大約有兩釐米左右。醫生告訴我，根據我現在的病情，首先得住院輸液把膽囊的炎症消下去，等膽囊消炎以後下一步再做手術將膽囊切除掉。我雖然知道出國以前的準備工作非常繁忙，但是現在已經住院了，無可奈何，一切只能聽從醫生的安排。既來之，則安之，把病治好再說吧。

(三)

11 月 25 號住院以後，從第一天開始醫院幾乎天天都給輸液消炎(一般是上下午各輸一到兩瓶)。住院醫生說，通過輸液(加入抗生素)把膽囊的炎症消下去以後，接著就給我動手術把膽囊和結石一塊兒拿掉，這樣就可以一勞永逸地解決膽結石的問題了。如果不切除膽囊，而只取出膽結石的話，時間長了膽囊裡還會再長出新的結石來，於是由結石引發的膽囊炎症還會再反復發作。因此，一般由膽結石引發的膽囊炎，都是對膽囊消炎後再將膽囊進行切除。我問醫生輸液消炎大概要輸多久膽囊的炎症才會完全消除？醫生說，一般情況下輸液一個星期左右膽囊的炎症就可以消除了，但針對我的病情，膽囊的炎症非常嚴重，估計輸液消炎至少得需要兩個星期，所以預定住院消炎兩周後再給我做膽囊切除手術。

我這個人的身體素質向來還是比較好的，平常很少生病，至於生病住院，而且還要動手術，這是我平生以來的第一次。偶爾聽親朋好友們說，如果住院動手術的話，最好能托朋友或熟人找個熟悉的主刀醫生，這樣的話醫生在給你動手術的時候，他會格外地細心負責，手術也就會做得更好。為此，我們還真的托朋友在省醫外科找到了外科的副主任方醫師，作為我的手術主刀醫生。於是在我住院輸液消炎期間，方主任經常跑到病房裡來同我聊天，他通過朋友介紹得知我原是地化所黨委的成員和党辦主任，並且也知道我明年要出國去做訪問學者了，因此方主任對我很熱情，我們兩人有很多共同的話題，聊起天來顯得格外投機。上世紀90年代中期，一般的膽囊切除手術都是傳統的開刀，耗時大約 1 個半小時左右，屬於中小手術。托人找到方主任以後，開始時他也是說的為我做傳統的開刀手術，但有一天方主任同我聊天談到膽囊切除手術時，他說：“小吳，我看你這個人的身體素質不錯，工作又特別忙，你的膽囊切除我想給你做腹腔鏡微創手術，你看怎麼樣？”我問方主任什麼是腹腔鏡微創手術？他說：“腹腔鏡微創手術是最近幾年才發展起來的一門新興的外科手術，這種手術不用開刀，只須用鐳射在肚皮上打幾個小孔，然後用探頭伸入腹腔內在電視螢幕上看著做手術。其特點是創口小、恢復快，比如今天做手術，明天就可以下床，後天就能出院了。”他接著又說：“我們最近剛把這項新技術從上海引進到我們醫院裡來了，半個月以前，我給一位六十多歲的老太太做了腹腔鏡膽囊切除手術，頭天剛做完手術，第三天她就出院了，效果非常好。我看你這個人年輕，身體素質又好，做了腹腔鏡手術，很快你就可以出院了。你的工作不是很忙嗎？這樣你就可以很快地康復上班了！”我聽方主任這麼一說，腹腔鏡微創手術居然有那麼多好處，為何不採用呢？而且我向來的觀點是請師師作主，於是當時我很樂意地就接受了方主任的建議，同意他採用腹腔鏡微創手術將我的膽囊切除掉。最後方主任說：“那就這樣定了。你是 25 號住的院，輸液兩個星期到 12 月 8 號，你的膽囊炎症應該就完全消了，到時候咱們就做腹腔鏡微創手術吧！”

12 月 8 號上午八點過鐘，病房的護士來告訴我，要我上 13 層的手術室去準備做手術，並問我能不能自己走，如果不能走，護士就用醫院的擔架床來推我。我想我還沒有病到連路都走不動的程度，我說乘電梯上手術室去應該沒問題，於是我就自己走路，乘電梯上到了 13 樓的外科手術室。進了手術室，只見三、五個年輕的女護士正在做手術前的準備工作。她們見病人到了，一個護士要我脫了病號服，並讓我躺在一張像病床一樣的手術臺上。這時有兩個年輕女護士走上前來，見我還穿著短褲，便笑著對我說：“吳先生，現在我們要給你脫褲子了，應該沒有問題吧？”我有點尷尬地說：“該脫就脫嘛！哪有什麼問題啊？！”（人一旦生病住了醫院，什麼個人隱私、個人尊嚴就一錢不值了，一切全憑醫生和護士的安排與擺佈）。有一個年紀稍長的可能是麻醉師的女士說："你這個手術是全麻，本來麻醉劑要從脊椎上打進去的，但現在我們就給你把麻醉劑加在輸液的鹽水瓶裡，一起給你輸到血液裡去就行了，要不然的話從脊椎上打麻醉針是很疼的。"我說那太好了，謝謝你們了！這時有個護士已在我的右腳踝上扎針安上了輸液管子和輸液瓶，接著就開始給我輸液了。此時我順便抬眼瞅了一下手術室牆上的掛鐘，時間大約是8:50左右。我就這樣安靜地躺在手術臺上，不知不覺中很快就睡著了。

我躺在手術臺上不知沉睡了有多久，睡夢中感覺到我的肚皮上火辣辣的又熱又燙，那情形仿佛就像抬鋼板去燒電焊一樣，但這個感覺好像沒一會就消失了。不知過了多久，朦朧間我突然聽到一個甕聲甕氣的男士說："哎喲！他的這個膽囊像雞蛋那麼大那麼硬，拿不出來怎麼辦？"然後我又什麼也不知道了。此後，不知又過了多久，突然間覺得我平躺著的身體好像開始在緩緩地離開地面向空中上升，而且後來似乎是越升越快、越升越高。也不知是上升了有多久多高時，我突然睜開眼睛一看，只見眼前出現了許許多多閃閃發亮的星星，而且星星與星星之間的排列非常有規律，就像中學學化學時老師講的原子的晶格結構那樣地規整，同時這些閃閃發亮的星星發出的光芒還非常強烈和刺眼，而我的感覺好像是自己就是這些星星當中的一顆。此時我在心裡嘀咕：這是怎麼回事？難道我自己已經不行了嗎？是不是到了太陽系的邊緣了？怎麼天上會有那麼多又大又亮的星星？此時我感到心情非常地沉重。又不知道過了多長時間，突然又覺得自己好像一片羽毛那樣，輕飄飄地、慢慢地又降落到地面上

來了。此時心裡又想：哦！可能是得救了吧？！好像又回到
地球上來了，心裡頓時便高興起來。此後又不知過了多久，
我突然聽到一個女生在問："多少時間了？"另一個女的回
答說："十二點半了。"這個時候我基本已經醒了，心裡還
嘀咕了一下：不是說手術只需要一個多小時左右的時間嗎？
怎麼都已經過去三個多小時了？此時我覺得醫生好像正在我
的肚皮上縫針，而且縫針的線拉扯肚皮時扯得很緊也很疼，
我已經完全意識到醫生給我做的是開刀手術了，於是我用右
手推開嘴巴上的氧氣罩(左手臂上好像綁著血壓計動不了)，
一邊大聲地說："醫生，快給我打點麻藥吧，我疼得很！"
縫針的醫生說："快了！快了！再忍耐一下就完了，現在已
經縫到第三層了！"有個護士說："快點！快點！人已經醒
了。"我說："醫生不是說不開刀的嘛！怎麼縫起針來
了？"好像是主刀醫生方主任的聲音："哎喲！今天你這個
手術差點把我們給難住了！"言下之意，他們似乎在手術過
程中遇到了什麼大麻煩似的。就這樣，我又強忍了半個多小
時手術縫針的痛苦，到了下午 1:00 鐘左右，手術才完全結
束。

　　手術過後的第三天，我們病房當天全程參與手術的護士
長小張給我講了當天手術的詳細情況。一開始小張就說：
"吳老師，你這個手術真是太危險了！差一點就沒有把你給
搶救過來。"我問是怎麼回事？她說：剛開始方主任確實是
給你做的腹腔鏡膽囊切除手術。做腹腔鏡手術的時候，首先
要用鐳射在肚皮上打四個小孔，其中兩個孔打在胸口部位，
另一個打在肚臍附近，最後一個打在腹部的右上側肝臟部
位。孔打好以後，就用兩個帶攝像頭的探頭伸到腹腔中去，

看著電視螢幕做手術。由於你的膽囊炎症還沒有完全消下去，整個膽囊仍像雞蛋那麼大又紅又腫，而且還挺硬的。由於鐳射打的小孔直徑大約只有 1 公分左右，結果不管方主任怎麼想辦法擴張鐳射打的小孔，但雞蛋般大小的膽囊就是拿不出來。方主任反復地折騰來折騰去，始終不見效果，結果急得方主任束手無策地說：「他這個膽囊硬得很，拿不出來怎麼辦？」方主任搞累了，於是又換助手來弄，經過幾番反反復複地折騰來折騰去還是不見任何效果，始終還是沒辦法把膽囊拿不出來割掉。不一會，也不知道是主刀醫生的助手拿著探頭在腹腔中反復來回地攪弄時不小心戳破了腹腔內部的動脈血管，還是怎麼弄的，結果立刻引起了腹腔內部大出血。方主任見情況緊急，一邊急著試圖儘快止血，一邊指揮叫趕快把腹腔內的淤血吸出來。由於鐳射打的孔很小，加上血液湧流得太快，醫生根本無法看清楚腹腔內出血的具體部位在哪兒，因此血流一時很難止住。由於失血過多，此時全程監測的血壓計顯示，你的血壓突然急劇地下降到了 40-50/80-90 毫米汞柱，而且血壓還在持續下降當中，如不儘快地把腹腔內的流血止住，病人隨時都可能有生命危險。方主任見此緊急狀況，連連歎氣地說：「媽的，今天這個手術難道要搞砸鍋不成？這可是熟人托我做的呀！」最後經過緊急處理和搶救，終於把腹腔內的血流止住了，此時方主任才算松了口氣。血是止住了，但面臨的情況是需要馬上進行輸血。根據當時醫院的規定，單位職工住院需要輸血時，需要該職工的單位出示義務獻血證，醫院才給輸血，否則就要住院病人家屬現找人來輸血或買血。幸好地化所每年都組織有職工去省醫義務獻血，因而地化所醫務室持有省醫頒發的義務獻血證，不過在一般情況下，醫院不見獻血證是不給病人輸血的，但在緊急情況下先讓病人家屬墊上部分押金，然後醫院就可以給病人輸血了。於是方主任一面讓人打電話去地化所醫務室，叫他們趕快把地化所的義務獻血證拿來，一面又叫等候在手術室外的家屬先交上 300 元的押金，於是醫院立即就給我輸了兩千多毫升的血漿。輸完血血壓上升穩定以後，方主任只得按第二套手術方案即傳統的開刀手術將我的膽囊切除掉。在進行傳統開刀手術的時候，我這個人身材雖然不算高大，但胸腔比較寬闊，因而肝臟位置顯得比一般人的相對要高很多，方主任在做手術時，他是沿著胸部肋骨邊緣切的創口，當時的創口差不多有 20 來釐米那麼長(注：手術雖然已過去二、三十年了，但刀口的疤痕長度與手術時的差異並不太大，見照片)。創口切開後，膽囊就能夠輕易的連同肝臟一起拿出來，然後膽囊就被切掉了。由於手術中出現腹腔內動脈血管大出血等病危情況，手術醫生又是搶救又

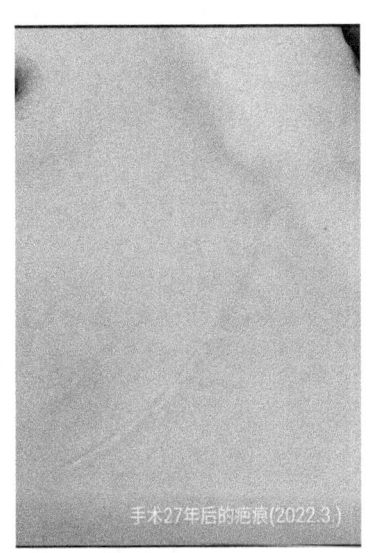

手术27年后的疤痕(2022.3.)

是輸血的，最後又做了傳統的開刀手術，如此這般地折騰來折騰去，你的這台膽囊切除手術耗費的時間就相當於兩三台相同的手術了。幸好最後還是被搶救過來了，而且手術也取得了成功(手術過程中我出現了幻覺，應該算是到鬼門關前去走了一趟，不過閻王爺沒有收留我，於是我又回來了)。最後護士長反復地對我說：“吳老師，你這個手術當時真的是太危險

了！幸好方主任還算經驗豐富，出現危險狀況時還能沉得住氣，否則後果不堪設想啊！"

　　手術以後在我住院期間，方主任又來病房與我聊天，談到當天的手術情況時，方主任說這次腹腔鏡膽囊手術出現失誤，是因為他對我的病情估計不足而犯了經驗主義的錯誤。他說在正常情況下，膽囊炎病人住院輸液消炎，一般三到五天、或者最多一個星期，膽囊的炎症基本就消下去了。只要膽囊的炎症一消，整個膽囊就變軟了，因而在做腹腔鏡手術時，消了炎的膽囊很容易就能夠通過鐳射打的小孔拿出來並把它切掉了。因此，在通常情況下，手術前一般都不做 B 超檢查膽囊是否已經消炎了。而我的情況是，手術前已經住了兩個星期的醫院，也連續輸了兩個星期的抗生素，但是使方主任萬萬沒有想到的是，我的膽囊炎症竟會如此地頑固，連續輸了兩個星期的抗生素來消炎，而膽囊的炎症居然還沒有消下去，這樣的病例實屬罕見。由於我的膽囊炎症還沒消，用腹腔鏡手術來切除膽囊肯定只能是失敗。方主任說："這次我就是犯了這樣的經驗主義錯誤，結果手術差點出了大問題。看來以後做腹腔手術之前，還必須再做一次 B 超複查一下膽囊消炎的情況，以防像你這樣的情況再次發生。"方主任最後笑著說："不過你這個人還真是福大命大，最終還是給搶救過來了。我看你這個人大難不死，將來必有後福啊！"我說："我這個人就是人們常說的窮命，哪會有什麼後福啊？！真要是有後福的話，我還得要好好地感謝您喲！這次手術要不是您主刀，恐怕我這次在手術臺上就真的下不來了！"方主任連連說："哪裡！哪裡！是你福大命大的造化。"談到手術後的恢復問題時，我問方主任在飲食方面有

什麼禁忌沒有，方主任說：“飲食上沒有什麼禁忌，而且我
歷來主張病人手術過後想吃什麼就吃什麼。比如你想喝雞
湯，明天就可以叫你老婆給你燉鍋雞湯來喝嘛，那對身體的
恢復很有好處呢！”聽方主任這麼一說，第二天果然讓我妻
子買了只老母雞，燉了鍋雞湯送到了醫院，不到兩天，我就
把整鍋雞湯連湯帶肉全都給吃光了。而且正是聽了方主任說
的飲食上沒有什麼禁忌，因此，術後二、三十年來，我在飲
食上是想吃什麼就吃什麼，包括雞鴨魚肉等等來者不拒，然
而消化系統卻從未出現過任何問題。

　　12月8號當天手術結束後，下午2點鐘左右，為了答謝
參與我手術的醫護人員，我妻子特意在貴州省人民醫院附近
的一家小飯館，定了一桌酒菜來招待他們。但是由於我妻子
不認識當天參與手術的所有醫護人員，於是就交代給參與手
術的護士長，要她負責把當天上午參與手術的所有醫務人
員，都叫到那個小飯館裡去吃飯。也許是護士長失誤沒有叫
到所有參與手術的人員，又或許是個別護士沒有聽到叫他們
去吃飯的招呼，結果術後住院的第三天，有個值班的護士在
給我換引流管時，那個護士不僅動作很粗暴，而且在插引流
管時好像還有意地往旁邊搬動了一下，結果弄得手術的刀口
疼得我眼淚就差點掉了下來。事後我才意識到，也許這個護
士當天下午沒有去小飯館參加招待吃飯吧，要不頭兩天給我
換引流管的護士不僅動作很輕很仔細，而且插管子時也不怎
麼疼。後來我把此事告訴了護士長，護士長這才恍然大悟地
說：“哦，真的嘞！那天下午確實沒有見到她去吃飯呢，不
過吃飯之前我到處找她都沒找到。”也不知護士長事後是否
已給值班的護士們打了招呼還是怎麼的，從那以後，這樣的

事就再也沒有發生了。我在醫院病房住了一個星期後，12月15號上午醫生給我拆了手術創口上的縫合線以後，當天下午我就出院回家了。

　　事後我仔細地回想了一下，為什麼我的這次膽囊切除手術會造成那麼大的失誤，甚至差點丟掉了性命？我覺得除了方主任說的主刀醫生犯了經驗主義的錯誤以外，更主要的原因是，貴州省人民醫院當年剛從上海引進腹腔鏡這項新技術，短時間內該院的外科醫生對這項新技術可能還沒有完全做到熟練掌握，由於他們所做的病例不多，外科醫生還嚴重缺乏手術過程中如遇突發情況時應該如何正確處置的經驗。因此，從某種程度上來說，當年我這個病例只不過是醫生們的試驗品而已。當時假如不是做腹腔鏡而是做常規開刀手術的話，我這個手術應該是不會有什麼問題的。此外，由於手術中出現升天的幻覺，此後在一段時間內，我有時睡覺做夢，總夢到我好像會飛一樣。睡夢中當我站在地面上雙腳輕輕一蹬地面向上跳時，我就會一下子竄到離地面二、三十米高的半空中去，人在半空中既可以完全靜止不動，又可以一邁腳就能在空中自如地行走起來。如果不想停留在半空中了，又可以輕鬆自如地落到地面上來，而且這個會飛的夢境地點常常就發生在貴州省醫的那一帶，夢境中的這種感覺非常奇妙，仿佛就像在騰雲駕霧一般。這樣的夢在手術後的一兩年時間內，曾反復地出現過好幾次。

第九章 出訪加國 再創佳績

(一)

　　1994 年 12 月 8 號在貴州省人民醫院外科做的這次膽囊切除手術，儘管手術過程中出現意外而差點沒下得來手術臺，但最終還是幸運地被搶救過來了，這真是不幸中的萬幸，我從內心裡感到非常高興。不過經過這次疾病的折磨，原本十分壯實的身體，出院後一下子就瘦了一、二十斤，整個人走起路來，感覺腳下是輕快了不少，但我自己照了下鏡子，發覺臉色蒼白，整個人看起來虛弱無力。12 月 15 號出院回家以後，本來想要好好地休息一段時間，等身體稍微恢復以後再開始工作。但是一看到加拿大地質調查所發來的邀請信，加方希望我能於 95 年 4 月份赴加，於是我的心情又著急起來，心裡盤算著目前有哪些工作必須要立即著手抓緊做了。首先，要趕緊給加拿大地質調查所回信，告訴加方合作教授我自己生病住院動手術了，4 月份赴加可能來不及，但我會儘量爭取早日赴加。其次，我得立即著手先把個人護照辦了，然後力爭 95 年元旦過後赴京去中科院教育局辦理出國手續和申辦赴加簽證。第三，在等待申請赴加簽證期間，抓緊時間做好出國前的準備工作，儘快處理完準備赴加的地質樣品，同時爭取去湖北黃石和浙江長興縣煤山界線剖面採集一批地質樣品。在頭腦裡把大致的工作計畫擬定以後，出院回家後僅休息了兩三天，我首先給加拿大地質調查所寫了回信。然後在 12 月 20 號左右，在所裡開完介紹信後，接著就去貴陽市公安局申辦了個人護照，大約過了一個星期左右，元旦節前就把申辦的個人護照拿到手了。

1995年剛過完元旦，元月7號那天，我穿了件黑色的呢子大衣、手提一個裝有個人申辦赴加簽證的各種檔資料及洗漱用品的小包，乘飛機上北京去中科院辦理出國手續了。當天下午到達北京首都機場後，乘計程車進城住到了三裡河科學院機關招待所。元月7號是星期六，第二天星期日休息了一天，元月9號星期一上午9點左右，我去到了科學院教育局留學生處，留學生處的袁處長接待了我。我把加拿大地質調查所所長發給我的邀請信以及我申請獲批的留學基金專案的批復檔等，一起交給了袁處長，並告訴他，我的留學基金專案現已經聯繫加拿大聯繫妥了，加拿大地質調查所已發來邀請信，要求我4月份赴加，我現在就是來辦理出國手續的。袁處長仔細地看完了我交給他的加方邀請信以及其它檔後，然後問我："你考EPT（英語水準測試）了沒有？考了你就把成績單一起交給我。"這時我才想起來公費出國是要先考EPT的，只有英語考過了EPT才能辦理出國手續。我告訴袁處長："我還沒有考EPT，之所以沒有考，是因為我基金專案的野外地質考察工作實在是太忙了，一直沒來得及考。現在又剛住院動手術出院才兩三個星期，加方合作教授來信催促要求我4月份就赴加，現在要考EPT根本就來不及了！"袁處長聽了我的陳述，又反復地看看加拿大地質調查所所長髮來的邀請信，然後他又看了一下我剛動過手術且還包著紗布的創口，可能見我身體條件這麼差還來京奔波，為了不耽誤我按時赴加，於是他只好為難地說："這樣吧！你這是個特殊情況，特殊情況就特殊處理吧。既然你來不及考 EPT，那我就給你聯繫科大北京研究生院外語教研室，你去那裡考個口試吧！如果你的口試通過了，我就給你辦理出國簽證手續。」我連忙說：「那太好了，謝謝袁處長！」於是袁處長要了我住的院機關招待所的房間號，叫我先回招待所休息，待他聯繫好後再打電話到招待所通知我，什麼時候去科大研究生院考口試。我回院機關招待所休息以後，大約當天下午 3 點過鐘，招待所前臺服務員來房間叫我去服務台接電話(那時招待所房間還沒裝電話)，我到一樓服務台拿起電話一聽，是院教育局留學生處袁處長打來的，他告訴我說，科大研究生院外語教研室考口試的事已經聯繫好了，要我明天上午 9 點半去科大研究生院外語教研室找王主任，到時候王主任會在那等我。臨完了，袁處長還告訴我，科大研究生院在玉泉路中科院高能物理研究所的大院內，還告訴我去那裡乘地鐵該怎麼走等等。

第二天早上起來吃完早餐以後，8 點半鐘左右我就出門了，步行五、六分鐘來到了三裡河木樨地地鐵站，當時正值上班的早高峰，乘地鐵的人非常多。我買了票上了地鐵車廂後，為防備別人擁擠時碰撞到我的手術創口，我就把提著的小黑包護在右胸前的創口部位，並儘量遠離人群。不過儘管我小心加小心地躲避，畢竟乘地鐵的人實在太多了，上下車時總會有人碰到我胸前的小黑包而撞到我的創口上。每當這個時候，我就會疼得頭上直冒冷汗，於是我不得不大聲地說：「你們別擠了，已撞到我的傷口了！」周圍乘客見我臉上痛苦的樣子，紛紛往兩邊閃避並不斷地說：「這裡有個同志身上有傷，大家別擠到他，請閃開一點！」於是我周圍的乘客便自動讓出了一定的空間，這時我才感到松了口氣，並連聲謝謝大家。此時窗戶邊坐位上有個乘客讓座給我，我坐下後才算安下了心來。好在我只坐四站地，也不用轉車，到玉泉路地鐵站就下車了。到了高能物理所大院內一打聽，科大研究生院外語教研室在一棟樓的二層樓上。當我找到外語教研室的王主任時，她知道我就是院留學生處打電話來聯繫考口試的人，於是就問我：“你就是來考口試的吳先生吧！？”我說：“是的。”她又問：“你是準備去哪個國家？什麼時候走？待多久？”我說：“我準備去加拿大，加方合作教授要求我 4 月份就去，我是高訪，計畫待半年。”王主任說：“你先在這個辦公室裡休息一會兒，我去找兩個外語老師來，然後我們一起給你考口試。好吧？！”我說：“行！我就在這等著。”話雖是這麼說，我一聽還要去找兩個老師來跟我一起考口試，心裡面多少還是有點緊張。不一會，王主任就帶來了一位年輕的中國女老師和一位年輕的外國小夥子。經王主任介紹，原來年輕的中國女老師姓張，而外籍老師名叫麥克爾(Micheal)來自加拿大。麥克爾得知我準備去加拿大做訪問學者，於是非常高興地問我：你是準備去哪個城市和大學？我告訴他我是準備去渥太華的加拿大地質調查所。我問麥克爾來自加拿大哪個城市，他說他來自多倫多，並說多倫多和渥太華都在加拿大安大略省，兩地相距不是太遠。這樣一問一答、一來二去的交流，無形中就拉近了我與三位老師的距離。互相介紹完了以後，王主任說：“那我們現在就正式開始口試吧！首先由吳先生用英語自我介紹一下個人的簡歷、學歷及工作情況。自我介紹完了，然後由口試老師提問，最後一個環節是閱讀理解和回答問題。”於是口語考試就正式開始了。我首先用英語介紹了我自己叫什麼名字、來自哪裡？在什麼單位工作？在哪兒上的大學和研究生？大學學的是什麼專業？研究生又是學的什麼專業？現在這些年從事什麼研究等等。這樣詳細地自我介紹下來，大概就花了二十多分鐘。然後三位老師又分別問了我一些問題，比如你家有幾口人、老家是哪兒的？父母是做什麼工作？尤其是三位老師看到我臉色蒼白，身體很虛弱，王主任又特別關心地詢問了我的身體情況，問我患的是什麼疾病？於是我把一個月前膽囊炎動手術的事又給他們敘述了一遍。其中有的醫學名詞我不知道英文該怎麼說，王主任又為我說出了英文。說完病情，我又讓他們看了看我的術後創口。三位老師見我剛做完手術，出院才兩、三個星期就來北京出差，很為我的敬業精神所感動。提問完了以後，王主任拿出一頁列印好的英文文章（雙面）遞給我說：“吳先生，口試的最後一個環節是閱讀理解，這篇文章你先用 5～10 分鐘看一下，看完以後把文章後面的幾個問題回答一下。”說完三位老師就離開考場了。我接過王主任給我的那篇英文文章看了一下，那是一篇有關環境保護的科普文章，文章末尾有十來個選擇答案題（ABCD 四選 1）。整篇文章並不難，環保方面的內容也是我比較熟悉的，所以很快我就把文章看完了，並把問題也答完了。大概過了七、八分鐘，王主任回來了，她問我做完了沒有，我說做完了，隨即就把試卷交給了她。王主任說：“你先坐在這裡休息一會兒，我們幾個老師商量一下，然後再告訴你口試的結果。”我說：“好的。”大約又過了十幾分鐘，王主任回來了，她說：“吳明清，祝賀你！你的口試通過了。你回招待所休息去吧，我會打電話告訴院教育局留學生處袁處長，說你的英語口試過關了！”於是我謝了王主任，離開了科大研究生院外語教研室，乘地鐵回到了科學院機關招待所。回來時已是上午 11:30 過了，早已過了交通高峰期，地鐵裡的人相對就少多了，乘地鐵時我感到心情非常地輕鬆和愉快。

第二天上午九點過鐘，我又來到了科學院教育局留學生處。袁處長見我來了，連忙說："吳明清，科大研究生院外語教研室的王主任已給我打了電話，說你的口語考試已經通過了，這樣我們就可以給你辦理申請去加拿大的留學簽證手續了。"接著袁處長又給了我一張申辦加拿大留學簽證所需的檔清單，總計有個人護照、加方邀請信、學位證書公證文件、個人出生日期的公證檔、專業職稱的公證檔等等，我按要求把所需的各種檔資料交齊後，袁處長說："現在你可以回貴陽去等候通知了，我估計要三、四月份才會有簽證批復的消息。如果簽證下來了，到時候我們會寫信或打電話通知你，你再來北京取護照和簽證，並預訂去加拿大的機票。"聽袁處長這麼一說，我告別了袁處長離開留學生處以後，第二天我就放心地乘飛機回到了貴陽。

這裡我必須得順便說一下，這次我雖然是生了一場大病，手術過程中又差點丟了性命，但卻也是因禍得福。假如我不是生病住院動手術的話，我的公費出國可能不會那麼早和那麼順利。因為按照當時公派出國人員的政策規定，凡是公派出國的訪問學者，必須先通過英語水準能力測試（English Proficiency Test），也就是當時說的 EPT 考試。凡 EPT 考試通不過的，就不能辦理出國手續。聽當時我們所裡的人說，這個 EPT 考試類似於託福，對英語水準一般的人來說還是有一定難度的，有不少人考了兩三次才獲得通過。就我當時的英語水準而言，假如不經培訓就直接去考 EPT，一次可能不一定能通得過。更何況我當時工作那麼忙，加方合作教授又要求我儘早赴加，我哪有時間去培訓英語？即使我有時間去培訓英語，然後再考 EPT，最快也得需要三、五個月的時間，那樣的話豈不是耽誤了加方合作教授要我儘早赴加開展合作研究的時間了嗎？然而當年我正是生了這場大病，加拿大地質調查所又要求我儘快赴加，於是院教育局留學生處只好靈活處置，使我僅通過英語口試便給予放行了。我不知道科學院教育局留學生處在處理公派訪問學者英語考試的問題上，我這個情況是否是絕無僅有的一例？抑或尚有先例？但至少應該是極為罕見的特殊情況吧！

從北京回到貴陽以後，儘管身體還比較虛弱，但出國前還有一大堆準備工作要做，所以我只得硬撐著身體上班去了。由於94年在貴州境內做了大量野外地質考察工作，先後採集了四個界線(其中 3 個二疊/三疊紀、1 個泥盆/石炭紀)剖面的地質樣品，總共將近有兩百多件，這些樣品都需要進行詳細整理，有的需要送所裡磨片車間磨片後鑒定礦物組合，有的則需要送省地礦局區調隊實驗室鑒定生物化石種類及組合，而所有樣品則需要包裝然後再裝箱待運加拿大。對已採樣的地質剖面，則需要根據采樣位置對照地質剖面圖逐一重新進行繪製。總之這些看似瑣碎的工作，其實工作量還是蠻大的，前後忙了一個多月直到二月下旬才基本結束。與此同時，加拿大地質調查所的合作教授又來信詢問瞭解我的身體狀況，並問我何時可以赴加。我回信告訴他們，我正在申請赴加的簽證，身體也正在恢復當中，儘量爭取 5 月中下旬來加。另外，地調所的博士後小王又來信告訴我，他手裡已有黃石剖面的地質樣品，要我只考慮去浙江長興縣的煤山剖面補充採集部分樣品就行了。2 月初我給中國科學院南京地質古生物研究所的陳楚震研究員寫信聯繫(92～93 年我曾與陳教授合作發表過西藏二疊/三疊紀界線剖面的科研論文)，請他帶我去浙江煤山剖面採樣，陳教授回信同意了我的請求。95 年 3 月中旬，我乘火車出差去到南京，於是陳教授和我二人從南京乘長途公共汽車來到浙江省長興縣，我們在煤山剖面前後花了三天時間，終於在該地層剖面上採集到了將近四五十塊樣品，三月下旬我隨身帶著採集到的地質樣品，輾轉乘火車從南京回到了貴陽。

當年 4 月中旬，我接到了中科院教育局留學生處的通知，告知我赴加簽證已經辦妥了，希望我儘快去北京把個人護照和簽證一併取回，並預訂赴加的單程機票。於是我立即乘飛機去北京拿到了個人護照和簽證後，順便在院教育局留學生處預訂了 5 月 31 日赴加的機票。從北京返回貴陽後，我隨即著手辦理了托運地質樣品去加拿大的工作。由於我需要運到加拿大去的地質樣品有兩百多件，總共裝了三個大木箱，大約有七、八十公斤重。為了節省運費，我決定辦理海運。海運與空運相比，從貴陽運抵加拿大可能需要一個多月的時間，但運費比較便宜，當時三箱標本也才花了三百多塊錢。如果辦理空運，則需要二千多將近三千塊錢。一切準備工作就緒以後，五月下旬我從貴陽乘飛機到達北京，然後 5 月 31 號下午乘坐北京至溫哥華的國際航班，由北京出境便飛赴加拿大了。

(二)

1995 年 5 月 31 號下午，我從北京首都機場乘坐國際航班到達加拿大西海岸的溫哥華，然後又從溫哥華轉機於當天

1996.1 加拿大地调所

晚上 10 點過鐘順利地到達了目的地---加拿大首都渥太華，當天晚上是中國留學生小王到機場接的我。他博士後的導師就是我的合作教授，從94年上半年以來，我同他已通過好幾次信了，5 月底到達渥太華時，雖是初次見面，但儼然成了老朋友。因此，他除了為我接機以外，還幫助我在渥太華尋找住房和辦理抵達加拿大後的其它一切必要手續，使我省卻了不少麻煩。假如沒有這樣一個熟人幫忙，對於第一次出國的人來說，人生地不熟，加上語言又不是太順暢的話，剛開始肯定是會遇到很多困難的。因此至今回憶起來，我對王琨總是充滿了感激之情。

我頭一天晚上剛到達渥太華，第二天上午王琨便首先帶我去唐人街熟悉購物環境，然後又帶我去中國駐加拿大大使館教育處辦理了報到手續，並領到了赴加拿大後第一個月的生活費 700 加幣。當時的公派訪問學者分為兩個級別，即普通訪問學者(簡稱普訪)，一般時限為一年，主要是針對中級專業職稱及其以下的科技人員，普通訪問學者大使館教育處每月發給生活費510加幣。另外一個就是高級訪問學者(簡稱高訪），一般時限為半年，主要是針對副教授以上的科技人員，每月的生活費為 700 加幣。當時我的專業職稱為副研究員，所以屬於高訪，大使館每月發給我 700 加幣的生活費。另外，因為我是由中科院教育局的留學基金資助派出的，我額外還有中科院教育局資助的5000美元，報到時使館教育處先發給我2500美元，我訪問結束回國之前，使館教育處再發給另一半2500美元。因此，當年我作為訪問學者的待遇比一般的高訪還要高很多。

六月初，我在渥太華的吃住行等基本問題都安頓下來以後，王琨首先帶我拜會了加拿大地質調查所所長杜克(Duke)先生，然後又會見了地調所的合作教授古德法羅(Goodfellow)先生，並一起討論了我在地調所的工作計畫。韋恩古德法羅(Wayne Goodfellow)教授是王琨在地調所做博士後的導師，也是我在地調所的合作教授，他在海底熱液礦床地球化學及氧、硫等穩定同位素地球化學研究領域有很高

的造詣，是加拿大地質調查所的資深高級科學家，也是渥太華大學地質系的兼職教授，為此，地質調查所的所長委託他做我的合作者。根據合作教授的意見，我在地調所訪問期間的工作任務是，對我帶來的中國華南地區二疊/三疊紀界線剖面的 200 多個地質樣品，主要開展如下幾個方面

的工作：一是樣品的有機碳同位素的分析測試工作，二是樣品的微量稀土元素和鉑族元素的等離子體質譜(ICP-MS)的分析測試工作，三是在完成上述兩項實驗工作的基礎上，如果還有時間，再對上述樣品進行氧、硫穩定同位素的分析測試。也就是說，在我半年的訪問期限內，合作教授要求我至少要完成開頭兩項複雜的分析測試工作任務。而且上述前兩項實驗工作，在做樣品的分析測試之前，是不可能直接將地質樣品拿去做儀器

分析測試工作的，因為樣品中的待測組分其含量不僅遠遠低於儀器設備的檢測極限，而且由於樣品所含的雜質多基質效應大，一般不可能對樣品直接進行測定。因此，在進行儀器分析測試之前，必須要首先對地質樣品進行複雜的化學前處理，以使待測組分達到分離富集的目的，從而提高分析測試工作的靈敏度和準確性。合作教授交待完工作以後，當年六月中旬他就乘科學考察船赴太平洋開展海洋地質考察工作去了。

按照合作教授的安排，我的第一項實驗室工作是從我帶來的 200 多件地質剖面的沉積岩樣品中，提起足夠進行碳同位素測定的有機碳即乾酪根。所謂乾酪根即是指沉積岩中既不溶於城，也不溶於有機溶劑且化學性質相對穩定的分散有

機質，它是沉積有機物在沉積過程中歷經千百萬年複雜的生物化學及化學變化以後而形成的

1996.6

殘留物質，這種呈分散狀態的殘留物叫做乾酪根，它代表了沉積有機質的主體(約占總有機質的 80～90%)。因此，如果能將乾酪根從沉積岩中提取出來，並準確地測定乾酪根中碳的同位素組成，就能間接地得知乾酪根母岩所處地質時代沉積有機物的有機碳同位素組成，從而對研究和探討古海洋的原始生產率和古海洋沉積環境具有重要指示意義。這在當時的國際地球化學界是一項創新性的工作。為此，古德法羅教授及王琨等人想利用我從中國帶來的二疊/三疊紀生物滅絕事件界線剖面的地質樣品，合作開展有機碳同位素的研究，為探討二疊紀末全球性的生物集群滅絕事件的誘因提供某些依據。

通過化學處理方法從沉積岩樣品中提取乾酪根，是一項十分複雜的實驗室工作，這在我過去的化學分析實驗工作中從未接觸過。當時地質調查所分析化學實驗室也僅有一個人能做這項工作，不過此人在我來之前已經退休了，他的實驗室已空無一人，為此合作教授安排我在他的實驗室裡開展工作。為了使我能儘快地掌握如何將沉積岩樣品中的乾酪根通過化學方法提取出來，合作教授通過地調所的人事部門又將這位退休了的老先生請了回來，意思是讓他來教我熟悉一下

提取乾酪根的實驗流程。6 月初的一天上午，這位老先生如約回到了實驗室，他首先大致地給我講了一下實驗流程，然後交給我一份他手寫的共有三頁紙的實驗操作程式，向我傳授實驗技術的任務就算完成了，他總共在實驗室裡待了大約兩個小時左右，然後就回家不來了。看來這位老先生教我也只能如此，能不能掌握這個實驗操作流程，能不能將地質樣品中的乾酪根成功地提取出來，一切都只能靠我自己了。老先生離開實驗室以後，我仔細地反復看了一下他寫的實驗操作流程，該實驗流程不僅很長，而且操作難度也很大，實驗過程中要大量地使用鹽酸、氫氟酸等強腐蝕性的溶液，稍有不慎就有可能發生安全事故。據說古德法羅教授過去曾讓他的幾個博士生和博士後做過這項實驗，但都勝任不了，因此對我能否勝任這項工作，我估計合作教授心中可能也沒有底。儘管我本科學的是分析化學，畢業後又在地化所中心分析室做了三年的化學分析工作，研究生畢業論文又做了一年多的實驗，但是面對從沉積岩樣品中提取乾酪根這個從未做過的複雜而又冗長的實驗，說實話我當時心裡也沒有多少把握。

95 年 6 月中旬，我從中國通過海運來的三箱地質標本已經到達了加拿大地質調查所，於是我先將所有標本拿到地調所的樣品處理車間，分別將每個樣品粉碎到 200 目，然後將每個樣品先分出一份做乾酪根的提取實驗。從沉積岩樣品中分離提純乾酪根，其化學方法是先用氫氟酸去除樣品中的矽酸鹽，然後再用鹽酸去除碳酸鹽，最後再用重液浮選和離心分離去除其它難溶的礦物，最後得到的就是比較純淨的乾酪根了。由於沉積岩樣品中乾酪根的含量很低，為了提取足夠測量其碳同位素組成的乾酪根，唯一的辦法就是加大樣品的稱樣量，即每個樣品的稱量都在 100 克左右，其中個別有機質含量特別低的沉積岩樣品其稱量甚至達到 150-200 克，而要處理這樣大份量的岩石樣品，則需要大量地使用氫氟酸和鹽酸等強腐蝕性的溶液多次反覆地進行處理，每批樣品從稱樣開始到最後將乾酪根提純乾燥，完成整個實驗流程需要整整兩天的時間。經過兩個批次的樣品試驗，大約一個星期左右，我就熟練地掌握了整個實驗操作流程，並且從最初的每次 10 個樣品逐漸地就增加到了每批實驗可以同時做 15～20 個樣品。當年 7 月中旬，當我把提取乾酪根的實驗工作情況告訴王琨時，他不僅十分高興，而且還把我實驗成功的消息通過電子郵件向古德法羅教授做了彙報。據王琨說，當古德法羅教授聽到我實驗成功的消息以後非常高興。大約過了一個星期，王琨請我去渥太華的小義大利街一家摩洛哥自助餐館吃飯，他告訴我：古德法羅教授聽說我提取乾酪根的實驗獲得成功後非常高興，於是便委託王琨代表他請我去外面餐館吃飯以資鼓勵。為此，王琨當天還把已退休多年的原地質

調查所的老所長也請來一起吃飯作陪，那天下午，我們三人在這家小餐館又說又笑地邊吃邊聊了兩、三

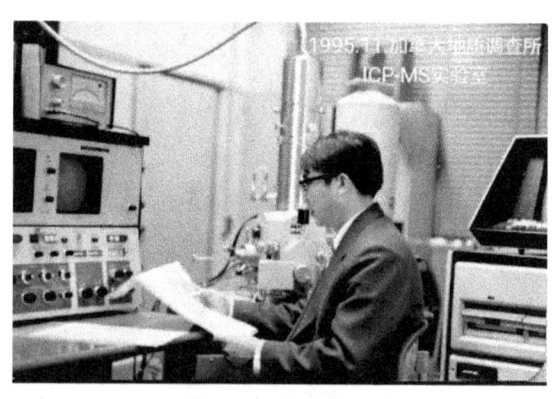

個小時。由此可以看出，合作教授對於我能從沉積岩樣品中成功地提取出乾酪根是如此地重視。此後經過大約兩個月的

緊張工作，當年 9 月中旬，我終於全部完成了從中國帶來的所有地質樣品中乾酪根的提取實驗工作，而得到的乾酪根樣品隨即由王琨送往有關的實驗室進行碳同位素測定。

我公派訪問學者的期限原定是半年，即從 95 年 6 月 1 號開始，到當年 12 月 1 號結束。由於合作教授給我安排的實驗工作總共是三項，到 9 月中旬時才剛剛完成了第一項，即地質樣品中有機碳同素測試工作的化學前處理---乾酪根的提取工作。如果訪問計畫不延長的話，我最多只能完成兩項實驗工作，而且也沒有時間來做工作成果總結或學術論文的編寫。考慮到訪問計畫及科研工作的完整性，我在完成了第一項工作和開展第二項實驗工作的同時，當年的 9 月下旬，我就同合作教授協商，希望他能給我把訪問地調所的工作計畫延長半年，並爭取在延長期內把整個科研工作做完。為此，我希望合作教授能夠資助我延長期內的生活費用。按照中國公派留學的政策規定，公費半年期滿以後，中國大使館不再發放生活費，如工作需要延長的，延長期內的生活費用由訪問學者個人自行解決。最後經過協商，古德法羅教授同意給我延長半年，並資助我 3000 加幣作為生活費。當年 11 月中旬，我終於在加拿大移民局辦妥了延期半年的簽證，同時我也在中國駐加拿大大使館辦妥了延期半年的正式手續(大使館同意延期以後，國內派出單位才能繼續發放國內的工資)。

辦妥了延期半年的簽證及有關手續以後，我整個人的身心也就安定下來了，心想一定要爭取在延長期內把科研工作做完做好，交出一份滿意的答卷。當年的 10～12 月，我主要集中精力對我從中國帶來的地質樣品，進行 15 個微量稀土元素和鉑族元素的等離子體質譜的分析測試工作。由於地質樣品中的稀土元素、尤其是鉑族元素含量甚微，因此在進行儀器分析測試之前，同樣地必須要對樣品預先進行化學前處理，以使待測的稀土和鉑族元素得到相對富集，從而提高儀器分析測試的靈敏度和準確性。因此，在兩個多月的時間內，我又圓滿地完成了 200 多個中國地質樣品的化學前處理以及等離子體質譜儀的分析測試工作，獲得了一大批非常有價值的稀土和鉑族元素的測試資料，而這項實驗工作同樣得到了地調所化學實驗室主任格裡高利教授的贊許。

　　過完 96 年元旦節，年初我在合作教授的安排下，又來到渥太華大學地質系的穩定同位素實驗室，去做地質樣品的氧、硫同位素的測試工作。這個工作過去我從未接觸過，因為同位素的工作基本上已超出了我的專業領域，因此，對我來說這同樣是一項全新的工作。大約是元月 5 號左右，我如約去到渥太華大學地質系的同位素實驗室，見到了實驗室的主任皮埃爾·盛金先生。盛金先生同樣也給了我一份英文的實驗操作流程，並讓實驗室的實驗員給我演示了一番如何裝樣品和製作樣品，制樣完成以後又如何上儀器操作等等。經過兩三天的練習，我又把地質樣品中氧和硫同位素的分析測試方法完全掌握了。元月和二月是渥太華最

1996.2.渥太华大学地质系稳定同位素实验室

寒冷的季節，白天的氣溫常常保持在零下二十度左右，從我的住地去渥太華大學大約有 5 公里遠，兩地雖有公共汽車直達，但乘公共汽車買月票每月至少得花60加幣左右，如買零票上車，每張小票要兩、三塊加幣，於是為了節省開支和鍛煉身體，我堅持每天步行來回上下班。當時我的膽囊手術剛過去一年，整個人的元氣尚未完全恢復，儘管身上穿著羽絨

1996.2.于渥太华

服，頭上戴著帽子手上戴著手套，但人生第一次經歷如此的酷寒天氣，著實是一大考驗。往往從住地走到實驗室之後，全身大汗淋漓，甚至連羽絨服都浸濕了，下班後走路回住地，又是一身大汗。這樣每天來回往返於住地與渥太華大學之間，整整經歷了兩個月。到96年2月底，我帶來的所有地質樣品的氧、硫同位素測試工作就全部完成了。最後一項實驗工作結束時，渥太華大學地質系穩定同位素實驗室的負責人盛金先生，同樣對我在他們同位素實驗室的工作給予了"優秀"的評價。至此，合作教授為我安排的三項實驗室工作終於全部勝利地完成了，下一步將進入成果總結階段。

（三）

　　96 年 2 月底，我從中國帶來的 200 多件地質樣品的所有實驗室工作已經全部完成了。在為期整整 9 個月的緊張實驗室工作中，我獲得了一大批極有意義的實驗資料，這些資料涵蓋了有機碳同位素地球化學、稀土微量元素地球化學、鉑族微量元素地球化學以及氧硫同位素地球化學等四個方面，利用這些資料和素材至少完全可以撰寫出 3～4 篇高品質的科研論文。也就是說在國外不到一年的時間內所完成的科研工作量，在國內至少需要兩、三年才能完成。由此可見國外的工作效率之高，是國內無可比擬的，而合作教授對我的實驗室工作同樣也非常地滿意。接下來就是資料整理、查閱文獻和編寫論文的工作了，而這項工作必須在 5 月底之前完成，因為我的訪問計畫是 5 月 31 號結束，6 月初就要啟程回國了。因此，我僅有三個月的時間來做專案的總結工作。經過與合作教授協商，整個合作項目雖然包含有有機碳同位素地球化學、微量稀土和鉑族元素地球化學、氧硫同位素地球化學等幾個方面的內容，但有機碳同位素地球化學是該項目的核心和重點，此次合作教授僅要求總結和編寫有機碳同位素地球化學的科研總結報告或論文，其它方面的成果總結留待以後再做。為此我在進行資料整理的同時，一頭紮進地調所的專業圖書館，大量地閱讀與本專業有關的文獻資料，看到有參考價值的文獻隨即就複印下來，以備隨時翻閱。經過大約兩三個星期的緊張閱覽，我就基本上完全掌握了與本研究專案有關的所有外文文獻資料，同時資料整理工作也已基本完成了，並根據資料整理得出的結果繪製出了一系列相應的圖表，為編寫科研報告和論文打下了基礎。接下來最後一步

1996.5 渥太華
郁金香节

的工作就是編寫英文的科研報告（學術論文）了，這又是一項
艱難的任務。過去在國內工作時，我已先後發表過二、三十
篇學術論文，但絕大部分都是中文版，即使有部分英文文章
出版，那大多是期刊編輯部根據中文版翻譯為英文的，大多
時候我自己只編寫了英文摘要。但這次我要編寫的是全英文
的科研論文，這對我來說還是第一次。為了使編寫論文的工
作能夠順利地進行，這次我也沿用以往的經驗，即首先用中
文把科研論文編寫出來，中文稿論文經反復修改定稿以後，
再將中文翻譯成英文。於是經過兩、三個星期的醞釀和寫
作，終於寫出了一篇長達一萬四、五千字的中文論文稿，論
文題目是：《中國華南地區二疊/三疊系界線生物滅絕事件的
有機碳同位素記錄》。在此基礎上，又經過大約兩個星期的
奮戰，終於在 96 年 5 月上旬將英文稿全部翻譯編寫完成。5
月中旬，當我將列印定稿的英文論文交給合作教授古德法羅
先生審閱時，他說："稿子放在這裡我先看看，過兩天再和

你商量。"我說："好的。"大約過了兩三天，古德法羅教授打電話叫我去他的辦公室。我剛走到他的辦公室門口，古德法羅教授一見面就馬上高興地迎上來握住我的手說："吳博士，請坐！請坐！你寫的論文我已經看完了，文章寫得相當不錯啊！如果經過適當修改以後，完全可以投到國際上的某些權威專業期刊上去。"我說："謝謝您的誇獎！"他接著又說："吳博士，平常與你交談，我見你的英語口語並不是那麼順暢，不過你的英文寫作水準相當不錯哩！我想知道，對你來說你認為是英文口語比較難呢？還是英文寫作比較難？"我說："對我而言，英文口語相對比較困難一些。"他說："哦！這個問題不難解決。如果你能長期生活在英語環境裡，通過不斷的交流和練習，相信要不了多久你就可以自如地用英語交流了！"我說："我要是有那樣的機會，那當然好了！"古德法羅教授接著又說："你來我們這裡一年，你的科研工作確實幹得相當不錯，幾項實驗室工作都做得非常出色，尤其是乾酪根的提取實驗工作，幹得非常漂亮！這項工作過去曾讓我的博士後和博士生做過，但他們沒有一個做成功的，可以看得出來你的能力和水準一點也不比我的那些學生差！"我有點不好意思地連聲說："謝謝！謝謝！"由此完全可以看得出來，經過在地調所一年的實驗室工作和提交的研究論文，古德法羅教授對我在地調所的科研工作顯然是非常滿意的，我終於獲得了合作教授的認可。這裡需要指出的是，從最初聯繫加拿大地調所的時候起，我就向合作教授提交了自己的英文簡歷，因此古德法羅教授應該完全知道我的最高學歷學位只是碩士，但自從我到地調所同他一起工作以後，他一直都稱呼我為"吳博士"，為此開始的時候我感到很不自在。但我想，由於我的專業職稱是副研究員（副教授），他這樣稱呼我，也許一方面是出於對我的尊重，另一方面也許是出於對我的科研能力和水準的充分認可吧。

　　眼看一年的訪問學者計畫就要結束了，根據中國駐加拿大大使館教育處的要求，公派訪問學者訪問計畫結束時，需要向大使館教育處提交一份合作教授親筆寫的推薦信或工作鑒定，以此檢查公派訪問學者的訪問計畫完成得怎麼樣。因此，95 年 5 月下旬，當我向古德法羅教授提出讓他為我寫一份推薦信時，他很爽快地就答應了並說沒有問題，明天你來拿吧。第二天我去到他的辦公室，古德法羅教授高興地對我說："吳博士，你要的推薦信我已經寫好了，現已列印了三份，你看看怎麼樣？"我接過推薦信，連聲說："謝謝！謝謝！三份已足夠了。"待我仔細地看完了古德法羅教

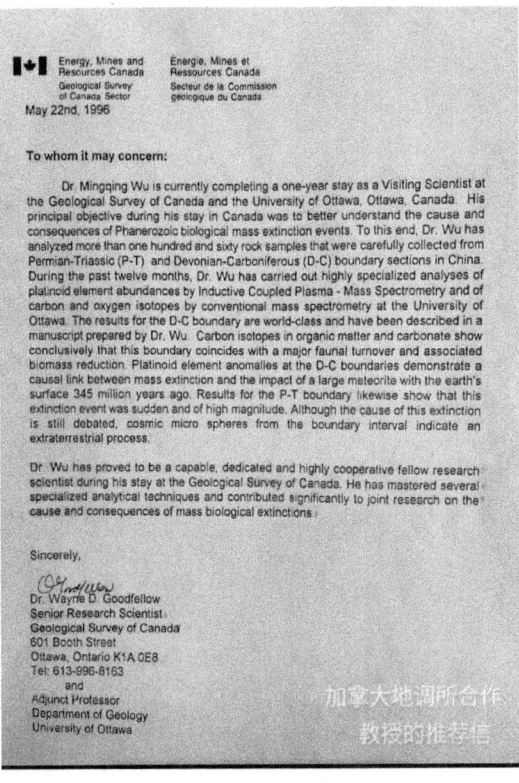

加拿大地調所合作教授的推荐信

授給我寫的推薦信，心情感到非常地高興。整個推薦信分為兩大部分，第一部分古德法羅教授詳細地敘述和總結了我在地調所一年來所完成的科研專案的成果與意義，充分地肯定了合作專案取得了滿意的結果；第二部分則是對我個人科研能力和水準的總體評價，古德法羅教授在推薦信中寫道："吳博士在地調所工作期間的表現充分地證明了，他是一位合格的既有能力又有奉獻精神、且能團結合作的研究科學家。現在他已經掌握了數種非常專業的分析測試技術，並且已將這些測試技術應用在探討生物集群絕滅事件起因的合作研究專案中。"落款是：加拿大地質調查所高級科學家和渥太華大學地質系兼職教授韋恩·古德法羅。5月底我在地調所化學實驗室工作期間的另一位合作教授、地調所分析化學實驗室的主任康納德·格裡高利教授，又為我在他實驗室的

Natural Resources Canada
Geological Survey of Canada

Ressources naturelles Canada
Commission géologique du Canada

May 31, 1996

To whom it may concern,

Dr. Mingqing Wu has been a visiting scientist working in my laboratory for the past year. He has been working with me in the capacity of analytical chemist carrying out determinations for the platinum group elements in geological samples.

During the course of his collaboration, Dr. Wu learned and successfully applied a technique for the determination of the PGEs which involved chemical purifications, sample dissolutions, separations, and analysis by Inductively Coupled Plasma Mass Spectrometry. The procedure, developed at the Geological Survey of Canada, is demanding from the point of view of contamination control and attention to detail. Detection limits for the method used are limited by contamination levels and not by instrument sensitivity and thus a high standard of laboratory practice is essential. Detection limits for the PGEs were in the 50 ppt concentration range. Dr. Wu was able to master the technique and successfully complete the analysis of scores of samples.

Dr. Wu impressed me with his ability to quickly learn a difficult procedure related to a field outside his own area of training. He was an extremely hard and diligent worker who didn't get discouraged, even when there were challenges to overcome. Dr. Wu is an affable person, capable of getting along will with others and is a team player. It has been a pleasure to have worked with him during his stay in Canada.

Sincerely,

D. Conrad Grégoire
Head,
Analytical Chemistry Laboratories
Geological Survey of Canada

tel:　613-995-4213
fax:　613-943-1286
e-mail:　gregoire@emr.ca

Adjunct Professor
Department of Chemistry
Carleton University

Canada

地调所化学分析室室主任的推荐信

工作表現寫了另一份推薦信，他對我的工作能力和水準同樣給予了極高的評價。格裡高利教授在推薦信中寫道：“吳博士給我的印象是，他能很快地學習和掌握他自己專業領域之外的複雜技能。他是一個工作非常努力和勤奮的科學家，即使遇到艱難的挑戰也從不氣餒。他還是一位和藹可親的非常容易與人和睦相處的團隊合作者。在他留加期間，我能與他一起工作感到非常高興。”落款是：加拿大地質調查所分析化學實驗室主任和卡爾頓大學化學系兼職教授康納德·格裡高利。要知道在西方社會，尤其是在科技知識界，要取得同行專家的認可或讚許可不是一件容易的事情，假如你沒有什麼本事而只會耍嘴皮子或玩花拳繡腿的話，那絕對是不可能的，因為西方的專家學者是不會隨隨便便地讚揚一個人的，除非你有真才實學，並確實做出了驕人的成績，否則，一切都免談。1996 年 6 月初，當我把兩位合作教授的推薦信拿到中國駐加拿大大使館教育處去彙報我的訪問學者計畫的工作時，使館教育處的負責人王參贊仔細地看完了我給他的兩份推薦信以後，他高興地揚著我兩位老闆寫的推薦信向在場的其他訪問學者及工作人員們說：“你們大家看一下吳先生的老闆給他寫的推薦信，他在加拿大地質調查所的工作做得非常不錯啊！我在駐外使館教育處工作了這麼多年，從來還沒有看到有哪一位訪問學者的推薦信寫得有吳先生的這麼好！”然後，王參贊又轉向我說：“吳先生，加拿大合作教授對你的評價很高啊！你給我們中國的訪問學者爭光了！”王參贊的一席話把我弄得怪不好意思的，只好連連說：“我覺得也沒什麼了不起的，只不過是努力做了些實驗工作而已！”訪問計畫結束後，我於 96 年 6 月中旬乘國際航班回到了北京。到北京後我又去中科院教育局留學生處報到，意思是我的公派留學基金訪問學者計畫已經結束按期回國了。在院教育局留學生處，除了上交一份訪問加拿大工作的總結報告以外（留學基金項目總結），我又上交了兩份合作教授寫的推薦信影本，同樣獲得了中科院教育局的表揚和贊許。

　　然而平心而論，我到加拿大地質調查所做訪問學者一年，並非沒有碰到困難。與此相反，我在此工作的一年當中，也可以說是困難重重，其中最大的困難就有三項。首先遇到的第一個困難是，我95年5月底剛抵達加拿大時，離我做膽囊切除手術後出院正好剛剛半年，那時我的身體還相當虛弱。當時我租住的地方位於渥太華市郊，離我上班的加拿大地質調查所大約有 5 公里遠，並且還不通公共汽車，我每天只能要麼步行、要麼騎自行車上下班。不過步行上下班顯然不太切合實際，因為對於一個剛動過手術的人來說，每天要來回步行 10 公里上下班實在是太遠了，於是我花 50 元加幣買了一輛二手自行車，每天堅持騎自行車上下班。另外，為了有意識地鍛煉身體和提高身體素質，除了每天堅持騎自行車上下班以外，我住地的高層公寓地下室有公用的免費游泳池，於是每天下午下班吃完晚飯以後，我就去高層公寓地下室的免費游泳池游泳 1 個小時，而且幾乎天天如此。經過大約三個月的每天騎自行車上下班和每天 1 個小時的游泳鍛煉，我的身體基本上就恢復到了手術前的健康水準，從而為我完成高強度的實驗室工作提供了身體條件。

　　我碰到的第二個困難是，沉積岩樣品中乾酪根的提取實驗流程非常冗長和複雜，整個實驗流程要花兩天時間才能完成，但是這個實驗沒有人給予具體的指導和幫助，只能靠自己獨自摸索。當時地調所確實是把先前擅長做乾酪根提取實驗的那個退休人員請回來了，但他總共只在實驗室裡待了兩個小時左右，然後留下一份手寫的實驗操作流程就走了。我拿到這份手寫的實驗操作流程以後，首先我將它連蒙帶猜地翻譯成了中文（因為是手寫的英文花體，比較難於辨認），然後再按照實驗操作程式一步步地摸索著做實驗，經過一個星期的努力摸索，我終於把從沉積岩樣品中提取乾酪根的實驗做成功了。這顯然是得益於過去我在中科院地球化學研究所中心分析室做了幾年的岩石化學全分析，充分地錘煉了我的化學分析理論和操作技能的結果，如果是一個不具備熟練的化學分析操作技能和對分析化學英文文獻不太熟悉的人，要很快地做到這一點顯然是非常困難的。而對於微量稀土和鉑族元素的等離子體質譜分析測試，以及氧、硫同位素的分析測試這兩項實驗室工作，同樣也是我過去從未接觸過的，對我來說也是全新的工作。但是面對這樣的挑戰，憑著過去練就的化學分析基本功和耐心細緻的工作精神，終於攻克了一道道難關，最後全都取得了成功。王琨後來跟我說，古德法羅教授之所以對我在地質調查所的合作研究工作評價那麼高，主要原因是通過一年的工作，他認為我這個人對科研工作非常地投入，不僅學術功底深厚，頭腦非常清晰，而且分析化學操作技能也十分專業，不管多麼複雜的實驗室工作都能拿得起來，並且還完成得非常好，這在地球化學科研人員中是非常少見的，也是他非常欽佩的。而他的學生不管是博士生還是博士後，由於大多是地質出身，化學基礎知識相對比較貧乏，對分析化學尤其更為生疏，他們進入化學實驗室以後，當看到硝酸、氫氟酸以及燒鹼等一系列強酸強鹼之類的強腐蝕性化學試劑時，心裡就感到特別害怕。這就是他的學生大多承擔不了實驗室工作的原因。

　　我碰到的第三個困難是英文的語言關，即英文口語交流和英文論文的編寫。過去咱們中國人學英語，最大的特點是語法和閱讀理解一般都問題不大，但是英語口語交流及英文寫作是我們的短板。我剛到加拿大地調所時，用英語與西人交流也是相當困難的。由於過去教我們英語口語的老師，他們從未出過國，他們的口語本來就不准，因而造成我們的發音也不准。因此，儘管是一個普通的英文單詞或句子，不僅西人說起來我們聽不懂，就連我們說來西人也聽不懂，這給英語口語交流造成很大的困難。尤其我是一個人單獨在一間實驗室裡工作，工作時根本就沒有任何練習英語口語的機會，下班以後回到住地，接觸的仍然是中國人，因此工作半年下來，我的英語口語交流能力沒有獲得任何進步。為了提高聽說英語的能力，於是我利用週末或晚上的業餘時間與西人基督教人員交朋友，利用他們向我傳教的機會，我趁機練習英語口語和聽力。然而畢竟我們從小接受的是無神論的教育，對基督教朋友所宣傳的“神”或“上帝”實在是提不起興趣，在與基督教西人教會朋友相處了一段時間以後，以工作忙為藉口就不再去他們的教會了。不過還是在與西人朋友的相處過程中，逐漸地熟悉了當地人的英語口語和表達習慣。至於英文寫作，也是得益於過去在地化所工作時練就的漢譯英及科技英文寫作的基本功，最後也終於攻克了這道難關。俗話說：在家千日好，出門處處難。出門在外困難無處不在，就看你是一個什麼樣的人，和用什麼樣的態度去對待困難了。不過要想戰勝困難，你必須要有戰勝困難的信心和具有戰勝困難的必備條件。

(四)

在我剛到加拿大訪問不久，大約 95 年的 7～8 月份，國際地質科學聯合會國際地層對比計畫專業委員會，正在醞釀開展一項全球性的綜合合作研究專案，題目叫做"海洋和大氣系統對地史中全球變化的影響"(Response of the ocean/atmosphere system to past global changes)，其中有一項就是對大約 2.5 億年前二疊/三疊紀(P/T)全球生物滅絕事件的誘因及其對全球氣候變化影響的研究，即 IGCP386 專案。當時該專案的專案組長及秘書，正是加拿大地質調查所卡爾加里分部的高賽茨教授(H. H. Geldsetzer)。由於中國華南地區有數條出露非常完整、且在國際地層學界知名度極高的二疊/三疊系(P/T)生物滅絕事件界線剖面(就是我的那項獲批的國家自然科學基金項目的研究剖面)，當時高賽茨教授正在物色合適的中國科學家來合作開展 IGCP386 專案的研究工作。與此同時，高賽茨教授也是王琨 1994 年年初在《Geology》專業雜誌上發表有關加拿大英屬哥倫比亞省二疊/三疊紀界線剖面研究論文的主要合作者，他同時也是我的合作教授古德法羅先生的同事和好朋友，因此，我到加拿大地調所工作以後，王琨就把我的情況告訴了高賽茨教授。後來王琨又陸續把我在地調所的實驗室工作及研究專案進展情況，陸續向高賽茨教授做了彙報。因此，有關我在加拿大地調所的實驗室工作及研究專案進展情況，高賽茨教授基本上都是瞭解的。到了 96 年 5 月下旬我的訪加計畫將近結束時，高賽茨教授從王琨和古德法羅教授處得知，我已完成了數條中國二疊/三疊紀界線剖面200多塊地質樣品的有機碳同位素、微量稀土及鉑族元素以及氧、硫同位素的分析測試工作，獲得了一大批非常有意義的分析測試資料。其中有機碳同位素的地球化學研究已經取得了非常有意義的研究成果，並編寫完成了研究論文。於是高賽茨教授發電子郵件向我索要我剛撰寫完成的研究論文《中國華南地區二疊/三疊紀界線生物滅絕事件的有機碳同位素記錄》（《Organic carbonisotope record of Permia/Triassic boundary mass extinction events in Southern China》）的英文稿，並告訴我，國際地科聯地層對比計畫 IGCP386 項目組有可能邀請我參加該專案的國際合作研究工作，問我是否有興趣參加？當我聽到這個消息以後，心中自然非常高興，我在給高賽茨教授郵寄英文論文稿的同時，立即給他回電子郵件，表示我非常樂意參加 IGCP386 專案的研究工作。高賽茨教授回復郵件說：目前 IGCP386 項目的國際合作籌備工作尚未完全就緒，尚處在與某些相關國家的協調與協商之中，一俟國際地科聯完成協商定案以後他會立即通知我，並且要我回中國後為承擔 IGCP386 專案做一些籌備工作，比如中國國內有哪些單位、哪些人員可以參加等等。

1996 年 6 月中旬我回到中國以後，先後與我的國家自然科學基金研究項目組的成員南君亞教授等人，交流了高賽茨教授邀請我參加 IGCP386 專案的初步資訊，並初步確定我們地化所的南君亞教授和楊衛東博士，作為 IGCP386 專案中國工作組的主要成員。與此同時，我又分別寫信給中科院高能物理研究所中子活化分析室的柴芝芳研究員、中科院北京地質所碳同位素分析實驗室的陳錦石研究員，以及中國地質科學院地質研究所的季強研究員，詢問他們是否有意願參加籌備中的 IGCP386 專案，後來上述人員均回信表示願意參加。在上述參加單位和人員初步確定的基礎上，96 年 8 月初，我給加拿大地質調查所卡爾加里分部的高賽茨教授寫了一封信，詳細地介紹了我回中國後對於承擔擬議中的 IGCP386 項目所做的一些籌備工作，如中國擬參加該專案的科研單位及人員等。並向他提出如果 IGCP386 國際項目組同意的話，建議把該項目的中國工作組靠掛在我們中科院地球化學研究所，組長、副組長也分別由我們地化所的項目組成員來承擔。8 月底我收到了高賽茨教授的回信，信中高賽茨教授接受了我的建議，同意我們地球化學研究所作為 IGCP386 項目在中國的官方代表，並同意我作為中國專案組的組長，南君亞和楊衛東作為中國工作組的副組長。高賽茨教授在信中還

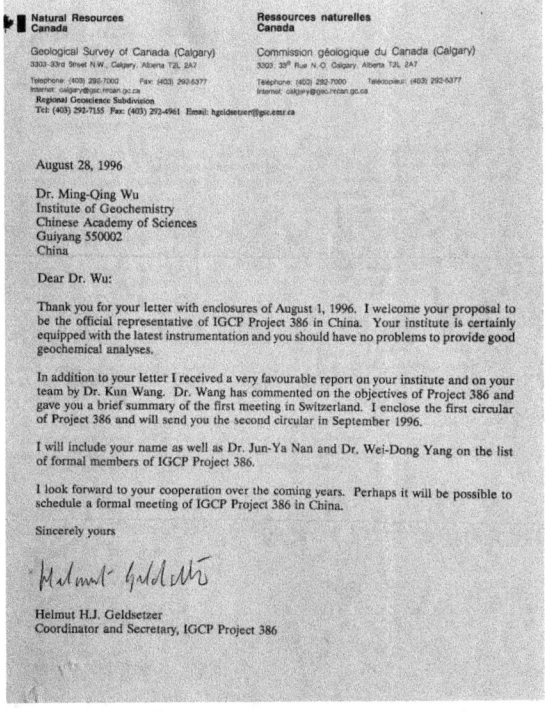

告訴我說，他在收到我回信的同時，也收到了王琨博士來我們地化所訪問後對地化所的評價，認為我們地化所裝備有各種先進的測試儀器設備，完全有能力承擔 IGCP386 專案的有關研究工作。原來在我 96 年 6 月中旬回所以後，當年 7 月中旬王琨利用暑假回中國探親，於是我又把王琨邀請到貴陽我們地化所來進行學術交流。7 月下

旬，王琨在我們所做了一場有關利用有機碳同位素來探討古
海洋環境的學術報告，引起了我們所出席學術報告會的科研
人員的極大反響。報告會結束後，參與該場學術報告會的歐
陽自遠院士評價說："王琨的這場報告真精彩！這才是真正
有水準的學術報告。過去邀請來的一些教授，有的水準真不
怎麼樣！"王琨八月中旬返回加拿大以後，很顯然他又把在
我們地化所訪問的所見所聞向高賽茨教授做了詳細彙報，這
無疑對我們所能夠拿到 IGCP386 項目顯然有很大的幫助。

　　1996 年 9 月中旬，國際地科聯 IGCP386 國際項目組給國
際地科聯的中國成員單位---中國地質礦產部來信，正式通
知地礦部國際地
層對比計畫中國
委員會，並告知
他們："中國科
學院地球化學研
究所已被確定為
IGCP386 專 案
《海洋與大氣系
統對地史中全球
變化的影響》在
中國的官方代
表，地化所的吳
明清、南君亞和
楊衛東為該項目
中國工作組的組
成人員，其中吳
明清博士為中國

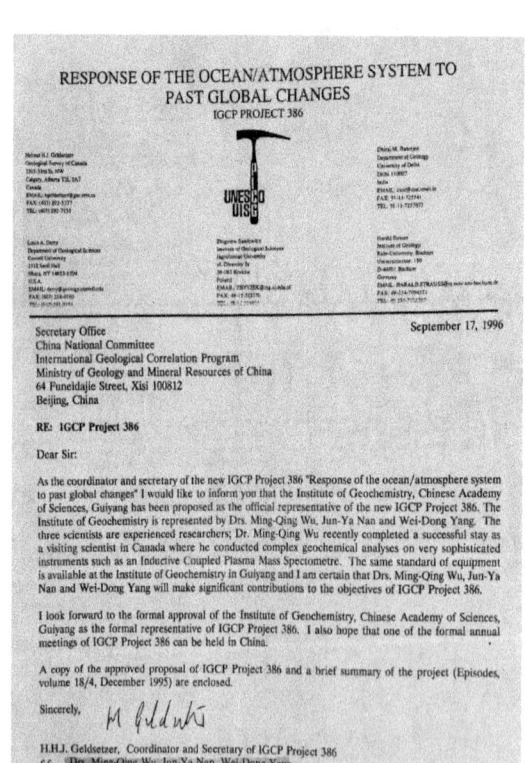

工作組的組長，南君亞和楊衛東為中國工作組的副組長。這三位科學家都極富科研經歷，其中吳明清博士作為訪問科學家，剛剛在加拿大工作了一年，他在那裡完成了一系列複雜的儀器設備比如等離子體質譜儀的分析測試工作，而中國科學院地球化學研究所已經裝備了類似的儀器設備。我相信他們三人在 IGCP386 專案的合作研究工作中能夠做出重大的貢獻。"高賽茨教授在給中國地質礦產部去函的同時也給我來信，通知我們研究所已被 IGCP386 國際項目組確定為中國的官方代表，並隨信附來了 IGCP386 項目的正式項目委託書的影本。當年 9 月下旬，當我拿著 IGCP386 國際合作專案的官方檔給歐陽自遠院士彙報時，歐陽老師說："小吳，你幹得不錯啊！你竟然還弄到了一個 IGCP386 項目，而且你還是中國項目組的組長。我也弄到了一個 IGCP384 項目，不過我們只是參加單位而已。"言談中，歐陽老師向我投來了贊許的目光。

1996 年 9 月下旬接到 IGCP386 國際項目組的正式確認通知書以後，我和我們項目組的成員南君亞、楊衛東等同志立即著手該國際合作專案的籌備工作。為了獲得經費支援，當年 9 月下旬我立即向中科院自然與社會協調發展局提交了一份題目為《古生代全球生物絕滅事件的地球化學記錄與古海洋環境》的重點專案申請書，擬申請資助的經費為40萬元，另計畫將於1997年上半年繼續向國家自然科學基金委申請經費支持。一旦獲得足夠的資助經費以後，我們項目組將於1997 年正式啟動 IGCP386 國際合作專案的在研工作。

第十章 橫遭打壓 萌生去意

（一）

　　1996 年 6 月中旬，我在加拿大地質調查所做訪問學者一年的計畫結束後，按期返回了中國。回來後又于當年 9 月中旬，正式拿到了國際地科聯委託的國際地層對比計畫 IGCP386 這個國際合作項目，並且我本人還被任命為該國際合作專案中方專案組的組長，這在地化所歷來是很少見的。當時所裡知道這個事的人都很驚訝，有人說："吳明清這個人在所黨委和黨辦工作了這麼多年，平常在所裡也是普普通通的。哎嗨！人家退出黨委和黨辦以後出國工作了一年，居然還帶了個國際合作專案回來，他的業務工作能力和科研水準著實令人刮目相看呀！"因此，不少人認為我大顯身手的機會到了。當時我自己也是這麼想的：既然兩年前已經從所黨委裡退出來了，終於完全脫離了黨政事務的羈絆，現在又從國外帶了個國際合作專案回來，自己一定要好好地集中精力把這個國際合作專案弄好，一心一意搞我的科研。然而常言道：樹欲靜而風不止。我從國外回來以後，所裡個別頭頭聽說我在加拿大幹得不錯，同時還帶了個國際合作專案回來，這些人的心裡就不高興了。認為吳明清雖然離開了黨委，但業務上卻發展得風生水起，政治上又挑不出任何毛病，擔心自己退休以後，吳明清這個人有朝一日還會不會東山再起？於是他們便利用自己手中掌握的職權，在提職提級等方面又動起了對我進行排擠打壓的歪點子，一步接一步地對我進行無理的刁難、排斥和打壓。

　　首先對我打壓的第一件事是，剝奪我報名參加所裡評選研究員的資格。96年9月份所裡擬晉升一批研究員，按照以往所裡執行的每5年晉升一級的慣例，這次晉升的對象是91年已被評聘為副研究員的科研人員，而我無論是按資歷或年限，這一次都應該有資格報名參加評選。但所人事處為了限制我報名參加評選，他們人為地設置條條框框把我一個人排除在獲得報名資格的大門之外。1996年8月中旬，為了評選晉升一批研究員，所人事處在地化所的佈告欄上貼出了一張通知，通知上說：「根據上級有關檔的精神，結合以往新人新辦法老人老辦法的貫例，凡是文革前畢業的大學生、92年以前已經提了副研究員的科研人員，這次有資格報名參加評選研究員，而文革中畢業的大學生，即使92年以前已經提了副研究員的，這次沒有資格報名參加研究員的評選。特此通知。地化所人事處。96年8月X日。」按照這個通知的要求，我和師兄鄭寶山同為一個導師又是同一屆畢業的研究生，又都是在92年以前晉升的副研究員，但因鄭師兄是文革前入學的大學生，他就有資格報名，而我因是文革中入學的大學生，因而就沒有報名資格。要知道文革中畢業分配到地化所來的大學生，除了因分所去了廣州及少數調走了的以外，當時所裡總共大約還有二、三十個工農兵學員，其中92年以前已提了副研究員而且又是上了研究生的，全所唯一只有我一個，而人事處打著「根據上級有關檔的精神」以及「新人新辦法老人老辦法的慣例」而制定的這個條條框框，明顯就是為了限制我一個人而人為惡意編造的。當時這個通知貼出來後，有知道內情的人看了以後，紛紛為我打報不平地說：「你們看，人事處的這個通知，不是明擺著在限制吳明清一個人報名參加評選研究員嗎？這些人的心眼真是太壞了！"有個別同事甚至還對我說："小吳，這個通知寫得太離譜了，明擺著不就是在欺負人嗎？你為什麼不去人事處找他們說說理去呀？"當我第一眼看到這個通知的時候的確感到非常生氣，但事後我平靜地想了想，假如去找他們這樣的惡人爭吵，肯定不會有什麼好結果，而去吵的結果只能是使自己更加生氣，因此顯然沒那個必要。於是我對那些同情我的同事說："找他們去說理有用嗎？人家大權在握，他們想怎麼樣就怎麼樣吧！不過我相信，他們卡得了我一時卻卡不了我一世。咱們騎驢看唱本---走著瞧吧！"有同事甚至還憤憤不平地說："哼！地化所有的人就是欺軟怕硬，他們為什麼敢欺負你？還不是因為你是郭先生的研究生嗎？如果你是塗先生的研究生，你看他們敢不敢欺負你？恐怕捧你都來不及喲！"

　　然而可以毫不誇張地說，地化所人事處的PXX在所裡科技人員的專業技術職稱評聘方面，歷來的做法就是憑藉她自己手中掌握的人事大權，總是有選擇性地對所裡某些科技人員的專業職稱評聘進行刁難和打壓，然而對其並不符合條件的老公LXX的專業技術職稱卻是不惜違規操作。LXX本來作為所裡的黨政負責人，平常享受的是行政領導幹部的優厚工資待遇，而自其進所參加工作以來既沒有獨立承擔過任何一項科研專案，也從未以第一作者的身份在一級學報上公開發表過任何一篇科研論文，然而PXX卻厚顏無恥地要給她老公LXX提研究員職稱，並且在首次研究員評審未獲通過的情況下，PXX又通過更換評委，再次要求評委給其老公評審研究員職稱大開方便之門。這就是LXX兩口子在地化所玩弄權術和以權謀私的鮮活例證。

PXX 打壓我的第二件事是想要沒收我的個人護照。96 年 6 月中旬我訪問加拿大回所以後，因聯繫國際合作專案有時需要用所裡電話總機室的傳真機收發部分相關檔資料和資訊，其中在 96 年 7～8 月份，IGCP386 國際合作專案組負責人高賽茨教授，提出要我97年上半年返回加拿大去，同他一道完成一個短期的合作專案實驗工作(工作內容仍是乾酪根的提取，時間大約半年左右)，工作結束後仍返回中國繼續承擔 IGCP386 項目中國工作組的工作。然而當 PXX 得知這個資訊以後，認為我又在聯繫出國了，於是就打起了想要沒收我個人護照的歪主意，從而達到阻止我出國工作的目的。於是地化所人事處以外事組的名義，又在所裡的佈告欄上貼出了一張公告，公告上說："根據上級有關檔的精神，凡是公派出國的留學回國人員，回國後三個月之內，必須將個人的公務護照上交到所人事處外事組統一保管，希望大家遵照執行。地化所人事處外事組，96 年 9 月 x 日。"由此荒唐透頂的通知完全可以看得出來，這個出歪點子的一肚子壞水的女人，根本就不懂甚至違反了國家的有關政策。首先，從八十年代初期以來，國家有關部門並沒有下發過任何文件，要求公派出國回來的留學人員，將個人護照上交到外事部門統一保管的。其次，從1993年開始，公安部已對個人護照的發放政策做了調整，新的政策規定：凡公派出國超過 6 個月(含 6 個月)以上的人員，一律發放個人因私護照，而不是以往的公務護照。再則，個人護照是公民個人的身份檔，除國家特別規定的某些特殊職業和一定級別的官員以外，個人護照應由公民個人自己保管和使用。因此，地化所人事處的個別頭頭公然違反國家政策，想沒收個人護照，其險惡用心昭然若揭。我知道人事處出的這個告示，也是專門沖著我來的，就像上一次出通知專門限制我一個人報名參加評選研究員一樣，只是不直接點名而已(因為當年 6～7 月份公派出國回來的留學人員，全所唯一只有我一個人)。我看了這個告示以後，又好氣又好笑，同時我也想讓這個 PXX 當眾出出醜，於是第二天，我就拿著個人的因私護照去到了人事處，找到了人事處的這個頭兒，當著她手下好幾個人的面，亮出我的個人護照，然後毫不客氣地對她說："P 處長，你們人事處外事組貼的那個告示好像與我無關呢！我確實是所裡公派出國的留學回國人員，不過你仔細看好了！我個人拿的是因私護照，而不是公務護照噢！對不起了，恐怕你們沒有任何權利收我的個人因私護照吧？！"這女人看了看我的護照封面，尷尬地說："咦，奇怪了！過去公派出國人員發的都是公務護照嘛！怎麼現在公派人員也發因私護照了？"說完後現出了一副無可奈何的樣子。我當然清楚當時發放個人護照的政策規定，但不想跟她作任何解釋，於是故意甩下一句話："我也不知道為什麼公安局要給我發因私護照，不過你可以去貴陽市公安局問一下嘛！看他們是不是搞錯了。"說完我便離開了人事處辦公室。

　　第三件事是扣發教育部頒發給我的留學回國人員科研啟動資金。上世紀九十年代中期，教育部專門針對留學回國人員下發檔明文規定，凡出國半年以上的留學回國人員，可以由派出單位向教育部申請每人兩萬元的科研啟動資金。這個政策是我在加拿大訪問計畫結束準備回國時，中國駐加拿大使館教育處告訴我的，目的是扶持留學回國人員開展科研工作。96 年 6 月中旬我回到地化所以後，及時通過所人事教育處向教育部留學生司提交了申請。大約到了 96 年的 11 月份左右，所人事處有個別工作人員告訴我，說我申請的教育部2萬元的科研啟動資金好像已經批下來了，於是有一天下午，我就去所人事處找到了他們的頭兒，便問她："P處長，聽說我申請的教育部的兩萬元科研啟動資金已經批下來了，我想領一下這筆經費，好開展下一步的科研工作。"她聽了以後，立即回答說："沒有哇！你的還早呢！搞不好要到明年去了。"我說："你們不是有人告訴我說已經批下來了嗎？怎麼又說沒有啦？""誰說的？他怕是搞錯了吧？過兩三個月看看，如果批下來了，我們會通知你。"聽她這麼一說，我也不好再爭辯，於是只好悻悻地離開了人事處。後來人事處一直也沒有通知我，直到97年2月份離開地化所再次出國之前，我一直都沒有得到教育部下發的兩萬元科研啟動資金。很顯然，這筆錢已經被所教育處給截留了，但是至於是否已經落入了她個人的腰包，恐怕只有她自己知道了。雖說中科院下屬各研究所的管理機構與地方行政管理部門比較起來，可算是"清水衙門"，但當年像地化所這種由單位上一把手的老婆長期把控一個實權部門的人權財權達十多年的專權現象可以說是鳳毛麟角，由此而產生貪污腐敗也不是不可能的。因此，上級有關紀檢監察部門完全有必要派人審查一下當年地化所人事教育處的經濟帳目，看看是否有由專權而產生的貪污腐敗問題發生。

地化所人事處的PXX是四川人，她與其老公LXX二人原是老鄉，這女的六十年代中後期大學畢業後原先分配在黑龍江省某地工作，她與LXX結婚後於七十年代末從黑龍江調到地化所人事處工作，先是一般工作人員，後來隨著老的人員退休或調走以後，這女的於是上位先後任了人事處副處長、處長，一人主管全所的人事、教育及外事大權。所以在所裡既有人叫她P處長(人事處長)，也有人叫她P校長(主管研究生教育)，可謂是大權在握。我86年進所黨委與其丈夫共事時，其夫是行政副所長兼所黨委委員，94年我退出黨委時，其夫已任所黨委書記。如果說作為地化所的人事處長，在96年的這幾件事情上對我進行刁難打壓，是因為我和她老公在黨委工作時，因思想體系不同而產生矛盾的話，那麼早在1981年我研究生畢業時，這女的在授學位的問題上對我和林鐵兩個郭先生的研究生進行刁難，這就耐人尋味了。因為上世紀七十年代末期，我是個剛進所才幾年的新人，與他兩口子根本就不熟悉，更談不上有什麼恩怨。只是那時因為所裡接連發生了兩件事情以後，偶爾就聽到所裡少數人在私下裡議論，說兩個老先生之間互相似有不合(即78年10月中國礦物岩石地球化學學會成立時，郭先生原本經所黨委討論推薦為擔任學會副理事長職務的，但是由於大會秘書處在理事會選舉前突然將郭先生從候選人名單中撤去了，結果導致郭先生最終連學會理事會都沒有進。其次是1980年中國科學院增選學部委員時，當時所裡和學會都沒有推薦郭先生，而當年郭先生之所以能評上學部委員(院士)，其原因之一是中國地質學會大力推薦，其二是時任中國科學院院長的方毅副總理親自過問和關心的結果)。但是據所裡某些知情人的說法，實際上以上的兩件事情應該與塗先生本人沒有任何關係(因為塗、郭兩位老先生之間從無任何恩怨)，而是塗先生手下個別吹喇叭抬轎子的人故意在兩個老先生之間抬一個壓一個，有意在兩個老先生之間人為製造矛盾。不過從此以後，所裡有部分趨炎附勢的小人在對待兩個老先生及老先生的學生的態度問題上，就表現出了明顯的差異(比如對塗先生的研究生只要他們一畢業，馬上就可以安排公費出國做訪問學者或者攻讀學位，而郭先生的學生卻很難獲得這個待遇）。而所人事教育處這個 PXX 顯然就屬於那種趨炎附勢的勢利小人，因此從這個角度出發，就不難理解這個女人為什麼多年以來要對我進行刁難、排斥和打壓了。因此，當時地化所有人就公開地對我說：“吳明清，這些年你在所裡是跟導師跟錯了。要不憑你的資歷、能力和水準，如果你是塗先生的研究生，不要說他們不敢欺負你，搞不好90年所黨委換屆的時候，副所長副書記你早就當上了！”聽了這樣的話，我只好無奈地說：“你們別那樣講，我不是那種人，同時我不僅沒那種想法，更沒有那個能力。”

（二）

　　一個人無論在什麼單位工作，如果碰到上述不公正待遇中的一項或二項，就已經夠頭痛的了，而我卻連續多年竟然遭遇到了種種不公正的待遇，而且這些不公正待遇全部都是來自於單位的實權部門---人事處。換任何一個人，如果一而再再而三地碰到這樣的頭痛事，免不了自然而然地就會產生一個念頭：走！離開這個單位。也就是平常老百姓說的：“惹不起，難道還躲不起嗎？”、“此處不留爺，自有留爺處！”於是96年的八、九月份，我在心裡就產生了“一定要設法調離地化所！”這個念頭。正好當年人事部下發了一個紅頭文件，規定留學回國人員可以在全國範圍內實行人才流動。也就是說像北京、上海這樣的一線城市，如果有專業對口的接收單位，留學回國人員可以不受戶口限制而調入，而且家屬子女也可以同時一起隨遷。當時我想既然有這個檔，如果可能的話，我願意調到北京地區中科院系統的有關研究所去，因為北京有不少研究所與我的專業對口，更何況我留學回來還帶有國際合作專案哩！因此，如果能在北京找到個有熟人的接收單位，那事情就好辦了，為此當時我就想到了當年剛從日本留學回來的劉叢強博士。劉是1987年我們所的碩士研究生畢業後去日本東京大學留學的，1996年上半年留學結束從日本回來時，當時他還沒有回到貴陽地化所，而是留在了北京中科院地球物理研究所。當年8月份他回貴陽探親時，我曾在所裡會到了他，並且我當時還向他詳細地介紹了我從加拿大帶回來的IGCP386國際合作專案的情況。他當時對我說，他對這個合作項目非常感興趣，如有可能，我們可以一起幹。我想如果要去北京工作，首先必須得先找到接收單位，而要聯繫接收單位必須得有熟人和自己親自去辦才行，同時考慮到我還有幾件要緊事要去北京辦理（第一，去加拿大駐華大使館辦理第二次赴加簽證；第二，去地礦部國際地層對比計畫委員會接洽IGCP386國際合作項目的有關事宜；第三，去人事部諮詢和落實留學回國人員全國流動的具體政策規定），於是96年9月下旬我乘飛機出差去了北京。到北京後的第二天上午，我首先去人事部諮詢留學回國人員全國流動的政策問題，到了人事部我找到了人事部專業技術人員管理司的負責人，專門諮詢了留學回國人員的全國流動問題，尤其特別提到了家屬子女隨遷的事。人事部專業技術人員管理司的負責人告訴我說，留學回國人員不管流動到哪裡（即不論是北京還是上海），只要接收單位專業對口和需要，家屬和子女的戶口可以一起隨遷。我得到了這個準確資訊以後，於是我立即打電話同劉叢強取得了聯繫，告訴他我已經出差來北京了，想會一下他。劉叢強說："沒問題，明天中午咱們在地球物理所大門口會面，到時候我還要請你吃飯呢！”第二天中午，我們倆如約在地球物理所的大門口見了面，然後一邊交談一邊來到了附近的一家小餐館。吃飯的時候，我對劉叢強說：“叢強，不知你在地球物理所的情況怎麼樣？你這裡需不需要人？如果你這裡需要人，我可以調到你這裡來。因為人事部有檔規定，留學回國人員可以在全國流動，然後我們可以一起搞研究項目。”劉叢強說：“我現在還不知道怎麼辦哩！我這裡現在只有一個辦公室，下面連一個人都沒有，而且我在這裡現在既沒有項目，也沒有經費。假如我在這裡固定下來了，我肯定需要人，這樣的話那把你調來肯定也是沒有問題的。但問題是現在確實不行，因為我不知道我在這裡還能待多久，而且能不能待得下去都還是個問題！”我聽劉叢強這麼一說，心裡頓時就涼了大半截。心想這下完了，原來打算：如果劉叢強需要人的話，我就調到他這裡來，這樣的話既脫離了地化所那個環境，又進了北京，同時還可以同好朋友一起搞專案，如此可以說是“一箭三雕”。但是現在聽劉叢強這麼一說，他自己不僅不要人，而且連他自己下一步的去向如何都不清楚，真沒想到會是這樣的情況。原來我的打算是，如果能調到北京劉叢強這裡來的話，那具體要辦的事情就比較多了，比如我自己的工作調動及工作的銜接與安排，老婆孩子的戶口遷移以及孩子的上學等等一系列具體問題，都需要相當長的時間來逐一的落實和解決。因此我想，如能調得成，我就先在劉叢強這裡幹著，首先把從加拿大帶回來的國際合作專案的架子搭建起來，加拿大地調所高賽茨教授那裡暫時就不去了。現在既然來不了北京，別的地方也去不了，那還是趕緊拿著高賽茨教授的邀請信，去加拿大駐華大使館把赴加簽證辦了，然後

爭取明年上半年先去加拿大待一段時間回來再說。主意拿定
以後，當天中午和劉叢強吃過飯道別以後，我就帶著申請簽
證的有關檔資料，直奔加拿大駐華大使館去了。下午兩點過
鐘到了加拿大大使館，遞交了申請簽證的所需材料後，使館
簽證官問我：護照和簽證是郵寄還是自己來領取？我說自己
來領取。於是簽證官說，請留下通訊位址，到時候寫信告訴
你來取護照和簽證。申辦了赴加簽證後，第二天我又去北京
西城區北萬莊地礦部國際地層對比計畫委員會辦公室，遞交
了 IGCP386 國際合作專案委託書。在京辦完所有事情以後，
我乘飛回到了貴陽。

（三）

96 年 12 月下旬，我接到加拿大駐華大使館的通知說我
的簽證已經辦妥了，要我個人去北京領取。於是我立即乘飛
機去北京，在加拿大駐華使館領取了個人護照和簽證以後，
又順便預定了 97 年 2 月中旬赴加拿大的機票。回到貴陽以
後，我立即給加拿大地質調查所的高賽茨教授去了封信，告
訴他我的赴加簽證已辦妥，並將於 97 年 2 月中旬抵加，然後
與他一起工作半年。但是我去信以後，一直到 97 年 2 月中旬
我赴加之前，其間將近三個月，一直都沒有收到高賽茨教授
的回信，由於赴加之前我還有些準備工作要做，所以也沒有
去想那麼多。

時間到了 97 年元月份，聽說我的老師郭先生生病住院
了，還聽說這次他病得很屬害，而且已經在貴州省人民醫院
住院一個多月了。我好久沒見到老先生了，出國之前一定要

抽時間去醫院看望一下他老人家。於是大約在 97 年的元月二十幾號吧，我去到貴州省人民醫院的高幹病房見到了郭先生，乍一看老先生顯得蒼老和瘦弱多了。我記得郭先生的生日是 1917 年元月 21 號，當年他剛好滿 80 周歲。郭先生見我來了，顯得特別高興。言談中老先生念念不忘的仍是他的特殊稀土地球化學的研究專案，他一再地對我說，等他生病好了出院以後，他要我同他一起申請一個更大的科研專案來做。當天我在醫院陪老先生待了兩個多小時，也一起聊了兩個多小時。臨別時郭先生竟同我談起了他的身後事，並且要我為他出出主意。他說如果他百年以後，他最放不下心的就是他自己的老伴郭師母。他說老伴一輩子都是在為家庭做奉獻，由於老伴沒有在社會上工作過，所以也就沒有任何退休工資。老先生擔心：一旦自己百年之後，怕老伴沒有生活保障。我安慰郭先生說：你們老兩口有七個子女，如果每人每月拿出 100 塊錢給師母，那師母每個月不就有 700 塊錢的生活費了嗎？一個月 700 塊錢應該足夠師母花的了。郭先生說："讓每個子女每個月出 100 塊錢，他們能拿得出來嗎？"我說："那應該沒有什麼問題吧！？"郭先生說："他們的工資都不高，我看這個事情恐怕是難囉！"由此也可以看出，郭先生與郭師母老兩口的感情是何等的深厚啊！而且郭先生這麼大年紀了，什麼事都還在為子女們著想，真的是可憐天下父母心啊！當時郭先生雖然生病住院一個多月了，但看他的氣色尚好，我估計再住一段時間醫院，也許還會像以往那樣又出院了。因此，我安慰了先生一番，告訴他："我下次出國回來，一定再來看望您！希望您安安心心地養病，爭取早日康復。"於是就匆匆地告別了郭先生。不料 97 年 2 月中旬我剛離開中國，先生就與世長辭了，想不到我與郭先生在貴州省人民醫院的那一次見面，竟成了我與老先生的永訣。

　　1997年2月9日是農曆大年三十，由於我的國際航班是2月13號，因此過完大年三十，大年初一（2月10號）我和我夫人就乘火車離開貴陽赴北京了。臨走之前我沒有告訴所裡的主要頭頭，只是個別的告訴了所裡的幾個黨委成員，同時分別與國際合作專案組的成員南君亞和楊衛東打了招呼，告訴他們我準備去加拿大待幾個月，如果國際合作專案組有什麼來信，請他們代收和處理一下。2月12號到達北京以後，我仍住在北京三裡河中科院的機關招待所，當晚恰巧在院機關招待所碰到了地化所的所長謝鴻森老師，於是我又把準備出國的事簡單地向謝所長做了彙報。謝所長說：“小吳，那很好啊！能出去就出去嘛！”2月13號下午，我從首都機場乘國際航班離開北京赴加拿大，而當天晚上我妻子也乘坐北京至昆明的特快列車返回貴陽去了。

　　後來聽說2月13號就在我乘機離京赴加的那一天，我的老師郭先生就仙逝了。由於郭先生以往在所裡的大小事務基本上都是由我來照管的，郭先生去世以後，為了處理喪葬事宜，所裡的大頭目在所內到處找我，結果自然是到處都找不著。2月14號上午一大早，他又跑到我家去找，恰巧我女兒在家，他問我女兒：“你爸在家沒有？他到哪兒去啦？”小孩子不知道撒謊，於是便說：“我爸上北京出國去了！”這頭兒一聽立刻氣得火冒三丈，然後氣急敗壞地在所裡說：“嘿！這個吳明清很不像話啊！在所裡連聲招呼都不打就居然出國了。”後來一段時間，據說這大頭目在所裡的大會小會上一再地點我"私自出國"的名，幾乎就說成像是"叛逃"一般。另外，據說他還在所黨委會上再三地追查，究竟是誰私自給吳明清蓋章辦理的出國手續等等。其實這頭兒和他老婆一樣，身為國家幹部，不僅不學無術，而且居然連國家政策都不懂。第一，我不是第一次出國需要單位蓋章同意，才能辦理出國手續。第二，個人有邀請信並申辦了加拿大的旅行簽證，自然就能出國，難道持個人簽證出國還需要單位蓋章同意不成？所以足見這個傢伙是個十足的酒囊飯袋。

(四)

話說 1997 年 2 月 13 號，我乘飛機離開北京來到加拿大以後，渥太華這裡仍是冰天雪地，而且那一年渥太華的冬天天氣出奇地冷，雪下得也特別大。回到渥太華以後，朋友幫我安排仍住在劍橋街 448 號的集體小公寓裡，這裡歷來是中國留學生和訪問學者常住的地方。這棟小公寓的房東是從臺灣來的山東人裴先生。這棟二層小樓房間雖不寬敞，衛生條件也不太理想，但生活設施還算齊備，而且更主要是價格實惠，再加上這裡離唐人街及大學都不遠，公共交通非常方便，因此，這裡很受中國留學生和訪問學者的待見。我在地調所做訪問學者時就曾在這裡住過半年多，所以這次回來也算是老房客了。回來後大部分留學生房客還在，雖然有兩三個房客是後來來的，不過大家都是從中國大陸來的人，所以過不了幾天大家就都混熟悉了。

回到渥太華以後，我立即同王琨取得了聯繫，並準備聯繫高賽茨教授什麼時候開始工作。王琨得知我回到了渥太華，第二天就立即來住處會我。一見面他就對我說："老吳，你大概還不知道吧？！高賽茨教授已經患肝癌去世了！"我聽了以後非常驚訝地說："怎麼那麼快？去年 6 月份我回國之前，他不是還好好的嗎？怎麼就去世了？"王琨接著說："高賽茨教授是去年10月初才發現患的肝癌，但發現時已經是晚期了，手術都沒做，結果住院不到三個月就去世了。他是元旦節過後才走的。"我聽到這個消息後連連歎氣地說："哎喲！真是倒楣啊！好好的一個人怎麼兩、三個月就去世了？那接下來我們的項目怎麼辦？"小王說："現在不知道該咋辦了？IGCP386 項目不知道會換什麼人來管。高賽茨教授不在了，搞不好我們這個項目恐怕就有點懸了！"聽王琨這麼一說，我感到這次回來前途恐怕是一片渺茫。送走了王琨，我情緒低落地頓時陷入了沉思：接下來我該怎麼辦？難道要馬上打道回府---返回中國去嗎？我現在剛從中國出來，現在馬上又要返回去了，那又該怎麼跟所裡的人解釋？然而一回想起這幾年在所裡受到的刁難和打壓，心裡的氣就不打一處來。心想既然已經出來了，自己已經沒有任何退路了，再怎麼困難也要想辦法待下去。現在最要緊的問題是自己要先安定下心來，然後再想辦法解決身份和尋找工作。好在當時自己隨身帶有做訪問學者時節餘的幾千美元，暫時的生活是沒有問題的。至於國際合作專案，高賽茨教授現在已經不在了，自己也管不了那麼多，就看國內南君亞和楊衛東他們兩個怎麼樣弄了。

　　時間大概過去了三、四個月，大約是 97 年的 6 月份，我收到了一封國內專案組成員南君亞教授給我寄來的一封信，拆開後裡面還附有一封英文信，原來這是南教授給我轉來的 IGCP386 國際項目組給我的信。這封信是德國波鴻魯爾大學地質研究所（Institute of Geology，Ruhr-University，Bochum，Germany）的哈樂德・斯特勞斯（Harald Strauss）教授寫來的（因 IGCP386 國際項目組不知道我已來加拿大，所以給我的信一直還是寫到中科院貴陽地球化學研究所）。斯特勞斯教授在信中說：自 97 年元月份高賽茨教授去世以後，IGCP386 國際項目組連續給我往國內去了兩、三封信，一是告知 IGCP386 國際合作專案負責人的變更情況，二是要中國專案組彙報一下 97 年的工作安排。但數月過去了，IGCP386 國際合作專案組一直未收到中國工作組的任何回應，不知道原來的中國工作組究竟出現了什麼狀況。為了不耽誤 IGCP386 國際合作專案的工作進展，國際地科聯 IGCP386 國際合作項目領導小組在征得中國地礦部國際地層對比計畫委員會的同意（地礦部國際地層對比計畫委員會本來對我們中科院地化所拿到了 IGCP386 這個項目就十分不滿，因此他們建議將該專案轉給了隸屬於地礦部的中國地質大學），決定把該專案的中國官方代表單位轉移到了武漢中國地質大學，並由中國地質大學的殷鴻福教授全權負責。看了斯特勞斯教授和南君亞兩人的來信，我才知道，97 年 2 月中旬我離開中國以後，IGCP386 國際專案組連續給我往所裡寫了兩、三封信，而這些信件楊衛東作為項目組的成員他都代收到了，但他收到這些信件以後既沒有告訴南君亞，也沒有及時將信件轉寄到加拿大來給我，更沒有代表中國專案組給斯特勞斯教授回信，從而導致我們失去了 IGCP386 國際合作項目中國工作組的領導權。時間就這樣過去了兩、三個月，一次偶然的機會，南君亞教授才得知楊衛東早就收到了 IGCP386 國際項目負責人給我們專案組的幾封來信，於是去科技處問他，他才把收到的信件拿出來，但事情已經無法挽回了。當我聽到這個壞消息以後，更加堅定了我留在加拿大的決心。

　　根據後來瞭解到的資訊顯示，中國地質大學(武漢)承擔的 IGCP386 項目，研究成果在 IGCP 的國際項目成果中並不特別突出，而且該專案並未五年一更新地如期延續下去。1GCP386 項目如果不出現變故一直由我們地球化學研究所來承擔的話，相信我們做出來的研究成果應該會有新的突破，因為 IGCP386 項目是一項地球化學研究專題，地球化學研究手段及設備是我們地化所的強項，反觀中國地質大學(武漢)，他們的長處是地層古生物，而地球化學則是他們的短板。

　　另一方面，當時我們專案組的楊衛東收到了 IGCP386 國際合作專案組負責人給我來的幾封信，他既沒有告知南君亞教授，也沒有轉寄來加拿大給我，也是有一定原因和苦衷的，他當時在所裡的處境沒想到也是如此的艱難，事後想想也不能完全責怪他。根據後來我瞭解到的情況，自從 97 年 2 月我第二次來加拿大以後，作為 IGCP386 國際合作項目中國工作組的負責人之一，楊衛東因為我的關係也受到了牽連，他在地化所同樣也受到了 LXX 和他老婆無端的排斥和打壓。楊衛東原是 1989 年成都地質學院博士畢業後，同年到地化所來做博士後于 1991 年留所的，他本人是黨員，業務工作能力也比較強，是個很有發展前途的年輕科研人員，同時也是當時所裡重點培養的年輕接班人之一，1995 年已被任命為所長助理兼科研處長。但是由於楊衛東同時也兼任了我從國外帶回來的 IGCP386 國際合作專案中國工作組副組長的職務，於

是他也莫明其妙地遭到了所裡 LXX 和他老婆的無端排斥和打
壓。楊在科研處沒待上兩年，不明不白地便被撤銷了所長助
理和科研處長的職務，眼看在所裡快待不下去了，於是楊衛
東便於1998年左右萌生了想離所獨自騎自行車去全國各地進
行實地考察的想法，結果是他離所獨自騎自行車出去以後卻
是半途而廢無功而返。2000 年新世紀以後，楊衛東利用出國
三個月做短期訪問學者的機會，無奈也只好選擇定居在了加
拿大溫哥華。南君亞教授雖然也是我的國際合作項目組的主
要成員，但由於南教授是地化所的老職工，又是個平頭百
姓，沒有擔任一官半職，因此他才沒有遭到 LXX 兩口子的打
壓。事到如今，地化所裡的老同志只要一提起這兩口子對我
和楊衛東的無端打壓，不禁令人唏噓，都說這兩口子不僅不
學無術，而且在所裡玩弄權術嫉賢妒能，排擠打壓中青年科
技人才，迫使他們出走國外，心眼實在是壞透了。

然而實際上在地化所的數百名研究生中，歷年來曾受到
過人事處 PXX 打壓和刁難的又何止楊衛東和我吳明清兩人？
可以說在這個女人獨霸地化所的人事、教育及外事大權的
一、二十年間，除了個別導師的研究生她不敢刁難和打壓以
外，其他導師的研究生只要說話辦事稍不遂她的心願，就有
可能在授學位、晉升職稱或者在是否給予公費出國名額等方
面受到刁難或打壓。因此，地化所在上世紀八、九十年代，
曾受到這個女人刁難或打壓過的研究生應該不在少數，其中
至今仍留居國外的近百名研究生中，有不少或多或少就曾受
到過她的刁難或打壓。

第十一章　知命之年　僑居他國

(一)

97年2月中旬我回到加拿大渥太華以後，原本懷揣著美好的夢想而來，不曾想一落地就得到了國際合作專案老闆去世的消息，這無形中恰如給了我當頭一棒，不僅使我失去了合作開展研究工作的機會，而且也預示著我的第二次加國之行前途出現了極大的風險。我清楚地知道，如果失去了國際合作專案的支撐，一方面導致我來加拿大就失去了依託，另一方面也等於是切斷了我返回中國的退路。由此看來，我已經沒有任何選擇的餘地，只能是儘量想辦法在加拿大待下去了。但仔細靜下心來想想，覺得前路也是充滿了許多不確定性。首先要在加拿大長期待下去，就必須要走申請技術移民這條道路；其次，如果移民成功了，聽說加拿大的專業工作不好找，這就意味著自己很有可能要改行而重新擇業。而且還聽人說，加拿大對技術移民的年齡也是有嚴格要求和限制的，對於像我這個年紀的人申請移民能否獲得成功，自己心中一點底都沒有。因此，我想找一個當地的華人朋友聊一聊，瞭解一下有關技術移民的資訊，並希望他能為我出出主意，於是我就想到了華人聯合教會的周樹幫先生。

95～96年我在地質調查所做訪問學者的時候，一次在唐人街華人店購物時偶遇七十年代末從廣州依親移民來加拿大的周樹幫先生，交談中聽他說他週末在渥太華的華人聯合教會服務，並歡迎我去參加。因初來乍到，在渥太華沒有任何熟人或朋友，週末感到很寂寞，於是我偶爾在週末時曾去周

渥太华国会大厦

先生所在的華人聯合教會參加過幾次活動，如此一來二去，雙方也就成為了朋友。一個週末我找到周先生，我把我的基本情況和移民的想法同他談了以後，想聽聽周先生的意見。周先生說："按照你說的情況，看來你在國內還算是混得不錯！科研工作也取得過不少成就，而且你在地調所這一年幹得也非常棒，老闆對你的評價很高嘛！另外，我也非常理解你在國內的遭遇和處境，實際上近幾年從咱們中國移民出來的不少中年人，都是因為有類似於你這樣的情況，才不得不離鄉背井地出來。不過你想移民的話，這可是一條非常艱難的道路，尤其是像你這個年紀的中年人，你可要想清楚了！"周先生接著說，加拿大的確是新移民非常嚮往的國家，地大物博、資源豐富，社會穩定，人民友好。這裡全民實行免費醫療和12年制的免費義務教育，老人和小孩的福利相當不錯，在這裡生活，的確對子女及後代的教育非常有好處。所以有人半開玩笑地說：加拿大是老人和孩子的天堂，但中年人在這裡奮鬥卻非常辛苦。由於國家人口少，所以就業環境相對較差，尤其是像咱們中國這樣的不同文化和不同語言背景國家來的新移民，開頭幾年都是非常艱辛的。很多具有很好專業背景的新移民來了以後，大多很難找到對口的專業工作，於是他們只好改行去幹別的，或者重新去上學拿到學位後再找別的工作。不過他說像我這個年齡段的人，如果沒有足夠的經濟條件支撐，要想重新去上大學拿學位顯然不太現實。因此，如果要想移民的話，就一定要作好改行和吃苦的思想準備。他還說西方社會的人際關係相對比較簡單，到政府部門去辦事，你不用託人情找關係。這裡的人也比較講求實際，人們只要有一份工作，生活就能過得很舒服。很多白手起家的中國新移民，雖然開始幾年比較辛苦，但一般經過七、八年或者十來年的打拼，都能完全過上擁有自己住房的舒適生活了，下一代也就不用再那麼辛苦了。說到具體怎麼申辦技術移民時，周先生說像我這個情況，最好能找個移民律師諮詢一下，或者就直接找移民律師辦理，這樣既省事省心而且把握性也更大。聽了周先生的詳細介紹和分析，回到住地以後我反反復複地思考了好幾天，圍繞"回去還是留下來？"這個問題，開始幾天總是猶豫不決。因為畢竟自己已在中科院的研究所工作二十多年了，也取得了副研究員(副教授)的專業職稱，即使受到打壓，估計再過一兩年評個研究員(教授)也應該是沒多少問題的。假如留在加拿大的話，這就意味著不僅要放棄國內的一切，而且在加拿大必然是要白手起家，一切從零開始，更何況自己的愛人和女兒還都在國內，心中實在是不舍。一想到這些，心裡面就打起了退堂鼓。但轉念一想到回去，又必然聯想到所裡 LXX 兩口子的醜惡嘴臉，於是回國的念頭又打消了。頭腦裡這樣的一種矛盾狀態一直困擾了我好多天，弄得我幾乎到了茶飯不思、魂不守舍的地步，整個人不知道要如何決定才好。最後我想到，既然自己下不了決心，那就用抽籤來決定自己的命運吧！於是我就用一張A4白紙分別裁剪弄成了八張小紙條，在其中的四張紙條

渥太华国会山

上分別寫上"回去"，另外四張紙條上則分別寫上"留下"，然後將八張小紙條分別揉搓成 8 個小紙球，再把 8 個小紙球放入一個廣口瓶中，雙手握著廣口瓶充分搖勻以後，最後再用一雙筷子隨機地夾取一個小紙球進行抽籤。我想通過四次抽籤來決定去留，即如果四次抽籤有三次抽到"回去"的紙球，我就決定回國；反之，如果四次抽籤有三次抽到"留下"，那我就留下來不走了。結果經過四次抽籤，竟然有三次都抽到了寫有"留下"的紙球，於是我就下定決心留下來不走了。如果當時我不是用這個辦法來決定去留，我不知道我還會在"回去還是留下來"這個問題上還要糾結多久。通過抽籤把留下來的決心定下來以後，心裡就踏實多了。心想現在國際合作項目老闆已經去世了，現在返回中國去也只能是面對別人的冷眼或打壓，因此與其回去受氣，不如想辦法留在加拿大。如果移民成功了，哪怕再艱苦的日子我也能夠挺得下來，因為我想這裡的生活即使再艱苦，也不會比我小時候吃過的苦以及上山下鄉時過過的艱苦日子還要更艱難吧。退一萬步說，留下來後即使找不到專業工作，那怕做一般性的工作我也願意。再說即使是犧牲了自己的專業工作，我也要為下一代爭取一個寬鬆自由的生活和工作環境，畢竟前半生過的那種勾心鬥角且仰人鼻息還又苦又累的日子，我實在是過夠了，我不想讓我的下一代再重走我以前的老路了。後半生只要能遠離那個是非之地，過個舒心自在的日子，我也就心滿意足了。主意拿定以後，我心想那就放手一搏吧。

當時申辦移民時還聽朋友說，申請技術移民的人移民局是根據申請人的各方面條件來打分的，其中如果年齡超過了45周歲，年齡分就沒有了，而且隨著年齡的增加，移民的難度也就越大。既然周樹幫先生建議我找個律師諮詢一下，於是根據唐人街中文小報上的商業廣告，我在渥太華的班克街找到了一位名叫沈大偉的華人移民律師，他是前些年從北京來加拿大留學，畢業後定居下來的一位年輕帥氣的小夥子，人挺和氣也挺實在的。我向他諮詢了一些有關技術移民的問題以後，他見我年齡雖然偏大，但各方面條件（比如學歷、學位、工作經歷等）都相當不錯，尤其是看到了我在加拿大地質調查所工作期間兩位合作教授寫的推薦信，他立即對我說，根據他以往的經驗，像我這樣條件的申請人，年齡雖然偏大一些，但影響應該不大，如果不出意外，應該很快就能批下來。聽沈律師這麼一說，於是我就毫不猶豫地把申請移民的所需檔資料全交給了他，委託他全權代理替我申辦技術移民。也許真是我個人的綜合條件還不錯吧，再加上地調所兩位合作教授寫的推薦信非常給力，我的移民申請連面試都免了，結果四個月左右就批下來了，但老婆孩子的事卻因體檢問題給耽誤了下來。起因是我妻子和女兒的體檢表是由加拿大駐華使館寄到貴陽，然後讓她們母女倆去貴陽醫學院體檢的，體檢完後體檢表寄回北京加拿大駐華使館，結果大使館回信說貴陽醫學院填寫的體檢表不合要求，要重新進行體檢。第二次體檢完了以後，我妻子把體檢表寄回了北京，結果又說我女兒的體檢有一項不合格。就這樣折騰來折騰去，時間很快就過去了一年多，到了98年下半年，加拿大駐華使館第三次給我妻子和女兒寄去了體檢表，並要求他們去四川成都華西醫科大學做體檢。我妻子第三次收到體檢表以後，帶著女兒乘火車去到成都華西醫科大學做了體檢，結果一切

正常，母女二人順利地通過了體檢關，最後我妻子和女兒終於在 99年 5 月份拿到了赴加的移民簽證。99 年 7 月下

旬，妻子和女兒乘飛機來到了加拿大，我們一家人終於在渥太華實現了團聚，開始了全新的移民生活。

(二)

　　儘管加拿大是國際移民最為嚮往的國家之一，但是在我的訪問學者計畫結束返回中國之前，我從來就沒有想過要移民到加拿大。及至到我結束訪問學者計畫返回中國之後，沒想到卻接二連三地遭到了當權者的打壓，心裡頓時便產生了要離開地化所的想法。而第二次來加以後，又恰逢國際合作

專案老闆不幸去世和自己負責的國際合作專案已轉移了靠掛單位，於是經過再三考慮以後，儘管自己已年近半百，但我還是做出了移民加拿大的決定，而且移民也居然成功了。因此，當我的移民申請獲批了以後，心情自然是非常地高興的，心想終於有個正式身份了，可以長期在加拿大待下去了，不過接下來找工作卻十分困難。首先我想到了在地調所做訪問學者時，我與兩位教授合作得十分愉快，所以我想分別見見他們，詢問一下他們是否有工作需要幫忙，或者說，想探討一下是否有可能進地質調查所同他們一起工作。結果經過會面交談以後，地調所的兩位教授手頭根本就沒有什麼現成的專案或工作需要招聘人，他們對我也是愛莫能助。更主要的問題是，由於受97年全球經濟危機的影響，當年整個加拿大的經濟形勢十分嚴峻，不僅很多工廠單位在裁員，甚至像加拿大的政府部門(包括地質調查所)也都在裁員。95～96年和我一起在地調所工作的博士後小王告訴我說，他已經在地調所做了三年的博士後了，很想進地調所工作，但當時地調所正在裁員，不招任何新人，他想進也進不了。按王琨個人的科研素質和能力條件來說，在當時畢業的博士後裡頭，那是相當出眾的。王琨在做博士論文期間，就已經在國際頂尖的學術期刊---美國的《科學》雜誌上發表了一篇學術論文，隨後在博士後期間又接連在《Geology》上發表了一兩篇學術論文，為此地調所的老闆非常欣賞他，希望他博士後出站以後留下來一起工作。因此，小王當時告訴我，他在地調所待了三年多，已同地調所上至所長下至人事管理部門以及各有關研究室的負責人都混熟了，而且地調所的所長也曾私下對他說過：如果地調所進人的事解凍了，哪怕只有一個名額，那他王琨就是進所的第一人。為此，王琨從97年等到99年，一直想等政府部門解凍以後招人時進地調所，結果一等就等了三年多，一直也沒有等到地調所解凍招人的消息。因此到了2000年初，無奈他也只好帶著老婆孩子回中國發展去了。

其實當年不僅僅是加拿大、甚至包括美國及不少西方國家在內，當時不僅是地質門類的專業工作不好找，就是其它很多專業的工作也都很難找到，唯一好找工作的專業是電腦及訊息技術。因此，當時許多找不到專業工作的年輕新移民大都重新進入大學去攻讀電腦的碩士學位，然後畢業後再重新就業。當時有人告訴我，說我們地化所出來在美國和加拿大留學的數十個研究生當中，真正還在從事地質地球化學專業工作的人僅占少數，而其中的絕大多數人都已經改了行。然而對我來說，第一我沒有任何電腦的專業背景，第二是年齡也偏大了些，想去大學重新念電腦的學位並不現實。因此，我想既然地調所進不了，地質地球化學方面的工作不好找，那化學方面的工作是否要相對容易一些呢？於是我又從網路上查找有關渥太華周邊的工廠、礦山以及環保等有關化學實驗室的招工資訊，然後有針對性的編寫和複印了數十份求職簡歷郵寄到這些單位的實驗室去，希望能找個化學實驗室的工作。結果數十份求職簡歷發出去以後卻猶如石沉大海，幾個月下來一點回饋資訊都沒有。接下來我想既然專業工作不好找，那就找一份一般性的工作先解決生活問題吧。然而當年即使是一般性的工作也都很難找到，因為在這裡找工作第一最好有熟人介紹，第二不管是找什麼工作，首先必須得有經驗，然而這兩條我一條都不占。由於經濟形勢不好，當年社會上不僅失業的人很多，而且找工作的人更多。比如一般的餐館如果想招一、兩名雜工，往往廣告剛一打出來，馬上就會有二、三十人前去應聘，並且還要求必須要有工作經驗，像我這種新手一般都沒什麼希望。有一天早晨，我看到渥太華本地的英文小報上有一則廣告，說渥太華南郊二十多公里遠的一個小鎮上，有個蘑菇廠正在招採摘蘑菇的工人。這個蘑菇廠不僅有點遠，而且還不通公共汽車，正當我想去應聘而發愁的時候，一位名叫波特的西人朋友知道後，主動提出想利用中午休息的時間開車送我去那個蘑菇廠面試。去的時候我順便把自己的舊自行車放在了他汽車的後備箱裡，波特把我送到目的地以後，他立刻就返回單位上班去了。到了蘑菇廠，廣告上說招聘 4 人，結果應聘的卻來了二十多人，而且大部分是一些四、五十歲曾經在蘑菇廠幹過活的女工，然後大家按應聘名單逐一地與招工單位面談，面試的結果都是"聽候電話通知"。面試結束時已是下午 4 點過鐘了，我自己騎單車返回時，由於自行車的車胎比較舊，在市區短距離騎行問題還不大，但要騎很長的砂石路面顯然很難勝任。回程時由於路面不好，騎行了一段距離以後，結果車胎就開始漏氣了。幸好公路沿途每隔3～5公里就有一個

2000.6.Hull

加油站，而每個加油站都安裝得有投幣式充氣泵，每加一次氣就投一個兩毛五分錢的硬幣，於是我每騎行三、五公里，碰到有加油站時就加一次氣。然而最後

騎到離駐地大約兩、三公里遠時，自行車胎就徹底地爆了，於是只好推著自行車走回了駐地。這次的面試結果依舊是石沉大海。

就這樣一邊找工作一邊煎熬著過了好幾個月，到了 97 年 8 月下旬，我們住同一個小公寓的室友，同時也是好朋友的留學生小李(李浦群)，他暑假剛去中國探親回來。當我們一起聊起找工作的事時，小李問我："老吳，卡爾頓大學食堂的洗碗工作你幹不幹？"他說他有個洋人朋友在食堂裡面負責，新學期開學後學校食堂後廚要招洗碗工，如果我願意幹的話，他可以給那個洋人朋友說說介紹我去那裡工作。我正愁找不到活幹呢，一聽卡爾頓大學食堂有工作，當即就滿口答應了。9 月初新學期一開學，我就開始正式在卡爾頓大學的食堂上班了。卡爾頓(Carleton)大學是加拿大首都渥太華地區的一所研究型大學，大學裡的新聞、經濟、公共管理及電腦等專業在加拿大都很有名氣。當年全校有學生一萬多名，但住在學校學生公寓的學生大約只有七、八百人，學校食堂每天要為這七、八百名學生提供兩餐(中餐和晚餐)飲食

1998.9 与肖庆涵(左)摄于嘉
蒂纽国家公园

服務。因此，每天在學生開飯的時候，食堂後廚清洗消毒碗碟杯盤的任務是非常繁忙的。確切地說，這個活不僅忙，而且還十分累人，沒有好的體力是根本承受不了。也許有人會說食堂清洗碗盤不就是在水管上或在水池裡逐個地清洗嗎？這樣的活有什麼累的？如果這樣想就大錯特錯了。一個有七八百、甚至上千人吃飯的大食堂，如果清洗碗盤還採用家庭式的洗碗模式，那怎麼能應付得了？實際上國外成百上千人就餐的大食堂後廚的洗碗工作早就實現了程式化和機械化。整個洗碗過程已經被分解成了數道工序，每道工序由一個人負責。工序與工序之間既分工又合作，整個洗碗過程用機械裝置連接起來，完全實現了工廠流水線式的洗碗模式。具體來說，這套洗碗機械流水線共有一台自動清洗碗盤杯碟及高溫蒸汽消毒的洗碗機，和一條分揀各種餐飲用具的傳送裝置。當客人用餐結束後，工人便將裝有碗盤杯碟及刀叉的塑膠方盤送到廚房後臺的洗碗車間，於是方盤便被放在了傳送帶上，此時傳送帶上共分為三道工序，即分揀刀叉、分揀杯子、分揀碗碟盤子並去除食物殘渣等，每道工序由一人負責。自動洗碗機上又分為“裝載”(Loading)待洗的碗盤杯碟，以及“接收”(Receiving)和分裝已經洗淨並經高溫消毒了的碗盤杯碟兩道工序，每道工序仍由一人負責。也就是說，整個洗碗過程共有 5 道工序，由 5 個人共同承擔。這五道工序，除第一道分揀刀叉的人比較輕鬆以外，其它幾道工序工作都比較繁忙，尤其是洗碗機上的兩個工序，由於處在高溫環境，工作起來既熱又累，半個小時下來往往就會累得滿頭大汗(當然，在工作過程中，五道工序五個人的工作是互相輪換著幹的)。由於整個洗碗過程是流水線作業，每道工序互相配合非常重要，一旦某個工序出現差錯，運轉的機械就必須暫停下來，這樣不僅會影響工作進度，而且也會直接影響工作的品質。在這樣的工作環境中，新手必須經過兩、三個星期的訓練和實踐才能完全勝任各個工序的工作。

學校食堂一般是從上午 11 點鐘開始給學生供應午餐，午餐開到下午 2 點左右結束，然後下午 4 點又開始供應晚餐，下午6點左右晚餐結束。洗碗工作大約在上午11點半、第一批學生吃完午餐後開始，到下午2:30左右結束。洗碗工作結束後我們才開始吃午飯，飯後休息一個小時左右，下午4 點晚餐開始後，我們下午的洗碗工作又開始了。下午的工作大約在7:00左右結束，我們吃完晚飯後再回家，而此時回

到家往往已經是 8 點過鐘了。因此，我們每天大約工作六個小時，在食堂吃兩餐飯，這個工作在當時

來說雖說不上有多好，工資待遇也不高(按安省的基本時薪開支)，但吃飯倒是特別實惠，西餐的各種食品比如牛排、漢堡、三明治以及各種甜點等等應有盡有，想吃什麼就拿什麼，想吃多少就拿多少，而每餐只象徵性地收五毛錢。我們那時年紀尚輕胃口也好，每餐光牛排少說也要吃兩、三大塊，漢堡至少也要吃上兩個。我在卡爾頓大學的食堂工作了三個月，自己花的生活費可能總共還不到200塊加幣。97年12月中旬的一個週末，我同幾個朋友一起去華人聯合教會參

加禮拜活動時，一個河南來的中國朋友說，最近渥太華有一間高科技公司正在招工，而且他已經在那間公司上班一個多月了。於是我就向朋友要了那家公司的地址和電話號碼，準備去那家公司應聘去了。

（三）

97 年 12 月中旬的一個週末，得到渥太華一間高科技公司正在招工的訊息以後，過完週末星期一我抽空去了朋友工作的這家高科技公司。這個公司的英文名叫 JDS Uniphace，譯成中文就叫捷迪迅光電通訊公司，這是一家位於渥太華西郊專門生產光纖光纜通信元器件的高科技公司。雖然光纖光纜通信跟我的地質地球化學專業半點也不搭邊，但聽說這個公司什麼專業的都要，於是我就毫不猶豫地去該公司的人事部報了名，填完了個人履歷表後，公司人事部告訴我兩天后來公司考試。兩天后我如約去到了捷迪迅公司，下午 2 點左右，大約有二十多個和我一樣來應聘的人齊聚在一間辦公室裡，其中大部分是東歐、中東和東南亞來的新移民，只有極個別的加拿大人。大家坐下以後，人事部的人開始分發試卷給我們做。這份英文試卷共有兩頁紙六道題，內容基本上都是中學的數學題，時間要求一個小時後交卷。我大概半個小時左右就做完交卷了，但有十幾個人，一個小時過了都還沒有做完，最後人事部的人喊停止考試了，他們十分不願地才把卷子交上去。考試結束後離開公司之前，人事部的人說：大家聽候電話通知來公司面試。98 年元旦剛過，元月四號左右我接到電話通知，要我第二天上午 10 點去公司面試。第二天早晨我去到公司，面試的是一位叫約翰·史密特（John

Smit)的先生，他說他是公司裝備室(kittingroom)的經理，他們屬於公司的技術服務部門，對學歷要求比較高。他說我考得不錯，並順便問了一下我的學歷(我當然只能對他說是大學學歷)，並說我就分在他的這個部技術服務部門工作。接著他又向我介紹了他們裝備部門的主要工作內容：第一，對公司生產出來的光纖光纜元器件進行光電參數測試並進行分類；第二，根據公司光電通信工程師提供的設計圖紙所需元器件的類型和參數，把所需的所有元器件組合配備齊全；第三，把組合好的配套元器件分發到組裝車間給裝配工裝配，如果裝配工在裝配過程中發現有不合格或損壞了的元器件，我們部門將為裝配工提供替換元器件的服務。至於工資待遇，裝配線上的裝配工起薪是每小時 9 塊加幣，而我們部門的起薪則是每小時 13 加幣(當年安省政府的法定工資是每小時 6.85 元加幣)。當時工作實行三班倒，早班是早晨 7 點到下午 3 點，中班是下午 3 點到晚上 11 點，夜班則是晚上11 點到第二天早上 7 點。如果上中班每小時增加一塊錢的津貼，而夜班的津貼則為每小時兩塊錢。面試結束以後，98 年元月 11 號我就正式到捷迪迅(JDS)光電公司上班去了，當時我選擇的工作時間是下午 3 點至 11 點的中班。

　　上世紀 90 年代末期，光纖光纜通信技術如雨後春筍般地在歐美各地快速地發展起來。美國、加拿大、法國等國很快地便湧現出了一批光纖光纜通信大公司，如美國的思科、朗訊，加拿大的北電，法國的阿爾卡特等通訊巨頭。這些光電通信公司每年都需要大量的光纖光纜通信元器件，於是一個於上世紀80 年代中期在渥太華建立的生產光纖光纜元器件的小公司 JDS Uniphase，由此獲得了快速發展。1998 年初我進公司時員工才1000 多人，到了 1999 年底至 2000 年初，公

司的員工數量就迅速地增加到了兩萬多人，公司擴張了一、二十倍。當時我們公司甚至還在美國、歐洲和中國廈門等地

1986.10.貴陽河濱公園

分別建立了分廠，已然成為了一間跨國大公司。與此同時，公司的股票在99年一年之內就分了三次股，很多工程師和資深員工手裡的股票價值都超過了百萬加幣。從 1999～2001 年，捷迪迅(JDS)公司一直處在大力擴張之中，每年都需要招收大量新移民到生產線上去工作，其中很多從中國來的新移民，剛剛登陸加拿大一個星期，他們就在捷迪迅(JDS)公司找到了工作。儘管當時的工資待遇並不是太高，但它著實解決了很多新移民的燃眉之急，為新移民適應加拿大的社會和就業環境，提供了一個有效的過渡平臺。可以毫不誇張地說，凡是1999～2001年登陸加拿大而落腳渥太華的中國新移民，絕大多數都在捷迪訊(JDS)公司工作過。一提到 JDS，渥太華的華人無人不知、無人不曉。

(四)

1999 年 7 月底我夫人和女兒來到渥太華後，全家人終於實現了團聚，夫妻、父女也終於告別了互相牽腸掛肚的日子。為了迎接我夫人和女兒的到來，在她們到來之前，我特

意租了一套二居室的住房，並且還花費 1500 加幣左右，分別

買了一台 37 英寸的
松下彩電和一台先
鋒牌的音響，房間
也是剛粉刷過的，
家裡顯現出一派喜
氣洋洋的景象。

夫人和女兒是
當年 7 月底到的渥太華，此時正值加拿大夏天的黃金季節。
週末我開車帶著她們娘倆首先逛了逛渥太華的唐人街，然後
再帶她們逛逛國會山及市區。待她們安定下來以後，我又在
不同季節帶她們熟悉和領略渥太華及其周邊的自然風光。渥
太華雖然是加拿大的首都，但城市人口卻不多，全市人口當
時大約僅為七、八十萬，位列加拿大第四大城市之列。人口
雖然不多，但城市的規模(範圍)卻很大，估計東西長約五十
公里、南北寬約三十公里(人口稀少的遠郊不計在內)。城市
的北邊是渥太華河，而河的對岸則是屬於魁北克省的加蒂紐
市，國會大廈(俗稱國會山)就高高地聳立在市北的渥太華河
畔。麗都運河穿城而過，運河上時有豪華遊艇來往穿梭，而
冬天麗都運河又是理想的天然滑冰場。加拿大一年四季都有
十分豔麗的優美自然風光，比如渥太華的春天繁花似錦，五
月有遊人如織的鬱金香節；夏季渥太華四處綠草如茵，街角
屋旁則花團錦簇；秋天到處瓜果飄香，楓葉鮮紅似火；冬季
雖然冰天雪地，但卻是冰雪愛好者的樂園，每年的二月份是
一年一度的渥太華冰雪節。母女倆到來後，我先後開車夏季
帶她們去遊玩了尼亞加拉大瀑布和魁北克古城，秋天帶他們
去加蒂紐公園看紅葉，冬天則參觀渥太華冰雪節，春天又在

渥太華鬱金香節看鬱金香含苞怒放。至於加拿大的社會環境，這裡社會安定，治安良好，無論走在哪兒，從未見有安裝防盜窗防盜門的；購物中心則大多是落地窗，且窗明几淨；這裡小偷小摸幾近絕跡，同時也很少聽說有惡性案件發生。加拿大是西方發達國家之一，這裡物資豐富，物價穩定，人們生活在悠閒、恬靜和祥和的社會環境中。她們娘倆來了不到一年，既領略了加拿大的四季風光，又實地感受了渥太華的人文環境，雖身處異國他鄉，但內心卻也喜歡上了這裡，完全熟悉了渥太華的生活環境。

　　女兒吳俠來這裡要解決的首要問題就是上學。吳俠當年來加拿大之前，她剛剛在貴陽一中高中畢業，並且也於 6 月初在貴陽參加了當年的高考，而且考分也上了全國重點大學的分數線。來到加拿大以後，考慮到女兒的語言適應問題，於是我們建議她在渥太華的高中再複讀一年，待英語水準完全適應以後，2000 再上大學，她同意了。要在渥太華上高中，首先得去渥太華市教育局的有關部門進行上學前的文化水準評估(或測試)。一天下午我們帶著女兒來到了市教育局的評估辦公室，當我們在辦公室上交了女兒學籍的所有有關檔資料以後，一位元女老師就把女兒帶去了另一間辦公室，說是要對她進行數學水準測試。大約過了半個小時以後，那位女老師帶著女兒出來了，但卻把我叫進了辦公室。那位女老師對我說：“吳先生，你女兒的英語水準相當不錯，無論是聽還是說，基本都沒有問題。她的發音也很標準，因此，她在這裡上高中應該沒有任何問題。”因開頭我聽那位女老師說，她是帶女兒去隔壁辦公室測試數學的，結果她卻僅反復地給我講女兒的英語水準如何如何，我聽了心中暗地琢磨：是不是女兒的數學測試得不理想還是怎麼的，她怎麼不提測試數學的事？於是我便開口問這位老師：“很報歉！請問我女兒的數學水準測試結果怎麼樣？”這位女老師馬上回答說：“Excellent！”（棒極了！）她說：“你女兒的數學水準比我們這裡高中學生的水準要高很多，而且我已看了她的高中畢業成績單了，各科成績都非常棒。如果不是因為英語要適應一年的話，她應該完全可以直接去上大學了！”聽老師這麼一說，我懸著的心終於落了下來。

女兒吳俠出生于 1981 年元月，99 年剛好十八歲，在中國也正好高中畢業，如果不來加拿大，當年她在中國就該上大學了。女兒不僅從小長得聰明伶俐，是個人見人愛的孩子，而且從小就非常懂事，學習非常認真刻苦，從小學到中學、直到高中畢業，學習成績在同班同學中一直名列前茅，學習上從沒讓父母操心過。來到渥太華以後，通過教育局的評

2017.8.女儿一家

估，終於上了渥太華市南格麗堡(Glebe)高中的十三年級(當年中學有十三年級)，而格麗堡高中則是渥太華市區最好的兩所高中之一。經過一年的學習，女兒高中的各科學習成績平均都在 95 分以上，2000 年 6 月，她先後被卡爾頓大學和多倫多大學錄取，最後她選擇了加拿大的頂尖學府多倫多大學，就讀於電子工程系，大學期間，她年年獲得多倫多大學頒發的獎學金，並于2004年順利畢業。現在女兒一家定居多倫多，不僅事業有成，而且人丁興旺，女兒女婿育有三個孩子(兩男一女)，其中最大的孩子已 15 歲上高中了。

　　我夫人來到加拿大以後，在這裡雖然生活無憂，但畢竟我們都是兩手空空而來，我一人在公司上班，每月大約有 3～4 千加幣進賬，女兒上高中雖無需花費，但她覺得一個人在家裡待著既感到無聊，而且也悶得慌，於是剛到這裡兩、三個星期，她就嚷嚷著要想出去找工作幹了。但畢竟她不懂英語，即使想在唐人街的華人店找個活幹，別說不懂英語，

2000.8.作者全家与冯新斌夫妇(右一、二)摄于加拿大尼亚加拉大瀑布

就是懂英語老闆也不一定會雇傭她，因為那些老闆們大多只想雇那些沒身份的黑工，從而減少用工成本。當年正好我們住地旁邊有一間政府開辦的移民學校，免費為新移民教授英語，於是我夫人每週五天就去移民學校從A、B、C、D開始學習英語。結果剛學了一兩個月，經朋友介紹，我夫人就進了一家由巴基斯坦人開辦的小印刷廠，當了一名整理書籍的印刷工人。由於白天要上班，於是她只好轉到夜校去上課學英語了。當年我夫人已年近五十，而且也沒有任何英語基礎，學習英語完全從零開始，但是她硬是憑著頑強的毅力，幾乎把所有的業餘時間都花在了英語學習上，光學習英語用的電子字典就用壞了兩、三個，因而在不長的時間內基本上就具備了日常英語交流能力。二十多年來，從她開

2000.6 魁北克瀑布

始參加工作，直到後來退休，她不僅一直都是在西人公司的英語環境裡上班，而且移居到渥太華生活僅僅三年以後，她也居然順利地通過了加拿大的英語入籍考試，2002年成為了一名加拿大公民。現在雖然已經退休，年紀也大了，但她有時仍在堅持學習英語。

（五）

　　過去人們看《動物世界》這個電視欄目時，常常既為精彩絕倫的電視畫面所吸引，同時也會感歎動物世界時時刻刻都充滿著競爭。人作為動物世界群體中的精靈，職場中同樣充滿了競爭。尤其是像加拿大這樣的移民國家，任何一個公司或單位，員工群體中有時加拿大人僅占少數，而形形色色的移民則是職工隊伍的主體。因此，職場中的競爭既有不同族裔員工之間的競爭，也有同一族裔員工內部之間的明爭暗鬥。這樣的競爭可以說是無處不在、無時不有。

　　我所在的 JDS 公司的這個技術服務部門，98 年初我進公司時才二十多人，到 99 年年末就增加到了七、八十人。其中菲律賓人有十來個，中國人有十二、三人，東歐的十五、六人，中東及非洲的十幾人，印度、巴基斯坦、孟加拉及越南等二十多人。這七、八十人又分為早、中、晚三個班，每個班二十多人。由於我們屬於技術服務部門，我進公司時，部門經理是加拿大人約翰·史密特先生，他對本部門員工的學歷要求比較高，當時除為數很少的幾個菲律賓人的平均學歷較低外，其他各個國家來的人基本都是大學以上的學歷，其中擁有碩士學位的就有好幾個。隨著公司的不斷發展，史密特先生升任了部門總監。我們的經理換成了一個名叫奧馬的菲律賓女人。要知道，在加拿大的新移民中，通常從某些小國家來的新移民（比如菲律賓人或越南人等），他們一般都會抱團取暖，假如他們當中有某個人當了頭，這個頭一般都會對他們的人員加以特別關照。而一般從大國來的新移民，反而是一盤散沙，比如咱們中國的新移民，不僅不抱團而且還互相內鬥，尤其是咱們中國人之間的內鬥在新移民中更是出了名的。俗話說，一個中國人是一條龍，三個中國人便是一條蟲。意思是三個中國人在一起工作時，由於成天內鬥就什麼都不是了。由此折射出了海外職場中華人群體之間的關係現狀。

自從我們部門的經理換成了菲律賓人以後，本來我們這個屬於技術性比較強、學歷要求比較高的部門(起點工資也相應地比其它部門要高很多)，不斷地就進來了一批僅有初高中學歷的菲律賓員工，而且這些菲律賓員工還逐漸地一個個被任命為了部門裡的大組長(Team leader)或者小組長(Coodinator)，分別管理早班、中班和晚班的工作。當時我們部門總共有員工八十來人，早中晚三個班，每個班各二十多人。每個班又分為兩個小組，每個班有一個大組長和兩個小組長，其中三個大組長中有兩個是菲律賓人，六個小組長中又有四個是菲律賓人。也就是說在我們部門的管理人員中，有 2/3 是菲律賓人，這在職場中是一種極不合理的現象。更為過份的是，菲律賓人掌握了部門的大小領導權以後，在員工的工作安排、業績考評、職務提升及加薪等方面都往菲律賓員工或與他們關係比較好的員工身上傾斜，而與他們關係不太融洽的員工則往往受到排擠或不公正對待。

接下來在我們中班又先後發生了兩、三件事。當時我們中班(即我自己所在的這個班)有一個工程師名叫武剛，是咱們中國人，他是四川成都電訊工程學院畢業的，留學加拿大以後學的也是光電通訊，95 年碩士畢業後應聘到 JDS 公司任光電通訊工程師。按理武剛是科班出身，其業務工作能力那是沒得說的。但不知為何事，他與身為菲律賓人的部門經理在工作上產生了不少矛盾，因此，有時當武剛在給我們這些工作人員佈置工作任務時，我們班上的菲律賓大組長總是在挑他的刺，為此我們有時實在看不過去了，免不了就為武剛打抱不平而與菲律賓大小組長爭上幾句。然而沒過多久，武剛就從我們部門調走了，從此以後菲律賓人就更加得意了。

第二件事是在 99 年 8 月份左右，我們中班有個當年秋季剛進公司工作的中國員工老張，當時分跟我在同一個小組，菲律賓大組長要我帶他一起工作。老張在國內是某個大學物理系畢業的，進公司後業務工作沒過多久很快就熟悉了，但這人有個壞毛病，第一就是喜歡抽煙；第二，由於看不慣菲律賓人的作派，他平時上班時總是陰陽怪氣的，因此菲律賓大小組長誰都不喜歡他，但拿他也沒辦法。有一天晚上九點來鐘工間休息時(我們在 JDS 公司上班時，每隔兩個小時休息 15 分鐘)，老張不知是忘了時間，還是故意躲到哪兒抽煙去了，工間休息完已過去了十幾分鐘還不見他回來上班，為此菲律賓大組長來班上問我："張先生去哪兒啦？怎麼休息去了二十多分鐘還不見回來上班？"我說我也不知道。過了一會兒老張回來後，我告訴他菲律賓大組長已經來找他了，要他下次休息時注意一點不要再遲到了。可老張不屑一顧地說："媽的！別管他，他會把我怎麼樣！？"不一會兒，菲律賓大組長就來找他了，還未等菲律賓人開口，這老張就說："Somebody told me that are you looking for me? What do you want?"，按老張的意思可能是在問菲律賓大組長，說："聽說你找我，不知有什麼事？"但老張的蹩腳英語加上他的語氣卻把他自己的本意給完全弄反了。老張說的英語翻譯成中文就是："有人說你找我？你想幹什麼？"老張剛一出口，我就想：壞了，這菲律賓小子肯定要發火了！但卻沒想到菲律賓大組長馬上就對老張說："你跟我來一趟！"隨即就把老張給叫走了。也不知老張隨菲律賓人去了以後又說了些什麼，過不了多久，菲律賓大組長帶著老張回來了，與此同時部門的菲律賓籍經理也來了，他們到了老張的工作臺前馬上就叫老張收拾自己的東西，然後就叫老張走人了，也就是說部門經理借此就把老張給開除回家了。然而具有諷刺意味且兼具喜劇色彩的是，老張卻因此而因禍得福。大約過了兩、三個月左右，被開除回家的老張，居然又以工程師的身份光鮮亮麗地出現在了 JDS 的其它業務部門。經過詢問，原來老張被開除回家以後，碰到 JDS 公司仍在招聘光纖光纜通訊工程師，於是他又遞交了一份應聘申請。由於老張是國內某大學的物理系畢業的，儘管他本人不是學通訊的，但是憑著他對光纖光纜通訊理論和技術的瞭解，再加上他又在 JDS 我們的部門裡工作了幾個月，對光纖光纜通訊技術就更為熟悉了，因此他在申請 JDS 公司招聘光纖光纜通訊工程師的面試時，很順利地便通過了面試並被聘用為公司的光纖光纜通訊工程師。事後儘管我們部門的菲律賓人在公司見到了掛著工程師胸牌的老張，但是他們不知道老張究竟是有什麼來頭，再加上他們做得很過份而不得人心，所以菲律賓人也沒敢吱聲。不過我估計老張在向公司遞交工作簡歷的時候，肯定抹去了曾在 JDS 裝備部門工作過兩、三個月的經歷，否則公司人事部門在給老張面試以後，必然會去徵求我們部門菲律賓籍經理的意見，而菲律賓人也是絕對不會給老張說任何好話的。然而由於老張進公司較晚資歷較淺，即使是工程師，但在 2001 年 JDS 公司的第一輪裁員大潮中，老張首先就被裁員而捲舖蓋卷回家了。

由於職工休息遲到了一、二十分鐘就把人給開除了，這明顯就是在欺負咱們中國人嘛！為此當時我們部門裡不僅咱們中國人同時也包括部分其他族裔的員工，對菲律賓人獨斷專橫的做法意見也就越來越大了，而菲律賓人對我們組裡的部分員工也是恨得不得了，於是在我們這些員工的工作安排、業績考評及提職提薪等問題上，菲律賓頭頭就處處加以限制和給予不公正地對待。到了2000年4月，以我們中班為首的十幾名員工，在忍無可忍的情況下，聯名寫信向公司的人事部反映我們部門裡出現的一系列極不合理的現象，意思是控告他們菲律賓人在我們部門裡搞種族歧視。公司人事部門收到職工的反映信件以後，召集反映問題的員工開會徵求意見時，公司人事部門不僅沒有提出什麼處理或整改意見，反而抱著息事寧人的態度辯解說，這些菲律賓員工之所以獲得提升，是因為他們進入公司的時間相對較早等等，絕口不提菲律賓員工的學歷及個人素質問題。此後反映的問題不僅沒有獲得解決，我們這些參與反映問題的員工在職務升遷及加薪等關係到職工切身利益的問題上，反而屢屢受到不公正地對待。尤其是當菲律賓人知道，我在中班反映菲律賓人問題的十幾個人中學歷算是最高的，加上我又曾為咱們中國的工程師被擠走和老張被開除的事，因打抱不平曾經與他們爭執過，於是部門的菲律賓經理和大、小組長對我就格外地看待，表面上雖不敢公開刁難，但暗地裡卻在搞小動作，妄圖損壞我的名聲，給我的職務提升製造障礙。

首先他們在我的年齡問題上做文章，懷疑我的年齡造假。98年初我進公司的第一天，上班時先到本部門菲律賓女主管那裡去報到，當時她給了我一張職工登記表讓我填寫。登記表的項目很簡單，主要有以下幾項：姓名、性別、出生年月日、家庭住址、電話號碼及文化程度等等。填完以後我把表交給了她，但大約過了半個小時左右，這個菲律賓女主管又拿著同樣的一張登記表來找我。她對我說：「吳先生，你先前填的那張表好像有一項填得不太對哩！人事部門要你再重新填一下。"我當時心裡咯噔了一下，心想這個表非常簡單就那麼幾項，怎麼會填錯？！但我又想她很可能是不太相信我的年齡吧。因為當初我在地調所做訪問學者時，已經是四十六、七歲的人了，但和我一起工作的加拿大人普遍認為，我看上去就像三十多歲的人一樣，根本不相信我是個四十多歲的人。因此，我想這個菲律賓女主管看到我填寫的出生年月日是 1949 年 1 月 31 日，她可能看我的外表不像五十來歲的人，於是懷疑我是否把出生年份填錯了，所以又叫我填寫第二遍吧。然而實際上我的檔案年齡比我的實際年齡還要小一歲，我應該是 1948 年元月出生的，但剛上學時把出生年份搞錯了，結果就將錯就錯，一錯到底了。填兩次職工登記表的事情早就過去了，我根本就沒有把這當回事，更沒有記在心上。然而菲律賓人他們私底下可能還真把這當成了一回事。2000 年 6～7 月份的一天傍晚，我們小組的人休息吃晚餐的時候，組裡有十來個人大家坐在一起吃飯。飯後聊天時菲律賓小組長突然問我："吳先生，你今年多大年紀了？"我回答說："我今年 51 歲了。"菲律賓小組長說："No！No！你不可能有那麼大年紀。"我笑著反問他："那你看我有多大年紀？"他說："你呀！看上去大概就是 35 或 36 歲，最多 37！"我說："你看我有那麼年輕嗎？而且一個人如果他的年紀比較大的話，他只會說他更年輕；而一個人如果年輕，他絕不會說他自己年紀大。因為這不符合一般人的思維邏輯呀！"結果他又問我："你是難民嗎？"哦！這一問我終於明白了，原來他們菲律賓人以為我是偷渡來的難民，於是年齡等身份問題完全可以隨便造假。這是因為很多從越南、老撾等東南亞國家及中東等偷渡來的難民，他們到達加拿大以後把隨身攜帶的所有個人身份證件全都毀了，然後再重新編造個人的年齡、學歷等身份。於是我理直氣壯地對他說："什麼難民不難民的！我是正規的移民，而且我們中國從來就沒有什麼難民！"菲律賓小組長最後又問了一句："來 JDS 公司工作之前你在哪裡？"我說："來公司工作之前，我在中國呀！我是 97 年 2 月份才來加拿大的，98 年元月到 JDS 公司工作。這有什麼問題嗎？"我這麼一反問，菲律賓小組長就再也不吭聲了。不過這一問一答的，卻把坐在一起吃飯的人都弄得挺尷尬的，結果是搞得大家一言不發地不歡而散了。那麼他們為什麼要問我是不是難民呢？原來在1999年夏天，有一艘從加勒比海過來的偷渡船在加拿大溫哥華外海被加拿大海岸警衛隊給截獲了，而船上就載有不少偷渡的中國人，當時加拿大的電視報紙都作了大量報導，結果搞得全加拿大盡人皆知。因此菲律賓人就以為我有可能也是偷渡來的，而偷渡來的人往往把個人身份證件什麼的全都給毀掉了，於是包括個人的年齡、學歷、工作經歷等統統都可以隨便編造。儘管當時我已正式地對他們說了我不是難民，我是正規移民，但是私底下菲律賓人並不相信我是正規管道移民來的，反而暗地裡傳說我老吳是偷渡來的，甚至有人還添油加醋地說，可能我還與地下組織有什麼聯繫，否則怎麼能偷渡成功等等，其中我們部門裡頭的個別中國人則起到了推波助瀾的作用。為此，2000 年 8 月份，加拿大移民部還發函來給我，再次索要我個人的出生年月日的公證檔，以確認我的年齡是否造假，於是我又按移民部的要求寄去了出生年月日的公證檔影本。

接著是 2001 年 2 月份，當時公司正在招聘化學工程師（因公司的業務工作涉及到不少化學試劑和藥品，比如各種膠水及有機溶劑等，因此公司計畫招聘2名化學工程師），我想這是一個好機會，如果能應聘上化學工程師，不僅可以幹上自己的老本行，而且還可以離開菲律賓人這個是非圈子，這是個兩全齊美的好事。於是我去公司人事部填寫了應聘登記表，接下來人事部的面試也通過了。當公司人事部來我們部門徵求意見時，我們這個組的菲律賓大組長（Team leader）卻向公司人事部反映，說有一次他看見我在自己的工作臺上用工作電腦向中國發送了一封有關公司業務的電子郵件，於是公司的安檢部門專門來人詢問我是否確有其事。我當即明確地告訴他們，根本就沒有這回事，我說我平時在工作電腦上給朋友發送電子郵件，談的都是個人私事，從未涉及過公司的任何業務問題。公司安檢部門的人可能不太相信我說的話，於是又把我的工作電腦拿到公司去檢查了一個多星期，最後送回來還給我時也沒說什麼。其後我們中班又有個別中國人去公司人事部門反映，說我在中國工作時不僅是共產黨員，而且還是處級幹部，並且還獲得過國家級的獎勵等等（因咱們中國人平常上班工間休息在一起聊天時，互相都介紹了過去在中國時的經歷，因此，中國人之間大都瞭解對方的底細）。結果公司的人事部門又派人來同我談話，詢問我過去在中國工作時的經歷。於是我又如實地把我在中科院地球化學研究所工作時的情況向公司人事部做了詳細介紹，並給他看了有關我個人的一些檔資料。公司的人事幹部聽了我的介紹和看了有關資料以後說：“啊！真沒想到你在中國的科研單位已經是很有成就了，身份地位也很高，那你為什麼還要移民來加拿大呀？”我當然不好直接明說，我是因為在中國受到不公正待遇而移民出來的，我只能對人事部的人說，當我在加拿大地質調查所做訪問學者的時候，加拿大優美的自然風光及人文環境深深地吸引了我，於是我就決定移民了。我知道不管我怎麼解釋，由於他們不瞭解中國的文化和政治社會環境，他們不可能理解我在中國的處境，因此，他們對我的解釋顯然持的是懷疑態度，甚至還一度懷疑我是否是中國派來的特務。因此，後來有一段時間我的電子郵箱及電子郵件總是出現異常情況，而當時我的一些從中國寄來的普通信件，明顯地也被拆封檢查過，經過這麼一折騰，我應聘公司化學工程師的這個事自然而然地也就徹底黃了。

（六）

　　常言道：天下沒有不散的宴席，捷迪迅（JDS）光電通訊公司的大起大落就是一個典型的例子。從99年起，捷迪迅光電通訊公司的業務猶如坐上了過山車一般一路飆升，公司的員工數量由98年初的1000多人，到2000年時公司的員工數量就迅猛地增加到了兩萬多人。為了安頓如此龐大的職工隊伍和擴大生產，公司在渥太華市郊租賃了許多高層建築作為生產車間用於生產光纖光纜通訊元器件。2000年初公司又斥鉅資在渥太華南郊瑪律瓦尼路（Marivale Road）3000號，修建了一棟一百萬平方英呎的綜合大樓，用以替換租賃的十幾棟高樓以節約生產成本。然而人算不如天算，無奈到了2001年下半年公司大樓尚未完全竣工時，光纖光纜通信產業已經出現供大於求而開始走下坡路了，此時公司不但不招人，反而已經開始在解雇員工了。有不少進公司還不到半年屁股都還沒有完全坐熱的新員工，結果就稀裡糊塗地被公司解雇打發回家了。由於公司解雇員工的慣例做法是先從資歷較短的人開始，然後逐漸向資歷較長的員工延伸，我們97～98年進公司的員工，雖然暫時還沒有被打發回家的危機感，但大家都覺得究竟還能在公司待多久，誰也說不清楚。然而好景不長，到了 2002 年 10 月份，我到 JDS 公司工作接近滿五年的時候，也被解雇回家了。到了 2003 年下半年，JDS 這個原來擁有近三萬名員工、分公司遍及歐美及中國等亞洲地區的大型跨國公司，絕大部分的員工被解雇，最後只剩下三百多人的研發隊伍，百萬平方英呎的公司綜合大樓，最後也只好拍賣給了加拿大皇家騎警，風光一時的捷迪迅(JDS)光電通信公司，從此走進了歷史。

　　從公司下來以後，我已經 50 好幾了，面臨的問題仍然是繼續尋找工作。進入新世紀以後，雖說加拿大的經濟形勢已經有所好轉，但除了電腦和資訊技術專業還比較吃香以外，要想找其它的專業工作仍然相當困難。拿了幾個月的失業保險金以後，2003 年初我就開始在網路上尋找工作。由於我本科學的是分析化學，研究生又學了地質地球化學，心想雖說地質地球化學專業的工作不好找，不過也許分析化學實驗室方面的工作要相對容易一些吧。結果上網一查，果然發現阿爾伯塔省的卡爾加里市有一個環境化學實驗室正在招人。卡爾加里遠在加拿大西部，距渥太華有四千多公里，但考慮到既然是專業工作，再遠也值得去。於是在 2003 年元月底我乘飛機去卡爾加里面試，面試的結果自然是很順利地當場就被錄用了。這個環境化學實驗室位於卡爾加里市的51大道與12街的交叉路口，整個實驗室大約有四、五十人，業務共分為兩個部分：一部分是化學分析，另一部分則是儀器分析。其中化學分析又分為兩個實驗室，一個實驗室做環境樣品的測試，比如大氣、雨水、地下水以及廢水的分析化驗工作；另一個實驗室主要做土壤的化學分析。當時是土壤化學分析組需要人，因為阿爾伯塔省卡爾加里附近的農業比較發達，農場主們每年在開春播種之前，都要對耕地的土壤進行系統採樣和化驗分析，以便摸清土壤的肥力情況，從而決定播種時需要給土壤補充何種肥料元素。我被錄用以後，理所當然地就被分在了土壤化學分析組。

我們土壤化學分析組總共有二十來個人，其中約有八、九個是像我一樣新招進來的。新人中大部分是卡爾加里本地的，其中有四個中國人，他們都是2000年左右從國內來的新移民，在國內時學的專業也是分析化學或石油化工。農場送來的大量土壤樣品，化驗的項目主要有土壤肥力的三大要素，即氮、磷、鉀的含量，其次是植物所需的微量元素如銅、鋅、錳、鉬等，同時也做土壤污染的重金屬元素如鉛、鎘、汞及砷的檢測分析。每人每天領一批樣品（一般是 20～30 個），然後首先根據要測定的專案，選擇合適的分析方法對樣品進行化學前處理，然後將待測組分分離富集後，再分別選擇分光光度、原子吸收或等離子體光譜等進行含量測定。這些分析方法我在大學時都學過，大學畢業後在地化所又幹了三年的化學分析實驗室工作，早已爛熟於心了，因此對我來說，這樣的分析化驗工作相對比較簡單，每天完成 20～30 個土壤樣品的分析化驗工作，一點也不覺得累。但這樣的工作量對某些人（尤其是加拿大人），他們覺得累得受不了。雖說土壤化學分析也算是專業工作，但由於是試用期，當時的工資待遇並不高，每個小時的時薪為16加元，月工資3000 左右加幣。面試時公司曾對我們說，試用期為半年，試用期結束以後，公司要從我們這批新人中正式雇傭部分人。因此大家工作都很賣力，盼望著半年試用期結束以後，能被公司聘用為正式員工。如果轉正了，時薪可以增加到 20 加元，那樣的話月薪可達4000加幣左右。在當時這個工資標準已經是相當不錯的了。

2003 年 7 月下旬，我們在卡爾加里環境化學實驗室試用期結束以後，實驗室在我們九個新員工中僅正式錄用了三人，其中有一個加拿大人，一個波蘭人，一個中國人。沒想到錄用率如此之低，大家都感到很失望。尤其是被錄用的三個人，並不是我們這批新人中工作能力最強的，不過這三人都很會搞關係，他們跟實驗室的老闆關係都不錯。後來聽人說實驗室之所以一次不想錄用那麼多人，主要是從工作量及經濟成本考慮，因為每年的土壤化學分析工作主要就忙那麼幾個月，7 月份以後工作量就不飽滿了。因此公司寧肯每年招一批季節工，也不願長期養著一批正式工。本來當時我還在考慮，如果我被正式錄用了，然後就爭取把家搬到卡爾加里去，因為那裡離溫哥華不遠，回中國相對比較方便。結果沒有被錄用為正式員工，當時我女兒還在多倫多大學念書，我妻子一人在渥太華生活，於是當年 7 月底我就從卡爾加里飛回渥太華來了。

(七)

我離開卡爾加里之前，卡爾加里環境實驗室的老闆曾告訴我，他說他們公司是一個遍及加拿大的連鎖公司，總部設在卡爾加里，但在加拿大的其他一些省份也有他們的分公司，其中渥太華就有他們公司的一間實驗室，如果我願意去渥太華的實驗室工作的話，他們可以給我推薦。我當然不願放棄這個機會，於是我讓卡爾加里的老闆寫了渥太華實驗室的地址及電話號碼。2003 年 8 月我回到渥太華後，立即去這間實驗室聯繫。這個實驗室在馬里瓦爾路1500號附近，我找到這個實驗室以後，實驗室負責人告訴我，說他們這裡是個小實驗室，一共只有十幾個人，土壤化學分析工作早已經結束了，今年暫時不要人，如果我感興趣的話，明年三、四月份，實驗室需要人做土壤化學分析工作時，到時候他們會給我打電話。得知他們這裡同樣只招季節工，我留下聯繫電話號碼後就離開了。

接下來我又向渥太華地區的有關環境方面的化學實驗室發了幾份求職簡歷，結果有個做水化學分析的實驗室給我打電話，說讓我去面試。水化學分析過去我雖然沒有專門做過，但憑我的分析化學功底，分析方法還是瞭解的。面試的結果是答應錄取我試用半年，時薪為15塊加幣。工資雖然不太理想，但暫時沒有好的選擇，那還是先幹著吧。另外，2003 年 10 月份左右，我也曾去美國新澤西鄧訪陵的實驗室應聘過，但最終也沒有去成。鄧訪陵是76年成都地質學院畢業後分配到地化所來的，79 年考上所裡的研究生，在地化所工作時，我們既是鄰居又是好朋友。他1989年初被公派到美國加州斯克裡普斯海洋研究所做訪問學者，其後就留在了美國發展，後來又與他的好友及老同學喻立在新澤西合夥開了

2011.7.作者夫妇与邓访陵夫妇(左二、三)摄于渥太华

一間生產孕檢試劑的小化學公司。2003 年我們相互聯繫上以後，他建

議我去他那裡工作，覺得如果我們兩人在一起合作的話，公司的業務應該會有較大的發展。2003 年 10 月我去訪陵兄那裡考察了一下，基本上一切都談妥了，但我太太當時不想去美國，女兒在多倫多大學念書又尚未畢業，我也不想再過兩地分居的生活，於是我就放棄了這次去美國工作的機會。

美國不去了，那還繼續在渥太華的水化學實驗室幹著吧，當時我夫人還在那間巴基斯坦人的小印刷廠工作，女兒在多倫多上大學，我們家每個月有 5-6 千元加幣進賬(我每個月有 3 千多、我夫人每月有 2 千多)，生活上沒有任何問題。不過人在一個地方待久了，按咱們中國人的思維習慣，早晚得有個自己的房子，只有擁有了自己的房子，才算有家的感覺，否則租房子住總覺得不是個事兒，再加上當年一起來渥太華的中國朋友們大多已經買了房子了，然而我們還在租房子住，覺得這有點不像話。但要買房光憑我們每月幾千加幣的收入，要想買個比較像樣的房子，經濟實力顯然還有一定差距。有一次我去渥太華機場接一個從中國來的朋友，在機場出口處恰巧碰到了我們在 JDS 工作時的一位南斯拉夫老兄，當時他正在開計程車，也在機場出口處等乘客。於是我便同他攀談了起來，相互問了一下工作情況以後，我便問他開計程車的收入怎麼樣？他可能覺得不便明確地告訴我每月能掙多少錢，只是說：收入相當可以。於是我又換個方式問他：開計程車的收入比起在 JDS 公司工作時的收入如何？他說：那當然是高很多了！我們在 JDS 光電公司工作時，每月大約有 3 千多加幣的收入，現在他說"高多了"，我想應該每月至少應該有 4～5 千加幣的收入吧。他問我現在的工資收入怎麼樣，我說與在 JDS 工作時差不多，他說那你乾脆來開計程車算了，開出租車工作時間比較自由，來早去晚全由你自己掌握，而且機場計程車的生意也比較穩定，工作是比較辛苦一點，但是能掙錢。完了我問他計程車駕照怎麼樣才能弄到，他說：你有安大略省的 G 駕照，先去阿崗昆學院考英語。英語考過了，然後報名參加一個為期三個星期的計程車司機駕照培訓班。培訓班結束後考試合格，憑考試成績去市政府辦理計程車駕照就行了。這個南斯拉夫朋友也是學化學的，在 JDS 工作被解雇以後，沒過多久就開上計程車了，當時他說他已經買了兩、三百平米的房子了。

回家以後我考慮了好幾天，我想我已經五十多歲了，也工作不了多少年了。如果僅憑自己每月三千多塊錢的工資，要想買個二百多平米（當時約需三、四十萬加幣）的房子，不知道要到猴年馬月才能辦到。為了能儘快買到自己的房子，我當時的想法就是，什麼工作能掙錢我就去幹什麼，掙錢才是硬道理。因此，我想不如去試開一下計程車，看看收入如何。而且水化學分析實驗室的工作還可以繼續幹著，因為那個南斯拉夫朋友說，開計程車可以利用週末或晚上。主意拿定以後，第二天是星期二，下午下班後我順便去到了渥太華的阿崗昆學院，找到了報名參加計程車司機培訓班的辦公室。辦公室的工作人員告訴我說，明天晚上 8 點，這裡有個計程車司機駕照培訓班的英語考試，英語過了，就可以參加計程車司機的培訓班了。如果英語沒過，得要先參加英語培訓班，結業了才能上計程車司機培訓班。我一聽這是個好機會，但也不知道這英語考試到底有多難，再說已經沒有時間準備了，明天晚上先來考試再說吧。星期三晚上，我按時去到了阿崗昆學院參加了英語考試，結果考了70多分，一次就通過了。接著又上了三個星期的計程車司機培訓班，考試成績合格後，我順利地就在市政府的有關管理部門拿到了計程車司機駕駛執照。有了計程車司機駕照，就可以明正言順地開計程車了，否則光持有普通駕照是絕不能開計程車的。因為在加拿大無論幹什麼工作都得要有執照，比如開出租、做電工、廚師、理髮等等，都得要先經過培訓取得執照以後才能上崗，如果無證上崗，被政府執法部門查到了，是要被開巨額罰單的，然而在中國完全沒有這麼一回事，只要會幹就行。這就是西方法治國家與發展中國家的顯著區別之一。

2005 年 4 月中旬我拿到計程車駕照以後，通過朋友的介紹，在機場計程車車隊找到了一個合作夥伴，當時的協議是他開白天，我開晚上。白天從早上開到下午 5 點，我則從下午 5 點到開到半夜收班，週末我開週六他開周日，這個工作時間正符合我的要求，因為週一至週五我還要去水化學分析實驗室工作。我的想法是這樣工作雖然很辛苦，但可以多掙些錢，想儘量爭取早日把房子買上。當時渥太華機場總共有120 輛計程車，基本上每輛車都有兩個司機，有的司機換班與我相同，即一個開白天，另一個開晚上，而有的車兩個司機是輪換著一人開一天。開上計程車以後，計程車的生意果然與想像的不一樣，收入確實比實驗室的工資收入強多了，而且絕大多數都是現金。如果是開白天的話，早上從 7 點左右鐘開始到上午 10 點多鐘機場有一個出行高峰期，由於渥太華是加拿大首都，每天早上乘飛機來聯邦政府部門出差辦事的人很多，來了辦完事後下午或晚上再乘飛機回去。因此，早高峰時段在機場打計程車的客人很多，很多時候乘客都排著長隊等計程車，機場的計程車從市區返回機場後，拉上乘客馬上又得往城裡跑，在城裡下完乘客後立刻又返回機場，如此的往復來回有時簡直忙都忙不過來。渥太華機場離市區不遠，機場到市區大約只有十二、三公里，來回一趟僅需半個小時到 40 分鐘。從早上 7:00 點開始到上午 10 點左右，一輛計程車常常可以拉客人進城至少要跑三、四趟，而一個上午忙下來，一個車可以拉五、六趟乘客。當時從機場到市區的計程車車費一趟平均為 30 元加幣左右。下午的計程車生意也有個高峰期，那就是從下午 4:30 左右開始，機場的計程車也開始忙著拉客人，一直要忙到傍晚 6 點半到 7 點鐘。這個時段的客人主要是各地來渥太華出差的客人打車去酒店，或者是去外地出差的本地人乘飛機回來。到了晚上 11 點半左右，機場計程車的生意還有一個高峰期，此時一是不少計程車司機已經收班回家休息了，機場的計程車所剩不多，二是這個時間段分別從溫哥華及多倫多等地飛來了兩、三架大飛機，打車的乘客也很多。這個高峰時段一般從晚上 11 點左右要忙到半夜 1 點來鐘才結束。機場計程車的生意正是具有這樣的規律性和特點，因此當時渥太華機場的計程車生意非常火爆和搶手。很多參加完培訓班並拿到了計程車司機駕照的人，想在機場計程車隊找個合作夥伴都十分困難。由於計程車的收入比較理想，加上當年開計程車時我已經五十多歲了，同時幹兩份工作實在太累，感覺這樣長期幹下去身體肯定受不了，於是堅持了一年多以後，我就把水化學實驗室的工作辭掉了。

（八）

我們過去對計程車這一行缺乏瞭解，甚至還存在不少誤區。首先不少人認為計程車司機的工作是伺候人的，覺得社會地位似乎要低人一等。其實這是個社會觀念問題。在西方社會，人的思想觀念與東方人有很大的不同。在西方人看來，工作沒有貴賤之分，人只要有一份工作，他能自己養活自己就是一件體面的事情。另一方面，即使是上流社會的人，他們也絕不會看不起服務人員，相反有時他們也會在某些特定的場合去親自體驗服務人員的辛苦。比如有時逢耶誕節或者某些特殊的場合，市政廳會為殘疾人舉辦招待會，此時市政官員們(包括市長在內)都會加入到服務人員的行列，親自為殘疾人員服務，為他們端茶倒水等等。此時他們不僅沒有覺得低人一等，反而覺得這是一件很有意義的事情。其次是，不少人認為計程車司機的工作很辛苦，可能收入與付出不成比例。然而實際上國外的計程車管理模式與國內完全不一樣，國內的計程車車牌基本完全屬於公司所有，計程車的收入是公司拿大頭，司機拿小頭。國外的計程車公司基本沒有或僅擁有少量的車牌，大部分車牌基本上屬於計程車司機個人所擁有，公司僅起個管理作用，計程車的收入除了上交公司一定數額的管理費和汽車保險費以外，絕大部分屬於司機個人。因此完全可以說，不入這一行就不知道這一行的門道。計程車司機的工作的確很辛苦(尤其以工作時間長最為人詬病)，但計程車司機的收入的確是比較豐厚的。另一方面，計程車司機的工作時間完全由司機自己掌控，工作時間的長短以及什麼時候出車、什麼時候收車，都由計程車司機自己決定。計程車司機的工作時間越長，意味著他的收入也就越高。要想工作輕鬆一點，工作時間就要短一點，收入自然就要少一些。

第三個誤解就是，或許有人會認為計程車司機的素質可能都不高。首先得承認，年紀比較大、而且又幹了好幾十年的那些老計程車司機，他們的文化水準確實不高，然而這批人往往還是計程車牌的牌主。這批人以中東人為最多，他們是上世紀六、七十年代中東發生戰亂時移民到加拿大來的。由於當時市政府有關計程車的法律法規不健全，加上計程車這一行業剛剛起步，市府管理部門對司機的要求不高。當時市民如果想開計程車，考過了普通駕照以後，再交二、三十塊錢的車牌申請手續費，一個計程車車牌就到手了。但這批老司機和牌主大多已經退休，他們已經把自己擁有的車牌出售或出租轉讓給了新一代的計程車司機了。上世紀九十年代以後，市政府已經出臺了一系列嚴格的計程車法律法規，大大地提高了入行門檻及計程車司機的個人素質和文化素養。按照市政府的規定，計程車司機的駕照每年都要到市政府有關管理部門去更新一次，而更新計程車駕照時，每兩年需要到市警察局去出具無犯罪記錄等有關檔。上世紀 90 年代以來，隨著加拿大新移民的逐漸增多，新移民的就業越來越困難，於是每年不斷有一批高素質的新移民加入到計程車的行業中來。計程車司機隊伍裡頭有不少來自東歐和印度、巴基斯坦、孟加拉等南亞次大陸的新移民，他們大多擁有大學以上的學歷學位，甚至不少擁有碩士、博士學位的專業人才也在開計程車，這在歐美各大城市的服務行業裡並不是個別現象。

　　當然開計程車雖然工作比較自由，收入也比較豐厚，但的確是一件非常辛苦的工作。一台計程車如果是兩個司機輪換著開，那相對要比較輕鬆一些，而如果是一個司機一台車，那就十分辛苦了。另外，冬季雖然是計程車生意的旺季（因為渥太華的冬天十分漫長和寒冷，打計程車的人相對比較多），但冬季雨雪天路況惡劣，如遇暴風雪天氣，交通事故更是頻發。在數年的計程車生涯中，我曾親眼目睹了數起計程車司機發生的嚴重交通事故，而我也在冬季雪天晚上開計程車時，曾因路滑把車開翻到路邊的溝裡去過兩、三次，也曾被別人撞過車。但在這些大小事故中，所幸我並未受到任何傷害。如果要用一句話來形容中外職場上員工的切身感受的話，那非如下這句莫屬：在加拿大是身累心不累，累也不累；而在中國是心累身不累，不累也累。身累了，睡覺瞇睡就解決問題了，而如果是心累的話，不僅睡覺解決不了問題，而且還會嚴重地影響睡眠。因此，我寧肯身累心不累，也不願心累身不累。不過辛苦歸辛苦，經過數年的辛勤工作，除了在 2007 年資助部分資金說明女兒女婿自主創業以

外，終於在 2009 年貸款買到了一棟兩層雙車庫兩百多平米的獨立屋，實現了多年以來自己買房的心願。

(九)

2010 年以來，隨著渥太華機場的不斷擴大，來渥太華觀光旅遊和出差的客人越來越多，渥太華機場計程車的業務量也在逐年擴大。相比之下，由於渥太華市區的計程車數量龐大，機場和市區計程車生意上的差異也就越來越大，由此形成了渥太華機場的計程車車牌黑市價格暴漲，到 2013 年時，一塊渥太華機場的計程車車牌黑市價已由兩、三年前的 25 萬

加幣左右，一下子就飆升到了 37～38 萬甚至 40 萬加幣，而同時期市區的一塊計程車車牌黑市價也才值20多萬加元。本來市區的計程車司機歷來就對市政府有關 "市區計程車不能在機場攬客" 這一規定非常不滿，眼看機場的打車客人越來越多，機場計程車司機個人的收入也越來越豐厚，於是市區計程車公司和司機的不滿情緒也越來越強烈，於是他們紛紛向市政府提出要求改變這一不合理的規定。到了 2014 年，渥太華機場的原行政總裁因年老退休，機場當局重新聘用了一位新總裁。新總裁甫一上任，就立即作出了 "機場計程車每在機場拉一趟客人，必須向機場繳納 5 元進場費" 的機場創收規定。機場行政管理當局的這一新規定，立即在機場計程車司機中引起了軒然大波。如按機場的規定執行，每拉一趟客人需交五塊錢的機場進場費的話，機場的計程車司機每天平均至少可在機場拉 8～10 趟乘客，那平均每天得給機場交納 40～50 加幣的進場費，每個司機一個月就得付給機場1200～1500 加幣。這個數額的錢對機場計程車司機個人來說，可不是一個小數字。於是從 2015 年 8 月份開始，渥太華機場的計程車司機便開始了為期長達一年的機場計程車集體大罷工。這場罷工運動雖然得到了擁有數十萬會員的加拿大汽車工人工會的大力支持，但卻難以改變渥太華機場行政管理當局做出的這一決定。與此同時，渥太華機場計程車司機的罷工行動，不但沒有得到渥太華市區計程車公司和司機的支援，市區的計程車公司和司機反而積極地支援機場的決定，在機場計程車司機罷工期間，市區的計程車公司積極組織市區計程車到機場去拉客人。因此，機場計程車司機的罷工行動不僅沒有改變機場行政管理當局的決定，反而促成了渥太華市政府下決心對原有計程車的老舊運行管理模式做出了新的改變，即渥太華市政府不再組建單獨的機場計程車車隊，凡屬渥太華市政府管理的計程車，只要遵守機場的規定，即每到機場去拉一趟乘客就交納五元進場費的，均有權利去渥太華機場拉客人。到了2016年8月份，眼看罷工已根本無法改變機場和市政府的決定，加拿大汽車工人工會於是決定終止渥太華機場計程車司機的罷工行動。因此，渥太華機場計程車隊為期長達一年的罷工工潮最終以失敗告終。罷工開始的時候，我已年屆65周歲了，已到了加拿大的退休年齡，罷工結束以後，我就離開了渥太華的計程車行業，徹底地退休了。

第十二章　母愛無疆　親情永駐

　　2000 年 4 月 25 日左右一天晚上的淩晨時分，一陣急促的電話鈴聲把我從睡夢中驚醒，我連忙起來拿起話筒一聽，原來是我哥哥從貴州老家打來的國際長途電話，他急促地告訴我，說老母親已經病危了，要我及時趕回老家去見老母親最後一面，還說要是去晚了，就不一定見得著了，說完哥哥就急忙掛斷了電話。接到老家打來的電話以後，當天晚上我怎麼也睡不著了。那時我正在渥太華的 JDS 光電公司工作，第二天到公司上班以後，我立即向公司的人事部門請了四個星期的回國探親假，接著又四處打電話聯繫購買回中國的國際航班機票。由於當年從加拿大飛中國的國際航班不是天天都有，大約每週僅有兩、三個航班，於是我就訂了最早的一趟航班，簡單地收拾了一下行裝後，4 月 28 號我就急匆匆地從渥太華出發了。首先我從渥太華輾轉飛到了溫哥華，再從溫哥華轉機飛到北京。然後再從北京轉機飛到貴陽，到貴陽後再轉乘火車到達六枝，如此馬不停蹄地趕到老家時，四、五天時間就過去了。我回到杉木寨老家的那一天已是 5 月 2 號，老母親已經去世，而且由於氣候炎熱等原因已經入土安葬了。自從聽到老母親病危的消息以後，我心急如焚，無奈身處海外而遠隔重洋，儘管我一刻不停地往回趕，然而一切還是晚了，我終究還是沒能最後見上老母親一面。我想這既是老母親終其一身的最大遺憾，也是我身為人子的終生遺憾，至今回想起來，仍是錐心的痛。因此，僅以此文，悼念我敬愛的老母親。

（一）

老母親姓譚名鳳英，生於 1911 年（辛亥年）4 月 14 日，卒於 2000 年 4 月 27 日，按陰曆計算享年 90 歲。母親出生在貴州省六枝特區店子鄉那七村，她們那七譚氏家族也是明清時期調北征南時，從外省遷來貴州繁衍生息的客家人。外公譚忠雲家世代以務農為生，外公外婆膝下共育有兩男四女六個子女，其中兩個男孩一個排行老大，另一個排行老小，而母親在四個姐妹中排行老二。我年少時母親曾告訴過我，由於外公和大舅過世較早，外婆是小腳，大舅媽不僅是小腳而且還帶著兩個小小孩，都沒法幹農活，當時全家老小總共八、九口人吃飯，家裡的幾畝薄田和旱地，就全靠母親四姐妹帶著年幼的弟弟辛苦勞作，真的是窮人家的孩子，早早就當起了家。每逢四、五月份的插秧時節，十來歲的幺舅因人小個子矮扛不動犁耙，母親就帶著三妹（三姨媽）幫幺舅把犁耙扛到水田裡，並將耕牛和犁耙架好後，幺舅才站到犁耙上去打田。等幺舅把稻田平整好後，母親幾姐妹才去插秧。通

1985.11 貴陽南明河畔

常貴州的農活不僅多，而且十分繁雜，比如每年的二、三月份把玉米種下去以後，一般要在仲夏時節進行鬆土和除草二至三遍；水稻秧苗栽插下去以後，也同樣要在夏天除草追肥一至二遍，而所有這些農活，當年都是由母親幾姐妹帶著幺舅一起完成的。到了秋收時節，母親姐妹兄弟更是沒日沒夜地操勞，一直要忙到農曆十月底冬月初秋收秋種才完全結束。到了寒冬臘月的農閒時節，母親幾姐妹也沒有閒著，她們或是搓麻線、納鞋底，或是裁剪縫衣，又忙著為一大家子人做布鞋布襪或縫製衣物。總之，一年四季母親她們四姐妹從未享受過一天的清閒日子。然而正是由於從小種莊稼幹農活，農閒時又忙於女紅，母親年輕時不僅幹農活是一把好手，就是像上山砍柴、割草及挑抬肩背等男人們幹的重活，她也照樣能拿得起放得下。在家庭生活中，母親在手工裁剪縫製衣物及燒茶煮飯等方面，也樣樣在行，而且動作麻利。也許是從小操勞練就了一副強健的身體，母親在她們的幾個姐妹中，身體素質算是最好的，即使到了晚年，母親的身體仍然十分健朗。在我的印象中，母親雖然在泥裡水裡幹了幾十年的農活，但她連農村婦女們常患的關節炎等疾病都沒有得過，而且自我記事以後的數十年間，她基本上沒生過什麼大的毛病，除了在她七十幾歲與我們同住貴陽時因眼睛患白內障，我帶她去醫院看過一次醫生以外，其餘從來沒有上過醫院。

母親是個勤勞善良、任勞任怨而又樂善好施的人。母親幾姐妹從小一起操勞共患難，她們從小到大、再從大到老，幾姐妹感情十分深厚，往來也十分密切，無論哪一家有什麼困難，大家都樂於互相幫助。母親幾姐妹成年後，大姐（大姨媽)出嫁在六枝下營盤幹河村，三妹(三姨媽)出嫁在六枝張家平寨，幺妹(幺姨媽)則出嫁在土季。母親原先出嫁在那七本村的陳家，沒幾年丈夫生病去世後，經人介紹，母親在二十六、七歲時帶著與前夫生的大約僅兩歲左右的女兒(即我姐姐陳連秀)，改嫁到了杉木寨我父親家來了。幾姐妹結婚成家後，就我們家相隔相對較遠，也最偏僻，山路上也常有豺狼虎豹出沒，但一點也沒有影響母親與她們姐妹兄弟之間的往來，每逢七天一次的趕場或外婆及哪個姐妹家有什麼事，母親總是不辭辛勞地趕去探望，並幫忙幹些農活或家務。

　　過去的貴州農村由於嚴重缺醫少藥，加上衛生條件極差，有不少人常患有一種俗稱"落玉子"的眼疾。這種眼病實際上是長期受到慢性炎症刺激，或者受強光照射、熬夜用眼過度等因素，從而引發眼內長出翼狀的乳白色斑點，農村人俗稱"眼睛落玉子了"。這種眼病說大也不大，說小也不小，不過倒挺折磨人的，如不及時治療，病情將會進一步惡化，從而嚴重影響視力。母親年輕出嫁時曾從外婆家傳承了一種能有效治療這種眼疾的偏方(外婆家的傳統是傳女不傳男，姐姐長大成家後，母親又把這一偏方傳授給了她)，母親改嫁來到杉木寨以後，遇到寨鄰中人或是附近村寨有來索要這種專治"落玉子"眼疾的藥，母親總是有求必應，並立等可取。如果是病人自己前來，母親調配好藥後，必定是親自將藥放入病人眼中方才放心。每逢有病情較重的病人，用一次藥眼疾還不能完全治癒的，必定會二次、三次的前來討藥，母親照樣不厭其煩地把藥調配好後免費相贈。由於有感于母親總是免費施藥，每次來看病或討藥的人家，往往也會隨身帶來一碗大米作為酬謝。但即便是如此微薄的謝禮，母親也總是常常推辭不受。

　　母親的這種勤勞樸實和樂善好施的品格，不僅在寨鄰及親朋好友中留下了良好的印象，而且她這種樂於助人而不求回報的精神，從小通過耳濡目染也深深地感染了我，並在我幼小的心靈裡留下了深刻的烙印（兒時母親把我背在背上給病人調藥及施藥的情景，至今仍歷歷在目）。在我上山下鄉教小學的時候，看到小學生們的頭髮很長，而且他們也沒有

1986.11.貴陽甲秀樓

錢和時間上街去理髮，於是我就自費買了一套理髮工具，免費為學校的小學生們義務理髮。上大學以後，我又把這套理髮工具帶到了大學校園，閒暇時義務為班上的同學理髮。大學畢業到研究所工作以後，我參加了研究室的義務理髮小組，週末經常為一起工作的同事們免費理髮。九十年代中期出國以後，這套理髮工具又隨我漂洋過海帶到了加拿大，業餘時間又為與我同住的室友或朋友們免費理了多年的髮。現在朋友們的經濟和生活條件已經大大地改善了，已沒有人再來找我免費理髮了，不過這套理髮工具及這一身技術也沒閒著，偶

爾除了為從多倫多過來的兒孫們理髮以外，每隔一兩個月，我便自己面對著鏡子，自個自地給自己理起髮來。於是經過一、二十分鐘的精心修理，一個在理髮店需要付二十來塊加幣的髮型便理好了。如此省時省力而又不假手於他人的小事，我何樂而不為呢？！

（二）

　　由於我在家中是父母親共同生育的四、五個孩子中唯一存活下來的男孩，父親又是老來得子，所以我在父母親的眼中猶如心肝寶貝一般顯得極為珍貴，用"捧在手心裡怕捂著了，含在嘴裡又怕化了"這句話來形容，一點也不為過。吃的方面，只要是家裡有的，最好的總是儘量滿足我的要求。比如每次家裡燉雞湯，雞肝和雞大腿肯定是屬於我的。吃肉菜時，父母親則會把瘦肉上的肥肉剔下來，而只把瘦肉給我。逢年過節時，家裡總會打好幾種粑粑來吃，其中糯米糍粑是最好吃的，但份量有限，此時父母親往往只讓我吃糯米粑，而其它的雜糧粑粑因口感較粗，父母親就留著他們自己吃。穿的方面，我四、五歲時，母親就給我縫製了長衫和襯衫，穿起來就像個小大人一樣。每次父母親無論是去趕場、或是去走親戚回來，他們總會從衣服口袋裡掏出糖果或者水果之類的食品來給我。總之，在父母親的心裡，時時刻刻想著的是他們的孩子，而唯獨沒有他們自己。

　　父母親雖然在生活上無微不至地關懷和照顧我，但是他們並不過份地遷就和嬌慣我，而是從小就有意識地引導和培養我喜歡讀書上進和熱愛勞動的品格。在我兩三歲的時候，父親就把我抱坐在他的大腿上教我念《三字經》或《百家姓》，雖說當時我並不懂得口中念的是什麼意思，但這無疑很好地開發了我從小喜歡讀書學習的興趣和智力。我稍稍懂事，母親就要求我要學會自己穿衣服和扣扣子、自己穿鞋系鞋帶。在教我學洗臉時，又告訴我："洗臉要洗耳朵，掃地要掃角落"，即洗臉不能光洗臉蛋，要到處都洗到才能洗得乾淨。到五、六歲時，父母又讓我同小夥伴們一起上山去放牛、割草或揀柴火，培養我從小就熱愛勞動的習慣，而我也非常樂意同小夥伴們在一起，既幹了活又玩得痛快。過去的農村沒有電，也沒有打米機和磨面機，農家吃的米和麵都是自己家用石碓和石磨自己加工的，而加工大米和磨面的活大多在晚上或閒暇時間。每到舂碓和推磨時，父母也會叫我一起幫忙搭只腳或搭把手。到了收割季節，大人們忙不過來，我們小孩子也要一起參加拾掇莊稼。總之，作為農家的孩子，正是受到父母的教育和影響，我們從來就不嬌氣，從小就主動地參與幹一些力所能及的農活。

我八、九歲上小學二、三年級的時候，農村已是農業合作化的高級社了，母親及哥哥姐姐他們的農活都非常忙。小學放寒暑假時，我在家不僅要幫哥哥姐姐帶他們的兩個小孩（其中大的侄兒小我 5 歲），而且還要學煮飯和煮豬食喂豬。我們當地的農作物一般稻穀約占百分之六、七十，玉米占百分之三、四十，因此，平常煮飯的時候，常常要在大米里摻和部分玉米碴子或者玉米麵，做成俗稱包穀飯（實則是二米飯）來吃。玉米碴子與大米一起煮飯相對比較簡單，只需將玉米碴子提前下鍋煮到半熟，然後加大米下去一起煮到八成熟時撈出，再用筲箕過濾上飯甑蒸二十五分鐘左右就行了。如果是用玉米麵與大米一起煮飯，過程則相對比較複雜，因牽扯到要預先對玉米麵用水進行發麵和蒸面的處理，如果用水量掌握不好，就有可能煮不熟飯或將飯煮得過軟而不好吃。為了能使我掌握好煮這種玉米飯的要領，母親於是手把手地教我，她一邊做示範一邊放手讓我實踐。首先取適量的玉米麵放在一個竹蔑簸簸裡，灑上適量的涼水，用筷子將玉米麵拌濕到不起團為好，然後將用涼水拌好的玉米麵倒入飯甑中大火開水蒸第一道，蒸到差不多十多分鐘已經半熟了。此時把蒸透了的玉米麵再倒入竹蔑簸簸中，用筷子將玉米麵團弄散，並再一次灑上適量涼水拌勻，最後將已經煮到七成熟並已過濾好的大米，與灑過兩次涼水且已拌好的玉米麵充分混合均勻，倒入飯甑中大火蒸二十五分鐘左右，一甑香噴噴黃澄澄的二米飯就做好了。這個二米飯不僅營養豐富，而且口感也不錯，還挺扛餓，農村人都喜歡吃。如果是新鮮的大米和新鮮的玉米煮的，那就更香了。不過我剛開始學煮的兩、三頓飯，並沒有獲得完全成功，不是玉米麵裡的水加多了，就是水加少了，煮出來的飯不是太軟就是太硬，但母親及哥哥姐姐他們不僅沒有責怪我，反而鼓勵和表揚我，要我繼續努力。後來經過不斷地實踐，飯就一次比一次煮得更好了。從此以後，每次放寒暑假時，母親和哥哥姐姐他們去生產隊上工，我就在家負責煮飯和帶侄兒侄女，等母親他們大人收工回來時，我的飯已經煮好了，大人們到家後直接炒菜就可以吃飯了。

現在仔細回想起來，童年時母親教我學煮飯的經歷，實際上對我長大以後從事專業學習和工作都有很大的幫助和啟發。童年時通過學煮飯和帶小孩，這在很大程度上鍛煉和培養了我的耐心和認真細緻的性格，比如煮這個玉米麵做的二米飯就有不少步驟，每一步都環環相扣不能出錯，否則飯就煮不好。我上大學學分析化學，工作以後搞科研做實驗，操作流程更為精細複雜，每一步同樣不能出現任何差錯，而我每次都能完美地把控和掌握各種複雜精細的實驗室工作，應該說與童年時期母親對我的教育和引導是分不開的。

（三）

按照舊時農村的習俗，不管是男孩和女孩到了十四、五歲的年紀，父母親就要托親朋好友為孩子提親找物件了，找到物件以後再過兩、三年到了十七、八歲，一個個也就都結婚生子了。這樣的結局自然大多都是包辦婚姻，很少有自由戀愛的。雖然已是新社會了，但在上世紀五、六十年代的貴州農村仍然是這個習俗。由於我是家中的獨子，父親又去世得早，因此母親對我的個人婚姻大事尤其格外重視。記得在我八、九歲上小學的時候，就隱隱約約地聽母親說要給我找物件了，可能因為那時年齡太小，後來也就不了了之。到我十四、五歲念初中三年級的時候，母親托親戚在六枝特區店子鄉野鴨塘村，給我找了個比我小兩、三歲的郭姓女孩做對象，當時我年齡小也不懂事，以為是說著玩的，偶爾過年時隨母親去過女孩家一、兩次，根本就沒有把這當回事。可誰知過了一、兩年，在我上高中二年級上學期的時候，家裡竟背著我請人去給女孩家定親發八字了，並送了隆重的彩禮。此時，我才知道這個問題可是鬧大了。舊時農村按照老一輩人的規矩，一對青年男女在訂婚之前，要請先生算一下雙方的生辰八字是否合得來，如果八字合得來，就要擇個吉日由媒人連同男方家請的幾個人一起，挑著聘禮去給女方家"發八字"（我們當地人又稱"納八字"）。如果女方家接收了，這門親事就算正式定下來了。一般男方家送的彩禮是相當豐

1994.6.于贵阳花溪公园

厚的，既有吃的（比如有鮮豬肉、豬腿、雞鴨、糯米粑等），也有穿的（比如有給女孩買的數套衣服、布料甚至綢緞等），還有用的（比如送一定數額的人民幣現金）等等。媒人和男方家請的三、五個人挑著彩禮送去時，到達女方家村頭和家門口，還要燃放煙花炮竹，儀式相當隆重。男方給女方家納完八字以後，一般過一兩年就可選擇良辰吉日正式結婚了。因此，我估計家裡的想法是，納完八字等我過一、兩年高中畢業以後，十八、九歲就可以結婚了。當時我正上高中二年級，學習也正是緊張的時候，哪有什麼心思關心找物件的事，而且我的志向是讀完高中我還要接著上大學，根本就沒有想過要在農村早一點結婚成家生子。但當我聽說家裡已經去給女方家納了八字以後，我想如果不及時把這門親事給退掉，待到我高中畢業時家裡要我結婚，我該怎麼辦？如果在農村結了婚，那豈不是要誤了我自己的個人前程？所以我決定一定要把這門親事給退掉。於是高二上學期結束放寒假回到老家以後，我就毅然決然地對母親和哥哥姐姐他們說："你們給我找的對象我不同意哇！你們不經我同意就去給人家納八字送彩禮，你們必須去把這門親事給退了！"母親和姐姐說："八字都納了，彩禮也送了，總共還花了七、八十塊錢呢，哪還能退呀？"我說："那我不管！你們納八字之前也不先告訴我一聲該不該納？現在你們誰送的誰去退！"母親和姐姐他們見我態度非常堅決，知道我肯定不可能同意這門親事，於是只好托媒人去把親事給退了，但送的彩禮什麼的一樣也沒退回來。要知道七、八十塊錢在上世紀60年代中期的貴州農村可不是個小數字，我也知道我這次退親顯然是白白地浪費了母親和哥哥姐姐他們全家人好幾年的勞動報酬。但這是有關我個人前程的終身大事，我不能馬虎草率從事，為此，我深深地自責了許久。從那以後，母親和姐姐他們再也不敢輕易替我做主談對象了。

1966年6月份我高中畢業了，正准備考大學時，一場轟轟烈烈的文化大革命席捲而來，我的大學夢隨即也就徹底地破滅了。在學校混了兩年多以後，1968年底上山下鄉運動興起，69年元月下旬，我就不得不回到了老家的生產隊。此時，我已是一個二十出頭的年輕小夥子了。回到老家以後，當時母親和姐姐他們非常高興，以為我很可能就要在農村待一輩子了，而且我已經到了談婚論嫁的適婚年齡，於是為我張羅提親找對象的事，又擺在了母親和姐姐她們的議事日程上來，她們四處托親朋好友給我介紹物件。然而當時我上山下鄉回到農村老家以後，心情非常失落，讀了十幾年的書，眼看高中畢業後就要上大學了，卻突然來了場文化大革命，把我的大學夢打得粉碎。現在又上山下鄉回到了農村這個原點，感覺前途一片暗淡，心情十分苦悶，做什麼事都提不起精神，哪還有什麼心思去找物件哦？但是一方面又迫于農村傳統輿論的壓力，於是只好違心地陪親友去相親，心想萬一遇到有心儀的女孩子，不妨先處處物件再說。然而事與願違的是，由於農村人的眼光和境界有限，他們看中的女孩往往講究的是人家是否厚道，至於女孩本人是否上過學、長相是否清秀，基本不太在意。我隨親友去看了兩、三個女孩以後，結果全都被我回絕了，因為他們介紹的女孩要麼沒怎麼上過學，要麼長相不怎麼樣，只是會幹農活而已，這跟我心中想像的物件差距實在太大了。因此，到後來親友們還要想給我介紹物件時，我索性就再也不去了。但為此，我沒少得罪親戚朋友，他們認為我們好心為你找物件，可你還不領情。與此同時，我拒絕去相親還引起了某些農村人的誤解，他們認為一個二十來歲的大小夥子不想找物件結婚，是不是身體有什麼問題喲？母親耳裡聽到這樣的議論心裡感到很是著急，但她又不好直接來問我，而我本人也不願意同一般人表露心跡，在家裡也不怎麼說話，整天悶悶不樂的樣子。當時母親知道家門中吳明亮幺哥同我的關係最好，我們兩弟兄互相都能說得上心裡話。於是有一天晚上，母親就去把吳明亮幺哥找來同我談心，以便瞭解一下我個人具體有什麼想法。明亮幺哥來了以後，畢竟他也是我們家門中讀過不少書和見過世面的人，我們有不少共同語言，於是我就徹徹底底地向明亮幺哥講明瞭我自己的想法。第一，我現在雖然已經回農村老家來了，但我還沒有做好要在農村待一輩子的打算，所以我現在還不想在農村找物件結婚成家。第二，找物件要講究門當戶對、志同道合，兩個人要有共同語言，然而現在在農村還找不到這樣的物件。第三，我現在才二十一、二歲，還想再等兩、三年，看看個人前途方面會不會有什麼轉機。因此，在25歲之前，我不太想找物件結婚，否則就有可能耽誤了個人的前程。明亮幺哥聽我講完自己的想法以後，當即高興地說："哎呦！兄弟呀，你的想法太對了！談婚論嫁是個人的終身大事，的確馬虎不得。聽了你的想法，我會給你母親老人家講，為了你的個人前途著想，讓她老人家不要再逼你去找對象了，等兩、三年過了二十五歲以後再說吧！你是我們寨子裡頭讀書讀得最多的人了，我也非常希望你能從我們杉木寨這個大山裡頭走出去，給家族中的子弟做個榜樣！"經過明亮幺哥這麼一轉達，母親和哥哥姐姐他們知道了我的個人想法，從此以後他們就再也不提讓我去相親找對象的事了。後來的事實證明，我當時的判斷和想法是完全正確的。回鄉一年半左右，我就被抽調到當地公社機關去工作，1972年7月，我又被公社推薦去上了貴州大學，實現了我多年以來夢寐以求的大學夢，個人前途迎來了徹底的大反轉。如果當年上山下鄉回到農村老家以後，一心只想熱心"經營自己的那一畝三分地，追求老婆孩子熱炕頭"的話，那我走的一定又會是另一條完全不同的人生道路。

(四)

1972年7月中旬高中畢業六年後，在對上大學完全絕望的情況下，又奇跡般的走進了夢寐以求的大學校園，當時心中的那種愉悅之情簡直是難以言表的。因此，上了大學以後，心想一定要在大學裡好好地努力學習，爭取把失去的六年時間補回來。三年的大學學習生涯雖然短暫，但自己確實沒有辜負家中母親及哥哥姐姐他們的期望，學習成績在班上始終名列前茅，而畢業分配時也有了理想的歸宿。大學學習期間，儘管學習和兼任的社會工作十分繁忙，但是學習之餘也曾考慮過，如有可能就想在班上交個女朋友，畢業工作以後就可以結婚成家了。因為我們班一共有四十來個同學，其中女生差不多就占了一半，而且當時自己心中也的確有心儀的女孩子，但是也許如老百姓說的緣分未到吧，直到畢業分配工作以後，最終男女朋友還是沒有處成，多少給人留下了些許遺憾。大學畢業分配到研究所工作以後，轉眼就到了二十七、八歲的年紀，當年曾給母親許下的"過了25歲就找對象"的承諾，母親時時刻刻都記在心上，而我卻八字都還沒有一撇。每到過年或偶爾回到老家時，母親總是問我："老幺，你找到物件了沒有？什麼時候結婚呀？"而我每次都說："快了，快了！"母親開始時聽我說"快了"，立馬高興地說："那下次你把她帶回家來給我們看看，如果可以的話，早點結婚算了！"然而找物件可不像購物那樣簡單和容易，也許是到了二十七、八歲的年紀，更不想隨便湊合，一心非想找個心儀的女孩子不可。但是愛情又是可遇而不可求的，著急更是急不來的。大學畢業工作兩、三年了，一直也沒有找到合適的物件，後來每次回到老家，母親就再也不相信我說的"快了"，而是急切而中肯地對我說："老幺，你是想挑個仙女呀還是個什麼樣的女孩子？你都二十八、九歲了，依我看你要能找個有些文化、又能勤儉持家、溫柔賢慧的女孩子就行了，你年紀不小了，是該成個家了！趁現在我的身體還可以，等你結婚成家有小孩了，我還可以給你們帶帶孩子。"我仔細地想了想老母親說的也對，男女結婚組成家庭，過的本來就是柴米油鹽的日子，其中家庭主婦勤勞賢慧最為重要。轉眼到了1978年的春天，經人介紹認識了一位元四川姑娘小滕，見面第一印象感覺不錯，人不僅長得清秀端莊，而且勤勞樸實。我帶回老家去見了母親及哥哥姐姐，他們看了小滕以後也都非常中意。後來經過進一步地接觸和瞭解，雙方互相都感到滿意，於是就把戀愛關係正式地確定了下來。1978 年 7 月，我考上了中國科學院大學的研究生，同年 9 月又去安徽合肥中國科技大學研究生院參加研究生的基礎課學習，一年學習期滿，79 年 7 月返回貴陽以後，結婚成家終

1980年元月攝于上海王开

於提上了議事日程。同年 9 月 30 號，我和小滕終於正式去貴陽市南明區有關轄區的民政部門登記結婚了。當時單位的住房十分緊張，我們雖然正式登記結婚了，而且還是晚婚，可是我們在單位上並沒有分到結婚用房，而住的是兩個職工合住的一室一廳的集體宿舍，其中我的男同事夫婦住里間，我們夫婦住外間，於是我們外間又用幾塊大塑膠布和衣櫃隔出了一個走道，以供里間同事夫婦出入。我們結婚時，老家的哥哥姐姐盡其所能，請農村的木匠師傅用老家的木料為我們打造了一間床、一個衣櫃、一張吃飯的小方桌及四個方凳。這幾件家俱請人拉到貴陽以後，我們也無條件請客，只是花了百十塊錢備辦了一些生活必需品，然後買上幾斤糖果，分發給單位上一起工作的同事，就算正式宣告結婚了。為了彌補對新婚妻子的歉疚，80 年元月中旬，我又借出差去青島中科院海洋研究所收集研究生畢業論文地質樣品的機會，回程在上海停留轉車時，給貴陽的妻子拍去電報，讓她來上海相

1986.11 貴陽甲秀樓

會，算是來了一趟結婚旅行。我們結婚以後，家裡最高興的自然是老母親，當年春節，當我帶著新婚妻子回到老家以後，母親和哥哥姐姐他們又為我們在老家辦了好幾桌的婚宴，把當地能請到的親戚朋友全都邀請來了，我們在老家高高興興地過了個中國農曆新年。

　　轉眼到了 1981 年元月上旬，眼看懷孕的妻子就要臨產了，然而我們仍還住在沒有任何取暖設備的兩家合住的小單元房裡。如果孩子降生了，自然需要在室內生鐵爐子取暖兼煮飯，但在那麼狹小的空間內，顯然難以安身。不得已我只好去找一起工作的王道迺老同學商量，臨時借用他家後樓的廚房供妻子生小孩坐月子用，這才解了燃眉之急。元月14日凌晨，我們的女兒在醫院出生了。在妻子坐月子的頭幾天，不知是屋內的溫度過高，還是別的什麼原因，導致剛出生的女兒把覺睡倒了，每天晚上到了十來點鐘就開始不停地哇哇大哭，而且一哭就要哭兩、三個小時直到半夜1～2點鐘才停止，但白天卻呼呼大睡。由於我們是剛學做父母，對新生兒的夜啼毫無辦法，幸好同一個小組一起工作的王正珍老師，育兒經驗十分豐富，她知道這個情況以後，連續兩、三個晚上來我們家幫忙給孩子洗澡、喂水等，如此料理了幾次以後，過不了幾天，孩子晚上就再也不哭鬧了。

　　女兒出生以後，我們全家人都非常高興。老母親儘管當年已年屆七旬，但她非常樂意來貴陽幫我們照看小孩。不久我們在單位分到了一套居住面積僅為18平米的一室一廳小戶型單元房，房子雖小，但功能齊全，於是我們便把老母親接來貴陽與我們同住。平時我們上班，老母親在家照看小孩，並幫我們煮飯。人們常說："家有一老，勝過一寶"，此話的確不假。自從有了小孩以後，家中有個老人幫忙照看，夫妻二人就省事多了。不管我們什麼時候下班回來，不僅屋裡總是暖融融的，小孩也是喂得飽飽的，而且進門時飯也煮好了，等著我們自己炒菜就可以吃飯了。平時小孩的尿片、衣物什麼的，也不用我們自己操心，一切都是老母親一手漿洗。畢竟老母親不僅自己帶過包括我在內的四、五個小孩，而且還為我哥哥姐姐他們夫婦帶大了六、七個孫子孫女，撫育小孩的經驗十分豐富，我們女兒在奶奶的精心照料下，身體長得非常健壯結實，八、九個月大時，就已經開始咿呀學語了。兩、三歲時遇到鄰居，她就會根據鄰居的外貌來判斷，女的是應該叫奶奶、阿姨還是姐姐，男的是該叫爺爺、叔叔還是哥哥，鄰居們見了都特別喜歡她。女兒十一個月大時，妻子又懷孕了，然而當時全國已實行計劃生育，按照國家的計劃生育政策，我們夫婦已不能再生第二胎了，於是妻子不得不去醫院做了人流手術。為此老母親特別想不通：既然已經懷上了，為什麼不把孩子生下來？然而我們又何嘗不想多要一個孩子？可是國家政策不允許啊！誰叫我們是國家工作人員呢？老母親為此事一直耿耿於懷了很久很久。

　　女兒出生以後，老母親就來貴陽幫我們照看小孩了。我想老母親在農村操勞了一輩子，應該讓她老人家享享清福了，而且盡孝一定要趁早，於是在我們的住房條件獲得進一步改善以後，1985 年左右，我們又把她老人家的戶口從農村遷來了貴陽。和我們住在一起以後，當她在貴陽待上一年半載，想念起農村老家的貓啊、狗啊及孫子孫女來了，於是我們又把她送回農村老家去，以解她的思鄉之情。當她在老家待上三兩個月，又想念起貴陽的兒孫來了，於是老家的人又把她送來貴陽。在貴陽我們的小家裡，除了為我們煮飯照看孩子以外，在我們居住的研究所大院裡，她也找到了幾個同樣從農村來照看孫子孫女的老太太夥伴，閒暇之餘，她會夥同曾婆婆、何婆婆以及肖婆婆等幾個老太太一起上街去遛達，有時候還一起上東山的廟裡去進香遊玩等等。幾個老夥伴上街去閒逛時，誰要是買到點糖果或零食什麼的，她們都會你遞來我遞去的互相推讓，儼然就像十幾歲天真無邪的小夥伴們那樣地開心和高興。就這樣來來去去的，老人家先後在貴陽住了十多年，而這十多年的時光應該也是她老人家最舒心和最幸福的日子。儘管老人家在我們家裡一天也沒有閒著，不是照看孫女就是洗衣煮飯，但是在她老人家看來，在家裡有點事做才過得充實，如果無事可做那才叫無聊。因此，完全可以看得出來，老母親與我們同住的這十幾年，應該是她老人家一生之中與兒孫相聚、盡享天倫之樂的美好幸福時光。

時間轉眼到了 1993 年左右，老母親已經 80 多歲了。可能她老人家自我感覺年老體衰，萬一生病了會給我們增添麻煩，同時孫女也一天天長大了，基本上也不需要老人照管了。於是她老人家就主動提出來，要回農村老家去養老，貴陽她不想再待了。本來我們是想一直留她在貴陽養老送終的，無奈她老人家一輩子生長和操勞在農村，執意非要回老家去不可。看來她老人家是想要落葉歸根了，於是我們只好滿足了她的要求和願望，1993年底我們就把她老人家送回到了農村老家。

老母親回農村以後，開始一段時間我們還不怎麼習慣。一是家裡突然少了個老人，感覺好像冷清了許多，二是以往下班回來，家裡的爐子總是旺的，飯也是煮熟了的，等著炒菜就可以吃飯了。現在情況卻不同了，下班以後回家來我們才開始煮飯，有時甚至還要重新生爐子。第三嘛，由於父親去世得早，從小與母親相依為命，我們母子的感情尤其格外深厚，作為人子，有老母親在身邊，心裡才真正有家的感覺，心中時時刻刻都充滿著幸福感。老人家回農村老家以後，聽我姐姐說，開始一段時間她老人家也不習慣，嘴裡總是叨念著貴陽的家和小孫女。為此，老母親回去的那幾年，我每年也要回老家去探望她老人家好幾次。每次回去，我也會買些她喜歡吃的東西，比如香蕉呀糖果呀或桔子、餅乾等食品帶回去送給她吃，就像她待我小時候的那樣。如此的來回走轉，直到95年5月我第一次赴加拿大做訪問學者時為止。每次回去看到她老人家的身體雖大不如前，但基本上沒有什麼大的毛病，而我哥哥姐姐對她老人家也十分孝順。為此我出國以後也十分放心，對老母親的晚年基本沒有什麼後顧之憂。

（五）

1996年6月中旬，我公派去加拿大做訪問學者一年期滿回到貴陽以後，我立即回老家去探望老母親。一見面母親就對我說：“老幺，你出國回來啦！那地方有多遠啊？怎麼去了那麼長時間？”我說：“我去的國家叫加拿大，離我們這裡有兩、三萬里路遠呢！坐飛機要坐二十多個小時，我在那裡工作了一年。”她說：“怎麼去那麼遠的地方工作？貴陽這裡不是挺好的嗎？”我說：“我的工作單位還在貴陽，去加拿大是短期的。”母親又說：“還是貴陽這裡好、這裡近，有什麼事半天就到家了。”可以看得出來，老母親對我的出國遠行，顯然是不太理解和不太樂意的，她擔心萬一相隔太遠，母子要見上一面恐怕是難上加難了。

　　轉眼間來到了 97 年的 2 月份，我又決定要第二次出國了。臨行前我去老家同母親及家人告別，告訴她老人家我又要去加拿大工作了，並告訴她說半年左右我就回來了。老母親聽了以後說：“你不是才回來幾個月嘛！怎麼又要去那麼老遠的地方了？貴陽這裡有工作，在這裡做就行了。我現在年紀大了，身體衰弱得很，你去那麼遠的地方，萬一我有個三病兩痛的，恐怕很難得見你一面哩！”我安慰她老人家說：“媽，您別擔心！現在交通方便得很。我去了以後家裡有什麼事，哥哥可以去貴陽找吳俠和她媽媽。萬一您生病了，叫哥哥給我打個國際長途電話，兩、三天我就趕回來了。”其實我當時這麼說，只不過是想安慰安慰她老人家而已，真正到老母親生病時，我能不能按時趕回家來，壓根就沒有仔細地想過。我想的是老母親現在雖然

1999.7

已八十六、七歲了，但身體看起來沒有啥大的毛病，我估計她老人家活到九十多歲應該沒有什麼問題。於是我好言安慰了老人家一番，在老家待了兩天以後，懷著依依不捨的心情告別了母親和哥哥姐姐他們，97 年 2 月中旬我第二次來到了加拿大。

這次回到加拿大以後，一場突如其來的變故徹底打亂了我原先的計畫。到渥太華後一、兩天，我得知國際合作專案的老闆高賽茨教授因患肝癌已於 97 年元月初去世了。這個如其來的消息使我感到大吃一驚，如此一來，我在加拿大就失去了專案的資助物件和依託。是繼續留下來還是返回中國去，這個問題擺在了我的面前。我心想這次來加拿大本是迫不得已，如果馬上就返回去，那又怎麼向所裡的人解釋？如果想繼續留下來，那就得想辦法儘快解決身份問題。好在當時解決身份還算順利，接下來就是找工作的問題了。不過在辦理家屬的隨遷問題時，因為體檢再三出現變故而被耽誤了下來，由於我在加拿大已站穩了腳跟，家屬的隨遷問題早晚總會獲得解決。果然到了 99 年 5 月份妻子和女兒的移民簽證終於獲得了批准，同年 7 月底，全家人終於在渥太華實現了團聚。妻子和女兒啟程來加拿大之前曾回老家去探望了老母親，並告知哥哥姐姐他們，她們母女倆準備離開中國前來加拿大團聚。從妻子回老家去回來回饋的情況，以及她們母女倆在老家與老太太一起合影的照片來看，老人家的身體狀況似乎大不如前，但我當時估計兩、三年內應該不會有什麼大的問題，因此妻子和女兒來加拿大以後，我的計畫是過一兩年即 2001 年左右，我再回中國去探望她老人家。

　　轉眼來到了 2000 年的 4 月中旬，眼看加拿大的傳統節日復活節就要到了。一個週末的早晨，我去超市購物時，看到店裡售賣的百合花開得十分豔麗，於是我就順帶買了一盆拿回家來放在客廳裡。然而這盆原本非常鮮活豔麗的百合花，買回來放在家裡還不到一個星期，我們既未澆水、也沒施肥，這盆花竟然逐漸地就枯萎死掉了，為此我和妻子還感到非常奇怪。因為以前我們也經常買花，但從未出現過這樣的情況。這盆花剛死掉沒兩天，另一件蹊蹺的事情又發生了。大約是 4 月 22 或 23 號的一天晚上，在我們家廚房天花板的夾縫中竟然會有一隻小動物（似乎像是花栗鼠），在縫隙處抓狂。它似乎是想從天花板的夾縫中鑽出來，無奈天花板的夾縫太小，它的頭根本鑽不出來，只能看到它的爪子在夾縫邊緣處亂抓亂摳，而且一刻不停地弄得很響，整個晚上都使人無法入睡。這個小動物如此連續地折騰了兩個晚上以後就消失不見了。當時我們租住的是一棟三層的樓房，我們住在一樓，廚房位於一樓的中央位置。廚房前面是女兒的臥室和客廳，廚房後面則是我們的臥室，我們的上面還有兩層。小松鼠要從樓頂或樓房側面進入我們一樓廚房的天花板夾層中，應該是幾乎不可能的，然而此事居然就發生了。就在小松鼠剛剛折騰了兩天消失不見以後，4 月 25 號晚上我們就接到了哥哥從中國打來的國際長途電話，告知老母親病危了，要我趕快趕回老家去不可。接下來又發生了另一件不可思議的事情。大約是接到老家打來報信的國際長途電話後的一兩天，因我上的是下午 3 點鐘的中班，中午吃完飯後洗碗，當我雙手把一個吃飯的青花小瓷碗拿到廚房水槽的自來水龍頭上去沖洗時，手並沒有使勁，突然小瓷碗竟然在我的手中整整齊齊地被掰破成了兩半，而且斷口還是新鮮的。我當時就得了一驚，心想是不是老母親不行了？心裡頓時慌亂起來。後來把這幾件奇怪的事情結合起來一琢磨，我想原來這枯萎而死的百合花以及鑽進廚房天花板夾縫中的小松鼠，它們很可能都是來為病危的老母親報信的。而老母親去世的那一天是4月27號，也正好是我洗破小瓷碗的那一天。這幾件十分蹊蹺的事情，對一般人來說簡直是不可思議的，而且很可能都不太相信是真的，然而它們竟然在我的老母親病危期間，接二連三地在我及家人的身邊就相繼發生了。這似乎可以說明在感情至深的親人之間，在生死悠關的危急時刻，他們似乎可以通過二者之間的磁場或是某種不可知的能量互相進行溝通或聯繫，也許就是人們常說的心靈感應吧。

自從接到哥哥從中國打來的國際長途電話告知老母親病危的消息以後，我的心情非常焦急，無奈當時由加拿大飛中國的國際航班不是天天都有（每個星期僅有兩、三班），加上渥太華是個中小城市，沒有直達中國的飛機，回中國往往需要從溫哥華或多倫多等大城市去中轉。因此，4月28號當我乘上回中國的航班時，經過三轉兩倒的來回折騰，我回到老家時已是5月2號了。當時老母親不僅已經去世，而且已經安葬幾天了，最終我還是沒能最後見到老母親一面。回去以後聽姐姐說，老母親是4月中旬開始生病的，她生病以後一直都在叨唸著我。開始時家裡並不太在意，認為像過往那樣過個十天半月或許就好了。可是到了4月20號以後，她的病情逐漸就加重了，她可能知道自己已時日不多，於是她要家裡趕快打電話通知我，要我趕回老家去見她一面。到最後一兩天大概是4月26～27號左右，她反覆地對我姐姐說："你們究竟是通知小老幺了沒有？怎麼還不見他回來？你們快點叫他回來，來晚了我怕是見不到他了嘞！"臨終前她仍在不斷地都叨念著我的名字，因此可以說，老母親是在無限的期盼和等待中去世的。真的是兒行萬里，母子連心啊！現在仔細回想起來，在老母親臨終前未能見到兒子一面，既是她老人家的終身遺憾，同時也是我作為人子的終身遺憾啊！

回顧我的一生，我最要感激和報答的是我的老母親。她老人家不僅給了我生命，而且還撫育我健康地成長。在我的童年時代，她教給了我勞動的技能和做人的道理，並激勵了我的一生。在那人人都吃不飽飯的困難年代，是她老人家和我姐姐頂酷暑、冒嚴寒，一年四季利用週末和閒暇時間，不辭辛勞地挖野菜去賣，含辛茹苦地供我上學讀書，使我順利地完成了中學學業。在我成家有小孩以後，又是老母親不顧年高體弱，心甘情願地為我們照看小孩和漿洗煮飯，默默無聞地為我們的小家庭做奉獻。因此，可以毫不誇張地說，母親的一生，時時刻刻所思所想的都是為了她的孩子，而唯獨沒有她自己。如果沒有母親，就不會有我的人生和我的今天，我人生中所取得的任何一點點進步或成績都有老母親的功勞。

"誰言寸草心，報得三春暉！"母愛無疆，母恩卻難以回報。然而儘管如此，母愛無私，卻親情永在！母親，你對兒子的恩情和大愛，我今生今世又豈能忘懷？因此，我將永遠無比地懷念和感恩我的母親！

第十三章 淡泊名利 樂享晚年

（一）

近些年來有瞭解我在國內工作經歷的朋友常問我："老吳，你移民來加拿大是賺了還是虧了？"我說："這怎麼說呢？或許不同的人會有不同的答案。就看你從什麼角度出發，而且也不是三言兩語就能說得清楚的。"如果從名利地位的角度出發，那我可能真是虧了。因為如果我不出來，退休時的身份至少應該是個研究員（教授）。可是來加拿大以後，因為合作教授去世導致我的研究工作中斷了，改行做了普通工作，因此我現在就是一個普通老百姓。如果從這個角度看，那我是虧了。但是作為一個普通老百姓生活在加拿大，我覺得活得非常輕鬆愉快。因為在這裡作為一個普通老百姓，誰也不會覺得低人一等，人與人之間的相處少了許多國內的那種互相攀比的浮躁心態。在加拿大，不管你是當官的還是普通老百姓，誰都沒有什麼特權。去政府部門和別的什麼地方辦事，該辦的馬上就辦，甚至打個電話、或者在網

2001.5.溫太华
道忍 湖畔

路上點一下，事情就辦妥了，根本沒有人會刁難你，更不存在要請客送禮或託人情找關

係。也就是說，在這裡哪怕是個普通老百姓，也同樣活得有尊嚴。另外，加拿大實行全民免費醫療，每個公民或永久居民(即持綠卡者)都有一張各省發的醫療卡，生病了去醫院看醫生、住院治療或手術，自己不用掏一分錢，甚至連住院吃飯都是醫院管，而且全部免費，也不用家屬陪護；年滿65周歲的老年人，醫生開處方買藥基本上不用自己花錢，藥費由政府買單。加拿大公民或永久居民(即持綠卡者)年滿 65 周歲，且在加拿大居住滿 10 年，就可以領取政府發放的養老金，而養老金的多少與你在加拿大居住時間的長短有關，如果是沒有任何工作或收入的老兩口，每人每月可領到$1500加元左右，因此，兩老口每月的養老金收入總共大約有$3000 加幣左右。這筆養老金雖不算豐厚，但解決生活問題那應該是綽綽有餘了。這裡物價總體不貴，而且價格相對穩定，一點也不覺得生活有什麼問題。來加拿大以後，或許是因為心情舒暢，又或許是生活的自然環境好等因素，二十多年來，身體一直處於健康狀態。如果還在國內，由於長期處

在超負荷的工作狀態，加上國內的飲食文化和習慣，少不了要經常與同事、朋友等吃喝應酬，那麼到退休的時候，身體的健康狀況應該是令人堪憂的，根本不可能有現在如此

2019.3.与好友李浦群(左)摄于温哥华斯坦利公园

健康的體魄。因此從個人的身心健康角度出發，來加拿大是虧是贏應該是禿子頭上的蝨子---明擺著的吧！

　　另外，我們再來分析一下加拿大的國情，進一步看看移民到加拿大有什麼好處？加拿大位於北美洲北部，東臨大西洋，西瀕太平洋，南接美國本土，北靠北冰洋。其國土面積將近1000萬平方公里，是世界第二大領土大國。整個加拿大除西部洛磯山脈以外，中東部主要為低矮高原和平原，地勢平坦、湖泊眾多，自然資源極為豐富。加拿大的農牧業十分發達，是世界小麥的主要出口國和最大的漁產品出口國。同時，加拿大的礦產資源極為豐富，其中石油儲量僅次於委內瑞拉和沙特居世界第三位。加拿大全國人口約為3800萬，大約僅為中國人口的四十分之一，是一個地廣人稀的國家，人均佔有的礦產資源量、森林面積、可耕地面積以及淡水資源量均居世界前列。相比之下，中國雖然也是個地大物博的國家，但由於人口基數太大，人均資源佔有量卻不高。因此，生活在一個真正地大物博而人口

又很稀少的國家，人與人、人與自然之間將非常容易和諧相

處。正是由於具有如此優越的自然條件，加拿大當之無愧地就成為了國際移民首選的國家之一。

其次，加拿大是一個高度發達的資本主義國家，製造業、高科技產業及服務業極為發達。資源產業、製造業及農業是國民經濟的主要支柱，人民的生活水準很高。由於加拿大社會福利制度健全，加拿大人對養老保險、醫療及子女教育基本上沒有任何後顧之憂。此外，加拿大是一個移民國家並實行多元文化政策，各少數族裔均享有獨立使用本民族語言文字和保留本民族文化與習俗的權利。加拿大人熱情友好，社會安定平穩，犯罪率極低。在世界上近 200 個國家中，加拿大人民的生活品質堪稱優秀，在聯合國開發計畫署公佈的人類發展報告中，加拿大連續多年蟬聯世界最適宜人類居住地的美譽。因此，加拿大是國際移民最為嚮往的國家之一。

綜上所述，我之所以在年近半百的事業高峰期選擇定居加拿大，一方面是在原工作單位長期受到不公正對待，甚至受到無理刁難和打壓，在人生道路上遭遇到了挫折。另一方面，顯然是加拿大優美的自然環境、熱情友好的

國民以及平穩安定的社會生活環境深深地吸引了我。而這兩個方面比較起來，其中第一條則是主因。我想既然原單位的當權者長期刁難、排擠、打壓，那麼"此處不留爺，自有留爺處"，我何不一走了之呢？唯有如此才能排解心中的煩惱和不快。此外，在我95年出國訪問之前，因膽結石引發膽囊炎住院做手術時遭遇意外，差一點下不了手術臺，後經全力搶救才撿回一命。因此，這段患病經歷毫無疑問地對我後半生人生道路的選擇也具有不可否認的影響。患病經手術康復後我便反復地思考和審視人生，同時也反復地拷問自己的靈魂：人生在世究竟是為了什麼？人世間究竟什麼才是最可寶貴的？是金錢、名利、地位嗎？假如人的生命和健康都沒有了，金錢、名利和地位又有什麼意義？經過反復地思考和回顧，我終於明白，人生在世，唯有生命和健康才是最可寶貴的，其餘的比如金錢、名利、地位等等都是身外之物，都是過眼雲煙。因此，當我挺過膽囊手術以後，我就十分慶倖自己還健康地活著，於是我時時刻刻懷著感恩和愉悅的心情，感謝上蒼對我的眷顧，無論身處何種逆境我都始終從容面對。我想雖然人生之路遭遇了困境，但我決不能在人生之路上止步不前，而是要盡己所能，勇敢地去接受挑戰。因此，當我選擇定居加拿大時，我完全清楚在這裡我有可能會失去原有的專業工作而重新擇業，這對一個年近半百的人來說，其難度是可想而知的。然而對於一個既經歷過死亡考驗，又從小吃過很多苦的人來說，這又算得了什麼？大不了就重啟人生嘛！說不定這麼一轉身，還有可能闖出一片新的天地來，而且在奮鬥的過程中，還可以欣賞到不一樣的風景。因此，看淡人生、看淡金錢、看淡名利和地位，唯有健康的身體和輕鬆愉快的生活才是我所追求的，而加拿大正是我追求健康生活的理想家園。這就是我在年近半百的人生事業高峰期，選擇急流勇退而定居加拿大的真實原因。

平時還有朋友對我說：既然你在國內長期遭遇不公，那你對中國應該不會有什麼好印象吧？我對這些朋友說：這你就錯了！我在國內工作時，刁難和打壓我的只是單位上個別得瑟的小人和惡人，他們代表不了單位，更代表不了中國。相反，我對原工作單位仍然懷有美好的印象和感情。至於中國，那是我的祖籍國，是生我養我和培養我成長的地方，是我的根之所在地，我永遠懷念和熱愛她。加拿大是我現在的國家，從踏上這塊土地的那一刻起，我就喜歡和熱愛這塊土地和這個國家。也就是說我既熱愛我的祖籍國中國，也熱愛我現在的居住國加拿大，我對她們二者都懷有相同的感情，我絕不會做出任何有損於這兩個國家的任何行為。

（二）

在國內工作了將近三十年後，來到加拿大又工作了將近二十年，到2015年就算正式退休了。人們常說：光陰似箭，日月如梭，轉眼間就已年屆七旬，人生已步入老年。前幾年就有朋友問我，退休以後如何規劃自己的退休生活？我告訴他們，我也沒有什麼詳細的規劃，總的原則就是做自己喜歡的事情，開心快樂地生活。而我喜歡做的和想要做的不外乎是閱讀、旅遊、垂釣和健身等等，而這幾項活動都是我年輕時為了工作和孩子而不得不放棄的興趣愛好。現在既然退休了，手頭有一大把時間，身體和精力都不錯，於是讀書、旅遊、釣魚、健身，再加上寫作就成了我生活的主旋律。退休已經五、六年過去了，自己不僅已讀了不少書，而且國際國內也旅遊了好幾趟，同時也釣了魚，鍛煉了身體。如果不是新冠疫情肆虐，每年一次的國內遊和國際旅行肯定還會照常進行。雖說現在已七十好幾了，但既能吃得下又能睡得著，身體也沒有什麼大的毛病，自我感覺狀態良好，記憶力和寫作能力也都獲得了提升，現在每天都覺得時間過得很快，有時甚至還覺得時間好像還不夠用似的。

也許是兒時受到父親的影響，從小我就喜歡上學和讀書。在青少年時期除了上小學、中學接受學校的系統正規教育以外，業餘時間也閱讀了不少文學書籍，比如《三國演義》、《西遊記》等四大古典名著，以及《隋唐演義》、《楊家將》、《說岳全傳》等許許多多章回小說和古典文學名著。還有《林海雪原》、《敵後武工隊》、《青春之歌》等數十部凡是當時能找得到的現代文學長篇小說，基本上全都讀遍了。文革中學校的圖書館幾乎完全開放，凡有興趣的學生都可以在圖書館找到自己感興趣的書來讀。於是當年又讀了不少當時的所謂禁書，比如《金陵春夢》、《赫魯雪夫傳》、《金瓶梅》等等，也讀了部分世界名著，比如《戰爭與和平》、《紅與黑》、《基督山伯爵》等等。通過這些課外的大量閱讀，既豐富了自己的文學知識，又間接地提高了自己的語文成績和寫作水準。大學畢業、尤其是研究生畢業參加工作以後，由於身兼行政和業務兩職，工作十分繁忙，不僅沒有時間閱讀自己喜歡的文學書籍，就連當年十分流行的許多電視連續劇和電影也都沒有看過。出國以後，由於剛到一個嶄新的國度，因重新創業工作十分繁忙，因此最初幾年也沒有時間好好地安下心來讀書。2016 年退休之前和退休以後，利用回國探親訪友的機會，每次都從國內購買了不少中文書籍，通過托運或隨身攜帶回加拿大來閱讀。經過這些年的努力，家中已積累了上百冊中文圖書。其中既有《史記》、《資治通鑒》等中國典籍，也有《戰爭與和平》、《巴黎聖母院》等一系列世界文學名著，還有《時間簡史》、《人類簡史》等各種科普讀物，以及不少世界自然地理及大量養生保健方面的書籍，基本上可以做到想讀什麼類型的書，就可以隨手拿取，充分地滿足了個人精神生活方面的需求。

　　說到旅遊，這是我從小就有的一個夢想和喜好。工作以後由於工作需要，作為科研人員的我業務出差十分頻繁，因此，二十多年間，足跡幾乎遍及全國各地，出差期間也遊覽了不少名山大川及名勝古跡。但是限於當時工作任務在身，其目的主要不在旅遊，而是在繁忙的工作之餘想放鬆自我，加上當年的旅遊設施大多比較簡陋，因此當時的出差帶旅遊，基本上屬於走馬觀花性質。於是退休以後就想好好地在中國國內和國外走一走，看一看，彌補年輕時的許多遺憾。

　　我的第一趟國際旅遊是 2016 年 12 月中旬，與女兒女婿一家東加勒比海的豪華遊輪之旅，這趟旅行是由女兒女婿公司組織贊助的。我們一家九口人（女兒女婿家五人，加女婿的父母，再加我們老兩口），連同女兒公司的十幾個人一道總共二十多人，於 2016 年 12 月 10 日從美國邁阿密港口，乘坐豪華遊輪諾維珍暢意號(Norwegian Getaway Cruise)遊覽東加勒比海地區。這艘暢意號遊輪是諾維珍郵輪公司於 2014 年最新打造的大型豪華遊輪，整條船重約 15 萬噸，有船員約 1700 人，載客量為 4000 人。全船總共有 19 層，其中 1~5

層位於甲板以下，甲板以上有15層。船的頂部設有大型游泳池及衝浪設施，還有籃球場、小型高爾夫、攀援等各種健身及遊樂設施，各個年齡段的人都可在船上找到樂趣。船上還有大小餐廳多間(包括大型自助餐廳及點餐餐廳)，而且餐廳實行24小時全天候開放，遊客什麼時候想吃、吃什麼、吃多少，完全隨個人的意願並完全免費。郵輪一般是晚上開行，白天靠岸讓遊客上島去觀光遊覽。在六天的豪華郵輪旅途中，我們先後遊覽了東加勒比海的英屬維京群島和美屬維爾京群島，充分地飽覽了東加勒比海群島的絢麗自然風光，領略了當地的風土人情，是一次從未經歷過的別開生面的旅行，在人生中留下了難忘的印象。而且這種超大型豪華郵輪旅遊，尤其特別適合有老人和小孩子的家庭，因為乘坐這樣的豪華郵輪旅遊，不用走很多路(甚至可以不用走路)，既可以飽覽沿途的風光，又能享受到船上六星級的服務，是一項既舒適又省力的旅遊新體驗。

2016.12豪华游轮
加勒比海之旅

　　我的第二趟國際遊是 2017 年 9 月中至 10 月初的歐洲之旅。歐洲既是近現代文明的誕生地和中心，也是古希臘、古羅馬文明的發祥地，文物古跡眾多且保存十分完好，是國際遊客最為嚮往的旅遊目的地之一。這一趟旅遊是由旅居法國的華人旅行社組織的，遊客也全是華人，且來自世界各地。整個旅行團大約為 40 人，乘坐的是豪華旅遊大巴。整趟旅行為期十天，其中前三天在英國旅遊，後七天在法國、瑞士、義大利、摩納哥等地遊覽。這趟行程從英國倫敦開始，法國巴黎

2017.10.英國苏格兰

為終點。我於 9 月 19 號晚上從加拿大渥太華乘飛機赴英國倫敦，20 日與旅行團的其他遊客在英國倫敦會合。在英國的三天，我們先後遊覽了倫敦、劍橋、約克大教堂、愛丁堡、羅切斯特、溫德米爾、曼徹斯特等典型的英國城鎮，最後還遊覽了英國大文豪莎士比亞的出生地瓦立克郡的斯特拉福小鎮

2017.10.英国沙士比亚故居
前留影纪念

及其故居。英國的確不愧為歐洲工業革命的發祥地，不僅歷
史悠久，而且工農業及高科技產業極其發達，國民的生活水
準明顯要比歐洲大陸本土高不少，英國之所以選擇脫歐，顯
然是有其充分理由的。沿途的高速公路兩側，除了大片大片
的農田以外，山坡上到處都是綠草茵茵的牧場。城鎮的民居
建築群雖然不算高大，但設計精巧、錯落有致。

　　英國的旅遊結束後，我們的旅遊大巴離開英國，穿越英
吉利海峽的海底隧道來到法國巴黎。接下來的幾天我們從巴
黎出發，先後遊覽了瑞士的琉森以及義大利的米蘭、威尼
斯、羅馬、梵蒂岡教皇城、佛羅倫斯、比薩等歷史文化名
城。然後又從地中海沿岸折返進入法國，先後遊覽了摩納哥
大公國及法國的尼斯和嘎納小城。整趟歐洲之旅給人的印象
是，瑞士雖然是個不大的山國，但是它的自然風光卻宛如天
堂，進入瑞士以後猶如到了童話世界，到處都是雪山、森
林、草地和湖泊。這裡的山頂有白雪，山腰有森林，山下則

是牧場，整個國家猶如一座公園。因此，瑞士又被稱為歐洲的後花園。其次，義大利不愧是歐洲文化的搖籃，這裡孕育出了燦爛的古羅馬文化和伊特拉斯坎文明，中世紀又催生了文藝復興。義大利文物古跡眾多，而且保存完好，是世界上文化遺產最多的國家，也是義大利取之不盡、用之不竭的旅遊資源。

　　我的最近一趟國際之旅是新冠疫情之前，2019 年 10 月上旬的日本之行。說到日本遊，這是我的第二次到訪。1985 年 10 月，我曾陪同導師郭承基院士訪問日本一個月，那時我們先後參訪了東京、京都、奈良和大阪。當年的中國同日本相比，反差是如此之強烈，即一邊是日本高度發達的資本主義社會，城市裡到處都是高樓大廈，物質產品極大豐富，街道整潔，行人穿著光鮮亮麗；而當時的中國則剛剛開始改革開放，

城市建築破舊，物資短缺，街道上車水馬龍，其中個人交通工具則以自行車為主。人們的穿著單一、灰暗。因此，當年的日本之行給我留下了深刻的印象。如今三十多年過去了，中國已發生了翻天覆地的變化，為此我一直想找個機會再去日本，來一趟舊地重遊，看看幾十年後日本有什麼變化。終於在 2019 年 10 月上旬參加了一個旅遊團，實現了再次訪問日本的願望。我於 2019 年 10 月 4 日中午乘機離開加拿大多倫多前往日本東京，飛機途中在卡爾加里機場作了短暫停

留，然後繼續起飛，於10月5日下午3點左右到達東京成田機場。當天晚上下榻在距離東京僅一步之遙的千葉縣拉迪遜酒店(Radisson Hotel)，第二天我們在東京市內觀光，先後遊覽了淺草寺、日本皇宮前的公園、銀座等。接下來幾天我們又先後遊覽了富士山及富士山腳下的著名小山村忍野八海、蒲郡市、名古屋、京都、奈良及大阪等城市的名勝古跡。此次時隔三十多年後再訪日本，總體給我的印象是，日本各大城市的市政建設和市容市貌，三十多年來基本沒有發生什麼明顯的變化。如果僅從城市的市容市貌和市政建築的豪華程度而言，中國的城市可能還要更勝一籌，尤其是機場和火車站，更是中國各大城市的一張靚麗名片。但無可否認的是，日本在二戰期

間各大城市均遭到了嚴重的毀壞，上世紀六、七十年代，日本經濟實現騰飛以後，城市的市政及各種基礎設施建設已經

2019.10.日本忍野八海小山村

基本完備，雖歷經數十年，而今仍能發揮正常功能，不過外表看上去的確是顯得有些陳舊了。

（三）

雲南是我老家貴州的近鄰，雲南省境內擁有眾多的旅遊資源，是中國的一個旅遊大省。我大學的老同學兼好朋友徐渝春先生，大學畢業後調雲南省公安廳工作，2010 年退休以後，他多次熱情地邀請我，要我去昆明同他一道到雲南各地去走走看看。由於盛情難卻，於是我於 2018 年 4 月和 2019 年 4 月兩赴雲南，先後與渝春老同學一起遊覽了雲南西部的保山、芒市、瑞麗、大理及麗江等地，親身體驗了祖國西南邊疆少數民族的獨特風情與文化，飽覽了雲南邊疆地區的絢麗風光。

2018 年 4 月的瑞麗之行，當時應邀一同前往的還有貴大化學系的同班老同學肖天祿。我們三人在昆明相會後，渝春同學還專門請了個司機開車，拉著我們三人一路向西進發，沿途經楚雄首先到達距離昆明大約 500 公里的保山市。保山是祖國西南邊陲的一個邊防重鎮，自古以來就是兵家的必爭之地。保山還具有悠久的歷史和厚重的文化底蘊，是南方古絲綢之路博南古道的必經之地。保山古稱永昌郡、永昌府，此地最為人稱道的是，永昌所產的圍棋被世人稱為"永昌棋"，又稱為"永子"，已有五百多年的歷史。永昌棋(永子)是圍棋子中的極品，明清時期就已名揚天下。保山市建有永子棋院，其獨特的六層仿古樓臺式建築高大雄偉，頗有幾分皇家園林的豪華氣派。

我們的第二站。來到了雲南德宏傣族景頗族自治州的首府芒市。芒市舊稱潞西，2010 年 7 月經國務院批准，潞西市更名為芒市。潞西是渝春老同學文革時期上山下鄉的首選地，數十年過去了，但老同學仍舊對此地懷有一種難以名狀的特殊感情。我們到達芒市的當晚，下榻在芒市的地標式建築芒市賓館。芒市賓館修建於 1956 年，具有六十多年的歷史，其間曾接待過周恩來總理、緬甸總理吳巴瑞等眾多國家領導人。賓館大門前的植物園內有周總理和緬甸總理吳巴瑞親手種植的兩棵象徵中緬友誼的緬桂樹。我們在芒市遊覽了名勝古跡之餘，還品嘗了當地景頗族的美食，其中就有油炸竹節蟲等昆蟲食品，真是別有一番特殊風味。

此行最後一站，我們來到了與緬甸僅一河之隔的邊陲之城---瑞麗。瑞麗位於雲南省的西南端，三面與緬甸相連，

2018.3.瑞丽（左边为作者，右側为徐滿春）

是一個異域風情十足的邊境城市。這裡有一個傣族村寨被國境線分為兩個國家，中方一側稱為銀井，緬方一側稱為芒秀，這就是著名的一寨兩國。此外，瑞麗最著名的旅遊景點還有姐告國門、畹町橋、獨樹成林等。畹町橋是一座抗戰勝利的紀念橋，二戰時期日軍封鎖了中國所有的出海口，滇緬公路成了國際反法西斯陣營援助中國戰略物質的唯一通道。因畹町橋是滇緬公路的咽喉要地，因此，畹町橋為中國的抗戰勝利發揮了重要的作用。

　　此行從瑞麗返回昆明的途中，我們又遊覽了大理。大理地處雲南西部的洱海平原，其背靠蒼山、腳踏洱海，是古南詔國和大理國的國都，曾作為古代雲南地區的政治、經濟和文化中心，時間長達 500 餘年，具有厚重的文化積澱，是中國首批十大魅力城市之一。大理名勝古跡及旅遊景點眾多，其中最著名的有南詔國古城遺址、大理古城、大理三塔及蝴蝶泉等等。不過乘坐蒼山索道遊覽蒼山，則是別開生面的一種全新體驗。我們從蒼山索道起點蒼山腳下的《天龍八部》

影視城開始，經七龍女池至玉局峰洗馬灘的蒼山頂部，總高差將近2000米。索道沿途修建有棧道、風雨亭廊、醫療救護站

2019.4.大理蒼山頂上

等。乘索道上蒼山，遊客將把倉山頂部的皚皚白雪及蒼山腳下的大理古城一覽無餘，讓人領略到了蒼山的高大雄偉、蒼山頂部低矮的杜鵑林及冷杉等獨特風光。尤其值得一提的是，當你站在海拔約2200米的蒼山腳下、氣溫為二十五六度時，感覺猶如夏天一般的炎熱，然而一旦乘索道到達海拔為4000餘米的蒼山頂部，氣溫一下子就降到了零下十幾度，遊人的感受猶如掉進了冰窖一般，短短二十分鐘之內，遊客就經歷了冰火兩重天的體驗。

2019年4月的麗江之行，我與渝春及其老朋友老張等一行四人，是從昆明乘火車去麗江的。我們早晨8:30左右從昆明出發，下午1:30左右火車到達麗江。渝春的納西族好朋友和雲龍在麗江火車站迎接我們。和雲龍是一位看上去約莫四十來歲的典型納西族小夥子，古銅色的臉庞中等個子，為人十分忠厚而謙和、熱情而友好，他作為我們麗江之行的東道

2019.4.麗江(自左至右:徐渝春、和云龙、作者)

主和嚮導，全程在麗江陪同和接待我們。當晚和雲龍在餐館設宴款待我們，並安排我們下榻在毗鄰麗江古城的束和古鎮。束和鎮，納西語稱為"紹塢"，意為高山之下的村寨，是納西族先民在麗江壩子中最早的聚居地之一，也是茶馬古道上保存完好的重要集鎮，是納西族先民從農耕文明向商業文明過渡的活標本。民居是束和古鎮建築群的集中代表，其中"三坊一照壁"則是納西民居的典型結構佈局。麗江古城又稱大研古鎮，是一座集自然遺產、文化遺產和記憶遺產於一身的中國歷史文化名城，同時也是中國罕見的保存相當完好的少數民族聚居城市，它擁有絢麗多彩的地方民族習俗與娛樂活動，比如納西古樂、東巴儀式、占卜文化、納西族火把節等等，是一座別具一格且具有獨特魅力的旅遊城市。麗江古城作為少數民族聚居的城市，以納西族的民居建築為主體，從城市的總體佈局到工程及建築風格，雖已融入了多民族的精華，但仍具有納西民族的獨特風采。古城的民居以木材為主體，而街道則以青石石板和石條鋪就，使整座古城愈加散發出古色古香的氣息。與此同時，以玉龍雪山融雪為主體彙集而成的清澈透明的河水穿城而過，由此麗江古城還以水渠為特色，構成了星羅棋佈的水港佈局空間，大街小巷無不以水渠為伴。走在麗江古城的大街小巷，無處不見鮮花盛開的小橋流水人家。每星期一次或遇傳統節日，麗江古城還會放水沖洗街道，從而使得古城的大街小巷被沖刷得乾乾淨淨，一塵不染。

2019.4麗江古城大水車
（右为作者，左为和云龙）

此外，位於麗江古城城北十五公里之外的玉水寨，則是一座東巴文化的殿堂，被稱為“東巴聖地”和“東巴文化的搖籃”。寨子內的神泉碧綠純淨、清澈透明，泉水順山勢奔流而下，形成著名的“出龍瀑”、“戲龍瀑”和“送龍瀑”的“神龍三疊水”，

景象十分壯觀。我們在為期四天的麗江旅遊期間，先後遊覽
了束和古鎮、麗江古城及古城木府、玉水寨等名勝古跡，品
嘗了納西族的美食，如麗江粑粑、納西族烤肉及米灌腸等
等。麗江真不愧是一座古樸、典雅而又別致的邊陲古鎮，其
寧靜中充滿著喧鬧、古樸中蘊藏著繁華，是一座去了還想再
來的旅遊城市。

　　國內遊還有一趟較為精彩的旅行，那就是 2018 年 10 月
中旬的北京中國科學院大學成立四十周年校慶、78 級研究生
校友聚會以及校慶後的新疆哈密和甘肅張掖之旅。中國科學

院大學，其前身是中國科技大學北京研究生院，該研究生院
成立於 1978 年 10 月，我們 78 級研究生即是該研究生院的首
屆學生。為此，中國科學院大學四十周年校慶時，特邀請我
們 78 級的首屆研究生校友前往北京參加校慶活動。1978 年
中國科學院各研究所總共招收了大約 1000 名研究生，當年的
研究生基礎課幾乎全都聚集到北京科大研究生院去進行學
習。如今 40 年過去了，不少當年的校友已經作古，有的已失
去了聯繫，有的則因病不能成行，所以到校的 78 級研究生校

2018.10.14.国科大40周年校庆合影(前排左三为作者)

友僅有數百人。我們於 2018 年 10 月 12 日到達北京懷柔國科大報到，校慶活動於 10 月 13 和 14 日舉行。這次活動搞得十分隆重，國家科委及中科院的領導都前來祝賀，使我們這些當年的老校友十分感動和深受鼓舞。校慶活動於 10 月 15 日結束，當天我原計劃是一大早離校，然後進城乘坐北京至烏魯木齊的直快列車奔赴新疆哈密，探望我夫人的三姑父三姑母一家，順便遊覽哈密。然而由於北京城內早高峰交通十分擁擠，結果我到達北京西站時晚點了 20 分鐘，從而誤了當天的火車，於是我只好改乘第二天(16 日)一早的直達列車。列車于 17 號下午準時安全地抵達了新疆哈密車站，三姑夫及其二女婿到車站來迎接我，一切都非常順利。

新疆哈密對我來說算是舊地重遊了，因為 1987 年 7～8 月份我因承擔國家 305 專案，當年到新疆北疆地區開展野外地質考察工作時，順路帶著夫人和女兒到哈密停留了幾天，探望我夫人的三姑父三姑母一家。哈密地處新疆東部，是內地通往新疆的要道，俗稱新疆的東大門，自古就是絲綢之路的咽喉重地，素有"西域襟喉、中華拱衛"和"新疆門戶"之稱。三姑父于上世紀 50 年代末為開發大西北來到新疆哈

2018.10 作者(左一)与三姑父(右二)三姑母(左二)游覽哈密

密，當年在哈密鋼鐵廠工作，為開發祖國的大西北撒下了辛勤的汗水，如今已是滿頭銀髮的耄耋老人了，目前正在家中含飴弄孫安度晚年。當年的哈密大多是低矮的平房，乾打壘似的住房隨處可見。如今三十多年已經過去了，哈密也如同全國各地的城市一樣，已經發生了翻天覆地的變化。城市裡街道寬闊筆直、高樓大廈林立，人們都住上了高層建築，不少市民還住上了獨棟和連體式的小洋樓別墅。1987年我們一家拜訪哈密時，三姑夫、三姑母一家住的是一間土牆的平房小院，三姑母的四個子女中，當時最大的尚在讀高中，最小的正念小學。此次再訪，三姑父、三姑母的四個子女均已成家立業，其中最大的孫子孫女都已大學畢業工作了，其中大女兒家還住上了獨棟別墅，正所謂幸福滿滿、兒孫滿堂，一大家子都過上了幸福美滿的生活。我在哈密停留了三天，受到了三姑父一家的熱情款待。10月20號又乘火車從新疆哈密趕赴甘肅張掖，繼續探望我夫人的四姑父四姑母，同時遊覽張掖這座歷史文化名城及丹霞地貌國家地質公園。我乘坐的火車于當天下午順利抵達張掖時，四姑父及其二女婿小陳也到火車站來迎接。

張掖地處甘肅河西走廊的中部，南依祁連山，北靠合黎、龍首等諸山，中間即為張掖平原，境內自然景觀十分壯麗。張掖古稱甘州，自古就是開疆定邊、拱衛中原的前哨陣地，也是中原通往中亞西域絲綢之路的必經之地。西元前121年，漢武帝派霍去病西征，大獲全勝後始設張掖郡，取其"斷匈奴之臂，張中國之掖"之意，張掖由此得名。《漢書》上說："張國臂掖，以通西域，隔絕匈奴、南羌，斷匈奴右臂。"由此可以看出，張掖的地理位極其重要。張掖現為國家級歷史文化名城，張騫、班超、法顯、玄奘等歷史文化名人都曾途經張掖前往西域；隋煬帝曾於西元609年，在張掖會見了西域27國的君主或使臣，召開了類似於今日的"萬國博覽會"。另外，馬可波羅亦曾在此停留長達一年之久。張掖旅遊資源十分豐富，市內有大佛寺、木塔寺和鎮遠

樓等；離市區大約 40 公里，有張掖丹霞地貌國家地質公園，是世界上罕有的著名丹霞地貌旅遊風景區。

我在張掖期間受到了四姑父四姑母全家人的熱情款待。其間四姑夫不顧年高體弱，全程陪同我遊覽了張掖七彩丹霞地貌國家地質公園和市內各旅遊景點及濕地公園等名勝古跡。儘管地處西北大漠腹地的張掖，當時已是十月中下旬的深秋初冬時節，但張掖的氣候仍如四姑父一家那樣熱情似火，午後的驕陽仍舊溫暖如春。四姑父名叫張成達，祖籍河北，其父張任之早年投身革命，1925 年加入中國共產黨，1926年受中共中央委派赴蘇聯莫斯科中山大學學習。1928年回國時，因故與黨組織失去了聯繫，後來流落到西北，在張掖以教書謀生。抗日戰爭時期張任之在張掖積極參加協助抗戰工作，為國家做了大量的工作。如果張任之不是與黨組織失去了聯繫，建國後應屬國家領導人之一。上世紀 60 年代初，四姑父在張掖初中畢業後，為響應國家"開發和建設大西北"的號召，小小年紀就隻身來到新疆庫爾勒，在新疆生產建設兵團所屬的軍墾農場，一干就是二、三十年，為建設新疆貢獻了青春。後因鄉情難卻，上世紀80年代初，四姑父一家又輾轉調回張掖，退休後四姑父四姑母現正安度晚年。

　　最近的一趟國內遊是 2019 年 10 月中旬的黃山之行。2019 年 10 月 9 日我的日本旅遊結束後，10 日中午從日本大阪乘飛機趕赴上海，參加原地化所我的老同事、老朋友李院生先生等人組織的黃山三日遊。我乘坐的航班於下午 2 點左右抵達上海浦東機場，在經過海關及移民局時花了一個多小時，下午 4 點左右在機場出口處會到了李院生先生夫婦，然後李院生親自駕車一路直奔黃山而去。上海距黃山大約有四百公里，經過將近五個小時的行駛，我們終於在晚上 9 點左右到達了黃山腳下預定的賓館。此時旅行團的其他成員已經開飯了，飯桌上會到了我的老朋友、南京大學地質系的饒冰教授。當晚我同饒冰、李院生等相識已久的老朋友和其他剛認識的新朋友一起，推杯換盞共敘友情，在歡聲笑語中愉快地度過了黃山遊的第一個夜晚。第二天早晨吃過早餐以後，我們一行 14 人即乘坐纜車上黃山遊覽。

2019.10.作者(左)與好友饒冰(中)李院生(右)遊光黃山

　　黃山，古稱黟山，位於安徽省南部，素來以奇松、怪石、雲海、溫泉、冬雪等五絕冠稱於世，被稱為"天下第一奇山"，也是中華十大名山之一。自古以來，文人騷客均慕名前來爬黃山觀雲海，並留下了大量楹聯、詩詞傳於後世。因此，黃山除有冠絕于世的自然景觀以外，還有大量的文化遺存，比如古蹬道、古橋、古亭、古寺、古塔、古楹聯等，以及大量的摩崖石刻。素有"五嶽歸來不看山，黃山歸來不看嶽"之美譽。1982 年，黃山風景區被國務院公佈為首批國家級重點風景名勝區。1990 年 12 月和 2004 年 2 月，黃山又先後被聯合國教科文組織列為《世界文化與自然遺產名錄》和世界地質公園。遊覽黃山是我素來的夙願，此次承蒙老同事和老朋友李院生先生的精心安排，終於得願以償。

2019.10.黄山迎客松

　　第二天我們乘纜車上黃山以後，先後遊覽了天都峰、蓮花峰、始信峰及西海大峽谷等景點。黃山的風景的確與眾不

2017.7.1.作者(前排左二)与部分地化之友相聚于多伦多李培忠(二排右一)家

同，黃山群山環繞，一座座山峰拔地而起，連綿起伏。它兼有泰山的雄偉、華山的險峻、廬山的瀑布，衡山的煙雲，游完黃山，真有"黃山歸來不看山"之感慨。當晚我們一行人入住光明頂賓館，準備次日早上起來在黃山頂上觀日出。然而豈料老天不遂人願，第二天早上起來時，天上卻下起了小雨，於是我們黃山看日出的計畫也就泡湯了。早上雖看不成日出，所幸小雨很快就停了，於是我們又遊覽了迎客松、送客松、百步雲梯等著名景點。中午下山以後，應老朋友饒冰教授的邀請，我們一同乘火車前往南京。到南京的第二天，饒冰教授又熱情地陪我遊覽了南京的望江樓及南京的古城牆，其後又拜訪了我們地化所原稀土研究室的老同事、後來調南京大學工作的王正珍老師。10 月 15 日上午我從南京乘高鐵回到上海，與當天中午乘飛機從昆明來上海的徐渝春老同學在上海虹橋機場相會。16 號上午我和渝春在下榻的浦東凱賓斯基大酒店，會到了在上海工作的陳維明同學，下午我們三個老同學又遊覽了上海豫園及浦東陸家嘴。10 月 17 日上午我告別了渝春老同學，乘國際航班離開上海安全地返回到了加拿大。這次旅行總共在兩個星期之內，先後遊覽了日本的東京、名古屋、京都、奈良及大阪等城市，以及中國的黃山、南京和上海，旅行效率之高，是近年來的首次。

（四）

退休幾年來，除了讀書和旅遊以外，我日常的活動就是散步、健身和垂釣。年輕的時候由於工作繁忙，基本沒有時間進行鍛煉。再加上年輕時身體素質不錯，平常很少生病，因而主觀上對鍛煉身體並不太重視。然而人上了年紀以後，感覺每天不活動一下筋骨，渾身上下就覺得不舒服。因此退休以後，基本上養成了每天都要外出散步八、九千步（大約一個小時）的習慣，而且基本上可以做到一年四季寒暑不斷。如此堅持幾年下來，效果就顯現出來了，自我感覺現在的身體健康狀況似乎比退休前還要好。記得十幾年

前60剛出頭的時候，不知不覺地身體上逐漸地就出現了一些小毛病，比如前列腺開始增生並且還經常發炎，與此同時冬

2020.8 (收获两条大个头pike)

天還感覺雙腳發涼，左手指還多少有點發麻，為此曾去看了醫生並做了一系列檢查，雖沒有查出什麼大的毛病，但醫生也為我開了些藥物。後來我覺得與其被動地服藥治病，不如有針對性地加強鍛煉。結果經過數年的鍛煉，增生的前列腺獲得了緩解，由疾病帶來的生活不便和煩惱也消除了。通過鍛煉不僅治好了身上的某些疾病，而且還增強了心肺功能，促進了血液迴圈，提高了身體的抗寒能力和抗病能力，腳也不涼了，手指也不麻木了，冬天零下二、三十度外出散步時身上也不覺得冷了。而且自2014年以來，已經有七、八年時間沒有感冒過。現在身體的各項生理指標均屬正常，日常生活不僅吃得香，而且睡得著，每天都覺得神清氣爽。

除了散步、健身，我最喜歡的一項活動就是釣魚。每年的春夏秋三季，我都要和老朋友老楊一起到野外去釣魚，一般我們差不多每個星期都要外出垂釣一次，因此釣魚成了我的一項業餘愛好。其實以前我對釣魚一竅不通，而且也毫無興趣。但自從來到加拿大以後，這裡地廣人稀，河流湖泊眾多，釣魚有得天獨厚的條件。我的老朋友老楊（其實是小楊，因為他比我還要小十幾歲，不過老朋友之間平常以"老張"、"老李"相稱慣了）大名楊爭平，湖南常德人，原中科院山西煤化所研究生，上世紀八十年代中後期從煤化所調中科院工作，曾任中科院常務副院長孫鴻烈院士的秘書。

1992 年留學澳大利亞，1996 年博士畢業後移居到加拿大，在渥太華打拼了二十餘年後，現已是渥太華本地小有成就的華人實業家，也是我

2020.8.小银湖(收获一条12磅重的pike)

在渥太華的摯友。由於老楊出生在魚米之鄉，打小就下河摸魚捉蝦慣了，釣魚是他的拿手好戲。自從2001年我們相識以後，由於都是來自同一個系統，大家有不少共同語言，於是我們就成了好朋友，有時便跟著他去河邊學釣魚，一來二去，經過兩、三年的摸索，我也逐漸地把釣魚學會了，並喜歡上了這項運動。退休以前，由於各自的工作較忙，我們在一起釣魚的機會不多。自從我退休以後，老楊也卸下了工作的負擔，於是我們兩人便常常結伴外出一起垂釣。春天，我們一般到河邊去釣一種類似中國草魚的薩克魚(sucker)。sucker 的中文意思為吮吸者或吸盤，這種薩克魚的體形類似中國的草魚，但嘴巴稍長且略彎曲成吸盤狀，故而得名為

sucker。這種魚肉質細嫩鮮美，但由於小刺較多，不太受人待見。夏天，我們則划船到湖裡去釣鱸魚或梭子魚（英文為pike，又叫北美白斑狗魚）。但相比之下薩克魚比較好釣，因為第一是河面相對較窄，薩克魚的繁殖能力又特別強，河裡的魚相對較多。第二，薩克魚嘴巴長而軟，一旦咬釣就不容易脫鈎了。至於在湖裡釣魚難度就大多了，因湖面寬闊，魚群又是到處遊走的，因此，在湖裡釣魚除了技術和經驗以外，很多時候還要靠運氣。在加拿大釣魚，必須嚴格按照各省的釣魚法規來執行，否則將有可能違犯法規而被處罰。首先年滿 18 歲至 65 歲的人，必須要購買釣魚執照，無照釣魚被查到會被開巨額罰單的。其次，釣魚者一人只能手持一根釣杆，違者將根據手持釣杆的數量進行處罰。第三，不同的魚種根據其繁殖能力的差異每年都有不同的禁漁期（釣魚法規規定幾月幾日之前和幾月幾日之後不能釣某種魚），以及

2017.7. 收获两条鲈鱼

規定每次釣魚只能拿多少條回家等等（如超過規定數量將被罰款）。比如鱸魚因繁殖能力相對較低，每年的 12 月 15 日到次年的 6 月中旬為禁漁期，6 月下旬開禁以後，每次釣魚最多也只能拿 6 條回家。因此，釣魚之前，必須充分瞭解各省有關釣魚的法

律法規，並嚴格遵守。薩克魚的習性與鯉魚或草魚類似，魚餌以蚯蚓為主，一般在汽車加油站都有售賣，18 條一盒的蚯蚓賣 6～7 個加幣，不過我們常在雨天的夜晚自己去草地上捉。至於鱸魚和白斑狗魚等則屬於兇猛魚類，它們主要靠吃湖泊和河流裡的小魚小蝦為生，因此釣這類兇猛魚類的理想餌料，是一種名叫米諾魚(minnow)的小魚。這種小魚漁具店往往有售，以前 10 塊加幣可以買一打(12 條)，然而近年已經漲價到了每打小魚(12 條)要 20～25 塊加幣了。考慮到買米諾魚餌的成本不低，近幾年我們在傍晚時分，自己常去社區附近的池塘裡釣米諾小魚作為魚餌。這種小魚一般五、六月份相對好釣，但到七、八月份時就不好釣了，有時一個小時才調到幾條小魚。為了釣到足夠多的小米諾魚作為去湖裡釣鱸魚的魚餌

2020.2.春节全家福

(一般每次去湖裡釣鱸魚時大約需要 30～40 條小魚)，閒暇時，我們幾乎每天下午的傍晚時分都會去社區附近的池塘裡

釣米諾小魚。因此，每天除了散步健身以外，垂釣也是我夏天常做的功課之一。

　　或許有人會問，釣魚有什麼好？為什麼會有那麼多人喜歡垂釣？其實釣魚也是一種獨特的運動方式，而且還是趣味性極高的一種“軟體育”運動，對人的身心健康有極大的促進作用。首先，垂釣一般都是在荒郊野外的河灘湖畔，那裡空氣清新、陽光充足，在這樣的環境中垂釣，自然非常有益於人的身心健康。其次，人們在垂釣的時候，往往需要經過長時間的等待才會有魚兒咬鉤，一個釣魚的人如果缺乏耐心，不停地挪動釣杆，顯然是有可能釣不到魚的。因此，釣魚的人一定要有耐心。而有的人開始學釣魚時，可能耐心不足，但是經過一段時間的訓練以後，釣魚的耐性就增強了，釣魚的技巧也就逐漸地掌握了，做其它事也就更細心了。也就是說，釣魚對培養一個人的耐性很有幫助。第三，釣魚最大的樂趣，就是魚上鉤時拉杆的感覺和喜悅的心情，那是一種難以形容的成就感，人的大腦處於一種極度的興奮狀態，此時大腦的神經中樞將會大量地分泌諸如多巴胺等興奮物質，這對人的身心健康非常有好處。最後一點嘛，就是釣魚

2019.9.作者(左六)与渥太华的老邻居朋友野餐聚会合影

還可以享受新鮮的美味。這些年來每年的夏秋時節不僅釣了而且也吃了不少的野生鱸魚。總之，釣魚是一項非常有益於身心健康的活動，垂釣既可以釋放人的身心壓力，又可以培養人的精神情操；既可以提高人的生活情趣，又可以改善人的生理機能，從而促進人的身心健康，是一項有百利而無一害、且老少鹹宜的運動。

近些年來，凡是同我接觸過的熟悉或不熟悉的人都在問我同一個問題："老吳，你這個七十多歲的人，不僅頭髮不白、眼角無皺紋，而且你的精神狀態就像五、六十歲的人一樣，看上去要比你的實際年齡年輕不少。究竟你是有什麼樣的養生秘訣？能否告訴一下我們，讓我們也學一學！"每當此時，我總是難以給人們一個滿意的回答。我說："我哪有什麼養生秘訣喲？我還不是跟你們一樣，每天吃的都是五穀雜糧，而且從來也沒有做過什麼保養，更不懂得如何養生。"不過說歸說，既然時常有人問我這個問題，而且在 JDS 公司工作的時候，還曾因我的外貌與年齡似乎不太相稱而鬧過誤會，也曾惹來過某些不必要的麻煩。因此，有時我

2018.12.2.作者(左三)与部分地化之友及贵大校友摄于多伦多皮克林

也曾認真地思考過，為什麼人們總會說我顯得年輕呢？然而對這個問題我也是百思不得其解。不過我的體會是，一個人是否顯得年輕，應該與這個人的心態有很大的關係。簡單地說，一個人的心態與他的健康和外表是有直接聯繫的。一個人假如整天總是憂心忡忡的，那麼這個人的思想包袱一定很沉重，而心情沉重時具體表現在臉上自然就不會很開心，既然不開心，臉上就一定會愁容滿面。如此長此以往地發展下去，這個人在外表上就一定會顯老相。反之，如果一個人整天開開心心的，生活中即使有什麼煩惱，也能拿得起放得下，從不把煩惱或煩心事放在心上，人的心情舒暢了自然就高興，人高興了臉上自然就掛滿了笑容。長此以往，這個人從外表看上去就一定會顯得年輕和充滿活力，這就是俗話說的相由心生的道理。就我本人而言，我也是個凡夫俗子，也是個普通人，跟大家一樣吃的也是五穀雜糧，也有煩心事。如果要說有什麼不同的話，那應該是我曾經歷過生死的考驗，也就正是我有因膽囊手術失誤而與死神擦肩而過這一刻骨銘心的難忘經歷，從而使我從內心深處自覺或不自覺地徹底地改變了我的人生觀和價值觀。人一旦經歷過生與死，他的內心深處將會獲得恬淡平和與視死如歸的心態，而這種心態能夠讓人卸下生命和心靈的負擔，並使人能夠一直生活在與常人異樣的期待和無所畏懼的輕鬆愉快之中。而正是這樣的一種心態，使我一直懷著感恩的心情，整天活在自我陶醉和高興的心境當中。而當我在工作或生活中與人相處的時候，也總是高高興興地敞開心扉和麵帶笑容地與人互動。在過去的二十多年中，凡是與我交往或接觸過的人，一見面總會說："你們大家看看 Mr.Wu（吳先生），無論什麼時候他只要一見到人就笑，也不知道他究竟是有什麼高興事兒哩！"

而每當此時，我總會哈哈大笑地說："我見到你了我不笑，難道我還要哭嗎？那叫什麼話呀！"因此，自從我定居加拿大以後，也許是徹底地擺脫了原先工作單位上的那種"臺上握手、台下踢腳"的勾心鬥角的工作和生活環境，日常生活中本就少了很多煩心事，再加上我因膽囊手術失誤而與死神擦肩而過產生的那種劫後餘生的積極心態，因此，不管在什麼環境或幹什麼工作我都感到心情舒暢而有奔頭。這樣的心態加這樣的生活環境，我想換任何一個人，長此以往想不年輕恐怕都難。這或許就是人們時常問我的養生秘訣吧！

　　行文至此，以自傳體形式而呈現的我的人生總結，基本上就算告一段落了。我今年已經 74 歲了，74 年總共有兩萬六千多天，說長也不算很長，說短也不短了。古人說：人到七十古來稀。但是在醫療保健和科技高度發達的今天，活到八、九十歲甚至高達百歲的老人也比比皆是。雖說明天和意外不知道哪一個先來，但以我現在的身體狀況，如果不出現意外的話，至少再活 20 年應該問題不大。自退休以來，讀書、旅遊、垂釣和健身成了我平常生活的主旋律，然而這些年雖說也讀了不少書，也遊覽了不少國家，但值得一讀的書還有很多很多，期待去旅遊的國家和地區也還有不少。因此，在未來的退休生活中，在力所能及的情況下，我還會繼續讀我喜歡的書，去我想去的國家和地區旅遊，我仍然會繼續每天散步健身，仍然會去垂釣。總之，我會仍如以往那樣高高興興地過好每一天，快快樂樂地享受自己的晚年生活。

2022 年 8 月完稿

2022 年 12 月定稿於加拿大渥太華

後記

　　經歷十幾個月的艱苦回憶和寫作，一部二、三十萬字的自傳體回憶錄總算是完成了，一直緊繃著的神經現在完全鬆馳了下來，總體感覺是有點累了。說起來花一年多的時間，要寫完一部時間跨度長達70餘年的回憶錄，的確是一件不太容易的事情。因為頭腦裡有很多碎片化的記憶是一回事，然而要把這些碎片化的記憶用文字串聯起來並準確地表達出來，卻又是另外一回事。因此，為了撰寫好這本回憶錄，2021年中國農曆新年過後，我開始寫作時，光用筆就反反復複地先後寫了三稿，即第一稿主要是構思和選材，先把回憶錄的章節框架結構搭建起來。第二稿則是在第一稿的基礎之上，對素材和文字進行補充和完善，而第三稿則在第二稿的基礎之上，對文稿加以潤色和系統化，使文章讀起來更為流暢和生動。此後，為了校正和修改文稿，我又先後對全文反復地閱讀和修改了十餘次，力求做到不出現任何一個錯別字和錯誤的詞句。然而自己對自己寫的文稿進行校對卻不是一件容易的事情，因為儘管已經校閱了很多遍，但難免還會有個別錯亂之處未被撿出。因此，看似一部只有二、三十萬字的書稿，實際上三稿寫下來，全部文字加起來足足寫了六、七十萬字之多，因此可以說這是一項相當大的工程了。2021年8月份第三稿寫完以後，面臨的問題就是如何把這些文字輸入電腦。由於我自參加工作以來，對電腦的使用並不十分熟悉，數十年來也從未在電腦上書寫過文章，再加上作為南方人咱們的普通話往往不標準，當我們在電腦上打字時，很多漢字用中文拼音輸入時常常找不到或者找不准，因此以往即使是輸一篇數百字的短文，也是非常費時費力的。此外，我雖然有個十幾二十年的老掉牙電腦，但因長期不用早已不工作了，為此開始時我想求助於他人幫我把文字輸入電腦。然而找人在電腦上打字，二、三十萬字的文稿電腦輸入工作量也是相當大的，這麼大的工作量不僅要付費，而且請人用電腦輸入文字的品質恐怕也很難完全符合我自己的要求。因此我想不如自己親力親為算了，因為現在自己手頭有的就是時間，不會打字就慢慢地學嘛，相信自己通過反復地練習，由慢到快熟能生巧，最終應該能夠完全勝任電腦輸入這項工作。於是在女兒為我買了一台筆記型電腦以後，自己就動手在電腦上練習打起字來了。此後經過三、四個月的辛勤工作，二、三十萬字的文稿居然也就全部輸完了。再後來自己又在電腦上學會了排版和插圖，到了 2022 年 8 月份，一部二、三十萬字圖文並茂的自傳體回憶錄終於在自己的手中全部完成了。最後當我看到電腦上這些由自己一字一句親手寫成的文稿，以及插入的一幅幅精心選就的圖片時，就像看到了自己的孩子一樣，心裡感到特別地高興和自豪。

由於我從小出生成長在一個比較特殊的家庭，不僅童年喪父，而且還有一個同母異父的姐姐和一個過繼的兄長，我個人的經歷相較於一般的同齡人也要更為複雜和曲折，如果要寫回憶錄的話，首先要考慮如何劃分時間段和事件，也就是說要考慮如何設計章節。我最初的想法是寫個六、七章或七、八章，總共加起來有十來萬字就足夠了，即童年、少年、青年(文革上山下鄉期間)各為一章，然後成年後再寫個三、四章。然而真正動筆以後，頭腦裡過往的人生經歷猶如過電影般一幕幕地呈現在眼前，有些事件甚至連日期都還記得一清二楚，寫起來以後就一發而不可收拾了。我尤其覺得研究生畢業參加工作以後的經歷，值得寫的內容實在是太多了，於是在原先七、八章的基礎之上又增加了三、四章，總共就寫成了十一、二章。全文寫完以後又覺得文稿的前幾章對老母親的回憶顯得尤其單薄，其中對自己個人小家庭的生活以及配偶子女描寫的份量也明顯不夠，為此又特意增加了回憶母愛的一章，把個人的家庭生活也納入了其中。書稿的最後一章則是對退休後晚年生活的描寫，並著重在突出"樂享"兩個字上，因此就有了讀書和寫作，有了出國旅遊及回國探親訪友，有了垂釣及健生等等內容。

　　此外，本書還有一個最重要的問題，就是如何確定這本回憶錄的書名，因為開始寫作時我心中並沒有一個明確的書名，而當前這個《難忘歲月》的書名也是經過幾易其名才最後確定下來的。由於我在97年出國定居之前，已在中科院地球化學研究所工作了二十多年，科研工作也取得了一定的成就，然而在此人生的巔峰時刻，我卻急流湧退而選擇定居國外。因此，有不少瞭解我人生經歷的老同事或老朋友，認為我出國定居似乎是吃虧了，甚至有人認為我可能為此而感到後悔過。然而我經過再三的思考和權衡利弊以後，覺得我當年做出的選擇顯然是明智而正確的。坦率地說如果我選擇留在國內，在科研業務和個人前途上可能會有較大的進步和上升空間。然而人生之路往往是難以預測的，任何人在人生關鍵時刻所做出的選擇，也不可能做到十全十美，也就是說在有所得的同時必然也會有所失。同樣地選擇定居國外也是如此，既有優點也有缺點，既有利亦有弊，總之無論作何選擇都是"魚和熊掌不可兼得"。對我個人來說，由於經歷過因膽囊手術失誤而差點下不了手術臺的生死考驗，此後對於個人的功名利祿早已經看得很輕很淡，因此無論做何選擇，心靈總是平靜而釋然的。也就是說無論身居何處，"此心安處是吾鄉"，都不存在是否後悔的問題。因此，我最初寫作時取的書名是《此生無悔》，意思是說，回顧我的一生，我對自己人生道路的選擇和目前的生活狀況沒有什麼是值得後悔的(當然遺憾似有不少)，我已經非常滿足了。但當整篇回憶錄寫完以後，自己在頭腦裡反覆地琢磨，總覺得書名與內容的扣合度似乎不是那麼地和諧與統一。於是我又將書名改成了《不虛此生》，意思是我這一生雖然沒有取得過什麼重大的成就，但也還是曾經努力地奮鬥過，從未虛度過年華。書名改了以後，我還是覺得這個書名與內容的扣合度似乎還是不那麼和諧，頭腦裡總在反覆地體會全書的內容，琢磨著要取個什麼樣的書名才能更準確地概括和反映全書的內容。後來我突然想到不如用"難以忘懷的歲月"或"難忘的歲月"這個書名，或許更能準確地反映全書的內容，因為在我整個人生數十年的經歷中，的確有很多艱難歲月都是終生難以忘懷的。因此，當我把這個書名提出來徵詢李開元好朋友的意見時，開元也覺得《難忘的歲月》這個書名相對較好，寓意比較含蓄且更為貼近全書的內容，他並且還建議我最好把其中"的"字去掉，取《難忘歲月》更簡潔更好，於是《難忘歲月》的書名最後就這樣被確定下來了。

　　回憶錄寫完以後，當我把書稿發給部分好友分享及徵求意見時，不少老朋友給我提出了許多寶貴的修改意見。有個別朋友還特別對我回憶錄中反覆提及且與我的成長和命運習習相關的部分重點人物，比如我的堂兄吳明亮幺哥、我們原公社的革委主任馬德隆，以及我的哥哥姐姐等，這些人物後來的命運結局究竟怎麼樣了？希望作者能在文章的結尾處給予適當的交待。因此，我想在此對本書中提到的上述人物的後續情況逐一簡略介紹，以回應朋友們的關切。客觀地說，我的堂兄吳明亮幺哥在我的童年和少年時代，對我的學習和成長的確有很大的影響和幫助，如果沒有他對我童年時的啟迪和點撥，我的成長經歷可能會有所不同。因此，吳明亮幺哥可以稱得上是我人生成長過程中的第一個貴人。明亮幺哥由於家庭出身地主，文革中曾遭到無端迫害而流落他鄉隱姓埋名將近十年。像明亮幺哥這樣一個在當年貧窮落後的舊中國農村而文化程度又相當於初中水準且能說能寫的能幹人才，在當年蠻荒僻野的貴州農村應該是個大有作為的知識份子，然而在那極 “左” 的荒唐年代，由於他的家庭出身問題，當年在農村中一直都受到壓制或迫害而不能發揮其聰明才智，文革中曾因遭到迫害而隱姓埋名遠走他鄉。粉碎四人幫和文革結束以後，國家實現了撥亂反正他才敢拋頭露面。上世紀八十年代初期，其幼子吳雲考上了貴陽中醫學院，為此他感到十分欣慰和非常地自豪。可是舒心日子還沒過上幾年，不幸的是明亮幺哥竟于 1985 年因故英年早逝，享年 58歲，說來十分令人遺憾。而我的第二個貴人應該是我們原公社的革委主任馬德隆先生。但凡文革中有過上山下鄉經歷的人都知道，知識青年上山下鄉插隊落戶以後，他們的命運就掌握在了別人的手中。那時不管是招工、參軍還是上大學，都需要生產大隊和公社推薦(實際上就是走關係)，如果沒有關係，不要說是公社革委主任，就是一個小小的大隊黨支部書記都有可能把你困死在農村一輩子。就我當時的情況來說，正如我在文章裡說的那樣，如果當年我不是在公社機關工作而與公社的革委主任馬德隆等人結緣的話,我是不可能有機會上大學的,那末我的人生道路就會與現在截然不同。因此可以說,我們公社的革委主任馬德隆是我人生道路上的第二個貴人,而且是我人生成長道路上最為關鍵的貴人之一。馬德隆先生是六枝特區大用鄉人(大用鄉在六枝特區未建立時隸屬於普定縣管轄),當年 50 歲左右,工作能力較強且為人正派、厚道,也比較惜才和知人善任,在我們全公社的老百姓心中有非常好的口碑。文革結束後在公社革委主任兼書記的任上退休,於上世紀九十年代中期去世。當然,在七十餘年的人生旅途當中,我遇到的貴人還遠遠不止吳明亮幺哥和馬德隆主任兩人,還有不少人(比如我上初中一年級時把我留校的班主任黃顯中老師,初中二年級時幫我辦理轉學的喻中美大表哥及郭忠學,大學畢業時特意把我選入地化所的地化所中心分析室負責人李明老師,原地化所所長歐陽自遠院士,以及我的研究生導師郭承基院士等人),都是我人生中對我的成長影響很深的貴人,不過在此就不一一贅述了。

最後再來說說我的哥哥和姐姐。毫無疑問,我的哥哥姐姐對我的成長非常重要,如果沒有哥哥姐姐對我的扶持,我可能也是走不到今天的這個地步。雖然說哥哥是從外面過繼到我們家來的,姐姐與我是同母異父,但他們待我可以說是比同一父母所生的親兄弟姊妹還要親。我剛上初中一年級時,由於年紀小,去縣城上學要走六、七十裡山路,別說拿行李,就是空手走路對一個十二、三歲的小孩來說,顯然是十分困難的。為此每次學期開學或放學,都是哥哥幫我挑行李送我去上學或去學校接我回家。此外,上世紀六十年代我上中學時，雖說當時的物價比較便宜，但學校每月3～5塊錢的伙食費及少量的零用錢，對一個沒有任何經濟來源的農民家庭來說，也是一筆不小的開支。當年每到週末，全靠姐姐輔助老母親起早探黑地上山去挖各種野菜然後背到鄉場上去售賣，母女二人三毛、兩毛地積攢起來供我拿去學校交伙食費。假如沒有哥哥姐姐的幫助和扶持，光憑老母親一人的供養，恐怕我當年也是很難完成中學學業的。因此，除了感恩我的母親以外，我同樣也要非常感恩我的哥哥姐姐，他們都是我人生中的恩人和貴人。哥哥姐姐自上世紀五十年代初結婚以後，老兩口相濡以沫整整七十年，他們先後生育了9個孩子，除一個小孩剛出生時夭折了以外，其餘共撫育了八個子女（2男6女）長大成人，他們可以說是一個幸福的大家庭。然而晚年時姐姐由於長期操勞導致眼睛視網膜脫落而雙目失明，雙腿也因關節炎加重致使行動不便，因此生活上完全依賴我哥哥全程照料。2022年5月23日，姐姐因積勞成疾而油盡燈枯，突然於睡夢中溘然長逝，享年86歲。姐姐去世以後，年逾九旬的哥哥雖然膝下已是兒孫滿堂，但他精神上似乎覺得形單影隻而魂不守舍，此後他不僅飲食日降，而且精神狀態也每況愈下。2022年8月13日夜晚，哥哥于睡夢中翻身不幸墜落床下而導致右側髖骨骨折。第二天侄子送去醫院診治時，醫生認為哥哥年邁體衰而不宜手術，建議回家臥床靜養。此後哥哥便臥床不起，精神狀態更是越來越差。九月初哥哥又因前列腺增生而導致排尿發生障礙，於是又不得不重返醫院進行插管導尿。在家臥床月余後，哥哥因髖骨骨折及前列腺病情日見加重，他的精神和肉體遭受到了極大的折磨和痛苦，於是他便拒絕進食，大約一周後便撒手人寰，終於在姐姐去世 4 個月以後，他於 2022 年 9 月 20 日也追隨老伴而去，享年 91 歲。

　　人們常說：日有所思，夜有所夢。退休以後的這些年以來我一直都在思索是否要寫和如何寫一本自傳本回憶錄，於是過往的經歷常常浮現於腦際。因此，在未寫作本書之前，近幾年來我晚上睡覺做夢時，偶爾會夢到去爬各種各樣的山頭，而上山的羊腸小徑不僅總是千回百轉，而且往往快要爬到山頂時，最後一兩步不是腳下踩的石頭不穩，就是手抓的樹枝搖搖欲墜，在費盡了九牛二虎之力後，最後才爬到了山頂之上。而每當夢醒以後，我有時還會感到氣喘噓噓甚至滿頭大汗。然而，當我把這本書寫完以後，一兩年來我就再也沒有夢到爬山或涉險的類似夢境了。因此我想，也許是自己親手把回憶錄寫完了以後，那個長期縈繞於腦際的艱難曲折人生經歷的回憶終於有了一個理想的歸宿，從此以後睡覺也就更為安穩了吧。

　　在本書的寫作過程中，曾先後得到過許多老同學及老朋友的鼓勵和幫助，其中李開元及王翔兩位老朋友，在本書的寫作過程中曾提出過許多寶貴的意見和建議，在此一併表示衷心的感謝！

吳明清

2023 年 4 月 30 日於渥太華

附錄(1) 公開發表的科研學術論文目錄

[1] 文啟忠、燕金壽、刁桂儀、余素華、吳明清：黃土改造過程中微量元素的變化。地球化學，1979，2：145-155。

[2] 吳明清、雷劍泉：海洋沉積物中微量鈾與稀土元素的連續測定。海洋與湖沼化學學會學術討論會論文集，1981年廈門，79-86。

[3] 王賢覺、陳毓蔚、吳明清：鐵錳結核中化學成份的研究。礦物岩石分析化學學術討論會論文集，地質出版社，北京，1982，487-492。

[4] 吳明清、雷劍泉：海洋介殼生物化石中微量鈾與稀土元素的連續測定。地質地球化學，1982，11：53-56。

[5] 陳毓蔚、王賢覺、吳明清：東海沉積物的地球化學與物質來源。東海大陸架沉積學國際學術討論會論文集。1983，杭州，海洋出版社，第2卷，846-855。

[6] 吳明清：臺灣淺灘海底沉積物稀土元素地球化學研究。地球化學，1983，3：303-313。

[7] 王賢覺、陳毓蔚、吳明清：鐵錳結核中稀土微量元素地球化學及其成因。海洋與湖沼，1984，15(6)：501-514。

[8] 王賢覺、吳明清、梁德華：南海玄武岩的某些地球化特徵。地球化學，1984，4：332-340。

[9] 吳明清、王賢覺：生物圈中的稀土元素。地質地球化學(增刊)，1984，51-54。

　　〔10〕吳明清：日本稀土元素地球化學研究概況。礦物岩石地球化學通報，1986，1：25-27。

　　〔11〕吳明清、雷劍泉：海洋沉積物和介殼生物化石中微量鉝和稀土元素的連續測定方法研究。貴州大學學報，1987，4(3)：135-143。

　　〔12〕吳明清：一個新的放射性同位素年代學測定方法----La-Ba 計時法。地質地球化學，1987，3：70-72。

　　〔13〕吳明清、謝小風：海洋沉積物中微量鈾、釷及稀土元素的離子交換分離和測定。海洋科學，1988，34-39。

　　〔14〕吳明清、王賢覺：沖繩海槽沉積物的化學成份特徵及其地質意義。海洋與湖沼，1988，19(3)，34-45。

　　〔15〕王賢覺、吳明清：水圈中的稀土元素。稀土元素地球化學，科學出版社，北京，1989，284-304。

　　〔16〕吳明清、王賢覺：稀土元素的生物地球化學。稀土元素地球化學，科學出版社，北京，1989，305-320。

　　〔17〕吳明清、王賢覺：沖繩海槽沉積物的化學成份特徵。第三屆中蘇太平洋邊緣海地質、地球物理、地球化學及礦產資源學術討論會論文集，1989 年 9 月，蘇聯符拉迪沃斯托克(符拉迪沃斯托克)，136-144。

　　〔18〕吳明清：沖繩海槽沉積物微量元素的某些地球化學特徵。海洋學報，1991，13(1)，71-81。

　　〔19〕吳明清、歐陽自遠、宋雲華：介殼生物化石礦物組合的熱力學分析。沉積學報，1991，9(1)，129-135。

　　〔20〕吳明清、王賢覺：東海沉積物的稀土和微量元素。地球化學，1991，1：40-46。

　　〔21〕吳明清、文啟忠、潘景瑜、刁桂儀：黃河中游馬蘭黃土的稀土元素。科學通報，1991，5：366-369。

［22］Wu Mingqing, Wen Qizhong, Pan Jinyu, Diao Guiyi: Rare earth elements in the Malan Loess from the Middle Reaches of Huanghe River. Chinese Science Bulletin, 1991,(4)：405-410.

［23］吳明清、歐陽自遠、宋雲華：塔里木盆地西緣古海洋氧化還原條件的變化----介殼生物化石中稀土元素鈰異常證據。中國科學(B輯)，1992，2：206-215。

［24］Wu Mingqing, Ouyang Ziyuan, Song Yunhua et al：Redox variations of the ancient ocean at the western margin of the Tarim Basin----the evidence from Ce anomaly of shell fossils. Science in China，1992，35(9)：1110-1120.

［25］吳明清、歐陽自遠：鈰異常-----一個尋跡古海洋氧化還原條件變化的化學示蹤劑。科學通報，1992，3：242-244。

［26］Wu Mingqing and Ouyang Ziyuan：Ce anomaly ----A chemical tracer for paleo-ocean redox variations. Chinese Science Bulletin. 1992，37(15)：1293-1296.

［27］吳明清、陳楚震、周瑤琪等：西藏色龍西山二疊/三疊系界線剖面微量元素的分佈特徵。礦物學、岩石學和地球化學新進展，蘭州大學出版社，1994，125-134。

［28］Wu Mingqing, Wen Qizhong, Pan Jinyu, and Diao Guiyi：The average chemical composition of Loess in north China and it's comparison with elemental abundance in the upper continental crust. Chinese Journal of Geochemistry，1995，3：35-44.

[29] Wu Mingqing: Geochemistry of rare earth elements, in the Rare Earth and their Applications (ed. Yu Zhongsheng), 1996, Beijing, Matellurgical Industry Publishing House, pp. 356-386.

[30] 吳明清、文啟忠、潘景瑜等：黃河中游馬蘭黃土主要化學成份再研究。自然科學進展，1996，6(1)：80-85。

[31] Wu Mingqing, Wen Qizhong, Pan Jinyu, et al: Mass-weighted average of major chemical compositions of the Malan Loess in north China. Progress in Nature Science, 1996, 6(5): 602-610.

[32] 吳明清、陳楚震、周瑤琪、柴之芳：藏南聶拉木縣色龍西山二疊/三疊系界線剖面稀土微量元素地球化學。自然科學進展，1996，6(2)：213-221。

[33] Wu Mingqing, Chen Chuzhen, Zhou Yaoqi, et at: REE and trace element Geochemistry of P/T boundary section in the Selong-Xishan, south Tibet, China. Chinese Journal of Geochemistry, 1995, 4:135-142.

[34] 吳明清、王琨、Wayne Goodfellow 等：貴州望謨樂康二疊/三疊系界線剖面有機碳同位素負異常及其地質意義。礦物學報，1997，1：35-43。

[35] 吳明清、王琨、Wayne Goodfellow 等：華南二疊/三疊系生物絕滅事件界線剖面的有機碳同位素記錄。1997(未發表).

[36] Wu Mingqing, Wang Kun, Wayne Goodfellow, et al: Organic carbon isotope record of Permian-Triassic

Boundary mass extinction events in southern China. 1997 (Eng).

[37] Wu Mingqing, Wang Kun, Wayne Goodfellow, et al: Anomaly of PGEs across Devonian-Carboniferous boundary at the Dapoushang section, Muhua, Guizhou, south China and it's geological significance. 1997 (Eng).

(作者的聯繫方式：qingming.wu11@gmail.com)

附錄(2) 合作教授的推薦信

Energy, Mines and Resources Canada
Geological Survey of Canada Sector

Énergie, Mines et Ressources Canada
Secteur de la Commission géologique du Canada

May 22nd, 1996

To whom it may concern:

Dr. Mingqing Wu is currently completing a one-year stay as a Visiting Scientist at the Geological Survey of Canada and the University of Ottawa, Ottawa, Canada. His principal objective during his stay in Canada was to better understand the cause and consequences of Phanerozoic biological mass extinction events. To this end, Dr. Wu has analyzed more than one hundred and sixty rock samples that were carefully collected from Permian-Triassic (P-T) and Devonian-Carboniferous (D-C) boundary sections in China. During the past twelve months, Dr. Wu has carried out highly specialized analyses of platinoid element abundances by Inductive Coupled Plasma - Mass Spectrometry and of carbon and oxygen isotopes by conventional mass spectrometry at the University of Ottawa. The results for the D-C boundary are world-class and have been described in a manuscript prepared by Dr. Wu. Carbon isotopes in organic matter and carbonate show conclusively that this boundary coincides with a major faunal turnover and associated biomass reduction. Platinoid element anomalies at the D-C boundaries demonstrate a causal link between mass extinction and the impact of a large meteorite with the earth's surface 345 million years ago. Results for the P-T boundary likewise show that this extinction event was sudden and of high magnitude. Although the cause of this extinction is still debated, cosmic micro spheres from the boundary interval indicate an extraterrestrial process.

Dr. Wu has proved to be a capable, dedicated and highly cooperative fellow research scientist during his stay at the Geological Survey of Canada. He has mastered several specialized analytical techniques and contributed significantly to joint research on the cause and consequences of mass biological extinctions.

Sincerely,

Dr. Wayne D. Goodfellow
Senior Research Scientist
Geological Survey of Canada
601 Booth Street
Ottawa, Ontario K1A 0E8
Tel: 613-996-8163
and
Adjunct Professor
Department of Geology
University of Ottawa

加拿大地调所合作
教授的推荐信

Natural Resources
Canada
Geological Survey
of Canada

Ressources naturelles
Canada
Commission géologique
du Canada

May 31, 1996

To whom it may concern,

Dr. Mingqing Wu has been a visiting scientist working in my laboratory for the past year. He has been working with me in the capacity of analytical chemist carrying out determinations for the platinum group elements in geological samples.

During the course of his collaboration, Dr. Wu learned and successfully applied a technique for the determination of the PGEs which involved chemical purifications, sample dissolutions, separations, and analysis by Inductively Coupled Plasma Mass Spectrometry. The procedure, developed at the Geological Survey of Canada, is demanding from the point of view of contamination control and attention paid to detail. Detection limits for the method used are limited by contamination levels and not by instrument sensitivity and thus a high standard of laboratory practice is essential. Detection limits for the PGEs were in the 50 ppt concentration range. Dr. Wu was able to master the technique and successfully complete the analysis of scores of samples.

Dr. Wu impressed me with his ability to quickly learn a difficult procedure related to a field outside his own area of training. He was an extremely hard and diligent worker who didn't get discouraged, even when there were challenges to overcome. Dr. Wu is an affable person, capable of getting along will with others and is a team player. It has been a pleasure to have worked with him during his stay in Canada.

Sincerely,

D. Conrad Grégoire
Head,
Analytical Chemistry Laboratories
Geological Survey of Canada

tel: 613-995-4213
fax: 613-943-1286
e-mail: gregoire@emr.ca

Adjunct Professor
Department of Chemistry
Carleton University

Canadä

地调所化学分
析室室主任的
推荐信

附錄(3) 國際合作專案委託書

RESPONSE OF THE OCEAN/ATMOSPHERE SYSTEM TO PAST GLOBAL CHANGES
IGCP PROJECT 386

Helmut H.J. Geldsetzer
Geological Survey of Canada
3303-33rd St. NW
Calgary, Alberta T2L 2A7
Canada
EMAIL: hgeldsetzer@gsc.emr.ca
FAX: (403) 292-5377
TEL: (403) 292-7155

Louis A. Derry
Department of Geological Sciences
Cornell University
2122 Snell Hall
Ithaca, NY 14853-1504
U.S.A.
EMAIL: derry@geology.cornell.edu
FAX: (607) 254-4780
TEL: (607) 255-3054

Zbigniew Sawlowicz
Institute of Geological Sciences
Jagiellonian University
ul. Oleandry 2a
30-063 Krakow
Poland
EMAIL: ZBYZZEK@ing.uj.edu.pl
FAX: 48-12-332276
TEL: 48-12-336097

Dhiraj M. Banerjee
Department of Geology
University of Delhi
Delhi 110007
India
EMAIL: csml@dce.ernet.in
FAX: 91-11-725541
TEL: 91-11-7257073

Harald Strauss
Institute of Geology
Ruhr-University, Bochum
Universitaetsstr. 150
D-44801 Bochum
Germany
EMAIL: HARALD.STRAUSS@rz.ruhr-uni-bochum.de
FAX: 49-234-7094571
TEL: 49-234-7003397

Secretary Office
China National Committee
International Geological Correlation Program
Ministry of Geology and Mineral Resources of China
64 Funeidajie Street, Xisi 100812
Beijing, China

September 17, 1996

RE: IGCP Project 386

Dear Sir:

As the coordinator and secretary of the new IGCP Project 386 "Response of the ocean/atmosphere system to past global changes" I would like to inform you that the Institute of Geochemistry, Chinese Academy of Sciences, Guiyang has been proposed as the official representative of the new IGCP Project 386. The Institute of Geochemistry is represented by Drs. Ming-Qing Wu, Jun-Ya Nan and Wei-Dong Yang. The three scientists are experienced researchers; Dr. Ming-Qing Wu recently completed a successful stay as a visiting scientist in Canada where he conducted complex geochemical analyses on very sophisticated instruments such as an Inductive Coupled Plasma Mass Spectometre. The same standard of equipment is available at the Institute of Geochemistry in Guiyang and I am certain that Drs. Ming-Qing Wu, Jun-Ya Nan and Wei-Dong Yang will make significant contributions to the objectives of IGCP Project 386.

I look forward to the formal approval of the Institute of Geochemistry, Guiyang as the formal representative of IGCP Project 386. I also hope that one of the formal annual meetings of IGCP Project 386 can be held in China.

A copy of the approved proposal of IGCP Project 386 and a brief summary of the project (Episodes, volume 18/4, December 1995) are enclosed.

Sincerely,

H.H.J. Geldsetzer, Coordinator and Secretary of IGCP Project 386
c.c. Drs. Ming-Qing Wu, Jun-Ya Nan, Wei-Dong Yang

附錄(4) 國務院政府特殊津貼證書